拱桥基本技术及物探检测

朱崇利 著

中国原子能出版社

图书在版编目（ＣＩＰ）数据

拱桥基本技术及物探检测 / 朱崇利著．－－ 北京：
中国原子能出版社，2019.11 （2021.9 重印）
　　ISBN 978-7-5221-0242-9

　　Ⅰ．①拱… Ⅱ．①朱… Ⅲ．①拱桥－检测 Ⅳ．
①U448.22

　　中国版本图书馆CIP数据核字（2019）第 269389 号

拱桥基本技术及物探检测

出版发行：中国原子能出版社（北京市海淀区阜成路 43 号　　100048）

责任编辑：白皎玮

责任印刷：潘玉玲

印　　刷：三河市南阳印刷有限公司

经　　销：全国新华书店

开　　本：787mm×1092mm　　1/16

印　　张：17　**字　数**：300 千字

版　　次：2019 年 11 月第 1 版　　2021 年 9 月第 2 次印刷

书　　号：978-7-5221-0242-9　　　　　　**定　　价**：88.00 元

网址：http://www.aep.com.cn　　　　　　E-mail: atomep123@126.com

发行电话：010-68452845　　　　　　版权所有　　侵权必究

前　言

桥梁是人类文明的重要标志之一。拱桥具有历史悠久、跨越能力较大、形式优美、结构坚固、构造简单等的特点。

本书共分六章。

第一章　概论。本章主要介绍了桥梁的发展历史、常见的桥梁建设材料、常见桥型、桥梁的组成、桥梁的主要尺寸参数和术语名称等内容。

第二章　拱桥基础。本章主要介绍了拱桥的历史、拱桥的发展趋势及特征、拱桥的主要类型、拱桥的构造、组合结构、弹塑性理论分析等内容。

第三章　拱桥设计基础。本章主要介绍了桥梁设计概述、拱桥设计要素、组合结构拱桥关键部位构造设计、组合结构的相关计算、桥梁建筑的"绿色设计"、工程设计计算实例等内容。

第四章　拱桥施工基础。介绍了桥梁施工图的识读、桥梁施工准备、桥梁施工测量、桥梁施工的常用设备、拱桥施工、桥梁工程质量管理、工程施工实例等内容。

第五章　物探技术在拱桥工程中的应用。主要介绍拱桥的病害与加固、物探技术在拱桥工程中的应用等内容。

第六章　桥梁工程的发展前景。主要探讨桥梁存在的问题、中国桥梁工程的发展前景。

本书内容包含了作者多年来有关的桥梁研究成果及物探技术在工程应用中的认识和体会，除本书所列的参考文献外，同时还广泛参考和借鉴了国内外大量的研究成果及工程资料，涉及相关的理论、试验、设计、施工等方面的技术资料，许多同仁给予了大力支持，并提出了许多宝贵的建议，在此一并向他们表示衷心的感谢。

作者水平有限，书中不当之处难免，敬请专家和读者批评指正。

朱崇利

2019 年 2 月

目 录

第一章 概述 1

1.1 桥的历史 1

1.2 常见的桥梁建设材料 4

1.3 常见桥型 6

1.4 桥梁的组成 13

1.5 桥梁的主要尺寸参数和术语名称 16

第二章 拱桥基础 27

2.1 拱桥的历史 27

2.2 拱桥的发展趋势及特征 34

2.3 拱桥的主要类型 36

2.4 拱桥的构造 42

2.5 组合结构 59

2.6 弹塑性理论分析 62

2.7 极限平衡理论 70

第三章 拱桥设计基础 72

3.1 桥梁设计概述 72

3.2 拱桥设计要素 92

3.3 组合结构拱桥关键部位构造设计 98

3.4 组合结构的相关计算 101

3.5 桥梁建筑的"绿色设计" 113

3.6 工程设计计算实例 119

第四章 拱桥施工基础 142

4.1 桥梁施工图的识读 142

4.2 桥梁施工准备 156

4.3 桥梁施工测量 160

4.4 桥梁施工的常用设备 168

4.5 拱桥施工方法 184

4.6 桥梁工程质量管理 193

4.7 工程施工实例 197

第五章 物探技术在拱桥工程中的应用 208

5.1 拱桥的病害与加固 208

5.2 物探技术在拱桥工程中的应用 214

第六章 桥梁工程的发展前景 233

6.1 我国桥梁存在的问题 233

6.2 我国桥梁工程的发展前景 237

附录一 常见截面抗压强度值 240

附录二 道桥施工通用的 100 条规范 247

参考文献 255

第一章 概述

1.1 桥的历史

每当人们谈起古代的桥梁，立刻想到古罗马（图1-1）和中国（图1-2）。中国可以说是桥梁的先驱，我国早在原始社会就出现了独木桥和数根圆木并列垒积的木梁桥。远古时，河两岸的居民往往只能隔岸相望，好多老死不相往来。偶然的机会，风吹树断，横卧于小河两岸，天然的"独木桥"诞生了，以及岸两边纠缠环绕在一起的藤萝杂枝而形成的"悬索桥"等等，凭借它们，两岸人的团聚得以实现。自然形成的桥还有如地壳运动等原因天然形成的横跨瀑布上的浙江天台山石梁桥、江西贵溪的天然仙人桥等。当初的桥，只是搭在小河两岸、沟壑山涧上的一些独木桥（桥之所以始称"梁"，也许便是因这种横梁而过的原故），或在淙淙的溪流中，略浮出水面的一串简易的"跳墩子"式的"汀步桥""踏步桥"。随着社会生产力的不断发展、不断进化，不同时代各种各样的跨空桥梁应运而生。

图1-1 古罗马嘉德石拱桥（公元14年） 　　图1-2 中国河北赵州桥（公元605—618年）

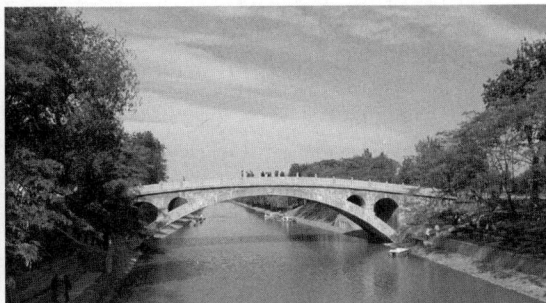

从原始社会的就有独木桥（图1-3）、汀步桥（图1-4）及数根圆木拼接而成的梁桥，到三千年前的周文王时期，出现在地形开阔，河道窄浅上的木梁桥、河道宽深、水流湍急的河面上的大型浮桥，开启了人类桥梁的萌芽创立阶段。战国时期铁器问世，开采砖石料。秦汉时期的国人不仅发明了建材砖料，而且还创造了砖石材料构成的拱券结构，砖石结构体系的拱券结构的创建，拓宽了建筑选材的范围，推动了桥梁建设的一次重大革命，迎来了我国建筑史上快速的发展时期，坐落在咸阳附近的多跨木梁柱渭水三桥、石拱桥的竞相创建。从史料上看，

浮桥、索桥、梁桥和拱桥，这四大基本桥型约在东汉时期已全部产生。这四大基本桥型（梁桥、浮桥、索桥和拱桥）的全部形成，使得秦汉时期成为我国桥梁史上最璀璨夺目的创建发展阶段。

隋唐时期（主要以唐宋为主，包括两晋、南北朝和隋、五代）国力更加强盛，是当时世界上最先进的国家。经济技术的快速发展，推动刺激桥梁的发展，迎来了桥梁建筑史上的辉煌时期。许多举世瞩目的不朽的桥梁作品相继问世，如隋代石匠李春首创的领先世界大约七个世纪的敞肩式石拱桥——赵州桥（公元 605 年、跨度 37.02 m），北宋守卒子发明的叠梁式木拱桥——虹桥，北宋创建的用筏形基础、植蛎固墩的泉州万安桥（如图 1-5 所示），南宋的石梁桥与开合式浮桥相结合的广东潮州的湘子桥等古代举世瞩目的桥梁辉煌作品相应面世，印证了隋唐及宋时期是中国古代桥梁发展的颠峰时期，也显示了古老天朝的繁荣。

图 1-3　独木桥　　　　　　　　　　　　　图 1-4　汀步桥

元明清时期，虽然也出现了一些像明代江西南城的万年桥、贵州的盘江桥、明代万历年间的五孔联拱的放生桥等世纪名桥，但技术上没有什么大的创新和突破，这一时期主要成就是对一些古桥进行了修修补补，虽然元、明、清三朝，桥梁技术上几乎没有什么创新，但留下了大量宝贵的建桥设计施工技术文献资料，这一时期它称为桥梁发展的饱和阶段。

从鸦片战争到新中国成立的近代中国，这一段时期桥梁主要是由外国人建造，国内桥梁建设基本处于停滞发展时期，期间主要有茅以升主持兴建的杭州钱塘江大桥。1881 年，随着我国第一条铁路通车，迎来了我国桥梁史上的又一次技术革命。

新中国初期向苏联学习阶段，50 年代武汉长江大桥的建成通车及 60 年代南宁邕江大桥建造，为中国桥梁的设计、施工积累了大量技术人才。六七十年代大量圬工拱桥面世，为农村地方经济的发展作出了不可磨灭的贡献。80 年代随着改革开放经济的快速发展，桥梁建设也步入快车道，桥梁技术也日新月异，各种桥型也不断问世。20 世纪末到 21 世纪初，通过改革开放初期的不断赶追，逐渐走向世界桥梁的强国之林，四川万县长江大桥的建成，标志我国桥梁建设也处于世界领先水平。

18 世纪的欧洲较东方率先进入工业革命时期，从根本上改变了西方文明历史，也促进了大规模的基础桥梁建设。如不列颠尼亚箱梁桥（跨度141 m，1850年）仍散发着西方工业文明的气息。1870年以前，世界桥梁仅为木料、石料结构的一百米内小跨桥梁，在19世纪初英国熟铁链杆桥的曼内海峡桥主跨长177 m为当时世界之最，19世纪末20世纪初英国建成福斯海湾桥主跨达521m，成为当时世界桥跨最大记录。20世纪初，西方工业空前发达。30年代美国的悬索桥，如纽约、华盛顿桥（1931年、跨度1 067 m）、旧金山金门大桥（1937年、跨度1 280 m）；50年代德国的斜拉桥，如杜塞尔多夫北桥（1957年、跨径476 m）；60年代日本、丹麦兴建的跨海大桥，如长岛海峡、厄勒海峡；好多名桥主跨长度都突破了1 000 m大关，经济的实力影射了其桥梁领域的垄断状况。

图1-5 万安桥   图1-6 美国金门大桥（1937年）

现代新技术设计要求更高技术的施工、监控、管理，同时也对材料的防护要求和耐久性越来越高。设计行车舒适性、行车速度要求的提高，导致一些在荷载作用下性能不好的桥型的淘汰。"大跨、轻质、高强"作为当代桥梁建设的技术发展新目标。主材料逐渐采用当代高科技含量的高韧性、高强度钢材和抑振合金材料、混凝土材料考虑采用亚纳米、水溶性聚合物、加入有机纤维等提高强度与耐久性，大力发展新型预应力材料及施工工艺。而施工技术的不断发展和轻型材料的广泛应用使得更多大跨径桥梁不断涌现。桥梁设计时，对桥梁的抗灾、抗风问题愈来愈重视，也更注重桥梁和周边景观的协调。我国目前在大跨径桥梁的设计、施工以及在新型建筑材料等方面总体上处于世界领先水平。我国今后还会在长江、海湾修建更大跨径的悬索桥，但我国已建成的几座悬索桥的钢箱梁桥面铺装，都存在一些问题。我国应进一步研究钢箱梁桥面铺装材料、清洁、钢箱除锈、铺装的粘结、侧向稳定问题（即宽跨比不宜过大）、地锚过大（悬索桥）以及施工工艺等方面；解决材料强度和强度密度比（材料轻型化）、高塔（主跨1/5~1/4）和长索带来的一系列空气动力、制造、运输、安装、索保护及其他尚未能预见的问题。主跨3 300 m墨西拿海峡大桥已设计完成，标志着人类的桥梁技术步入登峰造极水平。理论跨越能力可达到5 000 m、10 000 m。

桥梁是一个国家或地区科学技术、历史文化、经济实力、生产力发展等综合国力的体现。

桥梁是人类社会发展的标志性建筑，是人类社会发展一座不朽的历史丰碑。建国以来，我国桥梁建设进入了一个赶超世界先进水平的快速发展期，如图 1-7 所示的北京立交桥、图 1-8 所示的港珠澳跨海大桥，新世纪掀起新一轮跨海大桥建设的热潮，跨越大江大河的桥梁建设方兴未艾，每年都创造者新的篇章。

图 1-7　北京立交桥　　　　　　　　　图 1-8　港珠澳跨海大桥

1.2 常见的桥梁建设材料

常见的桥梁建设材料主要有泥、木、石、砖、竹、混凝土、藤、铁、盐、冰、纸、玻璃、钢桥、钢筋混凝土、预应力钢筋混凝土等等，其中砖、石、混凝土又合称圬工。

木桥，是用木料建造成的桥梁。问世时间最早，制造结构简单方便，可就地取材，小跨度可做成梁式桥，大跨度做成拱桥等。由原始社会天工合成的独木桥，到秦汉以前几乎所有桥梁都是木桥。约商周时出现渭水浮桥迎亲的盛大场景。木桥缺点是消耗大量木材、容易变形腐朽、维修养护费用大、且容易引起火灾，通常用于临时性桥梁或者林区桥梁建造。

石桥和砖桥，用砖、石建造的桥。砖桥不常见，而石桥非常多。人类早期主要是木桥，但因木材自身属性易腐以及受限于强度等方面的影响，石桥和砖桥通常出现抗压为主的拱式结的构砖拱桥、石拱桥等。由于石料抗压强度较高，取材方便，故石拱桥多用在公路和铁路桥梁中。秦汉之后主要为木石混合桥梁或石砌桥梁所替代。如春秋战国时的石墩木梁跨空式桥，西汉时的石柱式石梁桥，东汉时的单跨石拱桥，世界上第一座敞肩式单孔弧形石拱桥诞生于隋朝，唐朝时的船形墩多孔石梁桥。宋朝时的泉州洛阳桥和平安桥等出名的石梁桥，北京芦沟桥和苏州宝带桥等著名的大型石拱桥。

混凝土桥，用混凝土建造的桥。这种桥通常出现抗压为主的拱式结的素混凝土拱桥。砖、石、混凝土桥又合称圬工桥。

竹桥和藤桥，主要在西南山区，早期的竹藤主要用于索桥，及后来的竹浮桥和竹板桥等，如图 1-9 和图 1-10 所示。

图 1-9 竹桥

图 1-10 藤桥

铁桥，古时在唐朝时出现的铁索桥和铁柱梁桥等。而现在铁桥随处可见（如图 1-11 所示）。

钢桥，是桥跨承重结构用钢材建造的桥梁。钢材强度高，结构性能优越，表观密度和容许应力之比值较小，因此钢桥跨越能力比较大。钢桥的建造构件生产加工最合适工厂化，方便运输和安装，施工进度快，且方便后期修复和更换，但是钢材易锈蚀且养护费用高。

盐桥和冰桥，主要出现在特殊的地区。

钢筋混凝土桥，是用钢筋混凝土建造的桥梁，通常又称为普通钢筋混凝土桥。钢筋混凝土桥沙石等粗骨料可以就地取材，维修养护方便，行车噪声比较小，桥梁设计使用寿命长，施工工业化和机械化程度高，钢材用量与养护费用均少与钢桥，但施工难易度和速度方面不及钢桥，且自重大，其跨越能力低于钢桥。

预应力钢筋混凝土桥：是用预应力混凝土建造的桥梁。预应力钢筋混凝土桥梁是利用钢筋或者钢丝（索）预张力的反力，它可使混凝土在受载之前预先受压，其中全预应力混凝土是在运营阶段不出现拉应力，部分预应力混凝土是在运营阶段有拉应力但没有出现裂缝或者控制裂缝在容许的宽度内。预应力钢筋混凝土桥能合理利用高强度混凝土与高强度的钢材，达到优势互补，改善了桥梁结构受拉区的工作性能，提高了结构的疲劳破坏，从而可提高结构的刚度与耐久性，进而可以减少钢材的用量，减轻了桥梁结构的自重，增加了桥梁的跨越能力；在使用荷载的阶段，具有较高的承载能力，施工中可采用悬臂浇筑法或悬臂拼装法，不影响桥下的通航或交通状况；便于装配式混凝土结构的大力推广。但它施工工艺难度大、质量要求高及需要专门的技术设备。

玻璃桥，主要在景区出现，如天门山玻璃栈道、张家界大峡谷玻璃桥（如图 1-12 所示）、石牛寨玻璃桥、狼牙山玻璃桥、上海金茂大厦玻璃步道等。

图 1-11　钢桥

图 1-12　张家界大峡谷玻璃桥

1.3 常见桥型

根据规范要求，桥梁可以按体系分类、按跨径分类、按桥面位置分类、按主要承重结构所用的材料、按跨越方式分类、按施工方法分类分类等。按结构体系分类是根据桥梁结构的受力构件为基本依据，可分为梁式桥、拱式桥、刚架桥、斜拉桥、悬索桥等类别，和根据桥梁结构外观分成梁式桥、拱式桥、索桥、浮桥相对应。

1. 梁式桥

梁桥，又称为平桥、跨空梁桥，桥墩上面水平距离承托架梁铺板的桥，它外形平直。古代梁桥有木、石或木石混合等不同材料，先秦时期梁桥的桥墩都是用木柱做成，但由于木柱木梁结构易腐烂变质等弱点，使它不能适应时代的发展。秦后期出现了石柱木梁桥，如秦汉时建成的渭桥、灞桥等多跨梁桥。随着汉代时桩基技术的发明及石桥墩的出现，木石组合的桥梁越跨较宽大的河道且能经受住汹涌洪浪的冲击的能力得以实现，但防止石墩上的木梁经受风雨的侵蚀，于是桥上建起了桥屋的廊桥应运而生，廊桥多见于雨水地区的南方。而由于中小型的石梁或石板桥的构造简单，材料耐久，维修方便，在乡村发展十分迅速，尤其在福建沿海地区创造了许多大跨径的石梁桥。现在主要材料为钢筋混凝土、预应力混凝土。在竖向荷载作用下，梁（板）是主要以承受弯距为主受力构件，墩台以承受压力为主，其中主梁可以是桁架梁（空腹梁）或者实腹主梁，实腹梁一般用于小、中跨度的梁桥，而由于桁架梁自重较轻，且能充分利用桁架杆件承受轴向力，跨越能力较大，桁架梁一般用于大跨梁桥。实腹梁由于用料较多不够经济，桁架梁虽然能较好地利用杆件的材料强度，但桁架梁的构造复杂、制造费用较高。桁架梁通常用钢材制作、预应力混凝土或钢筋混凝土制作，实腹梁通常用钢筋混凝土、预应力混凝土制作及用钢材做成钢钣梁或钢箱梁。

梁桥是我国历史上出现最早且应用最广的一种桥型，如始建于南宋绍兴八年（1138 年）

前后历经 14 年建成的安平桥（如图 1-13 所示），桥全长 2 070 m，桥面宽度 3 ~ 3.8 m，以巨型的石板铺架桥面，桥墩有 361 座，用花岗岩条石横直交错叠砌而成，它是我国现存的古代世界最长的梁式石桥（如图 1-14 所示），它也是我国现存最长的海港大石桥。程阳风雨桥又叫做永济桥或盘龙桥，它位于广西壮族自治区柳州市三江县城古宜镇之北面大约 20 km 处，是广西壮族地区的众多具有侗族韵味的风雨桥之中最出名的一个，是侗寨风雨桥的代表作，也是目前保存最好、规模最大的一座风雨桥。程阳风雨桥是横跨林溪河的木石结构大桥，为石墩木结构的楼阁式建筑，主要由木料和石料建成。程阳风雨桥建于 1912 年，桥全长 64.4 m，宽度 3.4 m，高度 10.6 m。程阳风雨桥是集桥、廊、亭三者于一体，墩台上面建有 5 座塔式桥亭与 19 间桥廊，亭廊相连接，浑然一体好似一条长廊。程阳风雨桥的建筑让世人感叹之处在于整座的桥梁不用一钉一铆，大小条木的凿木相吻且以榫衔接。全部的结构都斜穿直套，虽然纵横交错却一丝不差。

用钢筋混凝土建造的梁桥可以就地取材、耐久性好、工业化施工，梁桥在设计理论及施工技术上都发展得较成熟。设计中除特大跨度桥梁外，梁桥是设计者优先考虑的结构体系。梁桥结构简单、整体性好且美观、方便施工维修、造价低、适应性强、工期短等优点。但梁桥结构自重比重大，略占全部设计荷载的 30% ~ 60%，且随着跨度增加其自重所占的比重更显著增大，限制了其跨越能力。简支梁桥适宜的最大跨径大约 20 m，悬臂梁桥和连续梁桥合理的最大跨径约 60 ~ 70 m，但随着材料产品质量的不断提高及预应力技术的不断发展，跨径也在不断更新。通常根据主梁的静力体系，梁桥主要的结构形式有悬臂梁桥、简支梁桥、连续梁桥及连续刚构桥等（如图 1-15 所示）。

图 1-13 福建安平桥（南宋 1138 年）

图 1-14 程阳风雨桥

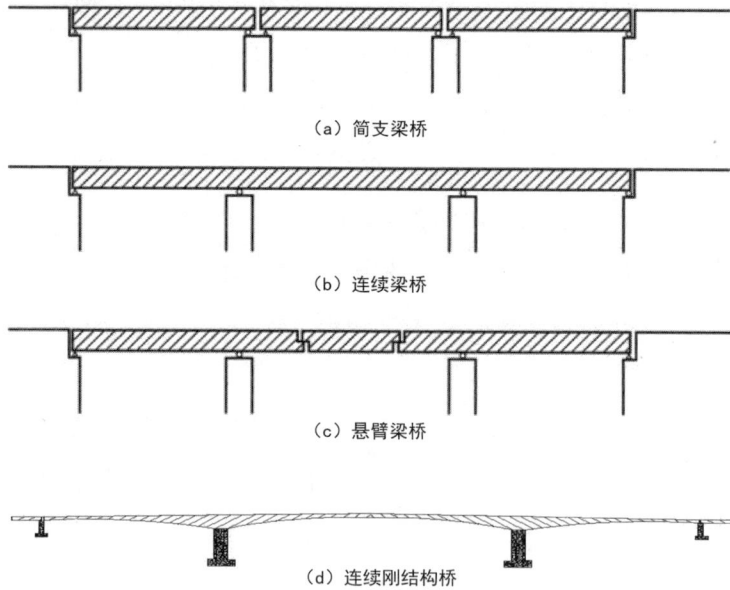

（a）简支梁桥

（b）连续梁桥

（c）悬臂梁桥

（d）连续刚结构桥

图 1-15　梁桥常见形式示意图

连续梁桥，它是两跨或两跨以上连续的梁桥，是超静定体系，在荷载作用时，由于支座处需要承受负弯矩的作用，它对跨中正弯矩有卸载的作用，因此跨中弯矩相对较小，挠度则相应减小，且弯矩的绝对值均较同跨径桥的简支梁小一些。使内力分布状态比较均匀合理，因而梁高可以减小，中间的梁高可以做薄一些，如果是变截面梁高跨中可以做成支点处 1/16，甚至跨中可以达到 1/40。温度和支座沉降会对桥梁结构产生内力及变形，构造较复杂，因此连续梁通常要求地基条件较好。连续梁桥一般是将 3 ～ 5 孔做成一联，在一联内没有桥面接缝，因而行车较为顺适，整体刚度大，跨越能力大，且因为跨中截面的弯矩减小，使得桥跨可以增大，增大桥下净空，连续梁的理论跨径是在 250 m 左右，且由于梁高较低，节省材料。连续梁桥工程施工时，通常先将主梁逐孔架设成简支梁后再转换成连续梁。或者从墩台上向两侧逐段悬伸加长连接成连续梁桥。而在架设预应力混凝土连续梁时，一般在桥梁一端（或两端）路堤上采用了顶推法施工，使梁体逐段顶向桥孔。预应力混凝土连续梁桥是其主要结构形式，在 30 ～ 120 m 跨度内常是桥型方案比选的优胜者。

简支梁桥，由主梁两端分别支撑于一个活动支座与一个铰支座上的梁作为主要的承重结构桥梁，属于静定结构。简支梁桥以孔为单元，相邻桥孔之间各自独立受力，墩台变位对其无影响，支座处只会产生剪力不承受负弯矩，但跨中弯矩较大，相应的挠度也较大，由于一端可以自由变动，不会产生多余的次内力，所以地基变形、温度改变等情况对结构内力不产生影响，只会产生变形，但是各孔不相连续，邻跨之间存在异向的转角，路面存在折角，车辆在通过断缝时会产生跳跃，影响行车的平顺和车速。生活中通常把主梁做成为简支，而把桥面做成连续的铺装形式。施工时可采用自行式架桥机或者联合架桥机把一片主梁一次架设成功。因其构造简单、架设方便、造价低、工期短等特点，是梁式桥中应用最早、使用最广泛的一种桥形结构。但因为随着桥梁跨径增大，主梁内力会相应急剧增大，简支梁桥的支撑条件限制了它的跨径，简支梁通常不超过50 m；简支梁桥通常适用于中小跨径，它方便设计成各种标准跨径的装配式构件，但简支梁桥安全储备低、抗震力较弱，有落梁的危险。

悬臂梁桥，又称为伸臂梁桥，是一端或者两端向外自由悬出的简支梁作为上部结构的主要承重构件梁桥，悬臂梁与连续梁不同之处就是梁两端没有边界条件，属于静定结构。因此分为有单悬臂梁和双悬臂梁两种，其中单悬臂梁是一端的支点伸出的支承一孔吊梁的体系，而双悬臂梁是从简支梁的两端支点伸出构成两个悬臂梁的体系，悬臂梁桥往往在短臂上搁置简支的挂梁，相互衔接构成多跨悬臂梁，有短臂和挂梁的桥孔称为悬臂孔或挂孔，支持短臂的桥孔称为锚固孔。从力学性能上看，结构内力不受地基变形的影响，悬臂梁桥结构优于简支梁桥，且对基础要求较低，适合更大跨径的桥梁方案，但是考虑到悬臂梁桥的某些区段同时产生正、负弯矩，其构造较复杂、每个挂孔端部设有桥面接缝，且悬臂端的挠度也较大，导致行车不够平顺，比简支梁桥没有明显改善；一般主梁的长度较同跨的简支梁长，且随着跨径增大，梁体自重大幅增加，不适宜用装配式施工，只能采用费用大、施工慢的现浇施工。目前已较少采用。

连续刚构桥，它可以看成是墩梁固结体系的一种连续梁桥。通常采用预应力混凝土结构，其中T形连续刚构桥上部结构的受力特点与梁桥类同（承受弯矩，剪力为主），因此把它看成梁桥来一起研究。连续刚构桥跨越能力大，施工难度不大，行车平顺，养护方便，造价不高。

由梁截面形式又可分为板梁、工形梁、T形梁、箱梁等（如图1-16所示），其中箱梁常见的有单箱单室、单箱双室、双箱单室（如图1-17所示）等。它历经先秦时主要是木柱木梁结构，到秦汉时是石柱木梁桥、廊桥等，再到后来的石梁桥。其中木梁桥上通常设置桥廊或者木屋，如程阳风雨桥等。

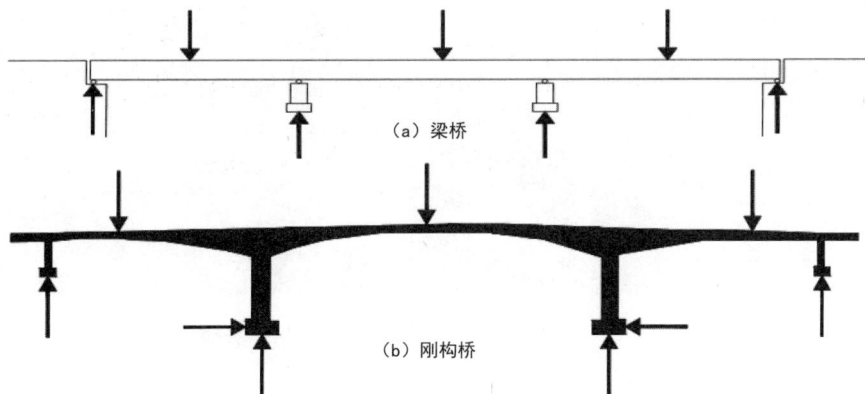

(a) 梁桥

(b) 刚构桥

图1-16 梁桥和刚构桥受力示意图

（a）单箱单室　　　　　　（b）单箱双室　　　　　　　（c）双箱单室

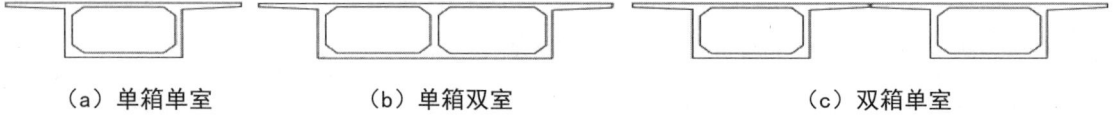

图 1-17　常用的箱形截面

2. 浮桥

浮桥又称为浮航、浮桁、舟桥（如图 1-8 所示），浮桥是指用浮箱或者船只等作为水中的浮动支墩，在浮桥的上面架设贯通的桥面系统达到沟通两岸交通的架空建筑物。又因其常用于军事目的，供人马往来通行的桥，故也被称为"战桥"，古代常用数十百艘木船或竹筏等连锁并列于水面上的，船上铺装木板供于人马往来通行的战桥。如果以跨空和墩台为标志严格意义上的桥，浮桥可能还不算完整意义上的桥。古代在河面过宽及河水过深或者涨落起伏大的地方往往很难架设木石柱梁桥，有需要时通常架设浮桥。浮桥通常系缆于两岸的柱桩等物。由于浮桥施工快速、造价低廉、拆除和架设方便。著名的有隋大业元年在洛阳洛水上第一次用铁链连接船只建成的天津浮桥；清咸丰二年（公元 1852 年），太平军围攻武昌时，一夜之间建成的两座横跨长江的浮桥；南宋乾道七年（1171 年），太守曾汪创建的广济桥，最初为浮桥，由86 只巨船相连结而成的始名"康济桥"，但之后自东西两岸向江心逐墩的修筑，至绍定元年（1228 年），西岸建成了桥墩 10 座，东岸建成了桥墩 13 个座，东西桥建成后，中间仍然以浮舟相连结之，形成了梁桥和浮桥相结合的基本格局（如图 1-19 所示）。广东广济桥为中国乃至世界上第一座启闭式浮桥。目前我国南方一些地区还有许多浮桥。但是它载重量有限，稳定性差，抗洪能力弱，管理维护费用高。因此，浮桥的未来市场有限。

图 1-18　浮桥　　　　　　　　　　图 1-19　广东广济桥（1171 年）

3. 索桥

索桥，又称为绳桥、吊桥、悬索桥等，古时索桥主要用竹索或藤索、铁索等粗绳索材料若干根平铺系紧于岸边屋内所设系绳的立柱和绞绳的转柱，相拼绳索上横铺木板，有些索桥还在两侧加几根绳索作为栏杆。多建于西南水流湍急、深谷险滩地带，如秦李冰在四川成都南郊建造的"夷里桥"，现存著名的建于明清时的四川泸定铁索桥等。四川泸定铁索桥建于清康熙四十五年（1706 年），位于四川省泸定县城大渡河上，全长 103.67 m，宽度 3 m，由桥身、桥台、桥亭等三部分组成。其中桥身是由 13 根碗口粗的铁链组成，左右两边各有 2 根，是桥的护栏，底下并排有 9 根，扶手和底链之间用小铁链相连接，在上面铺上木板即是桥面，全桥约重 40 余吨。泸定桥的两岸桥头古堡为木结构的古建筑，为中国所独有。

现代的斜拉桥主要以梁、索、塔为承重构件，由于索塔上伸出的若干的斜拉索在梁内增加了弹性支承，它减小了主梁高度，大大减小了梁内的弯矩，又充分发挥了材料的作用而增大了桥梁跨径。桥梁受力外荷载从梁先传到索后到索塔。斜拉桥主要出现于中等或大型桥梁。斜拉桥的梁体尺寸较小，斜拉桥跨越能力大，抗风稳定性强于悬索桥，便于无支架桥梁施工。斜拉桥是多次超静定结构，结构受力复杂，索、梁或者塔等的接头连接构造较复杂，施工作业难度较大。斜拉桥是跨径仅小于悬索桥的一种桥型（如图 1-20 所示）。而现代悬索桥主要由主缆、吊索、梁体等构件制成，其中锚固的主缆是主要承重构件，吊索支承加劲梁，桥梁受力外荷载从梁经过系杆先传到主缆索后到两端锚锭（如图 1-21 所示）。悬索桥主要建造材料为预应力钢索、混凝土、钢材，主缆采用受力均匀高强钢材，适用于大型及超大型桥梁，是目前跨径最大的桥型。但悬索桥整体刚度较小，抗风稳定性较差，需要加大的两端锚锭力度，投资费用高，施工难度大。

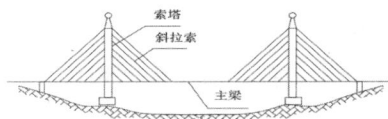

图 1-20 斜拉桥示意图

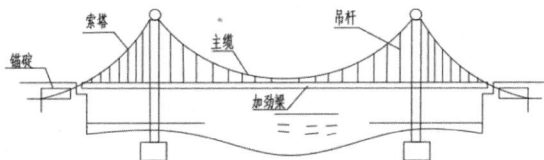

图 1-21 悬索桥示意图

4. 拱式桥

拱式桥在竖直平面内，在竖向荷载作用下，拱圈或拱肋作为主要承重构件的桥梁，主要材料是圬工、钢筋混凝土、木材等（如图 1-22 所示）。拱圈主要承受压力，虽然弯矩相对不大，但桥梁墩台承受较大水平推力，因此拱桥采用砌体材料施工比较好。拱桥的跨越能力较大，拱桥跨径通常从几十米到三百多米都有，目前我国比较常见的跨径钢筋混凝土拱桥为一百多米。它与钢桥及钢筋混凝土梁桥等相比，可以节约大量的钢材和水泥。拱桥相对面世时间较晚，但它构造较简单，却耐久使用，且养护、维修费用少，外型美观。拱桥发展迅猛，在我国随处可见，造型各异，是最富有生命力的一种桥型，时至今天，仍有它广阔的发展空间。但由于它是一种推力结构，对基础要求较高，一般常建于地基良好的地区。对于多孔连续拱桥，为防止一孔破坏而影响到全桥，要采取特殊控制措施或者增加经济投入设置单向推力墩来承受不平衡的推力；针对平原区不提倡拱桥建设，由于拱桥建筑高度比较大，导致和路面的接线工程及桥面纵坡加大，不利于桥面行车。常见的石拱桥有单拱、双拱、多拱之分，常常正中的拱要特别高大，两边的拱要略小一些。拱分单铰拱、双铰拱、三铰拱和无铰拱。混凝土拱桥一般采用无铰拱体系。李春设计的赵州桥是现存最早、最完整和最具代表性的石拱桥。

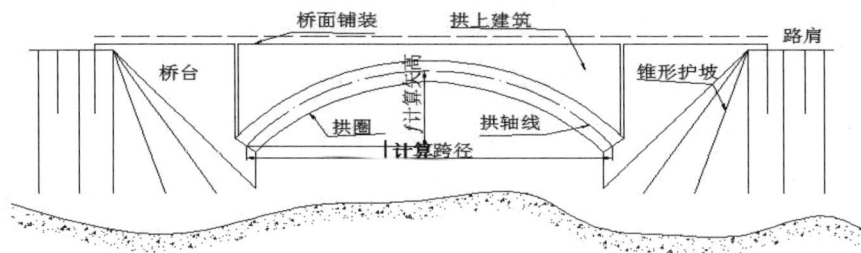

图 1-22　拱桥示意图

5. 刚架桥

刚架桥是介于拱、梁间的一种结构体系，整个体系既是压弯结构，又是有推力的结构。刚架桥的主要特征是梁、柱部分刚结成整体，为主要承重结构，在主梁的端部产生负弯矩，减少了跨中截面的正弯矩，而支座处不仅提供竖向力还要承受弯矩，其受力状态处于拱桥和梁桥之间，为超静定结构，它会产生次内力。桥型高度较小、跨度适宜于中小跨度，常用于需要较大的桥下净空与建筑高度受限制的情况下，它的主要材料为钢筋混凝土。形式主要有斜腿刚构、T 形刚构、门式刚架等，如图 1-23 所示。国内刚构桥主要是 T 形刚构。由于刚架桥的桥下净空大于拱桥，在同样净空要求下可修建较小的刚架桥跨径。刚架桥一般用于跨径不大的公路高架桥和立交桥或城市桥。常见的有带挂梁的 T 形钢构桥和带剪力铰的 T 形钢构桥。桥下净空较大视野开阔，钢筋的用量较大、混凝土用量少，基础造价较高。

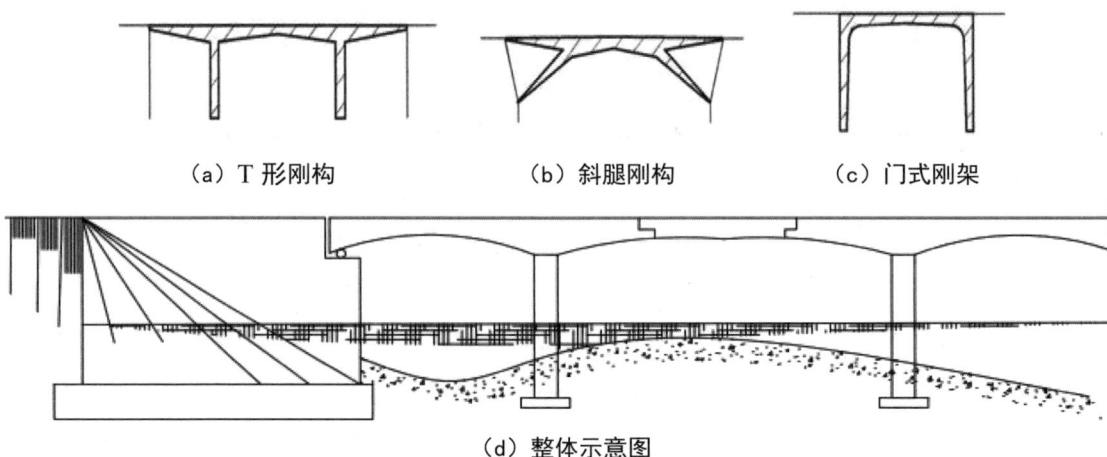

（a）T 形刚构　　　　　　（b）斜腿刚构　　　　　　（c）门式刚架

（d）整体示意图

图 1-23　刚架桥简图

6. 组合体系桥

拱、梁、吊索三种结构体系组合而成的桥梁，其中最典型的有系杆拱桥等。

系杆拱桥主要由主梁、拱圈和吊杆组成，梁、拱相互作用减小了水平推力，吊杆拉力减少了梁中一部分弯矩。系杆拱桥组合体系桥型优美，受力结构合理，适用跨径较大，目前被生产实践广泛利用。

7. 天桥

天桥又称为"飞阁"、阁道、复道等。在古代，天桥主要用于宫殿楼阁间的通道，"乃于宫西跨城池作飞阁通建章宫，构辇道以上下。"古时皇宫阁楼间以阁道通行，相对于地下道又称复道。秦始皇时期建设的阁道，车行桥下，人行桥上，人车分流，堪称我国最古老的立交桥。

8. 曲桥

曲桥又称为园林桥，曲桥通常由石板和栏板构成，它是园林中特有的桥梁，它是园林中建造专为游人游玩赏景的通道。"曲径通幽"，所以园林中桥梁折角颇多，折线来回摆动，回首顾盼，延长风景线，增添了景观画面的效果。

1.4 桥梁的组成

桥梁的组成目前有传统的说法和现在的提法两种不同的分类。桥梁结构立面示意图如图1-24所示。

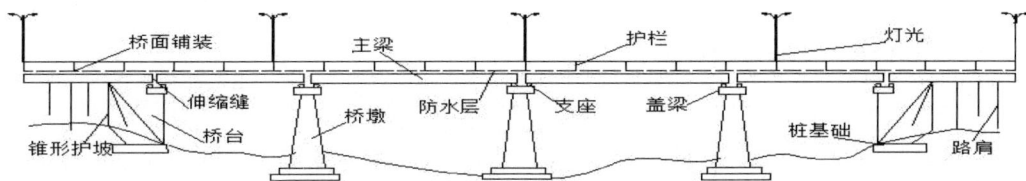

图 1-24 桥梁结构立面示意图

1. 传统的说法

桥梁主要由桥跨结构、墩台、基础及附属工程等部分组成或者由上部结构、下部结构和附属结构等组成。桥跨结构又叫上部结构，桥跨结构是桥梁的主要承载结构，它包括桥面体系和承重体系两部分。承重体系主要指板、梁、拱圈等结构，它主要是用来跨越障碍、承受结构自重和车辆荷载等；桥面体系主要指桥面铺板装及桥上的灯柱、栏杆（护栏）、伸缩缝、排水设施等附属结构。下部结构，即墩台、基础等组成部分。下部结构主要是用来支承上部结构，把上部结构荷载传递给地基。附属结构包括位于桥台侧墙的桥头锥坡、抵抗土压力的挡土墙、抵御水流冲刷河岸的护岸等。但随着桥梁新型、大跨、轻质和美观等方向发展，传统提法的局限性逐渐显露。

2. 现在的提法

桥梁分成"五大部件"和"五小部件"。

"五大部件"是指桥跨结构、支座系统、桥墩、桥台、墩台基础等五个部件。

它是桥梁承受荷载的桥梁上部结构和下部结构，是桥梁结构的基本组成部分，它是桥梁安全的保证。

（1）桥跨结构又称为桥孔结构或者上部结构。它是跨越山谷、江河等障碍物的部分。

（2）支座系统，把上部结构荷载传递于桥梁墩台的部分，它要保证桥跨结构在温度、荷载等条件作用下的位移功能。

（3）桥墩（台），支撑桥跨结构及上面荷载的部分；桥台，位于桥梁的首尾两端；桥台自身一端与路堤相衔接，另一端则支撑桥梁上部结构的端部。

（4）承台，位于基桩顶部，联结各桩顶的钢筋混凝土平台，是柱或墩与桩联系部分，为了分布和承受由墩身传递的荷载。

（5）墩台基础，是将桥梁墩台上面的荷载安全传至地基的结构部分。

通常将桥跨结构和支座系统部分看作是桥跨上部结构，而将桥墩、桥台和墩台基础看作是桥跨下部结构。

"五小部件"是指桥面铺装、排水防水系统、栏杆（或防撞栏杆）、伸缩缝、灯光照明等五个部分。因它一般与桥梁服务功能有关，所以过去通常称为桥面构造。大型桥梁附属结构还有人行道、引桥等设置。

（1）桥面铺装又称行车道铺装

桥面铺装是用水泥混凝土、沥青混凝土、高分子聚合物等材料铺设于桥面板上的保护层。有时也会铺装防水混凝土（在不设防水层的桥面上），而且桥面铺装也是为了分布车轮集中荷载。

（2）桥面排水和防水设施

通常在桥面上设置纵横坡和一定数量的泄水管排水。当纵坡大于 2% 时，泄水管纵向每隔 12～15 m 设置一个，当纵坡小于 2% 时，泄水管纵向每隔 6～8 m 设置一个。桥面防水层应设置于桥面铺装层下面，将铺装层渗透下来的雨水等汇集到泄水管排出，防水层在伸缩缝处也不可切断；防水层纵向应铺过桥台背；横向伸向两侧，从人行道与缘石砌缝里向上伸出 100 mm。

（3）栏杆（或防撞栏杆）

设置于桥梁两边的栏杆，是防止车辆失控，越出桥外，大型的桥梁除了两侧的护栏，而且还有中央栏杆，栏杆不仅是保证桥梁的安全措施，而且又是美化桥梁建筑的功能。

（4）伸缩缝

通常在桥跨上部结构两梁端之间、梁端与桥台端墙之间或桥梁的铰接位置设置缝隙，伸缩缝在垂直桥梁轴线和平行桥梁轴线的方向，均能自由伸缩，以满足桥面变形的要求，使行车不颠簸、顺适。在伸缩缝处，栏杆与桥面铺装都要断开，且防止脏物塞入。

（5）灯光照明

现代城市生活中，城市桥梁通常是一个城市的地标建筑，桥梁一般装置了灯光照明系统，是城市夜景的重要组成部分，照明用灯通常比车道高出 5 m 左右。

桥梁其他附属结构如下。

（1）人行道（如图 1-25 所示），桥梁人行道高度一般设置比行车道高 0.25 ~ 0.35 m，宽度 1 m 以内通常选用 0.75 m 或 1 m，但大于 1 m 的，通常按 0.5 m 倍数逐渐递增，人行道也要做伸缩缝；如果桥梁不设人行道，通常两边设护轮安全带，安全带的宽度要大于 0.25 m，高度为 0.25 ~ 0.35 m。

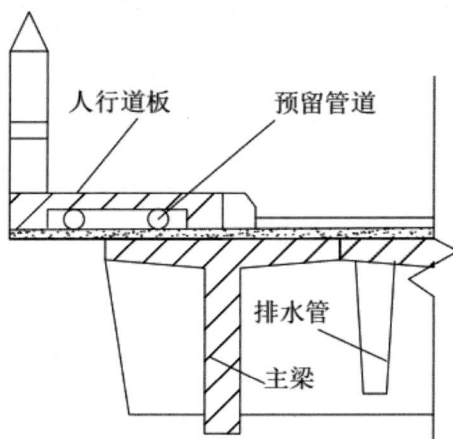

图 1-25　人行道

（2）引桥，位于主桥两端、联接路堤与正桥的桥梁跨段的桥，为了使车辆能平缓的上下桥。

（3）锥形护坡，在路基与桥涵相接处用砖石、水泥等修筑的锥形斜坡，为了保持桥台水土流失和不受河水冲蚀。

（4）挡土墙，主要用来支承路基填土或者山坡土体、防止土体变形失稳的构造物。

（5）路堤，在天然地面上用土、砖石填筑的具有一定密实度的线路建筑物。

（6）防撞岛，是为了避免桥墩遭受船舶撞击而在桥墩周围建造的人工构筑物而设计的产品。通航时孔道跨径时，要考虑防撞岛的宽度。

1.5 桥梁的主要尺寸参数和术语名称

桥梁结构立体示意图如 1-26 所示。

图 1-26　桥梁结构立体示意图

（1）计算跨径（L）：梁桥为桥跨结构相邻两支承点即支座之间的距离，拱桥表示相邻两拱脚截面形心间的水平距离。计算跨径主要用到桥梁结构方面的计算。

（2）净跨径（L_0）：设计洪水位上相邻两个桥墩或者桥台之间的净距，拱桥表示相邻拱脚截面最低点之间的水平距离。

（3）标准跨径（L_b）：梁桥为相邻桥墩中线间的距离，或者桥墩中线至桥台台背前缘间的距离，拱桥表示净跨径。它是表征桥梁跨度的主要指标，而一般单孔跨径是指标准跨径。

（4）总跨径，桥梁各孔净跨径之和。

当桥涵的跨径小于或等于 50 m 时，通常采用标准化跨径。规定桥涵标准化跨径如下所示：0.75 m、1.0、1.25 m、1.5 m、2.0 m、2.5 m、3.0 m、4.0 m、5.0 m、6.0 m、8.0 m、10 m、13 m、16 m、20 m、25 m、30 m、35 m、40 m、45 m、50 m。

桥梁按跨径划分

（5）桥梁全长（L_q）：桥梁两端桥台八字墙尾端间或侧墙的距离；对于无桥台的桥梁则是桥面系长度。

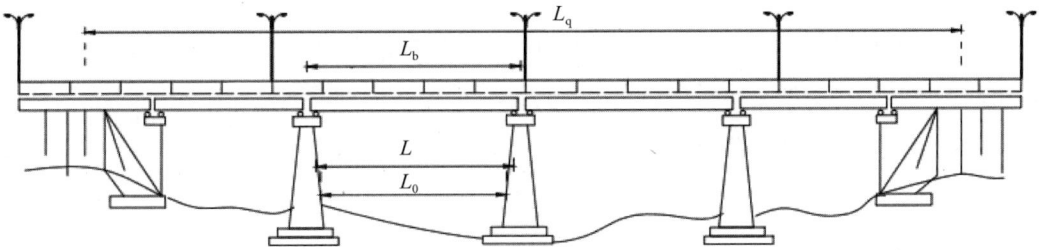

图 1-27 桥梁的常用跨径尺寸参数

（6）桥梁总长，两桥台台背前缘之间的距离。

（7）桥下净空（高）（H）：通常指在桥孔范围内，从设计的通航水位（或设计洪水位）至桥跨结构的最下缘的净空高度，即为了满足桥下通航或行车、行人的需要，对上部结构底缘以下所规定的空间限界。桥下净空高度 H 不能小于因排洪所要求的，以及对该河流通航要求所规定的净空高度。

（8）桥面净空：是指为了满足行车的要求，桥梁行车道、人行道上方应保持的空间界限，公路、铁路、城市桥梁有相应的规定，要满足公路建筑限界的规定：净高，在三、四级公路要求为 4.5 m，汽车专用公路和二级公路要求为 5.0 m；行车道宽一般要求为 7 m，仅在路宽为 4.5 m 的路上要采用 4.5 m。

（9）桥梁高度：又简称桥高，指桥面路拱中心顶点和低水位间的高差，或者桥面与桥下线路路面间的垂直距离。

（10）桥梁建筑高度：桥梁上部结构底缘到桥面顶面的竖直距离。

（11）容许建筑高度：指公路或铁路定线中所确定的桥面或轨顶的标高，对通航净空顶部标高的差。桥梁的建筑高度不能大于其容许建筑高度，反之就不能保证桥下的通航要求。

（12）矢高：拱桥主拱圈从拱顶到拱脚的高差，它是重要的技术指标之一，具体又分为计算矢高和净矢高两种。

（13）净矢高：拱顶下沿与拱脚之间的高差，用 f_0 表示。

（14）计算矢高：指拱轴线上拱顶和拱脚（起拱线）之间高差，用 f 表示。

（15）矢跨比：矢高与跨径之比，设计时通常取净矢高 f_0 与净跨径 l_0 之比为矢跨比或称为净矢跨比，它用于表征拱的坦陡程度，它影响作用主拱圈内力的大小，且影响拱桥的构造不同形式和施工方法的不同选择，同时影响拱桥和周围景观的协调一致。

（16）坦拱：一般的矢跨比小于 1/5，即矢跨比 $f_0/l_0 < 1/5$ 的拱桥称为坦拱。

（17）陡拱：一般的矢跨比大于或等于 1/5，即矢跨比 $f_0/l_0 \geq 1/5$ 的拱桥称为陡拱。

（18）矢度：拱桥中拱圈（或者肋拱）的计算矢高 f 与计算跨径 l 之比（f/l），又称为矢度。

（19）拱顶：拱圈最高处横向截面所在位置。

（20）拱脚：又称为起拱面表示拱圈和桥台、桥墩连接处的横向截面所在位置。

（21）拱背：拱圈的上曲面。

（22）拱腹：拱圈的下曲面。

（23）拱轴线：拱圈各横向截面的形心连线。

（24）起拱线：表示起拱面与拱腹相交的直线。

（25）低水位：指在枯水季节，在江河、湖泊的某一地点，经过长时期对水位的观测后，得出的最低的水位值，称为最低水位，最低水位要指明其时间性，如年最低、月最低、若干年最低或历史最低等。最低水位在航运、灌溉、水工建筑等工程中有重要的不同意义。

（26）最高水位：在江河、湖泊的某一地点，经过长时期对水位的观测后，得出的最高水位值，称为最高水位。因此，最高水位必须指明其时间性，如年最高、月最高及历史最高等。最高水位在桥梁工程和防洪工程设计上具有重要的意义。

（27）设计洪水位：它是桥梁规定的设计计算的水位，在设计桥梁工程时，要确定一个适当的最高的水位作为设计的标准，这个最高水位则称为设计水位。一般取设计洪水频率对应的洪水水位为设计水位。

（28）通航水位：正常航行的水位，即确保通航时的水位，有设计最低与设计最高两种。设计最低通航水位是要确保枯水期航道标准水深的起算水位；设计最高通航水位是要确保桥下净空的起算水位。

（29）伸缩缝：是为了适应材料胀缩的变形对于结构的影响，在结构的端部设置的间隙。

（30）伸缩装置：是为使车辆的平稳通过桥面且满足桥面变形的需要，相应在桥面伸缩缝处设置的各种不同装置的总称。

（31）三向预应力筋：主梁主要受纵向弯矩、剪力和横向弯矩的作用，如图 1-28 所示。而通常说的三向预应力筋就是为了抵抗纵向弯矩、剪力和横向弯矩的三种作用而设置的。

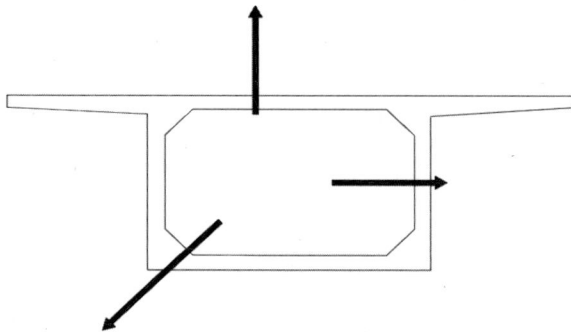

图 1-28　三向预应力筋

（32）桥位地形图：表示经过实地的测量方法测绘出桥位的地方的地物、地貌等的平面位置，且把地面的起伏高度用规定的符号绘制成正投影图。它是桥梁规划设计的重要参考依据，能客观地反映桥梁所处位置及相应的地面情况。

（33）桥位地质剖面图：是根据桥位的岩石的年代、种类、地层、地质构造等地质资料情况，绘制成桥位地质剖面图。它是桥梁规划设计的重要参考依据。

（34）水文资料：一般是指流量、流速、水位、降雨、冰冻、蒸发、泥砂等河流水情变化的记录。它通常包括洪水调查资料、水文站观测资料和文献资料等三方面来源资料，它是进行水文分析与计算的基础。其中主要参照水文站观测资料，而洪水调查与文献作为补充。

（35）气象资料：是在一定的时间内某一地区的大气圈状态的变化记录。它主要包括湿度、温度、云量、降水、气压、蒸发、风速等不同的物理指标及因素。它是进行温度计算与气候分析的基础，它是桥梁计算中不可或缺的组成部分。

（36）拱轴线：拱圈截面各形心点的连线。

（37）压力线：荷载作用下拱截面上弯矩为零（全截面受压）的截面合内力作用点的连线。

（38）恒载压力线：恒载作用下截面弯矩为零的截面合内力作用点的连线。

（39）各种荷载压力线：各种荷载作用下截面弯矩为零的截面合内力作用点的连线。

（40）理想拱轴线：与各种荷载压力线重合的拱轴线。

（41）合理拱轴线：拱截面上各点为受压应力，尽量趋于均匀分布，能充分发挥圬工材料良好的抗压性能。

（42）特大桥：根据行业管理的需要，我国的公路工程技术标准（JTJ 001—97）规定，不代表桥梁工程设计与施工的技术程度，依据跨径大小划分桥梁的一种方法，如果多孔跨径的总长 L 不小于 500 m 或单孔跨径不小于 100 m 的桥梁称为特大桥。如果多孔跨径的总长 L 大于 1 000 m 或单孔跨径大于 150 m 的桥梁称为特大桥。国际上认为称为特大桥的，一般是主跨大于 1 000 m 的悬索桥、主跨大于 500 m 的斜拉桥或钢拱桥、主跨大于 300 m 的混凝土拱桥等，且特大桥还与桥型有关。

（43）大桥：根据行业管理的需要，以我国的公路工程技术标准（JTJ 001—97）规定，不代表桥梁工程设计与施工的技术程度，依据跨径大小划分桥梁的一种方法，如果多孔跨径的总长 L 不小于 100 m 且小于 500 m 或单孔跨径不小于 40 m 且小于 100 m 的桥梁称为大桥。但新规范规定：如果多孔跨径的总长 L 不小于 100 m 且小于 1 000 m 或单孔跨径不小于 40 m 且小于 150 m 的桥梁称为大桥。

（44）中桥：根据行业管理的需要，以我国的公路工程技术标准（JTJ001–97）规定，不代表桥梁工程设计与施工的技术程度，依据跨径大小划分桥梁的一种方法，如果多孔跨径的总长 L 不小于 30 m 且小于 100 m 或单孔跨径不小于 20 m 且小于 40 m 的桥梁称为中桥。但新规范规定：如果多孔跨径的总长 L 不小于 30 m 且小于 100 m 或单孔跨径不小于 20 m 且小于 40 m 的桥梁称为中桥。

（45）小桥：根据行业管理的需要，以我国的公路工程技术标准（JTJ 001—97）规定，不代表桥梁工程设计与施工的技术程度，依据跨径大小划分桥梁的一种方法，如果多孔跨径的总长 L 不小于 8 m 且小于 30 m 或单孔跨径不小于 5 m 且小于 20 m 的桥梁称为中桥。但新规范规定：如果多孔跨径的总长 L 不小于 8 m 且小于 30 m 或单孔跨径不小于 5 m 且小于 20 m 的桥梁称为小桥。

（46）固定式桥梁：根据跨越方式的不同，固定式桥梁是指施工完成后各部分的构件不再拆装或者移动位置的桥梁。

（47）开启式桥梁：根据跨越方式的不同，开启式桥梁是指施工完成后各部分的构件发生转动或者拆装移动位置的桥梁。

（48）漫水桥梁：又称过水桥，根据跨越方式的不同，漫水桥梁是指洪水期间容许桥面漫水的桥梁。

（49）整体式施工桥梁：根据施工方法不同，混凝土桥梁通常可分为整体式施工与节段式施工方法，整体式施工它是指在桥位上面搭脚手架、安装模板，之后现浇成为一体式的结构。

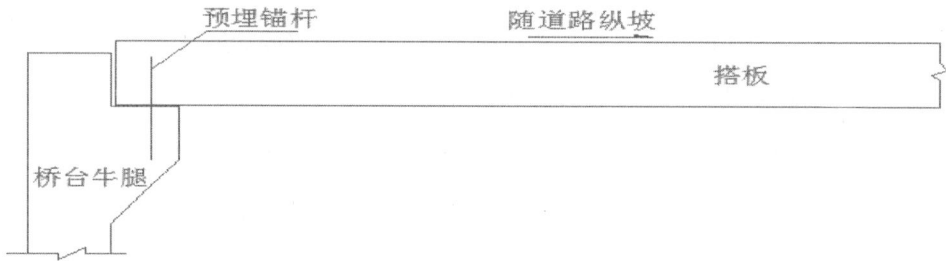

图 1-29　桥头搭板

（50）节段式施工桥梁：根据施工方法不同，混凝土桥梁通常可分为整体式施工与节段式施工方法，节段式施工它是指在工厂、工地现场等地预制加工构件，之后通过运输、吊装到位、拼装成为一体结构；或者是指在桥位上用现代先进的施工方法逐段现浇成的整体结构。该方法主要用于大跨径预应力混凝土悬臂梁桥、连续梁桥、T型刚构桥、拱桥以及悬索桥、斜拉桥等的施工。

（51）建筑工程：为新建、改建或扩建的建筑物和附属建筑构筑物的设施所进行的规划、勘察设计和施工、竣工等各项的技术工作和完成的工程实体。

（52）单位工程：具有独立的设计文件，竣工后可以独立的发挥生产能力或工程效益的工程，并构成了建设工程项目的组成部分。

（53）通缝：砌体中，上下皮砌块搭接的长度小于规定数值的竖向灰缝。

（54）面层：能直接承受各种物理和化学的工程地面表面层。

（55）基体：建筑物的主体结构或围护结构。

（56）给水系统：由管道及辅助设备按照桥梁工程的生产、消防等的不同需要，有组织的输送到达用水地点的网络。

（57）排水系统：通过管道及不同的辅助设备，把桥面雨水及生活和生产过程所产生的污水、废水及时排放出去。

（58）试验压力：管道、容器或设备进行的耐压强度和气密性试验规定的所要达到的压力。

（59）施工质量验收：反映工程满足相关的标准规定或者合同规定的要求，包括安全、使用功能、耐久性能、环境保护等不同方面所有明显的隐含能力的特性总和。

（60）管理与验收文件：工程准备阶段文件、建设工程文件、竣工验收等不同文件。

（61）钻（挖）孔灌注桩施工：正循环用的钻头旋转切削土体钻进，泥浆泵把泥浆压进钻杆顶部泥浆龙头，通过钻杆的中心从钻头喷入钻孔内，泥浆携带钻渣沿着钻孔上升，从护筒的顶部排浆孔排出致沉淀池，钻渣在沉淀池沉淀，泥浆流入泥浆池又循环使用。反循环泥浆泵把泥浆输入钻孔内，然后从钻头的钻杆下口处吸进，通过钻杆的中心排出至沉淀池内。

（62）桩基础：当地基浅层的土质较差，持力土层埋藏的较深，需采用深基础才可以满足结构物对地基的强度、变形与稳定性等要求时，可采用桩基础。

（63）基坑常见排水方法：集水坑排水法和井点排水法。除涉及严重流沙的情况外，通常都可采用集水坑排水法；对于土质较差有严重的流沙现象，地下水位较高且挖基较深，坑壁不易稳定的，用普通排水的方法不好解决时，常用井点排水法。井点排水法要需要设备较多，施工布置较复杂且费用较大，要进行技术经济比选后采用，在桥涵基础中多用于城市内的挖基。

（64）桩基围堰施工：围堰的目的主要是用来防水和围水，有时还起着支撑施工平台与基坑坑壁的作用。围堰要满足以下的要求：围堰内形要适应基础施工的要求，且留有适当的工作面。堰身的断面尺寸要保证有足够的强度与稳定性，使基坑开挖之后，围堰不至于发生滑动、破裂或倾覆；围堰顶高要高出施工期间最高水位的 70 cm，最低不要小于 50 cm，用于防御地下水的围堰要高出水位或者地面 20 ~ 40 cm，围堰的外形要适应水流的排泄，大小不要压缩流水断面的太多，以免壅水过高会危害围堰安全，以免影响通航、导流等情况；对围堰外围边坡的冲刷与筑围堰后引起的河床的冲刷均要有防护措施；围堰要求防水要严密，要尽量采取措施防止或者减少渗漏，以减轻排水的工作；围堰施工一般要安排在枯水期间进行。公路桥梁常用的围堰的类型主要有钢板桩围堰、土石围堰、套箱围堰木笼围堰、竹笼围堰等。

（65）基础的定位放样：放样工作要根据桥梁中心线和墩台的纵横轴线，推出基础的边线定位点，再放线画出基坑的要开挖范围。基坑的各定位点标高和开挖过程中标高的检查，通常要用水准测量的方法进行。

（66）扩大基础：亦称明挖基础，属于直接基础，是把基础的底板设在直接承载的地基上，来自上部结构的不同荷载通过基础的底板直接传递给承载的地基。其施工方法一般是采用明挖的方式来进行的，施工中坑壁的稳定性要特别注意。明挖扩大基础施工方法的内容主要包括基础的定位放样、基坑开挖、基坑排水、基底处理和砌筑（浇筑）基础结构物等不同环节。荷载通过逐步扩大的基础直接传到土质较好的天然地基上，它的尺寸按地基承载力所承受的荷载决定。基础埋置深度与宽度相比很小，属于浅基础范畴。

（67）装配式墩（柱式墩、后张法预应力墩）：桥梁墩台按施工方式的不同通常分为砌筑墩台、现场浇筑墩台、装配式墩台等几种类型。装配式墩台施工主要适用于山谷架桥、跨越平缓的无漂流物的河沟、河滩等不同情况的桥梁，尤其是在工地上干扰多、施工场地比较狭窄，缺水和沙石供应困难的地区，其效果尤为显著。装配式墩台施工的结构形式轻便，建桥的速度快，省圬工，预制构件的质量有保证等等。装配式墩通常有柱式墩、后张法预应力墩两种不同形式，其中装配式柱式墩是将桥墩分解成若干个轻型部件，在工厂或者工地上集中预制，再运送到现场的装配成桥梁；后张法预应力墩包括基础、实体墩身和装配墩身三大部分。装配墩身由基本的构件、隔板、顶板及顶冒等四种不同形状的构件组成，用高强的钢丝穿入预留的上下贯通的孔道之内，张拉锚固而成的。

（68）缆索吊装法：是指在预制场地预制拱肋（箱）与拱上结构，将预制拱肋或拱上结构通过运输车等不同运输设备移运到揽索吊装位置，将分段预制的不同拱肋吊运到安装位置，利用扣索对分段的拱肋进行临时的固定、吊装合拢拱肋、对各段的拱肋进行轴线调整、主拱圈的合拢、拱上结构的安装。

（69）顶推法：顶推法施工是沿桥轴的方向，在台后开辟预制的场地，分节段地预制梁身并用纵向的预应力筋将各节段连成为整体，然后通过水平的液压千斤顶施力，借助滑动的装置，将梁段向对岸方向推进。这样的分段预制，逐段地顶推，待全部节段顶推就位后，落梁及更换正式的支座，完成桥梁的施工安装。顶推法适用于中等的跨径、等截面的直线或者曲线的桥梁。顶推施工依照施工方法分类有单点顶推和多点顶推不同方法。单点顶推，顶推的装置集中于主梁预制场地附近的桥台或者桥墩上，前方墩的各支点上设置有滑动支承。多点顶推，在每个墩台上面设置一对小吨位的水平千斤顶，将集中的顶推力分散于各墩上。由于可利用水平千斤顶传到墩台的反力来平衡梁体的滑移时在桥墩上所产生的摩阻力，从而使桥墩在顶推的过程中承受较小的水平力，因此可在柔性墩上用多点顶推法。同时多点顶推所需要的顶推设备吨位小易获得。

（70）转体施工法：转体施工适合用在单跨和三跨的桥梁，可在深水、峡谷中建桥使用，且也适应在平原区以及用于城市的跨线桥；在河岸边或适当位置，利用地形或者用简便的支架先把半桥预制完成，之后用桥梁结构本身为转动体，使用施工机具设备分别把两个半桥转动到桥的轴线的位置合拢成桥的方法。转体施工根据静力组合不变，它的支座位置即是施工时的旋转支承与旋转轴，在桥梁完工之后，按设计的要求改变支撑情况。转体施工可分为平转、竖转与平竖几何的结合的转体施工。转体施工的主要优势是施工装置简单设备少，容易制作且便于掌握；可以利用地形，方便构件预制；施工期间不影响桥下交通且不断航，也可在跨越通车线路上进行桥梁的施工；节省木材及施工用料；和缆索无支架施工比较，采用转体施工可节省木材 80% 和节省施工用钢 60%；减少高空作业，施工工序简单施工迅速；当主要构件先期合拢后为以后施工带来方便；大跨径的桥梁采用转体施工会取得较好的技术经济的效益，转体重量轻型化、多种工艺的综合利用，是大跨径及特大跨径桥梁的施工有利的竞争方案之一。

（71）悬臂施工法：主要用于钢筋混凝土连续梁桥的施工。悬臂浇筑方法施工简便且结构整体性好，施工过程中可不断地调整位置，通常在跨径大于 100 m 的桥梁上选用；悬臂拼装法施工速度较快，桥梁上、下部结构可以平行作业，但施工精度要求要比较高，可在跨径 100 m以下的大桥梁中选用；悬臂施工法是从桥墩开始的，两侧对称地进行现浇梁段或者将预制的节段对称地进行拼装。前者称悬臂浇筑施工，而后者称悬臂拼装施工，有时也会将两种方法结合地使用。悬臂施工法可不用或者少用支架，施工不影响通航或者桥下交通。悬臂施工的主要特点是桥梁在施工的过程中要产生负弯矩，桥墩也要承受由施工所产生的弯矩，因此悬臂施工适于营运状态的结构受力与施工状态的受力状态较接近的桥梁中选用，如变截面连续梁桥、预应力混凝土 T 型刚构桥和斜拉桥等；采用悬臂施工的机具设备种类多，如挂篮就有桁架式、斜拉式等多种不同类型，要根据实际情况选用；非墩桥固接的预应力混凝土梁桥如采用悬臂施工时要采取一定的措施，使墩、梁临时性固结，所以在施工的过程中有结构体系的转换问题；悬臂浇筑法是用移动式的挂篮作为主要的施工设备，以桥墩为中心对称地向两岸利用挂篮逐段地浇筑梁段的混凝土，待混凝土达到强度要求后张拉预应力束，再移动挂篮进入下一节段的施工。悬臂拼装法是利用移动式悬拼吊机把预制的梁段起吊至桥位，然后用环氧树脂胶及钢丝束预施应力连接为整体。采用逐段拼装，一个节段张拉锚固后再拼装下一节段。悬臂拼装施工法包括块件的预制、运输、拼装和合拢。

（72）有支架就地浇筑：包括浇筑前的检查和混凝土浇筑，浇筑前要对支架和模板进行检查、对钢筋和钢索位置进行检查，对浇筑混凝土前的准备工作进行检查；混凝土浇筑包括确定混凝土的浇筑速度和浇筑顺序。它包括水平分层浇筑、斜层浇筑和单元浇筑法等几种浇筑方法：水平分层浇筑是在一跨全长内要分层浇筑，在跨中处合拢，它适用于跨径不太大的简支梁桥；斜层浇筑是混凝土从主梁的两端用斜层法向跨中处浇筑且在跨中合拢；当桥面较宽且混凝土数量较大时采用单元浇筑法，它分为若干纵横向单元分别浇筑。

（73）支座系统：设置在桥梁上、下结构间的传力与连接装置，如图 1-36 所示。

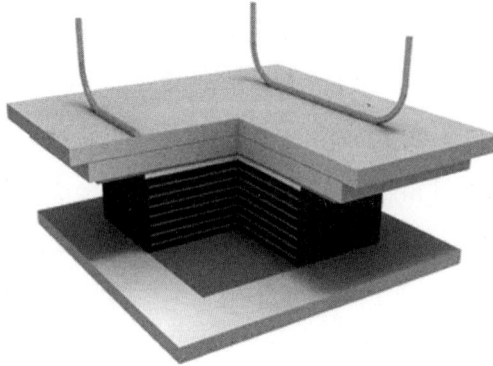

图 1-30　支座

（74）板式橡胶支座：由几层橡胶片与嵌在其间的各类加劲物构成或者仅由一块橡胶板构成的一种支座。它有梯形、长方形、圆形等不同形状。

（75）盆式橡胶支座：橡胶块紧密地放置于钢盆里的大吨位橡胶支座。由于橡胶块受到三向压力的作用，所以支座的极限承载力有所加强。

（76）柱式墩：通常由基础上的承台、柱式墩身和盖梁组成的。它可以减轻墩身的自重，节约圬工的材料，外形美观，刚度与强度都较大，在有漂流物与流冰的河流中可以采用。

（77）柔性墩：在多跨桥的两端设置了刚性较大的桥台，中墩都为柔性墩。即墩体整体的刚度很小，在墩顶水平推力的作用下会发生较大的水平位移。

（78）轻型桥台：钢筋混凝土的轻型桥台是用钢筋混凝土结构的抗弯能力来减少圬工的体积而使桥台轻型化。主要有薄壁轻型桥台与支撑梁轻型桥台。轻型桥台结构自重轻且施工方便。

（79）纵向受力钢筋：主要布置于截面受拉区，要在构造满足的情况下要尽量向下缘靠近，要保证至少有两根纵向受力钢筋通过全截面。纵向受力钢筋常用的有全部锚固在梁端和部分锚固在梁端、部分锚固在梁体等两种布筋方式。

（80）斜筋：主要承受主拉应力，一般在近梁的端部区域由纵向受力钢筋弯起而成的。

（81）箍筋：垂直于梁的轴线布置，主要是承受部分主拉应力，固定纵向的受力钢筋，保证梁截面内的受拉区和受压区的联系。

（82）架立钢筋：根据构造的要求布置，用来架设箍筋，将各种不同钢筋扎成骨架。

（83）预应力钢筋：在预应力混凝土连续梁桥中，预应力钢筋作为主要的受力钢筋，预应力钢筋布束通常采用曲线形，跨中截面钢束布置于靠近梁底的位置，在支点截面由于有负弯矩的作用，钢束应布置在梁顶的附近，以抵抗负弯矩的作用。

（84）横隔梁：对于简支梁桥，通常在跨中、四分点及支点处各设一道横隔梁满足设计要求。横隔梁的高度大约为主梁高度的四分之三，在支点处可同梁高相等。

（85）分车道布置：在桥面上要设置分隔带，用来分隔上下行车辆，因而上下行的交通互不干扰，可提高行车的速度，便于交通的管理。在城市道路与高等级公路中常采用。

（86）双向车道布置：指行车道的上下行交通布置于同一桥面上，上下行交通由划线来分隔，无明显的界限。车辆在桥梁上的行驶速度只能是中速或者低速，对交通量大的道路桥梁往往会形成交通滞流的状态。

（87）洪水流量：泛指汛期时洪水的流量。汛期时洪水的流量要开始逐渐地增加，经过洪峰流量后又逐渐地减少。其值一般要大于年平均流量而又小于洪峰流量。

（88）设计流量：相对于设计洪水频率的洪水流量即为设计流量。

（89）设计洪水频率：设计洪水频率是为了合理地选择设计流量而制定的一个设计的标准。我国交通部门在1981年颁发的《公路工程技术标准》中，统一规定了实际地采用的设计洪水频率。

（90）河床：谷底部分的河水经常流动的地方称为河床。河床由受侧向侵蚀作用而弯曲，经常改变河道的位置，所以河床底部冲积物复杂且多变，通常山区河流河床底部大多为坚硬的岩石或大颗粒岩石、卵石以及由于侧面的侵蚀带来的大量的细小颗粒。平原区河流的河床通常是由河流自身堆积的细颗粒的物质组成。

（91）锥坡：又称锥体护坡，在采用桩式、埋置式、柱式桥台或者桥台布置不能完全挡土时，要保护桥头路堤的稳定防止冲刷，要在两侧设置锥坡。横桥方向的坡度要与路堤边坡一致，顺桥向坡度要根据高度、土质情况及结合淹水情况、铺砌与否来决定。

（92）桥位选择：根据基本的资料选择桥梁的跨河地点即为桥位选择。选择桥位时要从政治、经济、国防等的不同需要出发，要结合当地实际因素，要经过全面的分析研究与经济比较后，从多种方案里选出一个最佳的方案。桥位选择会对桥梁工程造价、稳定、施工与养护有直接影响，且与当地经济发展和群众生活有密切联系。

（93）坡桥：指设置在路线的纵坡上的桥梁。在下列情况下：如大桥和立交的引桥，或在山区跨越较小河流或者山谷时，为使纵坡连续，桥梁往往设置于坡道上。这种桥梁除了需考虑一般荷载之外还要考虑由斜坡引起的纵向推力，通常的梁的一端要设置固定支座。

（94）匝道桥：设置在匝道上的桥梁即为匝道桥。匝道为连接互通式的立体交叉的道路或者不同高度的道路以及相互平行的道路而设的车道。

（95）沉井基础：沉井是井筒状的结构物。它是以井内挖土依靠自身的重量克服井壁的摩阻力后下沉到设计标高，然后经过混凝土封底且填塞井孔，使其成为桥梁墩台或者其他结构物的基础。其特点是埋深可很大，整体性的强稳定性好，能承受较大的垂直荷载和水平荷载，属于深基础范畴。

（96）桥梁极限状态设计：对桥涵结构的设计计算要采用极限状态设计法。即从结构的以下的承载能力极限状态、变形（挠度）极限状态和裂缝形成及开展极限状态三种极限状态出发要保证其可靠性。如结构达到承载能力极限状态时，说明它失去了承载的能力而不能再继续使用。达到变形（挠度）极限状态或裂缝形成及开展极限状态时说明它虽然在强度与稳定上虽然仍可维持，但由于过度的变形而造成结构的使用上受到一定的限制。

（97）地震的基本烈度：表示某一地区地面与各种建筑物受到一次地震影响强弱程度的一个的指标。通常地表的变化现象，建筑物的破坏程度与人体的主观感觉分为若干个等级来确定某一地区的地震的强度。它与震源的距离、地质的情况有关，和本身的强弱并不成比例。地震烈度分为十二级。

（98）影响线：表示单位荷载在结构上移动情况下，结构任何函数（支撑反力某截面的弯矩或剪力，某部分的应力或变位等）不断变化的图形。它是一条折线、直线、或曲线，横坐标表示单位荷载的所处位置，纵坐标表示这个函数得不同数值。

（99）荷载横向分布：绝大多数的梁桥各片主梁由横梁和桥面板连成空间的整体结构，在计算空间结构的内力分布时，要把空间结构的内力计算问题做合理地简化计算，通过简化桥上的荷载在各片主梁之间的分配来计算主梁间内力的分布，这样就可以转化为平面内力的结果问题，这种方法就称为荷载横向分布。

第二章　拱桥基础

2.1　拱桥的历史

拱桥指的是在竖直平面内以拱作为结构主要承重构件的桥梁。它是由伸臂木石梁桥、撑架桥等逐步发展而成。在形成和发展过程中外形始终都是曲的，所以古时常称为曲桥。在古文献中，还用"囷""穹""窦""瓮"等字来表示"拱"。古今中外有名的拱桥遍布各地，在桥梁建筑中占有重要地位，适用于大、中、小跨径地公路桥和铁路桥，更因其造型优美，常用于城市及风景区地桥梁建筑。

中国的木拱桥肇始自宋。宋代张择端的《清明上河图》，在画面高峰处有都城汴京（现河南开封）跨汴水的一座木拱桥，名为虹桥。为了漕运，水中无桥墩，桥采用了宋明道年间（公元1032—1033年）有一守卒子发明地"贯木"架桥，即大木穿插叠架为木拱。虹桥桥跨约18.5 m，拱矢约4.2 m，桥面总宽9.6 m。桥毁于金元之际，几百年来一直认为已是绝唱。近十多年来调查研究发现，随着北宋南迁，在今浙江、福建山区中有数十座古木拱桥，结构与虹桥相类似且有所改进，桥跨增加到35 m左右。如浙江云和梅崇桥，桥建于清·嘉庆七年（公元1802年）。又如浙江泰顺县泗溪溪东桥。桥长41.7 m，跨径25.7 m，矢高5.85 m，桥宽4.86 m。桥上建有美丽廊屋，为了保护木料，两侧钉有蓑衣式木板。桥始建于明·隆庆四年（公元1570年）。泰顺县叶树阳桥竟存世511年（1454—1965）。虹桥等木拱结构为中国所独创，尚有其他别致结构形式竹木拱桥，亦与世界同类桥梁有异。

中国拱桥建筑历史悠久，在古代桥梁中，以石拱桥为主要桥型。无论在山谷、丘陵、平原和水网地区，至今仍存在各种风采石拱桥。中国石拱因南北河道性质及陆上运输工具不同，所以改造不同。北方大多为平桥（或平坡桥），实腹厚墩厚拱。南方水网地区则为驼峰式薄墩薄拱。北京卢沟桥在北京广安门外15 km，跨永定河。桥始建于金·大定二十八年（公元1188年），完工于金·明昌三年（公元1192年）。桥全长212.2 m，共11孔，净跨不等，自11.4 m至13.45 m，桥宽9.3 m。墩宽自6.5 m至7.9 m。拱券接近半圆形。桥墩迎水面有尖端镶有三角铁柱分水尖，背水面为削角方形。桥面上石栏杆共 269 间，各望柱头上，雕刻有石狮。金代原物简单统一，自后历朝改换，制作精良，石狮形态各异，且有诸多小狮，怀抱背负，足抚口嗛，趣味横生。桥上及华表柱上等石狮子，已成为鉴赏重点，亦是统一变化美学原则具体应用。卢沟桥早已列为全国文物保护单位（图 2-1）。南方江浙一带水网地区，以舟行为主。潮汐河流，软土地基，因此即使是石拱桥亦尽量减轻重量建造为薄墩薄拱。桥孔自单孔多到 85 孔（江苏吴江垂虹桥，已塌，尚存残孔 8 孔）。薄拱拱厚最小仅拱跨 1/66.7，而一般拱厚则为 1/20 左右。唐·张继《枫桥夜泊》名诗中现存枫桥（清代建）也是薄拱。薄墩之薄，相邻两拱券拱石相接，特别是三拱薄墩桥，中孔大、边孔小，两岸以踏步上桥。桥成驼峰形，造型美观。如浙江杭州拱宸桥，创建于明·崇祯四年（公元 1631 年），清·光绪十一年（公元 1885 年）重建。中孔净跨 15.8 m，两边孔各为 11.9 m。拱券石厚 30 cm，为拱跨 1/52.7 和 1/39.7。中墩厚约 1 m，合大孔 1/15.8。现存最长多孔薄拱薄墩连拱为江苏苏州宝带桥，宝带桥始建于唐，历代多次重修，现存桥共计 53 孔，全长 316.8 m，中间有 3 孔隆起以通船只，桥宽 4.1 m。桥头建有石狮、石亭、石塔。中国古典园林中亦常见石拱桥，既起交通引路作用，更与园林景色有机结合，或是主景，或是衬景。如扬州瘦西湖中，就是佳作。此桥也是我国现存唯一"五亭桥"。

图 2-1　北京卢沟桥（1189 年）　　　　　图 2-2　江苏五亭桥（1757 年）

　　中国现存最早，并且保存良好是建于隋代公元 595—605 年的河北赵县的赵州安济桥，又称赵州桥（图 2-2）。同类的石拱桥欧洲比中国赵州桥晚了 1 200 年。桥为为空腹式圆弧形石拱桥，拱圈并列 28 道，桥梁净跨长 37.02 m，矢高 7.23 m，上狭下宽总宽 9 m。主拱券等厚 1.03 m，主拱券上有护拱石。在主拱券上两侧，各开两个净跨分别为 3.8 m 和 2.85 m 小拱，以宣泄拱水，减轻自重。桥面呈弧形，栏槛望柱，雕刻着龙兽，神采飞扬。桥史建于隋开皇十五年（公元 595 年），完工于隋·大业元年（公元 605 年），距今已有 1 406 年。安济桥制作精良，结构独创，造型匀称美丽，雕刻细致生动，列代都予重视和保护。

　　拱桥为桥梁基本体系之一，一直是大跨径桥梁主要形式。拱桥建筑历史悠久，20 世纪得到迅速发展，50 年代以前达到全盛时期。拱桥是我国最常用一种桥梁型式，其式样之多，数量之大，为各种桥型之冠，特别是公路桥梁，据不完全统计，我国公路桥中 7% 为拱桥。由于我国是一个多山国家，石料资源丰富，因此拱桥以石料为主。它们大多数是上承式桥梁，桥面宽敞，造价低廉。我国建造拱桥历史要比以造拱桥著称古罗马晚好几百年，但我国拱桥却独具一格。形式之多，造型之美，世界少有。有驼峰突起陡拱，有宛如皎月坦拱，有玉带浮水平坦纤道多孔拱桥，也有长虹卧波、形成自然纵坡长拱桥。拱肩上有敞开（如大拱上加小拱，现称空腹拱）和不敞开（现称实腹拱）。拱形有半圆、多边形、圆弧、椭圆、抛物线、蛋形、马蹄形和尖拱形，可说应有尽有。

我国现存古石拱桥多分布在浙江、江苏一带，且多为三至七边形折边石拱桥。其中较早者为始建于公元936—950年间（晋代）、重建于公元1685年（清康熙二十四年）浙江绍兴谢公桥，它比起公元282年前后地洛阳石拱桥还要晚六七百年。因此有人认为，折边桥只不过是为了便于制造安装而将圆弧拱予以简化，并可提高建桥速度。孔数上有单孔与多孔，多孔以奇数为多，偶数较少，多孔拱桥，如果当某孔主拱受荷时，能通过桥墩地变形或拱上结构地作用将荷载由近及远地传递到其他孔主拱上去，这样地拱桥称为连续拱桥，简称连拱；江浙水乡地三、五、七、九孔石拱桥，一般是中孔最大，两边孔径依次按比例递减，桥墩狭薄轻巧，具有划一格局。造型优美，曲线圆润，富有动态感。

单拱的如建于清乾隆年间（1736年—1795年）北京颐和园玉带桥（图2-4），桥梁位于北京颐和园昆明湖长堤上，拱券呈抛物线形，桥身用汉白玉，桥形如垂虹卧波，宛如玉带，颐和园玉带桥旧名"穹桥"一般俗称驼峰桥，都以形象命名。高拱石桥。颐和园玉带桥的单孔净跨为11.38 m，矢高大约7.5 m，都是用玉石琢成，桥面为双反向曲线，构成波形线桥型。

多孔拱桥适于跨度较大地宽广水面，著名地颐和园十七孔桥，长约150 m，宽约6.6 m，连接南湖岛，丰富了昆明湖地层次，成为万寿山地对景。由于桥孔搭配适宜，全桥协调匀称，自然落坡既便于行人拱桥上下，又利于各类船只地航运。有地桥孔多达数十孔，甚至超过百孔，如1979年发现地徐州景国桥，就有104孔，大约它是明清年间。

多跨拱桥又有连续拱和固端拱，固端拱采用厚大桥墩，在华北、西南、华中、华东等地都可见到，连续拱只见于江南水乡。以承受轴向压力为主地拱圈或拱肋作为主要承重构件地桥梁，拱结构由拱圈（拱肋）及其支座组成。

拱桥可用砖、石、混凝土等抗压性能良好地材料建造；大跨度拱桥则用钢筋混凝土或钢材建造，以承受发生的力矩。按拱圈的静力体系分为无铰拱、双铰拱、三铰拱。

在拱冠与拱端处均设铰拱桥，属于静定结构。优点是对混凝土收缩、徐变、温度变化，以及墩台位移不受影响，适用于地质条件差而要求修建大跨度桥场合。缺点是结构复杂，施工麻烦，维护费用高，整体刚度差，由因三处设置铰，故对应桥面处亦需设置构造缝；拱圈挠曲在铰处急剧变化，因而对行车不利。所以，我国仅在一些较小跨径桥上采用。前二者为超静定结构，后者为静定结构。无铰拱地拱圈两端固结于桥台，结构最为刚劲，变形小，比有铰拱经济，结构简单，施工方便，是普遍采用地形式，但修建无铰拱桥要求有坚实的地基基础。

无铰拱，又称固端拱桥。拱圈两端嵌固在桥墩上而中间无铰拱桥，属于外部三次超静定结构。优点是，较有铰拱桥桥内弯矩分布合理，材料用量较省，结构刚度大，结构简单，施工方便，维护费用少，还可以将拱脚设计在洪水位以下，有利于降低桥面设计标高，具有较好经济与使用效益。缺点是，对混凝土收缩、徐变、温度变化，以及墩台位移最敏感，会产生附加应力，应建设在可靠地基上。拱圈中间无铰而两端设铰与墩台铰接拱桥，属于外部一次超静定结构。其优点是，拱脚处不承受弯矩，较无铰拱桥可减小混凝土收缩、徐变，温度变化，以及墩台位移影响。缺点是，构造较复杂，对应桥面处应设置构造缝，施工亦较麻烦，对地基要求比较高，但较无铰拱对地基要求略低。

图 2-3　河北赵州桥（605—618 年）

图 2-4　北京玉带桥（1736—1785 年）

双铰拱是在拱圈两端设置可转动的铰支承，结构虽不如无铰拱刚劲，在地基条件较差和不宜修建无铰拱的地方，可采用双铰拱桥。三铰拱则是在双铰拱的拱顶再增设一铰，结构的刚度更差些，拱顶铰的构造和维护也较复杂，一般不宜作主拱圈。钢拱桥多数采用上承式或中承式双铰拱形式。无铰拱因必须有坚固的地基，使其应用范围受到限制。世界上跨度超过 300 m 以上的 8 座钢拱桥中，只有一座是无铰箱形肋拱桥，即美国尼亚加拉瀑布上的刘易斯顿 – 昆斯顿桥，建于 1962 年，拱跨 304.8 m。三铰拱因拱顶有铰，变形时有转折点，对高速行车不利，且顶铰构造复杂，维修不便，故只用于较小跨度的钢拱桥。第二次世界大战后，栓焊结构（用高强度螺栓连接焊接构件地结构）逐步得到广泛应用，箱形截面的结构得到了发展。拱桥也不例外。如 1956 年在加纳建成的阿多米桥，为下承式新月形双铰桁拱桥，拱跨 245 m，拱的弦杆采用纵向高强度螺栓连接。捷克斯洛伐克在 1967 年建成的兹达科夫桥，为双铰钢箱拱桥，拱跨为 330 m，两片箱形拱肋支承在伸出 26 m 的钢筋混凝土桥台上。另一座较著名的拱桥为瑞典 1961 年建成的阿斯克勒峡湾桥。该桥的拱肋和拱上立柱均采用管形截面，拱肋为工厂焊接地直径 3.8 m 圆管，在工地铆接而成，拱上立柱为 0.32 ~ 0.75 m 的无缝钢管。因桥址处于海湾口，风速高达 150 km/h，采用管状结构可减少风荷载。桥宽仅 9 m，为保证结构地横向稳定，曾进行了风洞模型试验以确定合理地风荷载。两端的引桥桥墩均采用钢筋混凝土管柱结构，以求全桥协调统一，颇为美观。可惜该桥已于 1980 年 1 月 18 日凌晨在雾中被货轮撞毁。世界上最大跨度的钢拱桥是美国的新河峡谷桥（图 2-5），1977 年建成，拱跨为 518.2 m，全长 921 m，桥面离峡谷底 267 m，桥面为公路 4 车道，是上承式双铰钢桁拱桥。混凝土拱桥是用混凝土代替石料修筑拱圈，其构造形式和石拱桥类同。

图 2-5　新河峡谷大桥（1977 年）

钢筋混凝土拱桥　钢筋混凝土拱桥因铰地构造不易处理，多采用无铰拱，只在小跨度中使用双铰或三铰拱，以上承式或中承式居多。由于混凝土材料的可塑性，它比钢拱桥更易造型装饰，可建成各种造型的拱桥，如多跨的高架峡谷拱桥，不同曲线形（圆弧、椭圆、抛物线、悬链线等）的拱桥，以及脱离石拱桥传统形式的片拱、桁架拱等。按照拱轴线的形式可分为圆弧拱桥、抛物线拱桥、悬链线拱桥。

拱圈轴线按部分圆弧线设置的拱桥。优点是构造简单，石料规格最少，备料、放样、施工都很简便；缺点是受荷时拱内压力线偏离拱轴线较大，受力不均匀。一般适用于跨度小于 20 m 的石拱桥。

拱圈轴线按抛物线设置地拱桥，是悬链线拱桥地一种特例。优点是弯矩小，材料省，跨越能力较大；缺点是构造较复杂，如果是石拱桥则料石的规格较多，施工较不方便。

拱圈轴线按悬链线设置的拱桥。优点是受力均匀，弯矩不大，节省材料。多适用于实腹拱桥，大跨度地空腹拱桥中也常常采用这种线形布置。

按照拱上建筑地形式可以分为实腹式拱桥及空腹式拱桥、组合体系式拱桥。实腹式拱桥是指拱上建筑作成实体结构，拱圈和主梁之间用石料或砌块填充地拱桥形式。优点是刚度比较大，构造简单，施工方便；缺点是随着桥梁跨径地增大，拱桥的自重迅速加大，无法作成较大跨径的拱桥。一般用在跨径较小的拱桥中，常用跨径为 20 ~ 30 m。空腹式拱桥是指拱圈和主梁之间用立柱支撑。其优点是较实腹式拱桥轻巧，节省材料，外形美观，还有助于泄洪；缺点是施工比较麻烦，受力较复杂。一般用在大跨径桥梁中。组合体系式拱桥是指由拱和梁组成主要承重结构拱桥。通常用钢筋混凝土或钢结构建造。兼有实腹式拱桥和空腹式拱桥优点，跨越能力较大。一般用在大、中跨度桥梁中。

按照有无水平推力可分为有推力拱桥和无推力拱桥。无推力拱桥在竖向荷载作用下拱脚对墩台无水平推力作用拱桥。其推力由刚性梁或柔性杆件承受，属于内部超静定、外部静定组合体系拱桥。适用于地质不良桥位处，墩台与梁式桥基本相似，体积较大，只能做成下承式桥，建筑高度很小，桥面标高可设计很低，降低纵坡，减小引桥长度，因此可以节约材料。但是，结构施工比较复杂。有推力拱桥在竖向荷载作用下拱脚对墩台有水平推力作用拱桥。水平推力可减小跨中弯矩，能建成大跨度桥梁。造型美观，城市桥梁一般优先选用，可做成上承式、中承式桥。缺点是对地质要求很高，为防止墩台移动或转动，墩台须设计很大，施工较麻烦。

拱桥按主拱圈的截面形式分类可分为板拱、肋拱、双曲拱、箱形拱、桁架拱。箱形拱主要用于大跨径。重庆涪陵乌江大桥，跨径 200 m，是我国已建成最大跨径箱形拱；跨径 420 m 万县长江大桥于 1997 年 5 月竣工通车，它是当时世界最大跨径钢筋混凝土拱桥（图 2-6）。双曲拱是我国首创并不断改进一种新型钢筋混凝土拱桥，它发源于江苏无锡，遍步各地，最大跨径当推河南前河大桥，跨径 150 m。桁架拱是在软土地基上为了减轻自重、改善拱上建筑与主拱圈共同作用，藉桁架原理逐步发展起来一种轻型钢筋混凝土拱桥，适用于中小跨径桥梁。当采用了预应力措施和悬臂拼装方法，就形成一种悬臂组合桁架拱桥。四川宜宾小南门大桥为跨径 240 m 中承式肋拱，是我国该种桥型最大跨径。刚架拱桥是从简化拱上建筑着眼，利用斜撑将桥面最不利荷载位置荷载传至拱脚，以改善主拱受力，在江苏无锡建成了跨越大运河三座跨径 100 m 钢筋混凝土刚架拱。在我国也建有一定数量下承式钢筋混凝土肋拱，其中有是系杆拱或刚拱刚梁组合拱，后者是跨径 100 m 中承式无铰拱；我国还修建了一些钢拱桥及斜腿刚架桥。

图 2-6　四川万县长江大桥（1997 年）

图 2-7　澳大利亚悉尼港大桥（1932 年）

我国在建造钢筋混凝土拱桥实践中进行了拱轴线优化，混凝土徐变对混凝土拱内力重分布影响、连拱计算、拱桥荷载横向分布、各种形式拱桥设计计算理论创立与完善、组合装配式混凝土拱桥施工控制等研究。为了适应在软土地基上建造混凝土拱桥，提出了组合桥台形式与其计算理论。在拱桥施工方法上也有所创新：如中小跨径拱桥以预制拱肋为拱架，少支架施工为主，或采用悬砌方法；大跨径拱桥则采取纵向分条，横向分段，预制拱肋，无支架吊装，组合拼装与现浇相组合施工方法；此外，在采用无支架转体施工方法建造拱桥方面也有不少成功经验。

20 世纪上半叶，钢筋混凝土拱桥施工方法从费用昂贵落地支架现浇拱肋改成较为经济木制或钢制拱形支架现浇拱肋，既节省了施工费用，又为跨越宽阔深河峡谷开拓了应用范围，使跨度纪录达 264 m。50—70 年代由于成功地采用了悬臂拼装和悬臂灌筑施工方法，大跨度钢筋混凝土拱桥得到进一步发展。如 1964 年建成拱跨 304.8 m 澳大利亚悉尼港格莱兹维尔桥（图 2-7），4 个箱形拱肋和拱上结构（立柱、横梁、桥道纵梁）全部用预制构件拼装；1966 年南斯拉夫用悬臂灌筑法建成拱跨 246.3 m 希贝尼克桥。世界上最大跨度钢筋混凝土拱桥是 1980 年建成拱跨 390 m 南斯拉夫克尔克桥，为上承式无铰拱公路、管道两用桥，拱肋为单箱三室截面，桥面下敷设了 17 条输油管、输水管和工业管道，采用预制构件，悬臂拼装施工。

20 世纪 50 年代以来，中国工业迅猛发展，采用不同材料、不同体系拱桥也得到迅速发展。在铁路拱桥建设中，1956 年建成包（头）兰（州）线东岗镇黄河单线上承式钢筋混凝土肋拱桥，拱跨为 3 孔 53 m。1959 年建成詹（店）东（观）线丹河上承式钢筋混凝土拱桥，拱跨增至 88 m，两者均为两片工字形截面拱肋。中国目前最大跨度钢筋混凝土铁路拱桥为 1966 年建成丰（台）沙（城）线永定河 7 号桥，为单线中承式，拱跨 150 m，拱肋为箱形截面，采用钢拱架拼装施工。在公路、城市桥梁建设中，如 1959 年建成湘潭市湘潭桥，为 8 孔 60 m 上承式拱桥，横向布置 6 片高 1.6 m 工字形拱肋，桥宽 21 m。70 年代后拱桥向更大跨度发展，主要采用预制拼装钢筋混凝土拱桥，如四川省拱跨 150 m 宜宾马鸣溪桥，即采用无支架缆索吊装施工。中国公路上最大跨度钢筋混凝土箱形拱桥为建于 1982 年，拱跨 170 m 四川渡口宝鼎桥（图 3）最大跨度公路钢箱形拱桥为建于 1966 年四川渡口市区金沙江桥，跨度 180 m。1969 年建成渡口密的栓焊桁架拱桥，跨度也是 180 m。在 60 年代，为适应广大农村地区发展农业要求，曾创建一种采用简易机具施工双曲拱桥。该桥型主要特点是：拱圈结构化整为零，采用分段拼装式波形拱肋截面，因其结构简单，制造容易，安装方便，形式轻巧，在公路和城市桥梁中曾一度得到广泛使用。如建于 1972 年的湖南长沙湘江桥，为 8 孔 76 m 的钢筋混凝土双曲拱桥。随着建桥技术的进步，施工机具的改进，起重能力的提高，为求得拼装构件更好的整体性，必然会向较大的拼装单元发展。因此 70 年代后期至今，中国在大跨拱桥中，钢筋混凝土箱形拱占优势，而在中、小跨拱桥中，桁架拱桥颇有发展。桁架拱桥是将拱上结构和拱肋组成桁式结构，常用跨度为 20 ~ 50 m。钢筋混凝土桁架拱桥已达 60 m，如苏州市郊觅渡桥。但预应力混凝土桁架拱桥最大跨度已达 150 m，如 1985 年建成的贵州剑河公路桥，系带悬臂的预应力混凝土桁架拱桥。施工方法和结构型式的丰富多彩，重庆万县长江大桥是 1997 年建成的，跨度

420 m；广州丫髻沙特大桥是2000年建成的，跨度360 m；澳大利亚悉尼港拱桥是1932建成的，跨度503 m；建于2003年的上海卢浦大桥一跨穿越黄浦江，全长约3.76 km，宽28.75 m，主桥是全钢结构，其中主跨跨径达550 m，居世界同类钢管拱桥之首；2009年4月29日，世界第一大跨径拱桥——重庆朝天门长江大桥通车。它超越了上海卢浦大桥（主跨550 m）。重庆朝天门长江大桥位于长江与嘉陵江交汇处，分为主桥、南北引桥、江北桥头立交、弹子石立交和黄桷湾立交以及引道等几大部分。大桥全长4.88 km，主桥跨径552 m，为双层公轨两用桥，上层为双向6车道，下层是双向轻轨轨道。上海卢浦大桥是2004年建成的，跨度550 m（图2-8）。

图 2-8 上海卢浦大桥（2003 年）

2.2 拱桥的发展趋势及特征

1. 特征

拱桥主拱是主要承重结构，将桥面竖向荷载转化为部分水平推力，支承处不仅产生竖向反力，还产生水平推力，使拱弯距大大减小，拱主要承受压力，充分发挥圬工材料抗压性能（图2-9）。拱桥与梁桥不同，从结构受力上，梁桥受弯；拱桥不单受弯还受压，由于结构上受力不同，外型也不一样，梁桥是在纵向一般是平直，而拱桥拱圈都是曲线形。拱桥主要优点有跨越能力较大，充分发挥圬工及其他抗压材料性能；构造简单，技术易掌握，有利于广泛应用；形式多样，外形美观，与周围环境协调；就地取材，充分利用当地圬工和钢筋混凝土等材料，节约钢材水泥，造价较低；耐久性能好，养护、维护费用低。拱桥主要缺点是水平推力大，增加了下部结构工程量，对地基要求较高；跨径较大时，自重较大；上承式拱桥建筑高度较高，城市少用；在连续多孔大、中桥中，为防止一孔破坏而影响全桥安全，需要采取较复杂措施，或设置单向推力墩，增加了造价；适用范围为地基条件好山区，可就地取材，因地制宜发挥拱桥自身优势；城市、风景区、侧重美学要求而选用拱桥；较大跨径桥梁竞争方案，在80～200 m跨径范围，拱桥方案具有竞争力；拱桥跨越能力由几十米发展到几百米，在今后一个较长时期内，拱桥仍然是我国公路桥梁一种主要形式。拱桥和其他桥梁一样，也是由桥跨结构及下部结构两部分组成。

2. 发展趋势

在拱桥发展早期，生产力发展水平十分地低下，其发展十分地缓慢。从当初木拱到石拱，这一时期设计建造拱桥以经验为主、主要是圆弧式拱轴线实腹式拱桥、多为石拱桥，修建于公元 606 年河北赵县赵州桥在跨度方面曾保持记录达 1350 年之久，代表着中国古代石拱桥建造最高成就。文艺复兴时期之后，特别是 18 世纪工业革命以后，科学技术有了长足地进步，数学和力学逐渐在设计中起主导地作用，设计理论臻于完善；结构形式日益多样化，不仅仅局限于上承式实腹拱单一模式，使拱桥表现力更加的丰富；所用建筑材料也不再局限于石材。桥梁建设也逐步开始走上了科学快速发展的道路。国外 18 世纪出现铸铁拱，19 世纪出现钢拱钢筋混凝土拱，国内 20 世纪 60 年代出现双曲拱，70 年代桁架拱，80 年代钢筋混凝土拱，80 年代中期出现刚架拱、桁式组合拱、钢管拱新型组合体系。现代拱桥与古代拱桥结构特征有了很大变化，现代拱桥不仅形式多样化，结构形式是在桥梁纵向上，拱肋线形不是传统抛物线或悬链线，而是一种偏态不对称拱轴线，称为异型偏态拱桥；结构形式是在桥梁横向上，将传统两根拱肋向内倾斜形成提篮拱桥，或将两根拱肋向外倾斜形成蝴蝶拱桥；结构形式则借助于其他结构体系组合，如拱梁组合拱桥、斜拉拱组合桥以及斜靠拱桥等。桥跨跨越能力强。

3. 发展方向

随着我国经济发展，城市桥梁对美观要求愈来愈高。拱桥未来发展趋势以其流畅曲线构造许多造型奇异、景观独特异形拱桥。随着科技进步，在造型、选材、工艺、建造等方面都得到了长足发展。我国拱桥在传承古代文化遗产上，不断推陈出新。材料突破使现代拱桥开始向石拱桥、混凝土拱桥、钢管混凝土拱桥、钢拱桥等多元化方向发展，并取得了令世界为之瞩目成绩。

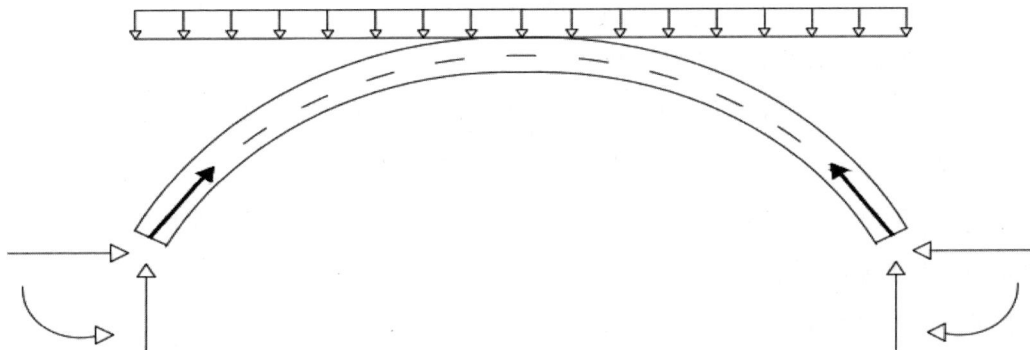

图 2-9　拱轴受力示意图

2.3 拱桥的主要类型

拱桥主要由上部结构、下部结构和附属结构等组成。拱桥上部结构又叫桥跨结构，它主要是用来跨越障碍、承受结构自重和车辆荷载等。拱桥上部结构是桥梁的主要承载结构，它包括主拱圈和拱上建筑组成，其中主拱圈是拱桥的主要承重体系，拱上建筑或叫拱上结构包括桥面体系和主拱圈与桥面间传递压力的填充物或构件。拱上建筑可做成实腹式或空腹式，相应称为实腹拱桥或空腹拱桥。拱桥桥面体系主要指行车道、人行道等桥面铺板装及桥上的灯柱、栏杆（护栏）、伸缩缝、排水设施及砌筑的矮墙等附属结构。主拱圈与桥面间传递压力的填充物或构件主要使车辆能在桥面上平稳的行驶。下部结构，即墩台、基础、拱铰等组成部分，桥台还起到与两岸路堤相连接的作用，使路桥形成一个协调的整体。下部结构主要是用来支承上部结构，把上部结构荷载传递给地基。附属结构包括位于桥台侧墙的桥头锥坡、抵抗填土土压力的挡土墙、抵御水流冲刷河岸的护岸、防撞岛等。拱桥细部构造示意图如图 2-10 所示。

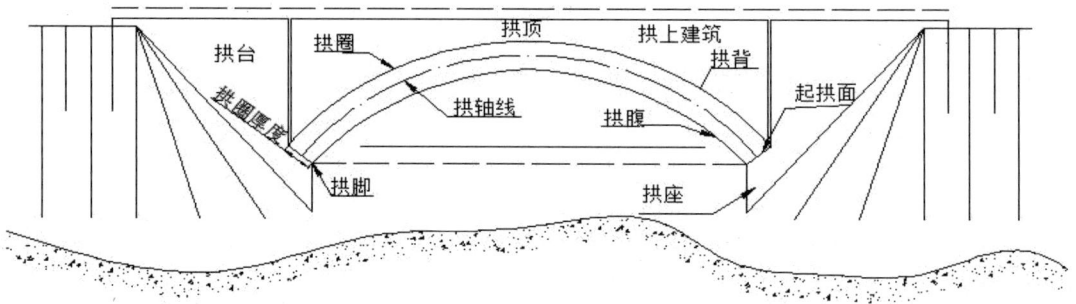

图 2-10　拱桥细部构造示意图

拱桥的主要类型有以下几种分类方式。

按结构体系分，分为简单体系拱桥（三铰拱、两铰拱、无铰拱）和组合体系拱桥（无推力拱桥、有推力拱桥）。

按照主拱圈所使用的建筑材料分类，可分为圬工拱桥、混凝土拱桥与钢拱桥。

按照拱上建筑的形式分类，可分为实腹式拱桥与空腹式拱桥。

按照桥面的位置分类，可分为上承式拱桥、中承式拱桥、下承式拱桥。

按主拱圈的截面形式分类，可分为板拱桥、双曲拱桥、肋拱桥和箱形拱桥。

按拱轴线的形式，可将拱桥分为圆弧拱桥、悬链线拱桥和抛物线拱桥。

1. 按照结构体系（受力）分类

按主拱圈与行车系之间的相互作用性质和影响不同程度，可分为简单体系拱桥、组合体系拱桥和拱片拱不同类别。简单体系拱桥又分成三铰拱、两铰拱和无铰拱等三种情况；组合体系拱桥又分成无推力拱桥和有推力拱桥。

（1）简单体系拱桥

其中简单体系拱桥中的行车系结构不参与主拱的受力，只有主拱以裸拱为主要承重结构。简单体系拱桥又分成三铰拱、两铰拱和无铰拱等三种情况。两铰拱和无铰拱为超静定结构，三铰拱为静定结构（图2-11）。

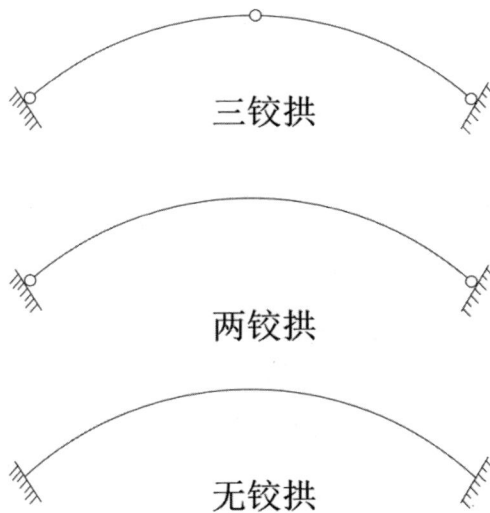

图 2-11 三种拱圈的静力图示

三铰拱在拱冠与拱端处均设铰拱桥，是静定结构。它对混凝土收缩徐变、温度变化和墩台位移不受影响，在地质条件差而要求修建拱桥场合的地方适用。但是结构复杂、施工麻烦且维护费用高，三铰拱则是在双铰拱地拱顶再增设一铰，结构的刚度更差些，拱顶铰的构造和维护也较复杂，一般不宜作主拱圈。三铰拱整体刚度差，而且由于三处设置铰，在相应的桥面处也需设置构造缝；拱圈挠曲在铰处变化剧烈，所以对行车不利，通常只在一些较小跨径桥上采用。无铰拱又称固端拱桥，是三次超静定结构，无铰拱的拱圈两端固结于桥台、桥墩上而中间无铰拱桥，结构最为刚劲，变形小，拱的内力分布比较均匀，材料用量较三铰拱节省；比有铰拱桥内弯矩分布合理，经济，构造简单，施工方便、整体刚度大，实际中使用广泛，是普遍采用的形式，但修建无铰拱桥对混凝土收缩、徐变、温度变化，以及墩台位移最敏感，会产生附加应力，要求有坚实的地基基础，使其应用范围受到限制。一般修建在地基良好处。但超静定次数高，会产生附加内力，但跨径增大附加力影响变小，故钢筋混凝土无铰拱仍是大跨径桥梁的主要型式之一。

钢筋混凝土拱桥因铰的构造不易处理，多采用无铰拱，只在小跨度中使用双铰或三铰拱，以上承式或中承式居多。还可以将拱脚设计在洪水位以下，有利于降低桥面设计标高，具有较好经济与使用效益。

两铰拱：拱圈中间无铰而两端设铰与墩台铰接拱桥，属于外部一次超静定结构，介于三铰拱和无铰拱之间。它拱脚处不承受弯矩，较无铰拱桥混凝土收缩、徐变，温度变化，以及墩台位移影响减弱。构造较复杂，施工亦较麻烦。双铰拱是在拱圈两端设置可转动的铰支承，结构不如无铰拱刚劲，对应桥面处应设置构造缝，对地基要求比较高，但较无铰拱对地基要求略低，在地基条件较差和不宜修建无铰拱地方，可采用双铰拱桥。钢拱桥多数采用上承式或中承式双铰拱形式。

（2）组合体系拱桥

组合体系拱桥是梁和拱组合起来，共同承受桥面荷载和水平推力。组合体系拱桥又分成无推力拱桥和有推力拱桥。

①无推力组合体系拱桥（静定结构）

无推力组合体系拱桥（静定结构），拱的推力由系杆承受，墩台不受水平推力，使用范围较广泛。无推力组合体系拱桥根据拱肋和系杆（梁）相对刚度的大小及吊杆的布置型式可以分为：系杆拱（柔性系杆刚性拱）、蓝格尔拱（刚性系杆预柔性拱）、洛泽拱（双刚性）、尼尔森系杆拱、尼尔森蓝格尔拱、尼尔森洛泽拱。

系杆拱也称为柔性系杆刚性拱，它是具有竖直吊杆的柔性系杆刚性拱。柔性系杆刚性拱组合体系中，系杆的刚度远小于拱肋的刚度。系杆和吊杆均为柔性杆件，可以忽略系杆承受的弯短，通过张拉系杆以抵消大部分拱的推力。从而能发挥材料的特性，减轻墩台负担，使这种体系能应用于软土地基上。这类桥梁适用跨径为 20 ~ 90 m。

蓝格尔拱也称为刚性系杆柔性拱，它是具有竖直吊杆的刚性系杆柔性拱。拱肋的刚度与系杆的刚度相比小得多，可以忽略拱肋中的弯矩，认为刚性系杆不仅承受拱的推力，还要承受弯短，为拉弯组合的梁式构件，而拱肋只承受轴向力，故称为柔性拱。刚性系杆柔性拱的适用跨径可达 100 m。

洛泽拱也称为刚性系杆刚性拱，它是具有竖直吊杆的刚性系杆刚性拱。刚性系杆刚性拱介于刚性系杆柔性拱和柔性系杆刚性拱之间，拱肋和系杆都有一定的抗弯刚度，荷载引起的弯矩在拱肋和系杆之间按刚度分配，它们共同承受纵向力和弯矩，适用于跨径 20 ~ 100 m。

当用斜吊杆来代替竖直吊杆时，称为尼尔森拱，系杆拱（柔性系杆刚性拱）、蓝格尔拱（刚性系杆预柔性拱）、洛泽拱（双刚性）三种拱中的直吊杆用斜吊杆来代替，则相应的三种拱称为尼尔森系杆拱、尼尔森蓝格尔拱、尼尔森洛泽拱。斜吊杆与拱肋和系杆的联结构造稍显复杂，但这种体系与桁架结构相似，与竖吊杆相比，内力分配更均匀，整体刚度更大，可节省材料 10% ~ 15%。

②有推力组合拱桥

有推力组合体系拱桥没有系杆，有单独的梁和拱共同受力，拱的水平推力任由墩台承受。

拱片拱，属有推力拱，仅用于上承式拱桥，行车道系与拱肋刚性连成一整体，上边缘与桥面纵向平行，下边缘是拱形的有推力结构。

2. 按照主拱圈所使用的建筑材料分类

按照主拱圈所使用的建筑材料，拱桥可分为圬工拱桥、混凝土拱桥与钢拱桥。

（1）圬工拱桥

主拱圈采用砌体材料砌筑而成的拱桥，最常见的是石拱桥。用石料建造拱桥，外形美观，养护简便，并可以就地取材，以减低造价。缺点是自重大，跨越能力有限，石料开采、加工河砌筑均需要较多劳动力，且工期较长，一般用于小跨径桥梁。从古至今，我国的石拱桥是世界桥梁建设史上的一绝。

（2）钢筋混凝土拱桥

钢筋混凝土拱桥是用混凝土建造拱桥，包括素混凝土和钢筋混凝土两类。其优点是加工和制造较石拱桥方便，工期短；缺点是由于混凝土抗拉强度很低，故其跨越能力小，且混凝土耗费量大。一般用于小跨径桥梁。

（3）钢拱桥上部结构用钢材建造拱桥类型

其优点是跨越能力大，且自重是三种拱桥中最轻；缺点是结构复杂，由于三铰拱钢拱桥一般不用，所以对地基要求高，造价高，且维护费用高。适用于大跨度桥梁中。

3. 按照拱上建筑的形式分类

按照拱上建筑地形式可以分为实腹式拱桥与空腹式拱桥两种类型。

实腹式拱桥是指拱上建筑作成实体结构，拱圈和主梁之间用石料或砌块填充的拱桥形式。拱上建筑由（拱腹）填料、侧墙、护拱、变形缝、防水层、泄水管以及桥面系组成。实腹式拱桥刚度比较大，拱上建筑构造简单、施工方便；缺点是随着桥梁跨径的增大，填料数量多，拱桥自重迅速加大，无法作成较大跨径的拱桥，一般用于小跨径的拱桥，常用跨径为 20 ~ 30 m。

空腹式拱桥是指拱圈和主梁之间用立柱支撑。大、中跨径的拱桥，特别是当矢高较大时，应以空腹式拱上建筑为宜。空腹式拱上建筑除具有实腹式拱上建筑相近的构造外，还具有腹孔和腹孔墩。较实腹式拱桥轻巧，节省材料，外形美观，还有助于泄洪；空腹式拱桥是施工比较麻烦,受力较复杂。

4.. 按照桥面的位置分类

通常根据桥面的位置不同,拱桥通常分成上承式、下承式和中承式三种不同类型(图2-12)。

(1)上承式拱桥

它的桥面系位于拱圈的上方,它是拱桥的最常见的形式。上承式拱桥的上部结构是一般由主拱圈(肋、箱)与拱上建筑(又称拱上结构)等组成。主拱箱肋是拱桥的主要承重结构,它承受桥上的全部荷载,且通过它把荷载传递给墩台和基础。上承式不仅视野好,且建筑高度大。

(2)下承式拱桥

它是指桥面系位于拱圈的下方。下承式建筑高度较小,且视野差。

(3)中承式拱桥

它是指桥面系位于拱圈的中间。中承式兼有上下承式的不同特点。下承式和中承式拱桥是系杆拱桥常用的形式。

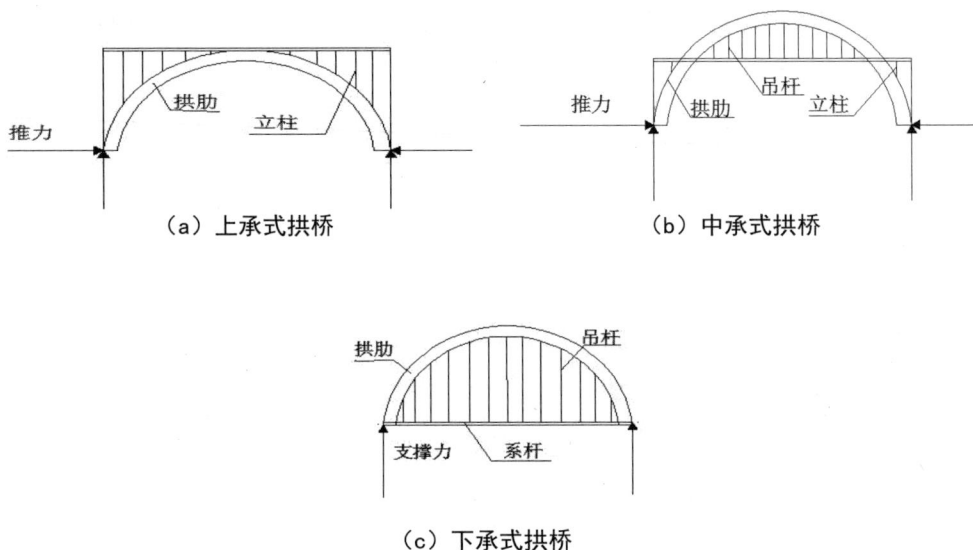

(a)上承式拱桥　　　　　　　　　(b)中承式拱桥

(c)下承式拱桥

图 2-12　拱桥的类型(按照桥面的位置分类)

5. 按主拱圈的截面形式分类

按主拱圈的截面形式可分成板拱桥、双曲拱桥、肋拱桥、箱形拱桥。沿拱轴线的截面又分成等截面或者变截面。

(1)板拱桥,它适用于地基好的中小型拱桥。板拱桥主拱圈是用矩形实体截面的构成的拱桥。板拱桥构造简单且方便施工,使用广泛,自重较大且造价较高。由于在等截面积的条件下,实体矩形截面抵抗矩比其他形式截面的小。所以,通常只有在地基条件较好的中、小跨径圬工拱桥中才用这种板拱桥。

（2）肋拱桥，肋拱桥是由两条或者两条以上分离式的拱肋组成承重结构的拱桥，肋拱之间一般由横系梁相连成的整体（图 2-13）。由于肋拱桥可以用较小的截面面积来获得较大的截面抵抗矩，经济节省，自重较小跨越能力大，因此大、中跨径的拱桥多用肋拱桥。肋拱桥可以用圬工、钢筋混凝土、钢材等不同材料建造。

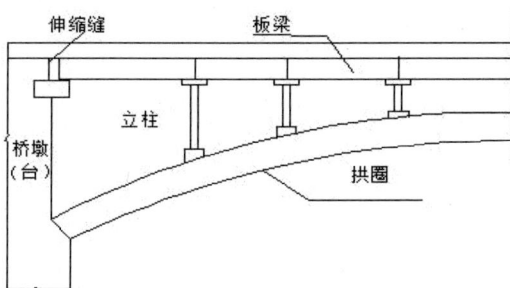

图 2-13　肋拱桥构造

（3）双曲拱桥，双曲拱桥的主拱圈横截面往往由一个或数个横向小拱组成，其主拱圈在纵向和横向都呈曲线形。双曲拱桥一般包括有拱肋、拱波、拱板及横向联系等几部分。双曲拱桥施工的工序繁琐，且组合截面的整体性较差，容易开裂，它一般只在中小跨径桥梁中出现，现在一般很少采用。

（4）箱形拱桥，箱形拱桥的拱圈截面一般由一个或者多个闭口的箱形组成，箱形拱桥截面挖空率大，最大可达全截面的 50% ~ 70%，箱形拱桥截面抵抗矩及抗扭刚度远大于其他形式的拱圈，横向整体性与稳定性好，耐久使用，较实体拱桥可以节约大量的钢材和水泥，特别适用于无支架施工，却且养护、维修费用少，外型美观。

6. 按拱轴线的形式分类

按拱轴线的形式可将拱桥分为圆弧拱桥、悬链线拱桥和抛物线拱桥。

圆弧拱桥的拱圈轴线按部分圆弧线设置的。构造简单，施工方便；但受荷时拱内压力线偏离拱轴线较大，受力不均匀。一般适用于跨度小于 15 ~ 20 m 的小跨径的石拱桥。

悬链线拱桥的拱圈轴线是按悬链线设置的拱桥。空腹式、实腹式拱桥均可采用，弯矩不大，受力均匀，节约材料。大、中跨度拱桥采用最多的拱轴线形布置。

抛物线拱桥的拱圈轴线按抛物线形设置的，弯矩小，是悬链线拱桥的一种特例，节约材料省，跨越能力强；但它构造比较复杂，施工不太方便，适用于矢跨比不大的大跨径各各桥面系拱桥、组合式拱桥和轻型拱桥。

2.4 拱桥的构造

1. 主拱圈的构造

按主拱圈截面形式分为板拱桥、板肋拱桥、肋拱桥、双曲拱桥、箱形拱桥、桁架拱桥、刚架拱桥等。

（1）板拱的构造

主拱圈做成实体矩形截面的，称为板拱，板拱是生活中最常用的截面形式之一。具有构造简单、施工方便，但自重较大，不经济等特点。按主拱材料不同分为石板拱、混凝土板拱和钢筋混凝土板拱。

①石板拱

石板拱的材料主要有料石、块石和片石等，石质均匀，不易风化和无裂纹，石料强度等级不得低于C30。

·料石拱（粗料石）：料石一般指较规则的六面体石块，加工成比较方整对齐、至少有一个面是平整的，符合规定要求的规则石块。按平整程度又分成毛料石、粗料石和细料石等不同种类，主要用于不小于30号石料、不小于7.5号砂浆的大中桥、不小于5号砂浆的小桥。

·块石拱：块石是经开采加工而成的形状大致方正、符合要求的石块。

·片石拱：是经开采加工符合工程要求、不规则的边长不小于15 cm的石块，一般用于不小于7.5号砂浆的中小桥。

石拱圈主要类型有等截面圆弧拱、等截面或变截面悬链线拱。目前大多采用等截面拱桥。

·等截面圆弧线拱圈，截面相等，单心圆弧线，拱石规格较少，编号较简单。

·变截面拱圈，由于截面发生变化，使拱石类型较多，编号较复杂，给施工带来很大的麻烦。

拱圈砌筑应满足下列构造要求。

（a）拱石受压面的砌缝应与拱轴线相垂直，即受压面的砌缝是辐射方向分布的。通常砌缝做成通缝，而不必错缝。

（b）当拱圈厚度不是太大时，一般采用单层拱石砌筑；如果拱厚较大时，要采用多层拱石砌筑，通常要采用2 ~ 4层拱石砌筑，且要纵横错缝，其错缝间距要大于10 cm以上。

（c）拱圈横截面内，要限制砌缝宽度，拱石的竖向砌缝错开宽度通常至少0.10 m，在纵向或者横向剪力作用下，因砂浆强度比拱石小很多，防止剪力单纯由砌缝内地砂浆来承担，从而加强砌体的抗剪强度与整体性。

（d）灰缝的宽度通常要小于 2 cm。

（e）拱圈和墩台及空腹式的腹拱墩连接地方，通常采用特制的五角石，以改善连接处的不利受力状况。五角石不得带有锐角，防止施工时易破坏或者被压碎。为了简化施工，也通常采用现浇混凝土拱座或者腹孔墩底梁来替换制作复杂的五角石。

（f）当用块石或者采用片石砌筑拱圈时，要选择较大的平整面和拱轴线垂直，砌缝要交错，块石的小头在下，大头在上。对于较大的缝隙要要用小石块嵌紧。砌缝用砂浆或者小石子混凝土填满。

石板拱桥跨总体布置：

·当跨径小于 20 m 时，拱上建筑通常采用实腹式；

·当跨径大于 20 m 时，拱上建筑通常采用空腹式。

而小跨径等截面石板拱的拱圈厚度通常采用式（2-1）估算：

$$h = 10\beta k \sqrt[3]{\frac{l_0}{10}}$$ （2-1）

式中：h—拱圈的厚度（mm）；

　　　l_0—拱圈净跨径大小（mm）；

　　　β—系数，通常取为 4.5 ~ 6.0，取值随矢跨比的减小而增大；

　　　k—荷载系数，它与汽车荷载等级相关。

②混凝土板拱

③钢筋混凝土板拱

钢筋混凝土板拱的拱顶厚度采用跨径的 1/60 ~ 1/70；拱脚的厚度根据 $d_j = d_d / \cos\varphi_j$ 求得其中拱顶厚度为 d_d，拱脚处拱轴线的倾角为 φ_j。

主拱圈的横截面是整块实体矩形横截面，虽然它的构造简单，施工方便，但是对于横截面面积相同的截面，实体矩形截面比其他形式的截面抵抗矩要小的多。因此在地基条件较好跨径小于 100 m 的中、小跨的坼工拱桥中采用板拱形式。

（2）肋拱的构造

肋拱桥是在板拱桥的基础上，将板拱划分成两条或者多条，形成分离的、高度较大的平行拱肋，以及在拱肋上设置的立柱横梁和梁支承的行车道等部分组成，这种拱桥横截面面积比较小，自重较轻，节省材料，跨越能力比较大等特点，一般适用于较大跨径的拱桥，分离的拱肋之间要设置横系梁、横撑，而拱肋是主要承重结构部分。石板拱的材料主要有混凝土、钢筋混凝土、钢管混凝土、劲性骨架混凝土、坼工、钢材等不同种类。拱肋的间距、数目、截面形状等不同方面主要根据桥梁跨径、宽度、肋型、荷载等级、材料性能、施工条件状况、拱上建筑结构等方面综合考虑决定。为了施工方便简化构造，吊装能力满足的情况下，尽量宜采用少肋型式。桥梁宽度在 20 m 以内通常采用双肋式拱，超过 20 m 以上宽度，采用分离的双幅式或多幅式双肋拱，为保横向稳定，两外侧拱肋外缘间距要不小于 $l/20$（l 表示跨度），横系梁间距不小于 $l/20$。拱肋截面通常有矩形截面、工字形截面、箱形截面、管形截面等不同形状（图 2-14）。

肋拱构造尺寸：其中矩形截面构造较简单、施工方便，适合于中小跨径拱桥，矩形截面的高通常为 $l/40 \sim l/60$（l 表示跨度），宽长度为 0.5 ~ 2.0 倍的高度；工字形截面适用于大、中跨径拱桥，工字形截面的高通常为 $l/25 \sim l/35$（l 表示跨度），宽长度为 0.4 ~ 0.5 的高度，腹板厚度 0.3 ~ 0.5 m，翼板、腹板厚度按照构造及抗剪最小尺寸的要求要达到 0.25 ~ 0.5 m，它比矩形截面的要高；箱型截面适用于大跨径拱桥，桥面比较宽；管形截面适用于钢管混凝土拱桥。

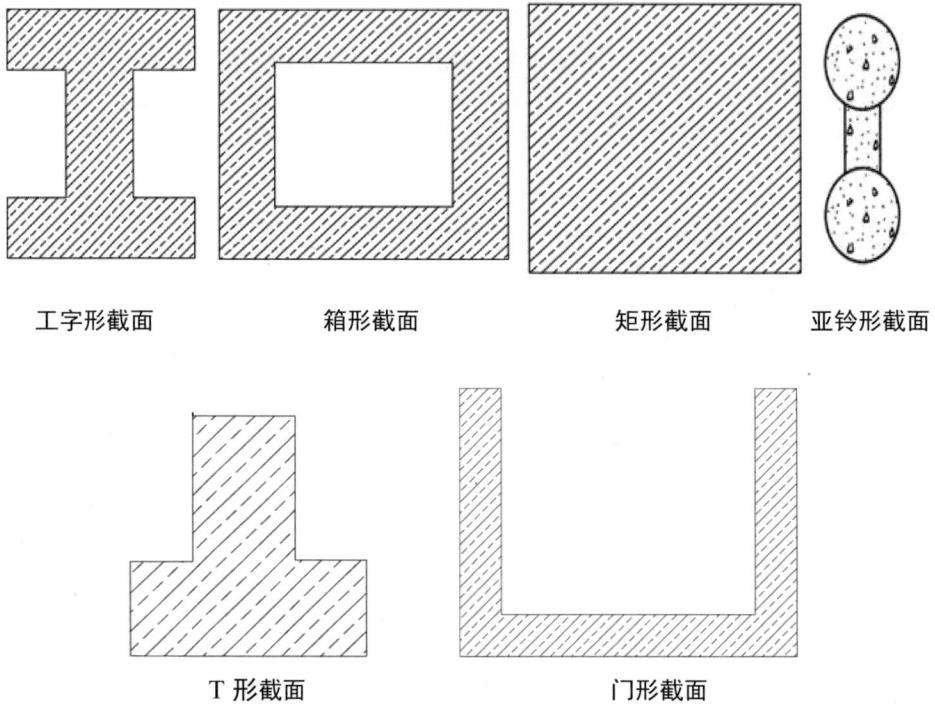

工字形截面　　　　箱形截面　　　　矩形截面　　　　亚铃形截面

T 形截面　　　　门形截面

图 2-14　拱肋截面形式

（3）箱形拱的构造

箱形拱桥主拱圈横截面由几个箱室组成，但通常为单箱多室，主拱圈为整体薄壁箱形结构，可看成将实体的板拱截面挖空成空心箱形截面（图 2-15）。箱形截面挖空率大，可达全截面的50% ~ 70%。箱形拱的拱圈截面，可以由一个闭合箱（单室箱）或者几个闭合箱（多室箱）组成，而每一个闭合箱又由箱壁（侧板）、底板、顶板（盖板）及横隔板等部分组成。较实体板拱可减少圬工用料及自重，自重轻、适用于大跨度拱桥。由于中性轴居中，抵抗正负弯矩能力基本相等，适应主拱圈各截面正负弯矩变化的需要；箱形拱的截面抵抗矩相较于相同截面板拱的截面抵抗矩大得多。箱形闭合空心截面，抗弯和抗扭刚度大，拱圈的整体性好，应力分布较均匀，横向稳定性好，便于预制施工拼装，特别适用于无支架施工。工程中由于单条箱肋刚度较大，稳定性较好，能单箱肋成拱，便于无支架吊装；大跨径拱桥的主拱圈常用箱形截面通常有：闭合箱肋组成的多室箱形截面、工字形肋组成的多室箱形截面、U形肋组成多室箱形截面、单室箱形截面等。

制作要求较高，吊装设备较多，主要用于大跨径拱桥。吊装要求高，一般情况下，跨径50 m以上的拱桥采用箱形截面才是合适的。

箱形拱构造尺寸计算如下。

拱高：$H=L/100+$（0.6~0.7）m，箱宽：1.3 m~1.6 m，壁厚：0.08~0.10 m，底厚：0.1~0.14 m横隔板间距<5 m，厚0.06~0.08 m，（顶板边为0.06~0.08 m），一般分为开口箱和闭口箱，现浇开口箱，重量轻，而闭口箱抗扭刚度大。通常拱圈宽度是跨度的1/20；保证横向稳定；而拱圈高度一般为跨径的$^1/_{50}$~$^1/_{70}$；可采用下列经验公式。

$$h = \frac{l_0}{100} + \Delta \qquad\qquad （2-2）$$

式中：h—拱圈高度（m）；

l_0—净跨径（m）；

Δ—常数，箱形拱为0.6~0.7 m，箱肋拱为0.8~1.0 m；

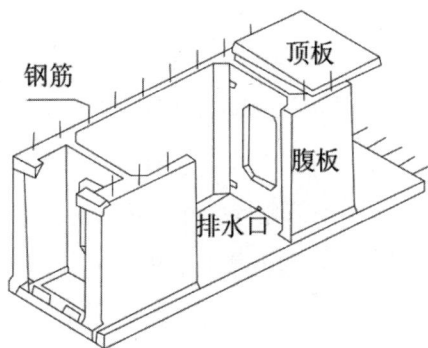

图2-15 箱形立面示意图

（4）双曲拱桥的构造

双曲拱桥主拱圈通常由拱肋、拱波、拱板和横向联系等几部分共同组成的（图2-16），将承重受力部分结构做成横向和纵向都用拱形曲线组成的，好象自行车挡泥板一样。拱肋一般为预制的钢筋混凝土构拱肋截面常见的有矩形、工形、T形、U形、V形等不同形式。拱肋根据桥跨大小、施工设备和吊装工具等确定拱肋分段长度。跨径不超过 80 m，可分为 3 段，跨径超过 80 m，可分为 5 段。而拱肋接头常设置于拱肋自重作用下弯矩最小的地方，通常选在跨径 0.3 倍附近，但通常拱肋接头不宜设置于拱顶。拱波是主拱圈的组成部分，它是拱板混凝土浇筑时的模板，一般用不低于 C20 混凝土预制成圆弧形的模板。拱板是集零为整，加强拱圈整体性，现浇不低于 C20 混凝土构成。横向联系构件是指设在拱顶、腹孔墩下或接头等处，每隔 3 ~ 5 m 的横系梁和横隔板，它使拱肋避免拱波顶纵裂，横桥向变形均匀，保持横桥向稳定性，在拱顶处可适当加密。双曲拱桥截面合理，省材料，施工无支架，吊装重量轻，人工用量大，施工时化整为零，整体性差。如 1964 年江苏无锡最早诞生的跨径 9 m 的东亭拱桥，为三肋二波砖结构的首例双曲拱桥。据桥梁跨度、宽度、设计荷载大小、材料类型和施工工艺等情况确定波数，多跨可采用多肋多波形式，小跨径常采用单波的形式。

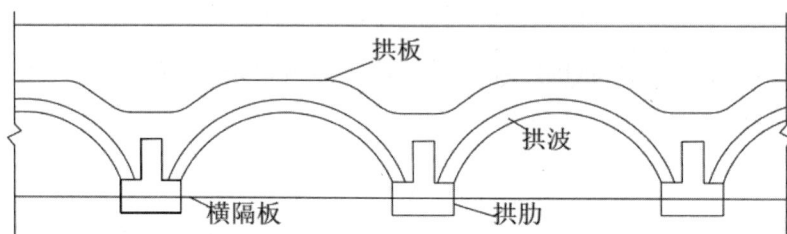

图 2-16　双曲拱主拱圈横断面

（5）桁架拱的构造

桁架拱桥又称为拱形桁架桥，桁架拱桥是指中间为实腹段，两侧用拱形桁架片构成的一种拱桥，以承受轴向力为主，是一种具有水平推力的桁架结构形状（图 2-17），但桁架拱外部通常采用两铰结构的，因而地基位移、温度变化等条件产生的附加内力较小。桁架拱片之间用桥面系和横向联结系（横向撑架、剪刀撑）连接成整体，桁架结点是刚性连接（图 2-18）。拱的受力主要是由实腹段与两侧拱形桁架片起撑着，拱脚有水平推力可减小跨中弯矩，桁架拱桥是拱和桁架两种结构体系组合而成，桁架部分各杆件主要承受轴向力，具有普通桁架的受力特点，实腹段具有拱的受力特点，使拱的水平推力减少了跨中弯矩，使跨中实腹段在恒载的作用下，主要承受轴向压力，在活载作用下桁架拱桥将承受弯矩，成为偏心受压构件。兼有桁架和拱的共同受力特点。桁架拱桥比一般带拱上建筑的肋拱桥受力更合理，节省材料，减小自重，适用于地基较差的区域。拱桥的大部分构件都是预制安装的，工期可相应缩短。桁架拱桥的应用范围以 20 ~ 50 m 的中等跨径为宜，在一些受拉、受弯部位及刚性节点处，会出现裂缝。

根据其构造不同，桁架拱主要可以分为斜（腹）杆式、竖（腹）杆式、桁架肋拱式不同造型。斜（腹）杆式桁架拱，斜杆，与上、下弦杆组成做成桁架结构。主要是三角形式的桁架拱，主要由于斜腹杆总长度最短，腹杆用料省，整体刚度较大。而根据斜杆倾斜方向差异，又有斜压杆和斜拉杆两种不同方式。斜压杆式斜杆受压，竖杆受拉，且斜杆的长度随矢高和节间长度地增大而显著增大，尤其是第一个节间内的斜杆长度更大。为了防止斜杆失稳而需要增大截面尺寸，可采用不同截面尺寸的斜杆以节省材料，但施工麻烦。斜拉杆式则斜杆受拉，竖杆受压，为避免拉杆及结点开裂，并节省材料，可采用预应力混凝土斜拉杆，外形美观，是常用的一种形式。竖（腹）杆式桁架拱，竖杆式的腹杆只有竖杆，没有斜杆，竖杆与上、下弦杆组成多个四边形框架。这种形式腹杆少，质轻，结点上只有三根杆件相交，钢筋布置较为简单，混凝土浇筑方便，外形也较整齐美观。其受力特点是框架杆件以受弯为主，故需配筋较多。另外，竖杆与上、下弦杆连接点易开裂，适用于活载较轻的中、小跨径的桥梁。

桁架肋拱式，这种形式相当于将肋拱桥的拱肋做成桁架结构，而拱上建筑仍保留。桁架肋拱的桁架高度小、吊装方便，适宜于无支架施工和较大跨径的桥梁。但由于桁架在拱脚处固结，基础变位、温度变化和混凝土徐变引起的附加内力较大，拱脚上弦杆易开裂。当然还有组合式桁架肋拱。桁式组合拱主要用于大跨径预应力混凝土拱桥，它与普通桁架拱的不同之处在于上弦杆断点位置不同。普通桁架拱的上弦杆简支于墩台上，上弦杆与墩台之间没有断缝（即断点）；而桁式组合拱上弦杆断点（断缝）位置设在墩台顶部至拱顶之间的某个部位，从断点到墩台顶部形成一个悬臂桁架，而两断点之间成为一普通桁架拱，但下弦杆仍保持连续。从力学上看，桁式组合拱相当于是普通桁架拱支承于两端的悬臂桁梁上，从而形成拱梁组合体系。

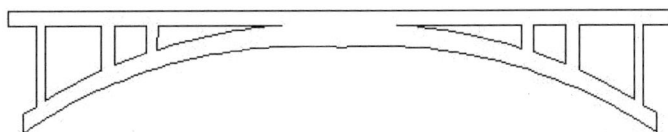

（a）竖杆式桁架拱

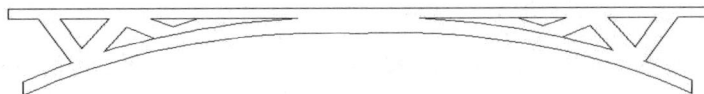

（b）三角形桁架拱

图 2-17 桁架拱示意图

桥跨结构与桥（台）的连接形式有悬臂式、过梁式、伸入式等不同方式。

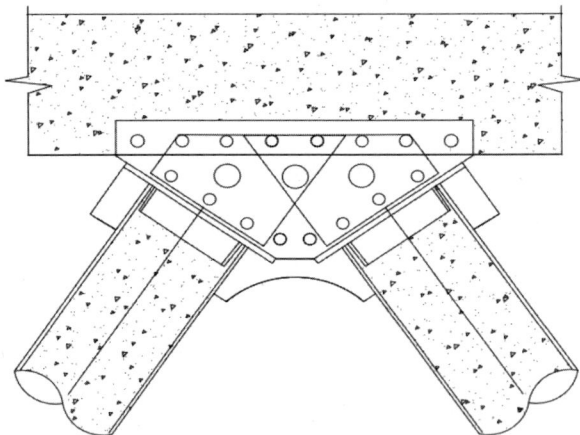

图 2-18　拱桥的节点构造示例

（6）刚架拱桥的构造

刚架拱桥是由刚架拱片、横系梁与桥面系组成，外形似斜腿刚架的拱桥，刚架拱桥是在双曲拱桥、桁架拱桥、肋拱桥和斜腿刚构桥等基础上，结合我国拱桥特点及无支架施工经验发展起来的新桥型。刚架拱桥的上部结构是由拱腿与实腹段合龙后组成裸肋，在裸肋的基础上架弦杆及斜撑形成刚架拱片；刚架拱片是刚架拱桥的主要组成部分，刚架拱片是拱肋与拱上建筑组成整体的承重结构，立面上略呈拱形，在刚架拱片之间设置横系梁；安装预制的肋腋板（或微弯板）和悬臂板，现浇混凝土填平层和桥面铺装组合而成。其间用横系梁和桥面系连接成整体共同受力，有推力的高次超静定结构。其中，实腹段上缘为直线，下缘为曲线，曲线可采用二次抛物线、悬链线或圆弧线等，但通常采用二次抛物线。曲线长度一般为（0.4 ~ 0.5）f_0（f_0 为净跨径）。截面形式一般为凸形，对于大跨径刚架拱，可采用工字形、箱形等截面形式。配置的下缘纵向受拉钢筋及上缘受压钢筋，应用箍筋固定。箍筋直径不小于 8 mm，间距不大于受力钢筋直径的 10 倍。拱腿一般采用直杆，但从美观考虑，可采用与实腹段下缘同一曲线的曲杆或微曲杆，但曲率不能太大，因为曲率增大，相应的拱腿负弯矩也会增大，对拱顶、拱腿均不利。拱腿截面一般为矩形、工字形、箱形等。弦杆是截面为凸形、工字形、箱形等等截面直线杆件，受力状况接近于梁，外弦杆以弯为主，内弦杆为压弯杆件。

这种桥较其他类型拱桥构件少，自重轻，材料省，适用于地基较差的桥位处。与桁架拱相比，结构线条简单、外形美观大方，混凝土用量和钢筋用量均可以减少，对地基承载力要求比其他拱桥低等特点，经济效益较明显；施工方法适用性强，可采用预制吊装、有支架吊装、悬臂拼装、转体施工法等，适用于跨径 25 ~ 70 m 的桥梁。当跨径小于 30 m 时，可不设斜撑或弦杆配置预应力钢筋；当跨径较大于 70 m 以上，可增加斜撑，斜撑支承于桥台（墩）或支承于拱腿上。

（7）钢管混凝土拱的构造

钢管混凝土拱桥属于钢－混凝土组合结构中的一种。钢管混凝土是指在薄壁钢管内填充混凝土，形成钢管与混凝土两者共同工作的一种组合构件。钢管拱的拱肋断面形式圆形截面、哑铃形截面、三角形截面、四边形截面等不同形状。由于钢管的径向约束而限制受压混凝土的膨胀，使混凝土处于三向受压状态，从而显著提高混凝土的抗压强度。同时钢管兼有纵向主筋和横向套箍的作用，同时可作为施工模板，方便混凝土浇筑，施工过程中，钢管可作为劲性承重骨架，其焊接工作简单，吊装重量轻，从而能简化施工工艺，缩短施工工期。我国首座钢管混凝土拱桥是 1990 年建成的四川省广元市旺苍县的跨径 110 m 东河大桥，飞燕式钢管混凝土拱桥通过张拉系杆来平衡主拱所产生的大部分水平推力，把钢管混凝土拱桥的跨径推上了一个新的台阶。

各种常见钢管拱的拱肋断面形式如图 1-19 所示。

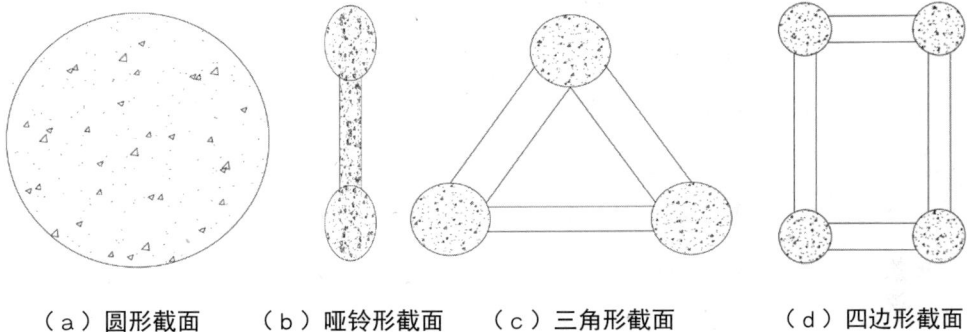

（a）圆形截面　　　（b）哑铃形截面　　　（c）三角形截面　　　（d）四边形截面

图 2-19　钢管拱的拱肋断面

2. 拱上建筑的构造

对于一般上承式拱桥，主拱圈是主要承重结构，需要在桥面系与主拱之间设置传递荷载的构件或填充物，这些传递荷载的构件或填充物通常称为拱上建筑。它是拱桥的一部分，依拱上建筑的构造结构形式的不同，则参与主拱共同受力的程度也不同，拱上建筑的构造在一定程度上能约束控制主拱圈由温度变化及混凝土收缩徐变等引起的变形，而主拱圈变形又使拱上建筑产生相应的附加力。拱上建筑类型分实腹式拱桥、空腹式拱桥两种不同类别。

（1）实腹式拱上建筑

实腹式拱上建筑结构由侧墙、拱腹填料、护拱、变形缝、防水层、泄水管及桥面等不同部分组成。实腹式拱上建筑的构造简单、施工方便，填料数量较多，对于跨径较小的石板拱，常采用恒载较重实腹式拱上建筑，对于大跨径的拱桥不宜采用。拱腹填料常采用透水性好且土侧压力小的砾石、碎石、粗砂或卵石夹黏土且要加以分层夯实，尽量做到就地取材，但对于地质条件较差，拱上结构的重量受限时可采用如炉渣与黏土的混合物等轻质材料作填料，但是对于散粒料不易取得时，常采用一种干砌圬工或浇筑贫混凝土等填料。侧墙是类似于挡土墙设计，主要是为了维护巩固拱腹上的散粒填料及填料受到的水平土压力和桥面上的动载产生的侧压力，而采取的保护措施，材料一般用块石或片石砌筑，通常用粗料石或细料石镶面，和周边景观相一致，也可以是混凝土侧墙。护拱通常是用块石或片石砌筑的，用来加强拱脚段的拱圈的强度，而且在多孔拱桥中设置护拱有利于设置防水层和泄水管。实腹拱桥立面图如图 2-20 所示。

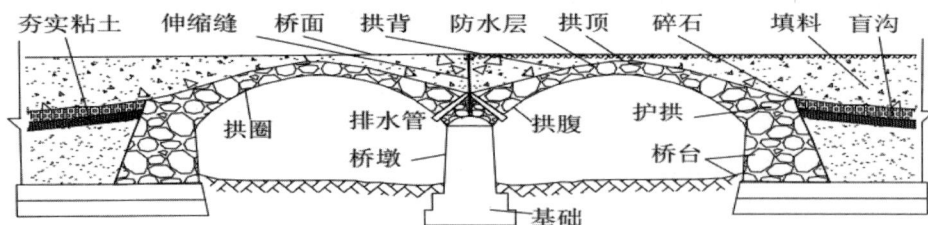

图 2-20　实腹拱桥立面

（2）空腹式拱上建筑

空腹式拱上建筑除具有实腹式拱上建筑所包含的侧墙、拱腹填料、护拱、变形缝、防水层、泄水管及桥面等部分组成构造外，还具有腹孔和支承腹孔的墩柱。由于腹孔结构可分为拱式腹孔和梁式腹孔，因此空腹式拱上建筑又分为拱式和梁式两种。大、中跨桥的拱桥，特别是当矢高较大时，实腹式拱上建筑的填料用最多、重量大，因而以采用空腹式拱上建筑为宜。空腹式拱上建筑的腹孔形状可以布置成梁式或拱式，且腹孔通常对称地布置在主拱圈（肋）上建筑高度所容许的范围内，腹孔的跨径由拱上建筑体积和桥梁跨径等因素决定，对于采用无支架施工的拱桥，且拱轴线采用悬链线，拱轴系数 M 值不宜过大，因此要采用轻型的拱上建筑布置，腹孔布置范围应适当加大，而在软土地基上，应尽量采用轻型的拱上建筑布置，减小基础的承压能力，从而加大腹孔的布置范围，紧靠墩、台的第一个腹孔，可以直接支承在墩、台上，也可跨过墩顶，使桥墩两侧的腹孔相连，该孔通常做成三铰拱。空腹式拱桥梁式腹孔和拱式腹孔立面图如图 2-21 所示。

腹孔布置应结合主拱的构造、类型、施工技术等方面综合考虑，腹孔一般居中对称等跨布置在主拱圈两侧，腹拱的跨径通常选用 2.5 ～ 5.5 m，矢跨比通常为 1/6–1/2，要小于主拱圈跨径的 1/15–1/8。腹孔结构可分为拱式腹孔和梁式腹孔，腹孔及腹孔墩的构造如下：

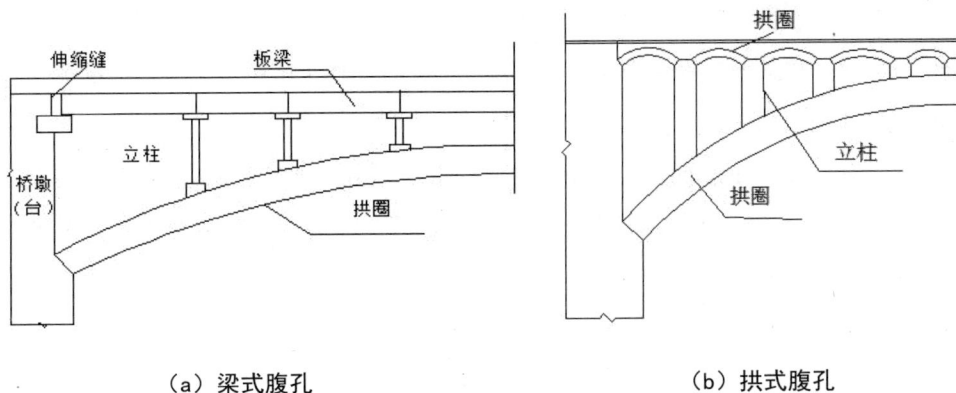

（a）梁式腹孔　　　　　　　　　　（b）拱式腹孔

图 2-21　空腹式拱桥梁式腹孔和拱式腹孔立面图

①拱式腹孔

拱式腹孔一般对称布置在靠近拱脚侧的一定区段内，构造简单，外形美观，重量较大，多用于圬工拱桥，但有采用全空腹型式，腹孔跨数或跨径通常由桥跨大小而定，对中小跨径的拱桥，通常为 3～6 孔。腹孔墩通常有底梁、墩身和墩帽三部分组成，腹孔墩通常有横墙式或排架式两种不同形状。腹拱圈通常为石砌、混凝土预制或现浇的圆弧形板拱。靠近桥墩（台）的第一腹拱通常是将腹拱的拱脚直接支承在墩（台）上。

②梁式腹孔

梁式腹孔拱可使桥梁构造轻巧美观，拱上重量减轻，地基承压力小，拱轴系数降低，改善拱圈在施工过程中的受力状况，施工方便，经济效果好。一般对称布置在靠近拱脚侧的一定区段内，构造简单，腹孔跨数或跨径通常由桥跨大小而定，对中小跨径的拱桥，通常为 3～6 孔，布置原则和拱式腹孔相同。大跨径混凝土拱桥通常都采用梁式腹孔拱上建筑，梁式腹孔拱结构又可分为简支、连续、框架式等三种形式。简支腹孔是大跨径拱桥拱上主要采用的形式，主要由底梁、盖梁、立柱和纵向简支桥道板组成。这种形式的结构受力体系简单明确。连续腹孔由立柱纵梁、实腹段垫层墙和桥道板组成。它主要用于肋拱桥，建筑高度比较小，适合建筑高度受限地拱桥。框架腹孔在横桥向根据需要设置多片，其中每片之间通过系梁形成整体。

3. 拱桥梁的构造

对于小跨径的预应力混凝土简支梁的截面通常有板式、T 形、Ⅱ 形和箱形等不同形式。其中 T 梁的梁肋的厚度一般不能小于 14 cm，如无竖向的预应力钢筋时，则不能小于 1/15，且当腹板内如有竖向预应力钢筋情况下，腹板的厚度不能小于上、下翼缘梗腋之间的腹板高度的 $l/20$。主筋在跨中区段要靠近梁的下缘布置，以对混凝土梁下缘施加的压应力来抵消荷载引起的拉应力。钢—混组合梁桥通常是指由外露的钢梁或钢桁梁通过连接件和钢筋混凝土的桥面板组合而成的梁，钢梁截面通常由工字形和箱形。连接键承受钢梁和混凝土翼缘板之间的界面上纵向剪力，保证混凝土桥面板和钢梁共同作用。钢—混凝土组合梁的截面形式和结构高度通常根据桥梁的跨径、承受的荷载大小以及支承条件等进行选择（图2-22）。而初步拟定的组合梁截面的尺寸要通过承载能力极限状态和正常使用极限状态的梁的应力、组合梁的挠度和极限承载力等各项验算，根据计算的结果进行必要的调整。

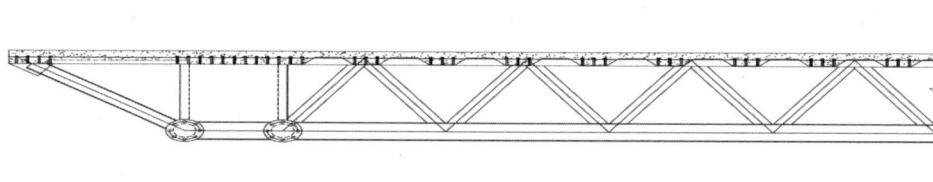

图2-22 组合梁示意图

4. 拱桥墩台的构造

拱桥墩台是支承桥跨的结构且将恒载和车辆等活载传至地基的建筑物构造如图2-23所示，拱桥墩台通常是设置在河中或岸上。其中设置在桥梁两端的通常称为桥台，它除了支承桥跨的结构且将恒载和车辆等活载传至地基的作用外，桥台还与路堤相衔接，以抵御路堤的土压力，防止路堤填土的滑坡和坍落。桥墩则设置在两桥台之间。为保护桥台和路堤填土，桥台两侧通常做一些防护和导流工程。按照力学特点来分类，拱桥墩台主要有普通墩、单向推力式墩等重力式墩及空心墩、桩柱式桥墩、双柱式桥墩以及各式柔性墩等轻型桥墩等。而重力式桥台常见有U形桥台、矩形桥台、耳墙式桥台、T形桥台、矩形埋式桥台及"十"字埋式等不同类型，轻型桥台主要有八字形、Π形、U形、E形、空腹式、组合式、齿栏式及靠背式框架桥台等不同类型。

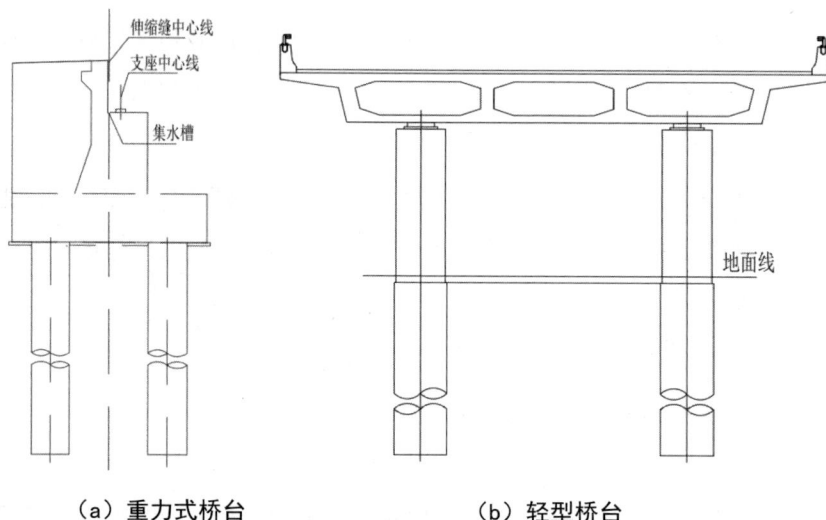

（a）重力式桥台　　　　　　（b）轻型桥台

图2-23 墩台构造

5.拱桥的其他细部构造

桥面构造对桥梁的主体结构起保护作用，它与车辆、行人直接接触，它使桥梁能够正常运营使用。一般公路桥梁的桥面构造通常包括人行道（或安全带）、桥面铺装、防水和排水设施、伸缩装置、缘石、栏杆和灯柱等不同构造。但高速公路、汽车专用公路由于实行封闭式运行，通常不设人行道，但在路缘及中央分隔带常设置安全护栏。桥梁横截面示意如图2-24所示。

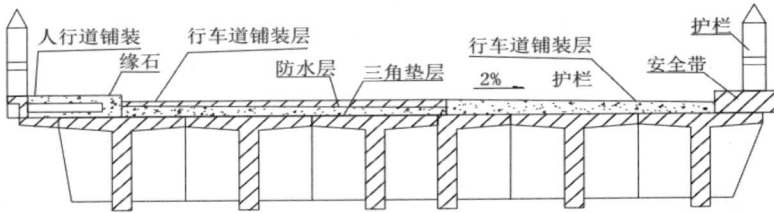

图2-24 桥梁横截面示意图

（1）桥面系布置

一般道路桥梁的桥面布置应根据道路等级、桥梁的宽度、行车要求等不同条件，在桥梁的总体设计中加以考虑，对桥梁的桥面布置一般有双向车道布置、分车道布置、双层桥面布置等不同种类。双向车道布置是指在同一桥面上布置行车道的上下行交通通道，在桥面上的上下行交通由标线从中分隔标明界限，桥梁上机动车与非机动车允许同时通过，通常用标线分隔，但由于车辆混行会造成交通阻塞、影响。分车道布置是在桥面上主梁中间设置分隔带，用以分隔布置行车道的上下行交通通道，通常桥梁上机动车与非机动车、行车道与人行道分隔。双层桥面布置是指桥梁桥行车速度面构造设置在两个不在同一平面上的空间结构，充分利用桥梁空间，双层桥面布置可以使机动车与非机动车、行车道与人行道严格分道行驶，利于满足交通要求，提高了行车速度，外形美观、缩短引桥长度，有较好的经济效益。双层桥面布置示意图如图2-25所示。

图2-25 双层桥面布置示意图

（2）桥面铺装

桥面铺装通常采用沥青混凝土、沥青表面处治、水泥混凝土、泥结碎石等材料，而装配式钢筋混凝土和预应力混凝土梁桥的铺装，目前使用普通水泥混凝土或沥青混凝土铺装；有防水层的水泥混凝土或沥青混凝土铺装；防水混凝土铺装等不同方式。桥面铺装构造如图 2-26 所示。它具有抗车辙、行车舒适、防滑、不透水、刚度好等特点，保护主梁免受雨水的侵蚀破坏，防止车辆轮胎或履带直接磨耗行车道板，并对车辆轮重的荷载起分布的作用。虽然铺装层对主梁受力有一定的帮助作用，但桥面铺装一般不作受力计算，但如果在施工中能确保铺装层和行车道板之间能紧密结合成整体，则铺装层的混凝土（车轮磨耗部可计取 0.01 ~ 0.02 m 厚除外）可以行和车道板共同受力计算。为使铺装层能连接各主梁保持足够的强度与良好的整体性，通常在混凝土中设置钢筋网。为了桥面迅速排出雨水，防止和减少雨水对铺装层的渗透，从而保护行车道板，延长桥梁使用寿命。桥梁通常设有纵向坡度，一般设置单向，有时在平原地区也可以设置成双向，通常不超过 3.0%；而桥面铺装层的表面横向坡度通常设置成 1.5% ~ 2.0% 的双向横坡。为节省铺装材料并减轻桥面恒载重量，对板桥或就地浇注的肋板式桥梁将横坡直接设在墩台顶部，而使桥梁上部构造成双向倾斜。在装配式肋板桥梁中，横坡不设在墩台顶部而直接在行车道板上设置，使主梁构造简单、架设和拼装方便，也可通过调整支座垫石高度来形成横坡。桥宽较大的桥梁中可将行车道板做成双向倾斜的横坡，避免使恒载重量增加过多，但结构构造和施工稍趋复杂。

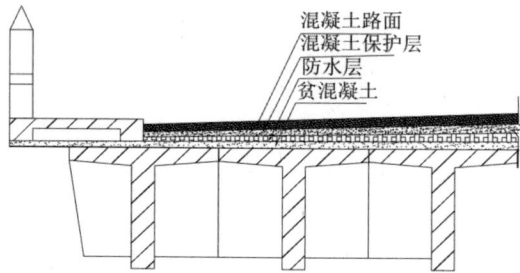

图 2-26 桥面铺装构造

（3）桥面防水和排水设施

防水层设置在桥梁行车道板顶面，防水层有弹性和韧性、不透水、耐腐蚀，三角垫层之上，桥面横向两侧伸过缘石地面，从人行道与缘石砌缝里向上叠起 0.10 m 左右，在桥面伸缩缝处应连续铺设，桥面纵向要铺过桥台背，将雨水汇集到排水设备。防水层的类型主要有沥青涂胶下封层（洒布薄层沥青或改性沥青，经碾压形成沥青涂胶下封层）、涂刷高分子聚合物涂胶（常见有涂刷聚氨脂胶泥、环氧树脂、阳离子乳化沥青、氯丁胶乳等高分子聚合物涂胶等涂料涂刷在混凝土结构表面形成防水层或附加防水层）、沥青或改性沥青防水卷材（即铺装沥青或改性沥青防水卷材，以及浸渍沥青的无纺土工布等，在防水要求高或在桥面板位于结构受拉区往往采用柔性贴式防水层）。

桥面铺装层内设置防水层，为防止雨水沉积于桥面并渗入梁体而影响桥梁的耐久性，还应在桥上设计一个完整的排水系统。除设置纵向、横向排水坡外，且需要一定数量的泄水管。而当公路桥梁跨度小于 50 m、纵坡大于 2% 时，桥面上可不设泄水管，可在桥头两侧设置引道排水，但防止雨水冲刷引道路基，要在引道两侧设置流水槽。而当公路桥梁跨度大于 50 m、纵坡大于 2% 时，防止雨水沉积于桥面，桥面上要设泄水管，泄水管一般设置每隔 12 ~ 15 m 一个；但当桥面纵坡小于 2% 时，泄水管就要设置加密一些，通常设置每隔 6 ~ 8 m 一个。泄水管可沿行车道两侧左右对称或交错排列，泄水管过水面积通常按大于 $2 ~ 3 \ cm^2/ m^2$ 桥面设置，泄水管通常距离路缘石的距离 0.10 ~ 0.50 m 之间，且泄水管也可布置在人行道下方。桥梁采用的泄水管道有金属泄水管、钢筋混凝土泄水管、横向排水孔道、封闭式排水系统、梁体内的泄水管道等不同形式。拱桥排水示意图如图 2-27 所示。

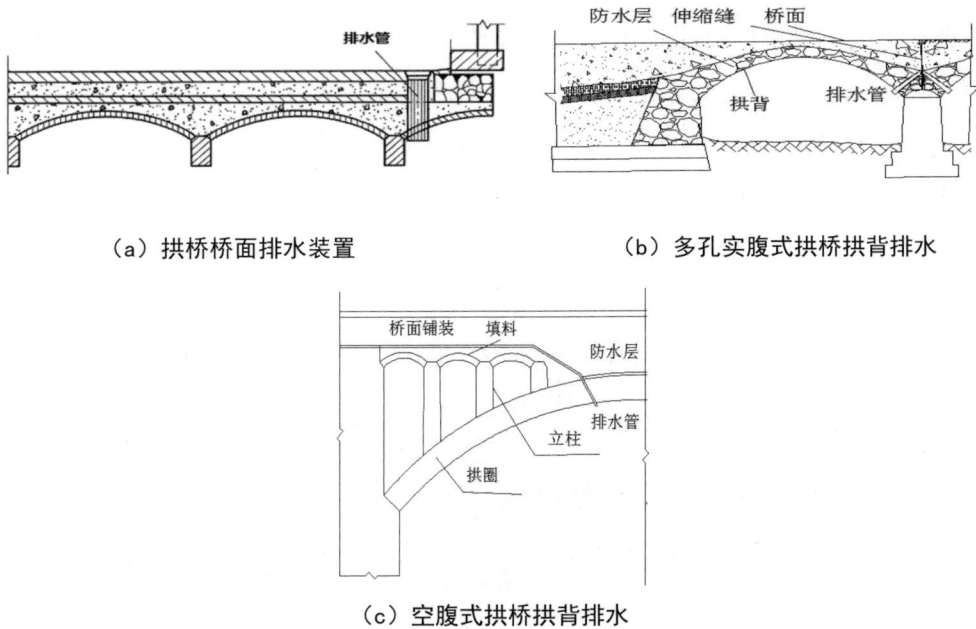

（a）拱桥桥面排水装置　　　　（b）多孔实腹式拱桥拱背排水

（c）空腹式拱桥拱背排水

图 2-27　拱桥排水示意图

（4）伸缩缝

桥跨结构在气温变化、混凝土收缩徐变和活载等作用影响下将会发生不同程度变形。为了满足桥面按设计的自由变形，在平行、垂直于桥梁轴线的两个不同方向，均能自由伸缩，牢固可靠，车辆行驶过时应平顺、无突跳与噪声等影响，就要在相邻两梁端之间、梁端与桥台之间或桥梁的铰接位置上设置伸缩缝，适应材料胀缩变形对结构的影响，并在桥面（公路桥、钢轨铁路桥等）设置伸缩装置。

实腹式拱桥的伸缩缝常常设在两拱脚的上方，且需在横桥向贯通全宽和侧墙的全高及至人行道的构造。拱式拱上结构的空腹式拱桥常常将紧靠桥墩（台）的第一个腹拱圈设成三铰拱，并在靠墩台的拱铰上方的侧墙上方设置相应伸缩缝。而人行道、栏杆、缝石和混凝土桥面，在腹拱铰的上方处均应设置贯通全桥宽度的伸缩缝。

常见的伸缩装置的类型有对接式伸缩装置、钢制支承式伸缩装置、组合剪切式橡胶伸缩装置、模数支承式伸缩装置、无缝式（暗缝式）伸缩装置等不同种类。根据其不同构造形式和受力特点，对接式伸缩缝装置，大致可分为嵌固对接型、填塞对接型和波形 3 种。嵌固对接型伸缩装置利用不同形状的钢构件将不同形状的（如 m 形、W 形、箱形、鸟形等）橡胶条（带）嵌牢固定，并以橡胶条（带）的拉压变形来吸收梁体的变形，其伸缩体可以处于受压状态或处于受拉状态。对接式伸缩装置是我国桥梁工程最早地使用的构造简单的伸缩装置形式，在桥梁工程中目前基本上已不再使用，该类伸缩装置被广泛地应用于伸缩量在 80 mm 及以下的桥梁使用中。填塞对接型伸缩装置是以木板、沥青、麻絮、橡胶等材料填塞缝隙，伸缩体在任何情况下都处在受压状态。该类伸缩装置一般用于伸缩量在 40 mm 以下的桥梁工程中，但目前基本不用。而波形桥梁伸缩装置是由专用密封胶、钢板弯制成的波形板、U 形底槽、锚固钢筋和泡沫棒等不同组件构成的一种结构形式。

钢制式的伸缩装置是用钢材装配制成的、能直接承受车轮荷载的一种构造。主要用于钢桥或者混凝土桥梁。根据钢制支承式伸缩装置的形状、大小分成钢板叠合式伸缩装置和钢梳形板伸缩装置（图 2-28）等不同类别。

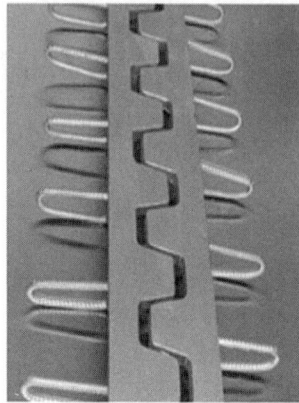

图 2-28　梳齿型伸缩缝

组合剪切式（板式）橡胶伸缩装置是利用各种不同断面形状的橡胶带作为填嵌材料的伸缩装置构造形式。可以利用钢板来支托橡胶板，同时用橡胶板来防水，由于橡胶弹性极强且利于粘贴，容易满足变形要求且具备防水功能，目前广泛应用在国内、外桥梁工程实践中（图 2-29）。

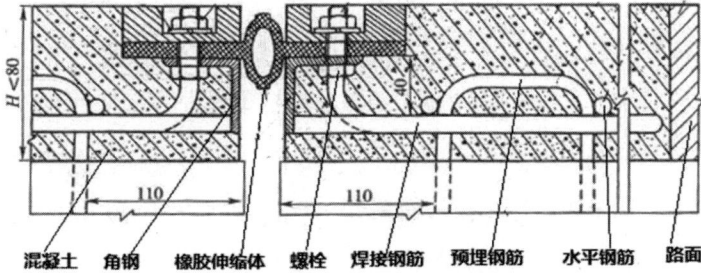

图 2-29 管形橡胶条型伸缩装置构造示意图（尺寸单位：mm）

模数支承式伸缩装置是主要高等级公路桥梁上常采用的一种伸缩装置构造，它的主要由异型钢与各种截面形式的橡胶条组成的结构，包括横梁、位移控制系统和弹簧支承系统等部分，它结构复杂功能比较完善，伸缩量大，每个伸缩体的伸缩量为 60 ~ 100 mm 之间，分成 60 mm、80 mm、100 mm 三种型号，如果需要更大伸缩量时，可以用两个及以上的伸缩体，中间用若干根中梁隔开即可。

无缝式（暗缝式）伸缩装置是指接缝构造不露出桥面，在梁端部的伸缩间隙中填入弹性材料及铺上防水材料，之后在桥面铺装层中铺筑黏弹性复合材料等，使伸缩连接缝处的桥面铺装和其他部分桥面铺装自然形成连续体，能使连接缝处的沥青混凝土等材料的变形承受伸缩，能适应桥梁上部构造的伸缩变形及小量转动变形。无缝式（暗缝式）伸缩装置施工简单，方便维修更换，但这类伸缩构造适用范围有限，仅适用于比较窄的接缝处。桥面连续构造也可看作是无缝式伸缩装置的一种形式，它是桥梁上部构造利用钢筋混凝土结合在一起，使它变成一个整体结构。连续梁桥中较多采用，在高等级公路的小跨径桥梁中也大量采用，但实际工程中桥面连续构造有多种不同构造型式。

（5）人行道、栏杆、护栏与灯柱

人行道通常设置高出行车道 250 ~ 350 mm，人行道板顶面一般铺设 20 mm 厚的水泥砂浆或沥青砂浆作为层面，并作成内倾式桥面横坡排水，坡度在 1% 左右，按人行道安装在主梁上的位置可设为搁置式（图 2-30）（非悬臂式）和悬臂式；在跨径较小的桥中，可现浇悬臂板作为人行道板；在装配式桥中，可专设人行道板梁，在跨径较大的装配式桥中，常采用一些人行道块件搁置于板上形成人行道。在桥面伸缩缝竖面内，人行道（栏杆）也必须要断开。不设人行道的桥上，两边应设宽度大于 0.25 m、高度不小于 0.25 m 的护轮安全带，安全带可以是预制块件或与桥面铺装层一起现浇，现浇的安全带宜每隔 2.5 ~ 3.0 m 设一断缝，而预制安全带通常有矩形截面和肋板式截面等形状。

栏杆是保护行人安全地设施，要坚固耐用，公路城市道路桥梁的栏杆一般用混凝土、钢筋混凝土、钢、铸铁等不同材料制作，其高度一般为 0.5 ~ 1.2 m，栏杆间距设为 1.6 ~ 2.7 m，栏杆柱或栏杆底座要直接和浇注在混凝土中的预埋件焊接，城市桥梁的栏杆要注重艺术性和与周围环境相协调。栏杆的形式分为节间式与连续式等。节间式由立柱、扶手及横档（或栏杆板）组成，扶手支撑在立柱上。栏杆的设计首先要考虑安全可靠性，选材合理性，经济适用，工序简单。

高速公路和汽车专用一级公路上设置桥梁安全护栏（图2-31），能封闭沿线两侧的作用和具有吸收碰撞能量作用，可以有效的保护高速行使的车辆，可以避免失控车辆越出栏杆的意外情况出现。桥梁护栏按防撞等级通常按车辆碰撞速度、车辆质量、碰撞角度等设计条件确定划分有三级。级别等级选用应由公路等级、需防撞保护要求对象的重要性程度确定。

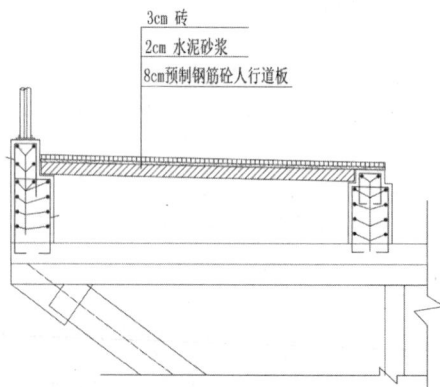

图 2-30　整体搁置式预制人行道

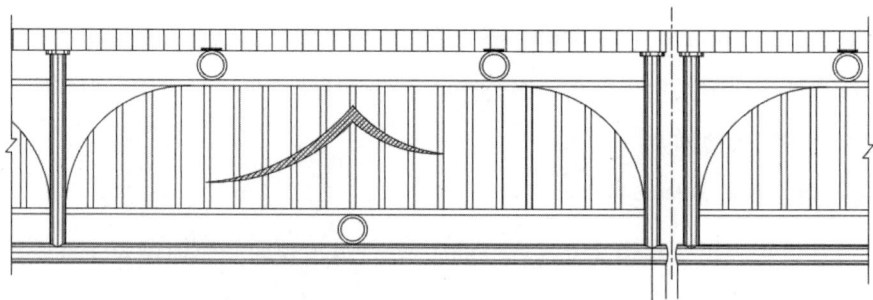

图 2-31　桥梁护栏

城市及市郊行人和车辆较多的桥梁上需要安置照明设施，一般设置灯柱在桥面上设备，利用栏杆柱，或单独设在人行道内侧，在较宽的人行道上也可设在靠近缘石处。立交桥上也会采用高杆照明的。照明灯柱一般要高出桥面5 m左右，照明灯柱类型可以是混凝土灯柱或金属灯柱。灯柱的设计要经济适用，要和周围环境相协调一致。照明方式可以是单侧布置、双向对称布置、中心对称布置、交错布置等。布置在宽阔道路或者大面积场地周边的高杆灯宜采用平面对称的配置方式，布置在场地内部或车道布局紧凑的立体交叉的高杆灯适合采用径向对称的配置方式，布置在多层大型的立体交叉或车道布局分散的立体交叉的高杆灯宜采用非对称的配置方式。

2.5 组合结构

随着我国的公路、桥梁及其他基础设施项目的事业蒸蒸日上，特别是在 20 世纪 80 年代末，不断涌现出各种组合结构，如钢管混凝土拱桥、钢—混凝土组合结构梁桥和预弯组合结构梁桥等这些新型结构的桥梁，而且发展速度十分迅猛。组合结构涉及的许多领域，如力学领域、数学领域及一定计算机知识等，这就需要不断地加强对这些新型结构相关知识的探讨、研究与学习，才能更好地服务于新型结构的桥梁设计、施工等方面。

组合结构桥梁的大致有组合钢板梁桥、组合箱梁桥、组合桁架桥、组合刚构桥、组合拱桥、组合斜拉桥、混合梁桥等如下 7 种形式。

（1）组合箱梁桥

组合箱梁桥承担上缘的拉应力主要是由混凝土桥面板承担。槽形截面组合梁可以节省材料，不用钢顶板的是可行方案之一，但难以控制施工。法国工程界采用波折腹板代替槽形截面组合梁组合箱梁，充分发挥波折腹板抗剪强度大、纵向刚度小、减轻自重的特点。如桥长 129.03 m，宽 30 m 的 4 跨钢—混凝土组合梁深圳市宝岗路跨线桥（图 2-32）位于广东省深圳市泥岗路，采用压型钢板和预应力技术；法国 1986 年通车的 Cognac 桥，跨度为 31 m+43 m+31 m，三跨连续梁桥；深圳丽水桥，为深圳南山区四车道预应力钢－混凝土组合梁大跨度公路曲线简支梁，该桥由四片独立的单室箱梁组成，采用预应力钢束新材料、压型钢板及组合结构体系转换新技术。

（2）组合钢板梁桥

这种组合结构桥梁跨度大、抗弯能力强、降低梁的高度，组合钢板梁桥通常是由混凝土桥面板和板钢板梁通过连接件连接。如法国跨度为 59.0 m+2×64 m+33.0 m 米的四跨连续梁 Hopital 桥（图 2-33），1990 年建成通车。

图 2-32　深圳宝岗路跨线桥

图 2-33　法国 Hopital 桥

（3）组合刚构桥

组合刚构桥梁体与桥墩之间是通过刚性连接，由于荷载作用，主梁端部的负弯矩产生，主梁跨中的正弯矩相应减小了，可减小跨中截面大小。组合刚构桥不但具有混凝土刚构桥的特点，且不用设置支座、刚度增大、桥梁受力性能大为改善、跨度加大。三亚西河桥的主跨是36+56+60+56+36 m 的钢管混凝土双 Y 刚构曲线组合桥梁，它是曲线钢管混凝土桁梁的多跨双Y 形刚构桥型，大桥施用的预弯预应力新技术。如图 2-34 所示，日本 1997 年完成七跨连续刚构桥的横浜绿 IC 桥，跨径为 32.3 m ＋ 4×40.0 m ＋ 42.0 m ＋ 40.1 m，横梁与混凝土固结。

（4）组合桁架桥

组合桁架桥用钢筋混凝土板来代替钢桁架的上下弦杆，降低了截面的高度、节省了钢材、承载力大、施工简便，也注重把将来的维护管理其至是解体时的费用预算到最小。组合桁架桥不设或少设非承重构件，少设或不设伸缩缝，改善节点的设计，钢桁架与混凝土桥墩结合。深圳大学 1 号桥跨度为 4×40 m+45 m+50 m+45 m+4×25 m+4×25 m，桥宽度 15 m，连接南北校区。主桥为钢桁腹 PC 梁结构、匝道桥为曲线波形钢腹板 PC 梁组合结构；桥体自重轻、支架模版减少、景观协调一致等；图 2-35 所示为法国 1985 年完工的三跨连续组合桁腹梁 Arbois 桥，跨径为 29.85 m+40.4 m+29.85 m，它是使用钢杆件代替混凝土腹板的一种新结构，它可以有效改善混凝土箱梁的性能。

图 2-34　横浜绿 IC 桥　　　　　　　　　图 2-35　法国 Arbois 桥

（5）组合斜拉桥

组合结构斜拉桥在国内外桥梁建设中应用非常广泛，组合结构斜拉桥造型新颖、材料丰富多样。如深港西部通道深圳湾公路独塔单索面钢箱梁斜拉大桥是桥塔的沿着桥面逐渐突出构成三角型外型，桥长 5 545 m，宽 38.60 m，桥梁跨径为 180 m、高约 140 m 的索塔以倾斜式呈疏索扇型布置，造型美观，它是连接深圳、香港及内地的大型跨境桥梁工程；如 1993 年建成主桥跨径 602 m 长的杨浦大桥（图 2-36），主塔两侧各有 32 对钢索和主梁索面相连接成扇形，如一道亮丽的彩虹横跨于浦江两岸，杨浦大桥居世界同期同类型斜拉桥之首，5.5 万吨级巨轮可从桥下顺利通过。

（6）组合拱桥

近些年由于大量组合构件以及施工法的不同快速应用发展，拱桥也获得了快速发展高峰期，尤其造型美观的组合结构拱桥。但是其经济造价成本较高、施工工艺相当复杂。新建的非对称肋拱桥桥型的南宁大桥（图 2-37），桥型与江面周围景观高度协调融合，主梁为平面曲面独特造型且极富艺术美感；跨径 150 m 的国内第一座全组合结构深圳彩虹桥，桥梁为预应力钢—高托座空心混凝土板组合梁，两片拱肋式桁断面由 4 根直径为 750 × 12 mm 钢管组成，且两片拱肋间由 6 道风撑连接，桥墩与主拱之间为拱墩固结。

图 2-36　杨浦大桥　　　　　　　　　图 2-37　南宁大桥

（7）混合梁桥

常见的混合梁桥是由钢箱梁和混凝土梁组合而成，相应跨度增大，但是对于相应的连接处理比较困难。如日本 2000 年完成的主跨为 39.2 m ＋ 40.0 m ＋ 118.0 m ＋ 39.2 m ＋ 40.0 m 新川桥（图 2-38），五跨连续混合梁的新川桥的中跨为钢箱梁。

图 2-38　新川桥

（8）时新类型

随着新时代新技术的不断突破创新，新材料也不断涌现，如在 1910 年 Buck D. M. 研发出的含铜钢能够有效抑制大气中的锈蚀；美国于 1933 年开始研制耐候钢，耐候钢在 1964 年首次被应用到新泽西组合桥梁上，随后德国、日本也在世纪 60 年代开发了耐候钢并及时应用到桥梁上。世界上最大跨径的上承式耐候钢拱桥也于 1970 年建成通车，耐候钢斜拉桥于 1983 年建成通车，耐候钢设计指南于 1989 年制定出台。从 1992 年起，韩国一共创建了大约 15 座耐候钢桥梁；加拿大新建的钢桥大约 90% 是耐候钢钢桥。

世界最长且最高的全透明玻璃桥，全长 430 m、宽 6 m，桥面离谷底约 300 m，可站 800 人的张家界大峡谷玻璃桥，也是首次采用新型复合材料的全玻璃结构的大桥；工程无钢筋支架，采用透明玻璃铺装，桥中心有全球最高的蹦极台，是一种全玻璃结构的桥梁。主跨 74 m 的德国巴伐利亚艾森木桥，是一座墩和梁全是木结构的波浪形人行木桥；主跨 60 m 的海南三亚西河桥为钢管桁梁结构形式，桥梁多数节段为双曲线桁架梁，结构新颖，如出水蛟龙。根据国内外的研究表明，FRP（Fier Rinforced Polymer，纤维增强聚合物）桥梁是结构工程未来的应用发展方向之一，各国的技术人员做了大量的研究开发利用工作。而且现在 FRP 桥梁和初期的 FRP 桥梁应用不同，它指桥梁采用拉挤、缠绕、RTM（Resin Transfer Molding，树脂传递模型）等高性能玻璃纤维、玄武岩纤维、高性能碳纤维等具有使用性能和稳定力学性能的桥梁或桥梁部件，被称做"高性能复合材料桥梁"。它能完全满足桥梁的安全性、适用性、耐久性、施工要求等不同方面的结构需求，因此，在桥梁工程中复合材料有更好的发展应用前景。

2.6　弹塑性理论分析

根据《钢结构设计规范》（GBJ 17—88），对于承受动力荷载的钢结构构件及其连接，如果应力变化的循环次数 n 大于 10 万次时，应当按荷载的标准值和容许应力幅进行疲劳计算。组合梁截面应力的计算理论通常有弹性理论分析计算和考虑截面塑性变形发展的塑性理论分析计算两种方法。应力按弹性状态计算，由于组合梁钢梁板件宽厚比一般较大且截面中和轴在钢梁内穿过组合梁，则组合梁的截面也要依据弹性状态计算，且对组合梁的挠度也依据弹性理论分析计算。而对于组合梁钢梁板件宽厚比一般比较小、不直接承受动力荷载且截面中和轴在混凝土板内穿过的组合梁，组合梁截面则要依据塑性理论分析计算。

（一）弹性理论分析

弹性分析法是基于容许应力法，它是结构力学分析方法之一，依据假定钢材与混凝土全是理想弹性材料，通过计算分析得到的钢材和混凝土的应力都不能超过各自的容许应力。设计容许应力的方法根据式（2-3）确定。

$$\sigma_{(N,S)} \leqslant [\sigma] \qquad (2\text{-}3)$$

式中：S—设计构件截面几何特征值；

σ—关于 N 和 S 的函数，表示由结构设计内力引起的最大应力；

N—不计荷载安全系数的前提下最不利设计荷载标准值引起的内力；

$[\sigma]$—材料的容许应力。

1. 弹性分析理论的基本假设

组合梁弹性分析采用如下基本假设：

·钢梁与混凝土翼板之间连接可靠，钢梁和混凝土翼缘板之间的滑移两者之忽略不计，组合梁截面符合平截面假定；

·钢和混凝土材料都是理想线弹性材料，组合梁处于弹性受力阶段；

·混凝土翼板内的钢筋在弹性阶段应变较小、应力也较小，对截面、组合梁变形影响较小，所以，可以忽略钢筋的作用。同时，混凝土翼板在有效宽度范围内不区分受拉区与受压区，按实际面积截面惯性矩计算，托板面积不计及忽略混凝土翼板内的混凝土和压型钢板板肋内钢筋的作用。承受正弯矩组合梁是处于弹性阶段状态时，通常不会开裂，这部分混凝土即使开裂，对组合截面刚度的影响也可以忽略不计，由于混凝土板很少有受拉的，大部分处于受压状态，因此可以忽视混凝土翼板中受拉开裂的部分。

如果钢梁受压翼缘的自由长度 l_1 与其宽度 b_1 之比超过相关规定的限值时，则依据式对其整体稳定性计算；如果受压翼缘的自由长度 l_1 与其宽度 b_1 之比的最大值 l_1/b_1 可以在相关规范查询，则可以不用对其整体稳定性计算；且对于梁的支座处，应采取适当构造措施，防止出现梁端截面的发生扭转情况。

受弯的构件在最大刚度主平面内，则整体稳定性要满足

$$\frac{M_x}{\varphi_b W_x} \le f \qquad (2-4)$$

式中：W_x—对 x 轴梁毛截面的抵抗矩；

φ_b—按《钢结构设计规范》确定的绕强轴 x–x 弯曲而定的整体稳定系数；

在 G_1 与 Q_1 作用下，f 表示钢材的抗弯强度设计值，M_A 表示绕强轴作用下的最大弯矩。

2. 组合梁折算截面

根据等效换算的基本原理，钢材和混凝土两种不同材料构成的组合梁截面，依据材料力学的有关公式，将混凝土折算成部分钢材。根据假设，截面换算前后中保持应变协调条件不变和合力大小不变，对板托部分混凝土可以忽略不计。

$$A_s = \alpha_E A_c \qquad (2-5)$$

式中：A_c—混凝土的面积；

α_E—钢材与混凝土材料的弹性模量比；

A_s—混凝土换算成钢截面面积。

$$\alpha_E = E_c / E_s \qquad (2\text{-}6)$$

式中：E_c—混凝土的弹性模量；

E_s—钢材的弹性模量；

α_E—钢材与混凝土材料的弹性模量比。

混凝土折算成部分钢材的转化关系如图 2-39 如示。

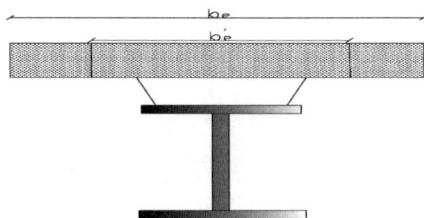

图 2-39　组合梁换算截面示意图

从图示转换来看，截面换算后，只是改变了它的宽度，混凝土翼板的厚度不变，换算后的截面的惯性矩不变，形心高度不变。混凝土翼板的换算宽度（图 2-40）为

$$b_e = \alpha_E b_e'$$

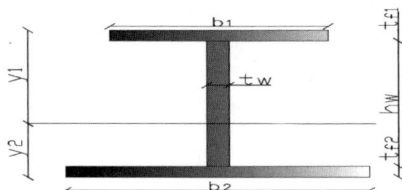

图 2-40　混凝土翼板换算示意图

但工程应用中通常是不对称的工字钢，如果是对称的焊接或轧制工字钢时，可查询有关手册得到截面物理力学特征。它的截面力学特征可根据下列计算式进行验算。

截面的面积为

$$A = b_1 t_{f1} + b_2 t_{f2} + h_w t_w \qquad (2\text{-}7)$$

截面的中和轴 x–x 至梁底的距离为

$$y_2 = \frac{0.5 b_2 t_{f2}^2 + h_w t_w (0.5 h_w + t_{f2}) + b_1 t_{f1} (h_w + t_{f2} + 0.5 t_{f1})}{A} \qquad (2\text{-}8)$$

截面的中和轴 x–x 至梁顶的距离为

$$y_1 = \frac{0.5 b_1 t_{f1}^2 + h_w t_w (0.5 h_w + t_{f1}) + b_2 t_{f2} (h_w + t_{f1} + 0.5 t_{f2})}{A} \qquad (2\text{-}9)$$

中和轴以上的截面关于中和轴的面积矩为

$$S = b_1 t_{f1}(y_1 - 0.5t_{f1}) + \frac{t_w(y_1 - t_{f1})^2}{2} \qquad (2-10)$$

截面关于中和轴的惯性矩为

$$I = \frac{1}{12}(b_1 t_{f1}^3 + b_2 t_{f2}^3 + h_w^3 t_w) + b_1 t_{f1}(y_1 - 0.5t_{f1})^2 + h_w t_w(0.5h_w + t_{f1} - y_1)^2 + b_2 t_{f2}(y_2 - 0.5t_{f2})^2$$

$$(2-11)$$

截面下翼缘的弹性抵抗矩为

$$W_2 = \frac{I}{y_2} \qquad (2-12)$$

截面上翼缘的弹性抵抗矩为

$$W_1 = \frac{I}{y_1} \qquad (2-13)$$

式中，b_1—钢梁截面上翼缘宽度；

b_2—钢梁截面下翼缘宽度；

t_{f1}—钢梁截面上翼缘厚度；

t_{f2}—钢梁截面下翼缘厚度；

t_w—钢梁截面腹板厚度；

h_w—钢梁截面腹板高度。

3. 混凝土翼板有效宽度计算

如图 2-41 所示，钢梁上的混凝土翼板由于受到的纵向不均匀的压应力，而组合梁桥横截面由于受到荷载作用，混凝土翼板发生弯曲变形是不同的，压应力变化主要有跨径和截面的相对尺寸大小而决定，离钢梁腹板距离越近，压应力反而越大。由于混凝土翼板远离钢梁而受到的相应压应力较小，所以对于混凝土翼板的构件设计中，要考虑它参与工作的宽度范围。

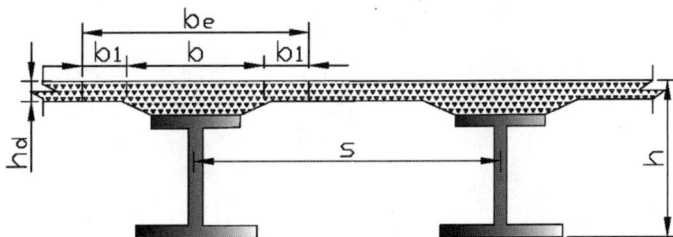

图 2-41 组合梁桥横截面

如图 2-42 所示，b_e 表示混凝土翼板的有效宽度，它可以根据式（2-14）计算。

$$b_e = \frac{\int_{-b_0/2}^{b_0/2} \sigma_{cm} \mathrm{d}x}{\sigma_{cm} \mid x = 0} \qquad (2\text{-}14)$$

式中：σ_{cm} —混凝土翼缘板中的膜应力。

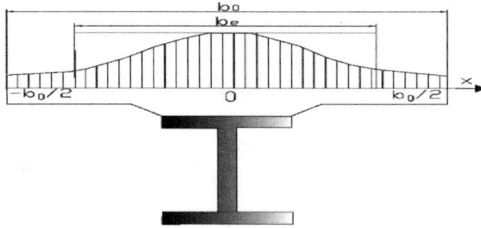

图 2-43　计算宽度示意图

4. 组合梁承载力计算

（1）施工阶段钢梁的正截面抗弯强度

在静载 G_1 和活荷载 Q_1 作用下，受绕强轴 $x - x$ 的弯矩 M_x 作用时，钢梁的正截面抗弯需要要满足下列条件

$$\frac{M_x}{W_{nx}} \leqslant f \qquad (2\text{-}15)$$

在绕强轴 $x - x$ 的弯矩 M_x 与绕弱轴 $y - y$ 的弯矩 M_y 共同作用下，钢梁的抗弯强度则需要满足下列条件

$$\frac{M_x}{W_{nx}} + \frac{M_y}{W_{ny}} \leqslant f \qquad (2\text{-}16)$$

根据《钢结构设计规范》的相关规定，其中，f 表示钢材的抗弯强度设计值，W_{nx} 为对强轴 $x - x$ 的净截面抵抗矩，W_{ny} 为对弱轴 $y - y$ 的净截面抵抗矩。

（2）施工阶段钢梁的抗剪强度的计算

施工阶段，在静载 G_1 与活荷载 Q_1 共同作用下，主平面内受弯实腹构件的抗剪强度需要满足

$$\tau = \frac{Vs}{It_w} \leqslant f_V \qquad (2\text{-}17)$$

其中，根据《钢结构设计规范》相关规定，V 表示计算截面沿腹板平面作用的剪力，s 表示计算剪应力处以上毛截面对中和轴的面积矩，t_w 表示钢梁腹板厚度，I 表示钢梁毛截面惯性矩，f_V 为钢材的抗剪强度设计值。

（3）整体稳定验算

对于工字形截面的简支钢梁,当受压翼缘的自由长度l_1和它的宽度b_1之比不大于下表3-1-1的规定值时,可以不考虑整体稳定验算。

表2-1 不考虑整体稳定性的最大l_1/b_1值

钢号	跨中无侧向支承点的梁		跨中有侧向支承点梁（与载荷位置无关）
	载荷作用在上翼缘	载荷作用在下翼缘	
3	13	20	16
16Mn	11	17	13
16Mnq			
15MnV	10	16	12
15MnVq			

通常作如下规定,如对梁的跨中无侧向支承点的情况时,l_1表示跨度;如对梁的跨中有侧向支承点的情况时,l_1表示受压翼缘侧向支承点间的长度;而梁的支座处表示有侧向支承的情况。

对于其他的钢号,l_1/b_1的最大值为$\sqrt{235/f_y}$倍3号钢的最大值。l_1/b_1支座处要采取相应措施防止截面的扭转。

如果受压翼缘的自由长度l_1和其宽度之比的最大值l_1/b_1可以在相关规范查询到,则可以不用对其整体的稳定性计算;如果钢梁受压翼缘的自由长度l_1与其宽度b_1之比超过相关规定的限值时的情况,则要对其整体稳定性计算。

受弯的构件在最大刚度的主平面内,则整体稳定性要满足

$$\frac{M_x}{\varphi_b W} \leq f \qquad (2-18)$$

受弯的工字形截面构件如处在两个不同主平面内,则整体的稳定性应当满足

$$\frac{M_x}{\varphi_b W_x} + \frac{M_y}{W_y} \leq f \qquad (2-19)$$

其中,f表示钢材的抗弯强度设计值;根据受压纤维确定的,W_x、W_y分别表示对x轴和y轴全截面抵抗矩;φ_b为依据《钢结构设计规范》确定的绕强轴$x-x$弯曲而定的整体稳定系数;在G_1与Q_1作用下,M_x、M_y分别表示绕强轴和弱轴作用下的最大弯矩。

（4）变形验算

由于还处在施工阶段荷载作用,组合梁未使用,属于还处在弹性变化阶段,故按照弹性方法处理钢梁的挠度,且比容许挠度最大值要小。

$$\Delta = \frac{5ql^4}{384E_{SS}I} \leq [\Delta] \qquad (2-20)$$

式中，$[\Delta]$ 表示受弯构件的允许挠度；Δ 表示挠度；l 表示梁的跨度；q 表示施工阶段发生的均布荷载；E_{ss} 表示钢材的弹性模量，I 表示截面的惯性矩。

（5）组合梁使用阶段正截面强度计算

如果达到正截面强度极限状态时，组合梁可能有两类受力情况，即塑性中和轴在钢筋混凝土板中通过与塑性中和轴在型钢中通过两种不同情况。这两种受力情况的界限是根据组合梁达到正截面强度极限状态情况下，设塑性中和轴在混凝土板的底面位置。对应力的平衡方程为

$$Af_p = b_e h c_1 f_{cm} \tag{2-21}$$

式中，$f_p = 0.9f$ 表示型钢塑性抗拉强度设计值；A 表示钢梁的全截面面积；h_{c1} 表示钢筋混凝土翼缘板的厚度；b_e 表示截面翼缘板的有效宽度；f_{cm} 表示混凝土弯曲抗压强度设计值。

而根据相关规定可以判断塑性中和轴在混凝土翼缘板中通过时，对应的受力关系式为

$$Af_p \leqslant b_e h c_1 f_{cm} \tag{2-22}$$

对应组合梁正截面的强度要满足

$$M \leqslant b_e x f_{cm} y \tag{2-23}$$

式中，x 表示混凝土翼缘板顶面至塑性中和轴的距离，M 表示按全部荷载计算产生的最大弯矩，y 表示受压区混凝土压应力合力到钢梁截面拉应力的合力之间的距离，b_e 表示截面翼缘板的有效宽度，f_{cm} 表示混凝土弯曲抗压强度设计值。

而根据相关规定可以判断塑性中和轴在钢梁中通过时，对应的受力关系式为

$$Af_p > b_e h c_1 f_{cm} \tag{2-24}$$

对应组合梁的正截面抗弯强度则需要满足

$$M \leqslant \leqslant b_e h_{c1} f_{cm} y_1 + A_c f_p y_2 \tag{2-25}$$

其中，M 表示按全部荷载计算产生的最大弯矩，b_e 表示截面翼缘板的有效宽度，h_{c1} 表示钢筋混凝土翼缘板的厚度，f_{cm} 表示混凝土弯曲抗压强度设计值，A_c 表示钢梁受压区截面积，$f_p = 0.9f$ 表示型钢塑性抗拉强度设计值，y_1 表示混凝土翼缘板截面应力的合力到钢梁受拉区截面应力的合力之间的距离，y_2 表示钢梁受压区截面应力的合力至钢梁受拉区截面应力的合力间的距离。

（6）组合梁的剪切强度计算

由于组合梁不考虑混凝土板抗剪的作用，假设截面上的垂直剪力都是由钢梁腹板承受，所以按下式计算组合梁的剪切强度（按照纯剪状态业计算）。

$$V \leqslant h_w \cdot t_w \cdot f_{vp} \tag{2-26}$$

其中，V 表示由全部荷载产生的组合梁最大剪力设计值，f_{vp} 为塑性设计时采用的钢材抗剪强度设计值（$f_{vp} = 0.9f_v$），h_w、t_w 分别表示钢梁腹板的高度、厚度。

但通常必须要考虑弯矩与剪力的相互影响，弯剪共同作用将使依据纯剪、纯弯梁算出的抗剪、抗弯强度要低。但是国内外专家的试验研究表明，如果当计算中忽略了混凝土的抗剪作用，按照纯剪角度算出的组合梁的抗剪强度和试验结果基本一致的。

（二）塑性理论分析

对于组合梁的弹性理论，只有当钢梁拉应力不大于钢材的屈服点且要满足轴心抗压设计强度是混凝土最大压应力一半情况下，才认为是正确的计算分析。因此只有在使用阶段用弹性理论分析才能更好地符合实际情况。由于没有涉及塑性变形发展所带来的强度潜力，因此承载力趋向于保守设计。

塑性设计的前提条件是组合梁需要形成塑性铰。当荷载增大到一定程度的时候，钢梁部分会塑性化，而塑性铰处的作用的弯矩相当于结构构件的全部塑性弯矩，从而使塑性铰可以完全地发生转动、变形，且最终产生了破坏的机构。

构件的板件厚度尺寸如果太小，则会出现局部的压屈等情况出现，所以必须要限制钢板的厚度。如果出现了塑性化，与弹性阶段相比较，则构件刚度就会下降很多，易造成局部压屈、侧向的压屈、弯扭压曲等不同情况。其结果则会导致构件的抗弯能力会下降，则不会出现全塑性的弯矩，即使出现了也不能完全转动从而丧失其承载的能力。

虽然在通常情况下，局部压屈、侧向压屈、弯扭压曲情况的发生是相互的，但压屈的状况由于构件截面的不同而不同。所以组合梁根据塑性理论分析，首先要对不生成局部压曲的各部分钢梁截面的尺寸大小加以控制，同时还要适当地布置支承杆，防止弯扭造成变形、侧向变形过大。

当组合梁依据塑性理论设计时，其截面可分成密实截面和纤细截面不同的两种情况。如果是密实截面通常认为钢梁受压翼缘板和腹板的刚度是有足够大，产生全部的塑性且造成足够旋转，因局部屈曲而使强度丢失的情况不会出现的情况；或虽然塑性中和轴在钢梁的腹板内部，但其截面板件宽厚比已达到规定条件的情况；或虽然是组合正弯矩区段，但塑性中和轴不通过钢梁腹板，密实截面的组合梁极限承载力计算按照塑性理论计算，组合梁截面除了以上两种情况之外的全都是纤细截面，则极限承载力计算要根据弹性理论分析计算。

当组合梁截面计算根据塑性理论进行计算分析时，应分别根据塑性中和轴是在钢梁内部还是在混凝土板内的两种不同情况分别根据以下假定并计算。

组合梁使用阶段的承载能力计算要按照塑性理论进行分析时作如下基本假定；

·组合梁达到强度计算的极限状态时，钢材全部达到各自的塑性设计强度设计值，即要根据《钢结构设计规范》规定的各种强度设计值乘以 0.9 的折减系数；

·极限状态时，受压区的混凝土采用《混凝土结构设计规范》规定的弯曲抗压强度的设计值，且不考虑受拉区的混凝土的作用；

·当计算截面强度及截面的力学特征情况时，要不考虑钢筋混凝土板的板托影响。

2.7 极限平衡理论

结构极限承载能力的计算方法主要有全过程分析法、极限平衡法等两种不同方法。极限平衡法绕过了比较复杂的弹塑性阶段，即它不考虑荷载和变形的过程，直接依据结构所处的极限状态时的平衡条件来求出极限状态的荷载值，由于其不用考虑材料的本构关系，因而相对于全过程分析法简单一些。

（一）极限平衡理论的基本假设

结构满足下面三个特性。

·荷载增长的单调性及一致性。所有作用在结构上的荷载都参照同一比例缓缓增加，即准静力式的简单加载。

·元件极限条件的稳定性。在达到极限（屈服）强度情况下，不改变元件的极限条件的前提下，结构元件的变形会快速急剧地增大。结构的所有元件在丧失承载能力之前都要保持稳定。

·结构变形的微小性。由于在结构构件丧失承载力以前，结构构件的变形量通常可以忽略不计，因而静力平衡方程中的几何尺寸大小的变化情况可忽略不计，静力平衡关系只要根据变形前的结构大小尺寸而定。

以上这些假设，对实际结构的元件忽略它的弹性变形，把它理想化看成为刚塑性元件。在达到极限承载能力情况下，结构要同时满足元件静力平衡条件、极限条件、机动条件三个条件。但对于复杂结构的极限承载力这种情况下，通常很难同时满足这三个不同的条件，一般情况下只能求出极限荷载的上限或下限，即一般要通过机动法或静力法求出近似解。其中，静力法只考虑静力平衡条件和元件极限（屈服）二个不同的条件，而不考虑结构的机动条件；机动法只考虑结构的机动条件和元件极限（屈服）二个不同的条件，而不考虑静力平衡条件。

（二）建立非线性平衡方程

（1）有限变形结构的虚功增量平衡方程

依据结构初始态确定边界条件，建立了平衡方程，避开了结构变形的复杂状况，其中需要将欧拉坐标下的结构变形态平衡方程转换成用拉格朗日坐标下的结构初始态的平衡方程。

由虚功原理，外力所做的虚功要满足式（2-27）。

$$\delta W = \int_v p_i \delta u_i \mathrm{d}v + \int_{A_t} q_i \delta u_i \mathrm{d}A \qquad (2\text{-}27)$$

则相应的虚功方程表示为

$$\int_{v_0} S_{ij} \delta E_{ij} \mathrm{d}v_0 = \int_{v_0} P_{oi} \delta u_i \mathrm{d}v_0 + \int_{At} q_{oi} \delta u_i \mathrm{d}A_0 \qquad (2\text{-}28)$$

（2）有限变形结构的 $U \cdot L$ 虚功增量平衡方程

大变形情况下格林应变张量的变分 δE_{ij} 是非线性的，则解上面的非线性虚功的方程组是很困难的。将求解全量平衡方程组转化为求解若干增量的平衡方程组，根据 $U \cdot L$ 列式演引大变形结构的虚功增量方程。假设结构 t 时刻构形、初始构形及 $t+\Delta t$。而根据结构在 t 时刻的构形为参考位形来求结构在 $t+\Delta t$ 时刻的位移、应变及应力等的不同增量。$t+\Delta t$ 时刻的克希荷夫应力为 t 时刻的应力 ${}_t^t S_{ij}$ 与 t 到 $t+\Delta t$ 时刻的应力增量 ${}^t S_{ij}$ 的叠加。${}_t^t S_{ij}$ 为结构 t 时刻相对于 t 时刻位形的应力，就是 t 时刻的柯西应力 ${}^t \sigma_{ij}$，所以有：

$$t + \Delta_t^t S_{ij} = {}^t \sigma_{ij} + {}^t S_{ij} \qquad (2\text{-}29)$$

相应得出 $U \cdot L$ 列式的虚功增量方程为

$$\int_{t_v}^t C_{ijr_{st}} e_{rs} \delta_t e_{ij} {}^t \mathrm{d}v + \int_{t_v} {}^t \sigma_{ij} \delta_t n_{ij} {}^t \mathrm{d}v = {}^{t+\Delta t} R - \int_{t_v} {}^t \sigma_{ij} \delta_t e_{ij} {}^t \mathrm{d}v \qquad (2\text{-}30)$$

第三章　拱桥设计基础

3.1　桥梁设计概述

3.1.1 桥梁设计基本原则

公路桥涵的设计原则为"安全、适用、耐久、经济、环保和美观"。桥梁是公路、铁路或城市道路的非常重要组成部分，尤其是大、中型桥梁的发展对当地经济、政治、国防等方面都有重要影响。所以，桥梁建设应根据所在地区公路的性质、作用和将来不断发展的需要，除应符合安全可靠、技术先进、经济合理、适用耐久的要求外，还应根据环保、美观舒适的有利原则进行设计，还要考虑因地制宜、方便施工管理和维护等因素。

（1）安全可靠，技术先进

要根据施工的设备、安全、技术等，在因地制宜前提下，桥梁设计应尽可能采用成熟新结构、新设备、新材料和新工艺等。在注意认真学习国内外先进技术、充分利用最新科学技术成就的同时，努力创新，淘汰和摒弃原来落后和不合理设计思想。只有这样才能更好地贯彻适用、经济、安全、美观原则，提高我国桥梁建设水平，赶上和超过世界先进水平。

所设计桥梁结构在稳定、强度和耐久性等多方面应有足够安全储备，要保障使用年限、耐久性及安全畅通；防撞栏杆具有足够高度和强度，人与车流之间要设防护栏，防止车辆撞人人行道或撞坏栏杆而落到桥下；对于交通繁忙桥梁，应设计好照明设施，并有明确交通标志，两端引桥坡度不宜太陡，以避免发生车辆碰撞等引起车祸。对于河床易变迁河道，应设计好导流设施，防止桥梁基础底部被过度冲刷；对修建在地震区桥梁，应按抗震要求采取防震措施；对于大跨柔性桥梁，尚应考虑风振效应。对于通行大吨位船舶河道，除按规定加大桥孔跨径外，必要时设置防撞构筑物等，要满足桥涵风险评估和安全监测的相关规定、极限状态的设计理论和方法和作用组合分类及计算方法。当结构正常施工与正常使用时，它要能承受可能出现的各种不同作用，包括各种荷载引起的内力、振动过程中恢复力、由外加变形（如超静定结构支座沉降）、约束变形（如温度变化或混凝土收缩变化引起地构件变形受到地约束）所引起内力。

结构在设计规定的偶然事件发生时与发生后，仍能保持必需整体的稳定性，不发生倒塌或者连续破坏情况。

（2）适用且耐久

从工程概念上讲，足够的耐久性能就是在正常维护地条件下，结构能够正常地使用到规定的设计使用年限。桥梁结构在制造、运输、安装、使用过程具有足够刚度、稳定性、强度、耐久性；桥面宽度能满足当前以及今后规划年限内的交通流量，包括行人通道。桥梁结构在通过设计荷载时不出现过大变形和过宽裂缝。桥跨结构下方要有利于泄洪，如通航时跨河桥或车辆行驶时立交桥和行人通行立交桥等。桥梁两端要便于车辆进入和疏散，而不致产生交通堵塞现象等。考虑综合利用，方便各种水、电、气、通信等管线搭载，要满足有关桥涵环境保护、总体设计、交通安全保障工程等的相关规定、公路桥梁设计汽车荷载标准和各种作用标准值的计算规定。要满足桥涵结构的设计使用年限和耐久性要求。结构在正常使用时要具有良好的工作性能，不发生过大的变形或宽度过大裂缝，不产生影响正常使用的振动。结构在正常维护下具有足够的耐久性能，不发生钢筋锈蚀与混凝土严重风化等异常现象。结构在规定的工作环境中，在预定的时期内，其材料性能恶化不会导致结构出现不可接受的失效概率。

（3）经济合理，因地制宜

桥梁设计应遵循因地制宜，就地取材和方便施工的原则。要使总造价最低、材料最少，综合考虑养护、维修、施工期等，经济桥型应该是造价和养护费用综合最省桥型。设计中应充分考虑维修方便和维修费用少，维修时尽可能不中断交通，或使中断交通时间最短。所选择桥位应是地质、水文条件好，并使桥梁长度较短。桥梁应考虑建在能缩短河道两岸运距位置，以促进该地区经济发展，产生最大效益。对于过桥收费桥梁就应吸引更多车辆通过，达到尽快回收投资目。

（4）美观环保，可持续发展

桥梁美学，应与周围环境协调，尤其城市桥梁，应挺拔、宏伟。一座桥梁应具有优美外形，而且这种外形从任何角度看都应该是优美。结构布置必须简练，并在空间上有和谐比例。在满足功能要求前提下，要选用纯正、清爽、稳定等最佳结构型式。主要表现在结构选型和谐与良好比例，质量统一于美，美从属质量，并具有秩序感和韵律感，过多重复会导致单调。表面质感，材料选择，重视与环境协调，特别色彩运用起着重要作用。审视阴影效果，模型检试有助于实感判断。美丽桥梁应以其个性对人们产生积极影响。

美的环境将直接陶冶人们情操，人为环境的美、大自然的美，对人们身心健康是必需。

桥型应与周围环境相协调，城市桥梁和游览区桥梁，可较多地考虑建筑艺术上要求。合理结构布局和轮廓是桥梁美观主要因素，另外，施工质量对桥梁美观也有很大影响。环境保护和可持续发展，桥梁设计应考虑环境保护和可持续发展要求。从桥位选择、桥跨布置、基础方案、墩身外形、上部结构施工方法、施工组织设计等全面考虑环境要求，采取必要工程控制措施，并建立环境监测保护体系，将不利影响减至最小。

这些功能要求都要满足结构的可靠性，即结构在规定的寿命期内（设计基准期），在规定地条件下（正常设计、正常使用维护、正常施工）完成预定功能（适用性、安全性与耐久性）的。显而易见，如加大结构构件的截面尺寸或者钢筋数量等增大结构设计的余量，或提高对材料性能的要求，总是能够增加或改善结构地安全性、适应性和耐久性要求，但结构造价将大大提高，不符合经济的要求。因此，结构设计要根据实际的情况，解决好结构安全可靠性与经济性之间的矛盾。既要保证结构具有适当地可靠性，又要尽量降低造价，做到经济合理、安全适用。

3.1.2 地形勘测与调查

（1）调查当地的情况，选择桥位（桥位平面图如图3-1所示）调查桥上可能交通种类和行车、行人来往密度，目前交通量和预计增长率等，从而确定桥梁作用等级和行车道及人行道宽度等，明确桥梁使用任务，如交通量、荷载等级、战备情况等；选择合理桥位，由国家、地方社会经济发展规划决定，一般地说，大、中桥桥位选择原则上应服从路线走向，路桥综合考虑。

（2）勘探桥位附近的地形，并绘制地形图，供设计和施工使用。通过钻探调查桥位地质情况，并将钻探资料绘制成地质剖面图，作为基础设计重要依据。工程地质剖面图，包含地质分层、力学性能、地质构造等，是设计、施工必备资料与依据。

（3）调查和测量河流水文的情况，包括河床断面、通航水位、历史洪水资料、通航净空、冲刷、淤积情况、河床变迁等，为确定桥梁桥面标高、跨径和基础埋置深度提供依据。调查和收集有关气象资料，包括气温、雨量及风速（或台风影响）等气象资料，年平均温差、年最高温差、桥位处设计风速、台风、雨量情况等。

（4）调查当地的建筑材料（砂、石料等）来源，水泥、钢材供应情况以及水陆交通运输情况。调查了解施工单位技术水平、施工机械等装备情况，以及调查了解施工现场动力设备和电力供应情况，施工设备，施工建筑材料。

（5）调查新建桥位上、下游有无老桥及其桥型布置和使用情况等。

3.1.3 桥梁横纵断面设计和平面布置

（1）桥梁平面布置

小桥和涵洞位置与线形一般应符合路线总走向；特大、大、中桥桥位应尽量选择在河道顺直稳定、河床地质条件良好、河滩较窄较高且河槽能通过大部分设计流量地段。公路上特大桥、大、中桥桥位原则上服从路线走向，桥、路综合考虑等。桥梁平曲线半径、平曲线超高和加宽、缓和曲线等，应满足相应等级线路规定情况。

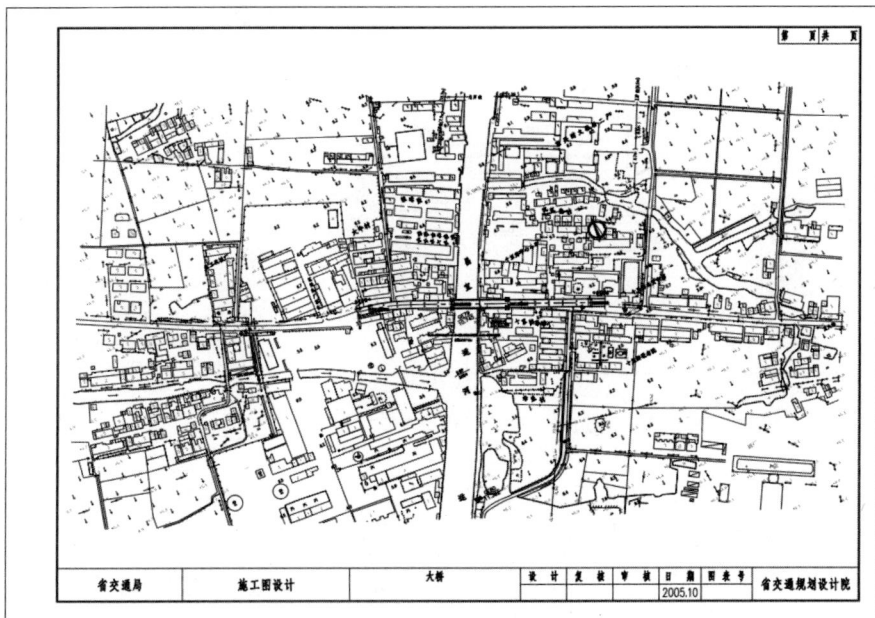

图 3-1　桥位平面图

（2）桥梁纵断面设计

桥梁纵断面设计包括根据水文资料、河床冲刷、基础形式、航道安排、造价综合考虑总跨径确定，使上、下部结构总造价最经济；综合考虑跨径、孔数、结构体系、战备等因素影响来确定桥梁分孔，桥梁的分孔中最经济的跨径就是使上部结构和墩台的总造价最低，因此当桥墩较高或地质不良，基础工程较复杂而造价较高时，桥梁跨径就选得大一些；否则，当桥墩较矮或地基较好时，跨径就可选得小一些；桥面的标高根据路线的纵断面设计，或根据设计洪水位，桥面标高要先满足通航要求（通航净空），有航务部门决定，有设计洪水位决定；支座底面高出设计洪水为 25 cm，拱顶底面高出 1 m；跨线桥具体分析；桥上纵坡不大于 4%，城市不大于 3%；易结冰积雪桥梁，桥上纵坡不宜大于 3%；引桥纵坡不大于 5%，变化处均需设竖曲线等。对于大、中桥梁，为了利于桥面排水，桥面纵坡设置常做成从桥的中央向桥头两端为 1% ~ 2% 的双面坡。

（3）桥梁横断面设计

桥梁横断面设计主要是确定桥面净空和与此相适应桥跨结构横断面布置，决定于桥面宽度、结构类型、横截面布置等情况。人行道、安全带应高出路面至少 20 ~ 25 cm，一般为 25 ~ 35 cm，桥面横坡 1.5% ~ 3%，利于排水。服从规范，按桥梁宽度确定车道数，一般为：

行车道（单个车道宽 × 车道数）+ 人行道 1 m（+N × 0.5）+ 自行车道（n × 1）+ 中央带；

（单个车道宽一般为 3.75 m/3.5 m [$V \geqslant 80$ km/h，$V=40/60$ km/h）；$V=30$ km/h 时 3.25 m；$V=20$ km/h 时 3.00 m（单车道为 3.5 m）]。

桥型布置图如图 3-2 所示。

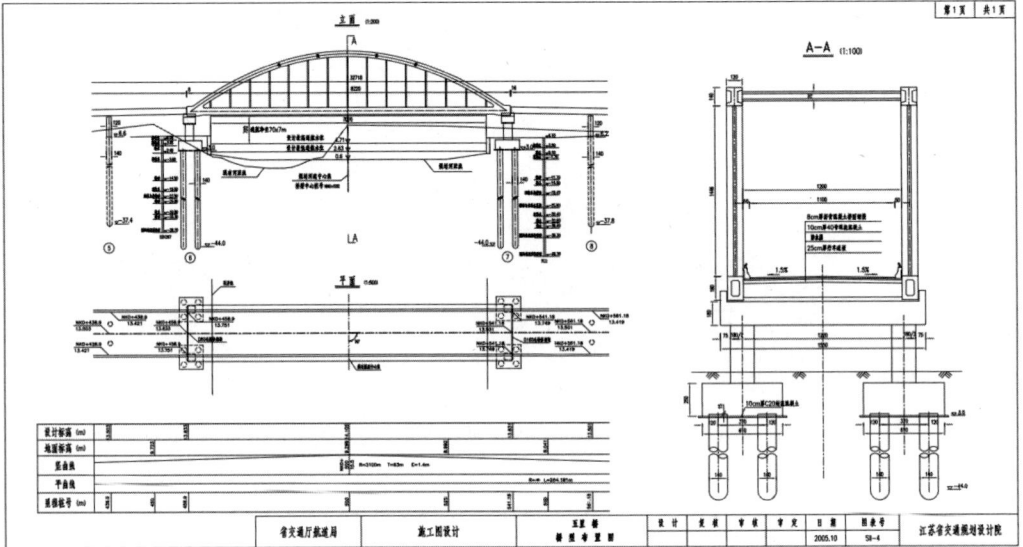

图 3-2 桥型布置图

3.1.4 桥梁设计步骤

大型桥梁设计工作可分为前期工作和设计两个不同的阶段，前期工作包括预可行性研究报告和可行性研究报告的编制两个不同的过程，设计阶段通常按"三阶段设计"进行（小桥也采取两阶段），即包括初步设计、技术设计和施工设计三个不同的过程。

（1）工程可行性研究

工程可行性研究主要涉及前期规划、关键技术研究、从经济、技术、社会发展论证可行性。桥梁工程的规划与设计的前期工作有时也称为桥梁规划设计，包括预可行性研究和可行性研究两个不同的过程，重点在于论证分析建桥的必要性与合理性，并确定具体建桥的地点、规模大小、标准、投资融资控制等一系列宏观与重大问题，为科学地进行项目决策提供必要的依据，避免盲目性和带来不良后果。预可行性研究与可行性研究两者内容目标一致，只是深度不同，预可行性研究着重于工程的必要性与经济合理性方面的内容，可行性研究在预可行性研究之后，着重于工程上和投资商的必要性方面的内容。

桥梁的必要性主要论证是否应该或需要建桥的问题，评估所建议修建桥梁工程在国民经济和交通工程中所处的重要积极作用。铁路桥梁以评估规划和近、远期可能的交通运输量为研究对象，干线公路桥梁评估以规划和交通量为主要研究对象，地方公路桥梁及城市桥梁评估以规划和交通量为主要研究对象。桥梁的可行性论证包括工程可行性和经济可行性两个不同的方面。

桥梁工程可行性主要包括要调查桥上的各种不同交通种类及规则要求、预测交通量和发展趋势等不同情况，相应确定交通线路等级、车道数及行车道宽度、非机动车道数量及宽度、人行道设置、车速限制范围、桥梁纵横坡大小、曲线半径大小、桥跨大小、桥下净空、洪水位大小、桥墩防撞设置、通航净空、计算跨径、净跨径、总跨径、桥梁总长、桥下净空、桥面净空、桥梁高度、低水位、高水位、设计洪水位、通航水位、船舶吨位以及要求的航道数量及位置等等情况。桥位选择要注意路线与桥的辩证关系，重要桥梁应通过路桥综合分析比较后确定桥位，桥位大方向选择上应服从桥梁所在线路的走向，大范围内要服从路网规划的要求，小范围内桥位可作适当挪动以便对比，城市桥梁应满足城市总体的规划要求。通常要通过 2 ~ 3 个桥位综合对比分析论证，优化选择最适宜的桥位。要做好桥梁前期地形初步测量、布置钻孔进行验证，对各桥位从地质角度做出初步评价。地质勘探、调查设计流量，各种水位设置和流速等不同方面的水文资料等调查工作，考虑河中水库或拟建水库位置布置、论证河道宽度等方面走势以及建桥后对河段上下游的各种影响，调查如砂石料、水、电、运输、人力等与建桥情况有关的外部条件工作。综合评析各方案的技术可行性，择优选取，尤其要结合桥位的基础工程，要反复论证，桥式方案比较分析，结合成功案例分析评估以提高说服力度，同等条件下比较各技术方案不同指标，预算工程量，选工程量中相对偏高、技术先进可行的方案作为优先考虑的参选方案。

（2）桥梁设计程序

在提交可行性研究报告的基础上，经主管部门审批通过，确定桥梁工程的建设项目及编制设计任务书。根据设计任务书，业主单位可采用招标或委托设计的方式进行桥梁初步设计。根据设计任务书的技术要求，在若干可行方案对比分析优化，陈述所取方案的优势，进一步交代推荐方案桥梁工程的特点、具体要求、成本费用、工期、技术方案措施、资金来源等。结合线路方向、两岸地形和立面布置，平面布置要试定主桥的桥轴线位置，试选引桥轴线的走向、弯道、坡度及桥梁两边路堤情况，拟定两岸边墩（台）位置并布置其他桥墩。结合地形图、地质剖面图，从平面轴线布置出发，参照水位高程、计算冲刷线和以确定的上下部结构，绘成沿轴线的桥梁立面图。结合选定的结构类型、地形、地质横断面、水位高程和冲淤计算等不同情况，沿桥轴线各不同关键处，做出桥梁的断面布置图。参照拟定的三个面的布置图，结合技术条件，初步确定桥式方案，尤其要注意桥式布置中确定桥梁跨度，特别是主跨的跨度。因为大跨度对通航有利、减少基础工程量。但是对于桥长相同大跨度比小跨度造价高、工期长，要注意比选方案。在初步设计阶段还要进一步开展水文勘测等方面工作，要提供基础设计、施工所需要地水文资料等等，使通航跨要与航道相适应。初步设计要交代设计任务的具体来源、要求、桥址相关基本资料、技术方案、桥型方案优化、所选优化方案的理由、结构总体构思、桥梁平立面和断面的具体布置、桥梁工程的施工组织、人材机等方面的消耗量预测、工程概算等具体内容要反复论证、推敲。

桥梁设计程序一般采用两阶段设计，即初步设计阶段和施工图设计阶段。对于方案明确、技术简单小桥可采用一阶段设计，即一阶段施工图设计，以扩大初步设计来包含两阶段设计主要内容。对于技术复杂又缺乏经验建设项目或特大桥、互通式立体交叉等，必要时采用三阶段设计，即初步设计、技术设计和施工设计。

初步设计阶段主要从不同设计方案中选出推荐方案及最优方案；主要解决总体规划问题，包括桥位选定、桥型、分孔、纵横断面布置、结构主要尺寸、工程额概算、主要材料用量；初步设计概算是控制建设项目投资及编制施工预算依据。初步设计阶段勘测中要求建立以桥位中心线为轴线的控制三角网，提供桥址范围内地形图，在桥轴线上的陆地、水上及周边布置必要的钻孔，以便能控制岩层构造情况及其变化。根据钻探取得的资料，确定岩性、强度及基岩风化程度，覆盖层的物理、化学指标以及地下水位情况等。各个桥型方案都要根据工程量、施工组织设计和标准定额编列工程概算，以便进行不同工程费用的综合比较。初步设计概算不宜大于前期工作审批"估算"的10%。对概算适当调整作为"标底"。如果主管部门对初步设计提出修改的意见，则需另外编制"修改初步设计"报送上级审批。

施工图设计阶段主要包括结构设计计算、绘制施工详图等内容。施工设计需按照已批准的技术设计（或初步设计）进行，施工设计一般由原编制技术设计（或初步设计）单位继续进行，也可由中标施工单位进行。施工设计阶段还需进一步地根据施工需要进行补充钻探，又称"施工钻探"。对初步设计核定修建原则、技术方案、技术决定、总投资额进一步细化、具体化技术文件；必须对桥梁各构件进行详实分析计算、绘制施工图、编制施工方法、施工材料明细表及预算；根据施工设计的资料，施工单位编制施工组织设计和工程概算。所有设计的文件经主管部门审批后即可实施桥梁工程各项的工作。

桥梁建成后，通常需进行成桥荷载试验、质量检查的验收及办理交接的手续，由接收部门负责今后桥梁通车运营和养护维修。

普通桥梁一般不需要进行技术设计，对于新型复杂、难度很大、重要大型桥梁，往往要在初步设计的基础上进行细化与优化，发现设计中的错误。技术设计阶段主要涉及对选定的桥型方案中的结构总体的、细部的技术问题进一步分析论证，要进一步细化结构横断面、配筋构造细节处理、材料清单、造价清单、调整概算（修正概算）和工程量等，技术设计阶段要进行补充勘探即"技勘"。

3.1.5 桥梁设计方案比较

桥梁设计方案比较确定要依赖于对桥梁经济、技术、建桥条件等进行深入细致的综合分析比较。

（1）根据地形、地质、通航等要求确定分孔，拟定设计可能多桥梁结构图式（通常 2 ~ 4个），编制各选定桥梁结构形式技术经济指标，包括主要材料用量、总投资、施工期、运营条件、养护费用、施工工艺技术要求（有无困难工程等）、特殊材料等；并拟定桥梁结构主要构件尺寸。

（2）综合比较各种技术经济指标，本着适用、经济、美观原则确定最优方案或根据其他客观情况及特殊要求提出推荐第一方案，然后组织专家会议讨论评审。

3.1.6 桥梁作用（荷载）

我们长期以来，通常称"荷载"是导致结构产生内力或变形的因素，但这种叫法实际并不确切。引起结构反应的原因可以按其作用的性质它分为直接作用、间接作用两种方式，一类如车辆、人群、结构自重等是施加于结构上的外力，它们是直接施于结构上的，可用"荷载"这一术语来概括。另一类如地震、基础变位、混凝土收缩和徐变、温度变化等，不是以外力形式施加于结构，它们产生的效应与结构本身的特性、结构所处环境等有关，它们是间接作用于结构的，如果将其称"荷载"，容易引起人们的误解。因此，目前国际上普遍地将所有引起导致结构产生内力或变形的因素统称为"作用"（分为永久作用、可变作用和偶然作用三类），而"荷载"仅限于表达施加于结构上的直接作用。

（1）永久作用：作用位置和大小、方向固定不变的，即在结构设计基准期内，其值不随时间变化，或其变化值与平均值比较可忽略不计，其中直接作用为恒荷载。永久作用（或荷载）取值具有随机性，如构件自重，由于材料容重变化和构件尺寸偏差可能与计算值不符，是随机变量。种类分为结构重力、预加力、土重力、土侧压力、水浮力、混凝土收缩及徐变作用、基础不均匀沉降作用 7 种（后两者随时间单调变化而趋于限值）。恒荷载如桥梁上部结构的结构重力、附属设备等外加力，桥梁下部结构的由支座传递下来的结构重力、墩台本身的重力、土压力等。

（2）可变作用：在结构设计基准期内，量值随时间变化，且变化值与平均值比较不可忽略，其中直接作用为活荷载。作用于桥梁上车辆荷载和人群荷载作用位置和数值大小都是变化，其随机性是很明显。

种类分为汽车荷载、汽车冲击力、汽车离心力、汽车引起土侧压力、汽车制动力、人群荷载、疲劳荷载、风荷载、流水压力、冰压力、波浪力、温度（均匀温度和梯度温度）作用、支座摩阻力等。

（3）偶然作用：在设计基准其内出现概率很小，一旦出现其持续时间较短，量值可能很大。如地震作用、爆炸力、车辆船只或漂流物撞击力等。而地震作用通常罕遇。

合理地确定作用是使结构物具有足够的可靠度并且造价经济合理的保证。不同的作用在采用时应考虑以下几点：桥梁设计基准使用期内结构总体的正常使用；主要承重结构与局部受力构件强度储备的合理性；对不同桥跨的不同影响；对于大跨结构必须注意结构实际工作状态中可能遇到的一些复杂而巨大地荷载。

作用的选取，具体情况要根据规范规定，在结构或结构构件设计时，针对不同设计目的所采用，包括作用标准值、组合值、准永久值、频遇值的各种不同作用规定值。而对于同一可变作用，通常有标准值≥频遇值≥准永久值。其中，作用标准值，表示荷载在结构使用期间可能出现的最大值，通过对某类荷载长期观察和可根据对观测数据的统计、实际调查，经统计分析给出、作用的自然界限或工程经验确定。它作为主要代表值。作用频遇值表示在设计基准期内被超越总时间占设计基准期的比率较小的作用值，可变荷载在结构上频繁出现且量值较大的值。可变荷载频遇值可通过标准值乘以频遇值系数得到。作用准永久值表示在可变荷载在结构使用期间经常达到和超过比率较大作用值。可变荷载准永久值通过标准值乘以准永久值系数得到。作用组合值表示两种或两种以上可变荷载同时作用于结构，主导荷载取标准值，伴随可变荷载取小于标准值组合值，使组合后作用效应超越概率与该作用单独出现时其标准值作用效应超越概率趋于一致作用值，可变荷载组合值通过标准值乘以组合值系数得到。

（1）永久作用应采用标准值作为代表值。

（2）可变作用应根据不同的极限状态，分别采用标准值、频遇值或准永久值作为其代表值。承载能力极限状态设计及按弹性阶段计算结构强度时应采用标准值为可变作用的代表值；正常使用极限状态按短期效应（频遇）组合设计时，应采用频遇值为可变作用的代表值；按长期效应（准永久）组合设计时，应采用准永久值为可变作用的代表值。

（3）偶然作用取其设计值为代表值，但是地震作用取其标准值为代表值。

3.1.7 桥梁作用（荷载）的相关规定

3.1.7.1 桥梁永久作用的相关规定

（1）结构重力

结构重力 = 材料容重 × 结构体积。而在进行桥梁结构受力分析时，一般要预先估计恒载，当估算值与最终的设计值之间的差距小于 5% 时，可不用修正设计；否则，需重新进行受力结构分析，重新设计调整。

（2）预加力

在结构正常的使用极限状态的设计和使用阶段的构件应力计算时，应作为永久作用的计算其主效应和次效应，计算时应考虑相应的阶段的预应力损失，但不计由于偏心距增大的所引起的附加效应；在结构承载能力的极限状态设计时，预加应力不作为的作用，而将预应力钢筋作为结构抗力的一部分，但在连续梁等超静定结构中的，仍需考虑预加力的次效应。

（3）土侧压力

土侧压力按其产生的不同条件，分为静土压力、被动土压力与主动土压力。桥梁下部结构设计时主要用到主动土压力、静土压力。土的侧压力计算涉及填料性质、结构形式、墩台位移和地基变形等几方面，还涉及水文和外加荷载等方面。目前主要根据库仑理论推导的公式计算土侧压力。

（4）土的重力

土是由无数的土颗粒组成的集合体，土颗粒间贯穿着大小不等的孔隙，孔隙中充满着水与空气，即可以说土由三相体组成的，即包括固相体（土粒）、液相体（水溶液）和气相体（空气）。从物理的角度入手，可以利用三相体在重力上（或重量）与体积上的比例关系反映土的轻重、干湿和松密程度等情况。在设计使用期内，土的重力值不随时间变化，或土的重力变化与平均值相比可以忽略不计的。

（5）混凝土收缩徐变作用

在外部超静定结构的混凝土结构桥梁中，混凝土收缩徐变影响力是长期存在并起作用的。混凝土收缩徐变计算可按结构降温来考虑，混凝土徐变影响计算可根据混凝土预应力徐变变形呈线性关系的假定并确定适当的徐变系数计算。

（6）水浮力

水浮力指由地下水或地表水通过地基土壤孔隙传递给建筑物基础底面的水压力，其大小等于建筑物所排开的同等体积的水重。但通常认为位于岩石地基上的基础是不透水的，可不用计算水浮力；而对于砂类土、碎石类土、黏砂土等透水性地基上的墩台基础等，要计算水浮力。

（7）基础变位作用

基础变位通常指支座沉降，桥墩长时间地作用于地层也会产生一定的沉降量。基础变位对结构的影响是长期存在的，通常根据工程实际情况分析基础变位的影响。支座沉降会产生超静定结构内力的变化，不用考虑简支梁，因其是静定结构，而连续梁是超静定结构相应会产生次内力，在内力组合的时候会把这个次内力当作永久的作用。

3.1.7.2 桥梁荷载可变作用的相关规定

（1）汽车荷载

汽车荷载分为公路—Ⅰ级和公路—Ⅱ级两个等级，汽车荷载由车道荷载与车辆荷载组成，其中参照老标准车队荷载如参数见表3-1。

表 3-1　车队荷载参数

公路等级	汽 车 专 用 公 路			一 般 公 路		
	高速公路	一	二	二	三	四
计算荷载	汽车—超20级	汽车—超20级 汽车—20级	汽车—20级	汽车—20级	汽车—20级	汽车—10级
验算荷载	挂车—120	挂车—120 挂车—100	挂车—100	挂车—100	挂车—100	履带—50

桥梁结构分析的整体计算采用车道荷载，桥梁结构的局部加载计算、涵洞、桥台和挡土墙土压力等方面的计算采用车辆荷载；且车道荷载和车辆荷载的作用不得叠加。其中，车道荷载由均布荷载和集中荷载组成，按下列规定取值（图3-3）。

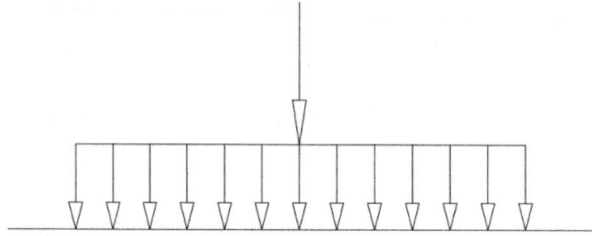

图 3-3　车道荷载组成

①公路—Ⅰ级

车道荷载的均布荷载标准值为 $q_k = 10.5 \, \text{kN/m}$；集中荷载标准值 P_k 按以下规定选取：

计算跨径小于或等于 5 m 时，180 kN；计算跨径大于等于 50 m 时，360 kN；计算跨径在 5 至 50 m 之间时，直线内插；当计算剪力效应时上述荷载值再乘以 1.2 的系数。

②公路—Ⅱ级

车道荷载值取公路—Ⅰ级车道荷载标准值的 0.75 倍。车道荷载的均布荷载标准值要满布于使结构产生最不利效应的同号影响线上；而集中荷载标准值只作用于相应影响线中的一个影响线峰值处。

其中，车辆荷载（55 t 标准重车荷载）按表 3-2 所示规定取值。

表 3-2 车辆荷载技术指标

项目	单位	技术指标
车辆重力标准值	kN	550
前轴重力标准值	kN	30
中轴重力标准值	kN	2×120
后轴重力标准值	kN	2×140
轴距	m	3+1.4+7+1.4
轮距	m	1.8
前轮着地宽度及长度	m	0.3×0.2
中、后轮着地宽度及长度	m	0.6×0.2
车辆外形尺寸（长 × 宽）	m	15×2.5

车道荷载或车辆荷载的横向布置：横向布置的最大车道数不应超过设计规定的车道数。射击车道数规定取值见表 3-3。车辆荷载立面布置图如图 3-4 所示。多车道横向折减系数见表 3-4。

表 3-3 车道参数

行 车 道 宽 度 W（m）		桥涵设计车道数
车辆单向行驶时	车辆双向行驶时	
$W < 7.0$		1
$7.0 \leqslant W < 10.5$		2
$10.5 \leqslant W < 14.0$	$6.0 \leqslant W < 14.0$	3
$14.0 \leqslant W < 17.5$	$14.0 \leqslant W < 21.0$	4
$17.5 \leqslant W < 21.0$	$21.0 \leqslant W < 28.0$	5
$21.0 \leqslant W < 24.5$	$28.0 \leqslant W < 35.0$	6
$24.5 \leqslant W < 28.0$		7
$28.0 \leqslant W < 31.5$		8

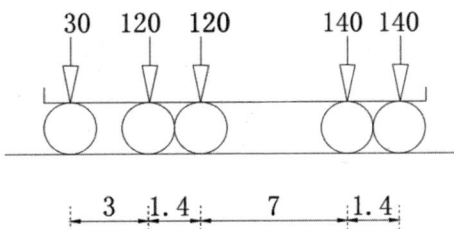

图 3-4 车辆荷载立面布置

表 3-4 多车道横向折减系数

横向布置车道数	2	3	4	5	6	7	8
横向折减系数	1.00	0.78	0.67	0.60	0.55	0.52	0.50

施加于长跨桥梁上的汽车荷载应考虑纵向折减，折减系数见表3-5。当多跨连续结构时，整个结构均应按最大的计算跨径考虑汽车荷载效应的纵向折减。

表3-5 纵向折减系数表

计算跨径 L/m	纵向折减系数	计算跨径 L/m	纵向折减系数
$150 \leqslant L < 400$	0.97	$800 \leqslant L < 1\,000$	0.94
$400 \leqslant L < 600$	0.96	$L \geqslant 1\,000$	0.93
$600 \leqslant L < 800$	0.95		

（2）冲击力

①冲击作用：汽车以一定速度行驶通过桥梁时，由于桥面不平整、发动机振动等原因，会引起桥梁结构发生振动，从而造成桥梁内力和变形较静载作用时增大，这种现象称为冲击作用。而冲击作用大小采用冲击力来衡量。冲击力受线路状态、车辆类型（机车偏心轮作用）以及桥梁结构形式和跨度等冲击力影响因素综合影响。目前精确考虑还难以做到。

②冲击系数：对冲击力计算时，要引入冲击系数，一般认为跨径越大，冲击系数越小，一般在桥梁动载试验基础上提出近似计算公式，把动力问题简化为静力问题来处理。

当竖向活载包括冲击力时，将静活载乘以冲击系数，冲击系数值 μ 与结构自振频率 f 有关。冲击系数 μ 可按下式计算：

当 $f < 1.5$ Hz 时，$\mu = 0.05$；

当 1.5 Hz $\leqslant f \leqslant 14$ Hz 时，$\mu = 0.176\,7\ln f - 0.015\,7$；

当 $f > 14$ Hz 时，$\mu = 0.45$；

（3）离心力

离心力是一种虚拟的力，是一种惯性力，它使旋转物体远离它的旋转中心。当弯道桥曲线半径 $\leqslant 250$ m 时，曲线桥梁应计算汽车荷载引起的离心力，离心力标准值等于车辆荷载（不计冲击力）乘以离心力系数 C，C 值按式（3-1）计算。其中离心力着力点在桥面以上 1.2 m 处（公路桥）或轨顶面 2 m 处（铁路桥），但为了计算方便，可移至桥面上，且不计由此引起的力矩效应。

$$C = \frac{v^2}{127R} \qquad (3-1)$$

式中：v 表示设计行车速度（km/h），R 表示曲线半径（m）。

（4）汽车引起的土侧压力

车辆荷载作用在桥台台背或路堤挡土墙上，将引起桥台台背填土或挡土墙后填土破坏棱体对桥台或挡土墙的土侧压力：

$$h = \sum G / Bl_0\gamma \qquad (3-2)$$

式中：

γ 表示土容重，以 kN/m³ 计；

B 表示桥台计算宽度或挡土墙计算长度，以 m 计；

l_0 表示桥台或挡土墙后填土地破坏棱体长度，以 m 计；

$\sum G$ 表示布置在 $B \times l_0$ 面积内车辆车轮重力，以 kN 计。

（5）人群荷载

人群荷载标准：

①桥梁计算跨径（L）小于或等于 50 m 时，取 3.0 kN/m²；

②桥梁计算跨径（L）大于 150 m 时，取 2.5 kN/m²；

③桥梁计算跨径（L）在 50 m–150 m 时，线性内插计算。对跨径不等连续结构，以最大计算跨为准。

④城市郊区行人密集区，一般取上述值的 1.15 倍。

⑤专用人行桥梁，人群荷载标准值取 3.5 kN/m²。

⑥人行道板（钢筋混凝土）可以一块板为单元，局部验算按标准值 4.0 kN/m²。

⑦计算栏杆时人群作用于栏杆柱顶上的水平推力取 0.75 kN/m 考虑，作用于立柱和扶手的竖向力取 1.0 KN/m 考虑。

（6）汽车制动力

目前对于制动力或（列车牵引力）传递与分布规律还处于研究阶段，主要采用简化的办法进行计算。对于铁路桥梁，规定列车制动力或牵引力按作用在桥跨结构范围内的竖向静活载 10% 计算，其作用点一般在轨顶以上 2 m 处；而对于公路桥梁，制动力作用点一般在桥面以上 1.2 m 处，在计算墩台时，可移至支座中心（铰或滚轴中心），或橡胶支座、滑动支座、摆动支座的底座面上；计算刚构桥、拱桥时，可移至桥面上，但不计因此而产生地竖向力和力矩。往往只考虑制动力，对单车道或双车道桥梁，规定制动力为一行车队总重 10%，但不小于一辆重车 30%（公路–II 级 90 kN，公路–I 级 165 kN）；同向行驶双车道的汽车荷载制动力标准值为一个设计车道制动力标准值的 2 倍，同向行驶三车道为一个设计车道的 2.34 倍；同向行驶四车道为一个设计车道 2.68 倍。

（7）风荷载

桥梁风荷载这里主要是指空气流动对桥梁结构所产生压力，当风以一定速度运动并受到桥梁阻碍时，桥梁就承受风压。桥梁结构强度、刚度、和稳定性计算分析时，应考虑风荷载影响，尤其对大跨度斜拉桥和悬索桥等以及高耸桥塔和桥墩，影响更大。风分为顺风向和横风向；顺风向风压可视为平均风压或脉动风压。采用静力计算方法处理平均风压对结构影响；对脉动风压，要按随机振动理论进行分析。而横向风力可按以下方法计算：横桥向风力是风压与迎风面积乘积。

（8）流水压力

位于河流中桥墩会受到流水压力作用。通常桥墩上游迎水一侧会形成高压区，下游一侧会形成低压区。前后压力差便构成水流对桥墩压力。流水压力与桥墩截面形状、圬工粗糙率、水流流速和形态等有关，计算公式为

$$F_w = KA\gamma v^2 / 2g \qquad\qquad (3-3)$$

式中：

γ—水容重（kN/m^3）；

v—水设计流速（m/s）；

A—桥墩阻水面积（m^2），一般计算至一般冲刷线处；

G—重力加速度 9.81 m/s^2；

K—有实验测得桥墩形状系数。

（9）冰压力

冰压力是冰直接作用于建筑物上的力，它包括由于流冰冲击力而产生的动压力，由于大面积冰层受风与水剪力作用而传递到建筑物上的静压力以及整个冰盖层膨胀产生的静压力。而位于冰凌河流或水库等的桥梁墩台，要根据当地的具体情况与墩台的结构形式要考虑冰荷载作用。影响冰压力的自然因素众多而且实验资料不全，当前对冰压力的研究还不成熟，在引用国内外各种计算方法时，应结合具体实际情况进行分析。冰荷载常分为河流流冰产生的动压力、冰覆盖层受温度影响膨胀时产生的静压力、冰锥体推移产生的静压力、冰和水流作用于大面积冰层产生的静压力、冰层因水位升降产生的竖向作用力等几种情况。

（10）温度作用

温度变化作用会在结构中产生变形和影响力，它的具体作用要根据当地实际情况、结构物所采用的材料和施工客观条件等因素来决定。温度变化作用包括均匀温度和梯度温度两种影响

（11）支座摩阻力

支座摩阻力是上部结构根据温度等因素引起的变位而产生的，它的作用方向与上部结构的变位方向相反，支座摩阻力作用于支座处，大小由式（3-4）计算：

$$F = \mu W \qquad\qquad (3-4)$$

W 表示作用于活动支座处由上部结构重力产生的效应，μ 表示支座的摩擦系数。

3.1.7.3 偶然作用

根据实际需求，考虑地震作用、船舶（漂流物）、汽车等物体的撞击作用。

（1）地震作用

地震作用是由运动引起的结构动态作用，是随机变化的动力荷载，其值的大小决定于地震强烈程度和结构的动力特性（频率与阻尼等）以及结构或杆件的质量，分水平地震作用和竖向地震作用。抗震设防要求以地震时地面最大水平加速度的统计值——即地震动峰值加速度确定。设计时根据其超越概率，可视为可变作用或偶然作用。地震烈度对桥梁结构的影响评价，首先对于地震反应分析时常把研究的结构看成一个"系统"，把地面运动看成对该系统的输入，系统的输出便是地震反应。地震作用不同于重力等其他作用，在相同的地面运动下，不同自振频率体系的质点反应不一样，它和地面运动特性以及结构本身的动力特性（频率、阻尼）有关。在地震反应分析中，如果把地面运动作为确定的过程进行分析便是确定性的地震反应分析。由于地面运动带有随机性质，如果把地面运动作为随机过程分析便是概率性的地震反应分析。地震烈度是对地震强度的一种等级描述，它是根据水平地震系数 K_h 加以划分的。抗震设计中采用的地震烈度称为设计烈度；铁路桥梁抗震设计规范只适用烈度为 7 度、8 度、9 度的情况；一般，烈度小于 7 度的地震影响在桥梁设计中可不予考虑；对设计烈度高于 9 度或有特殊抗震要求的建筑物及新结构，应进行专门的研究和设计。水平地震系数 K_h 依设计烈度取值，当设计烈度分别为 7、8、9 时，K_h 分别取 0.1，0.2，0.4。而对于地震反应时程分析中，对质量中心与刚度中心不重合的结构，要考虑水平的面运动输入引起的结构扭转情况；而对于特别是质量分布不均并位于震中区附近的高耸结构，要考虑竖向地面运动的作用情况；对较长的结构还要考虑沿结构不同长度处的地面影响情况。

计算等效水平地震作用是将地震作用按水平与竖直两个方向分别来进行计算的。具体计算方法又分为反应谱振型分解法与反应谱底部剪力法两种方法。地震作用计算是结构抗震设计首先要解决的问题。随着抗震规范在修订、发展和使用中不断暴露出来的各种问题，学术界和工程界多次在介绍两种地震作用计算方法的基础上，讨论了两种方法的优缺点，并基于性能抗震设计的发展，提出了我国地震作用计算方法的研究方向。目前地震力的计算可采用静力法或反应谱理论。对重要结构的桥梁结构，要采用动态抗震设计及建立结构的动力计算公式，直接采用地震波进行动力分析。静力法是用一个水平方向作用的等效静止荷载表示地震对结构的作用。静力法主要使用于刚度较大结构，主要涉及挡土墙、桥台等用静力法计算的震力。动态法主要有反应谱理论与时程分析法，反应谱理论是一种简化的动态分析法，又称动静法，《桥梁抗震规范》主要采用这种方法计算的震力；而对于高墩或特大跨度的桥梁，应同时采用时程分析法，取最不利结果。对于地区地震动峰值加速度大约等于 0.10g、0.15g、0.20g、0.30g 的公路桥涵，应进行抗震设计。

（2）船只或漂流物的撞击力

位于通航河流或有漂流物的河流中的桥梁墩台，可能遭受大型船舶撞击作用，应根据桥墩的自身抗撞击能力、桥墩的位置和外形、水位变化、水流速度、碰撞速度和通航船舶类型等因素作桥墩防撞设施的设计，设计时应考虑船舶或漂流物的撞击作用。船舶或者海轮撞击作用的标准值，当缺乏实际调查资料时可参照相关的规范。而当船只或漂流物的撞击力在有可能条件下，应当采用实测资料或者模拟撞击试验进行计算，并相应地做防撞设计。计算方法如式（3-5）所示。

$$F = v \upsilon \sin \alpha \sqrt{\frac{W}{C_1 + C_2}} \qquad (3\text{-}5)$$

式中：

F—撞击力（kN）；

v—船只或排筏撞击墩台的速度（m/s）；

υ—动能折减系数，斜撞时为 0.2，正向撞击时为 0.3；

α—船只或排筏驶进方向与墩台撞击点处切线所形成的夹角；

W—船只或排筏重力（kN）；

C_1、C_2 表示船只或排筏的弹性变形系数和墩台圬工的弹性变形系数，缺乏资料时一般假定 $C_1 + C_2 = 0.000\ 5$。

（3）汽车的撞击力

汽车的撞击力指对桥本身局部构件的撞击，虽然过去分析时不考虑汽车撞击，但桥梁结构必要时需考虑汽车撞击作用。汽车撞击荷载在规定车辆行驶方向取 1 000 kN，而在车辆行驶垂直的方向取 500 kN，两个方向撞击荷载不同时考虑，撞击荷载作用于行车道以上的 1.2 m 处，直接分布于撞击涉及构件上。而对于设有防撞设施的结构构件，可视设施的防撞能力予以折减，但折减后不能低于上述的 1/6。为防止或减少因撞击产生的破坏，对易受到汽车撞击构件的相关部位应采取相应构造措施，并增设钢筋或钢筋网。

3.1.8 桥梁结构设计方法

3.1.8.1 荷载组合的应用

根据各种不同荷载的重要性程度及同时作用的可能性，极限状态设计考虑荷载安全系数，出现不同种荷载组合，但组合并非简单的相加（减）。公路桥涵结构设计通常分为根据是否"崩溃"为判断依据的承载能力极限状态设计（由荷载安全系数，反映抵抗能力）和以控制变形、倾覆、裂缝等为依据的正常使用极限状态设计（由材料允许应力，反映材料强度）。

（1）桥梁设计中的桥涵结构的两种极限状态

①承载能力极限状态

结构或者结构构件达到最大承载能力或者不适宜继续承载变形或者变位的状态，它主要考虑结构的安全性。当结构或构件出现整个结构或部分结构作为刚体失去平衡（如滑动、倾覆等）、结构转变成机动体系、结构构件或连接处因超过材料强度而破坏（包括疲劳破坏）、因过度的塑性变形而不能继续承载、结构或结构构件丧失稳定（如柱的压屈失稳等）等情形之一，即超过了承载能力的极限状态。对于承载能力极限状态可能涉及人员伤亡和大量财产损失等结构的安全问题，因此要具有较高的可靠度（安全度）或者较低的失效率概率。对于结构设计，为了保证结构的安全可靠性，对于所有结构与构件均应进行承载能力极限状态计算，根据桥涵破坏可能产生的不同程度严重后果，承载能力极限状态通常划分为三个安全等级设计。对于公路桥涵结构设计安全等级（见表3-6）一级、二级、三级的结构重要系数 γ_0 分别取1.1、1.0、0.9。

表3-6　安全等级

桥涵结构	特大桥、重要大桥	大桥、中桥、重要小桥	小桥、涵洞
设计安全等级	一级	二级	三级

②正常使用极限状态

对应于桥涵结构或其构件达到正常使用或耐久性的某项限值的状态，它主要考虑到结构的适用性与耐久性。当结构或构件出现影响正常使用的振动、影响正常使用或耐久性的局部损坏，（包括裂缝宽度达到限值）、发生影响正常使用或外观的过大变形（例如吊车梁挠度过大，致使吊车不能正常行走）、影响正常使用的其他特定状态等情形之一，即超过了正常使用极限状态。正常使用极限状态以弹性理论或者弹塑性理论为基础，主要进行变形限制、应力限制、裂缝宽度限制等三方面的验算。但由于结构或者构件超过正常使用的极限状态时，通常不会造成人员伤亡与重大经济损失。所以正常使用极限状态的验算则视具体使用要求进行，可将这种情况发生的概率控制得略宽一些。

（2）施工与使用过程中的三种不同设计状况

公路桥涵要根据不同种类的作用（或荷载）及其对桥涵的影响、桥涵所处的环境条件，分别考虑桥梁在施工与使用过程中的短暂状况（桥涵施工过程中承受临时性作用的状况）、持久状况（桥涵建成后承受自重、车辆荷载等持续时间很长的状况）、偶然状况（在桥涵使用过程中偶然出现的作用状况，如汽车船只撞击力的作用、偶然出现的地震的作用）等三种不同设计状况，对其相应进行承载能力极限状态设计（必要时才作正常使用极限状态设计）、承载能力极限状态和正常使用极限状态设计、仅作承载能力极限状态设计。

3.1.8.2 组合作用效应的计算

只有在结构上可能同时出现的作用，才进行其效应的组合，但当可变作用的出现对结构或结构构件产生有利影响时，该作用不应参与组合，且多个偶然作用不同时参与组合，而对于施工阶段作用效应的组合，应按计算需要及结构所处施工的实际情况条件而定，结构上的施工人员和施工机具设备均应作为临时荷载加以考虑。钢筋混凝土与预应力混凝土结构在进行结构构件的承载力极限状态设计时，对于混凝土收缩徐变、温度作用效应可不考虑参与组合，而对于基础变位作用要根据实际情况而定；但对于拱桥不仅要考虑混凝土收缩徐变、温度作用效应，而且要考虑基础变位作用的组合，其他具体组合原则，视情况而定。结构对所受作用的反应，如弯矩、扭矩、位移等即表示作用效应，作用效应设计值等于作用代表值效应与作用分项系数的乘积，分作用分项系数与抗力分项系数不同的两类。而如构件的承载力、抗裂度、刚度等是指结构或构件承受作用效应的能力，而结构抗力要考虑材料性能（材料的强度、弹性模量、剪切模量等变形模量等物理力学性能）、几何参数（截面形状大小、面积和惯性矩等）以及计算模式的精确性等主要影响因素。考虑到材料性能变异性、几何参数和计算模式精确性等方面的不确定性，要考虑由这些因素综合而成的结构抗力的随机性。

（1）承载能力极限状态计算

我国公路桥涵设计规范规定，公路桥涵的持久状况设计应按承载能力极限状态的要求进行承载力和稳定性计算，必要时要进行结构倾覆与滑移验算。要以塑性理论为基础，荷载效应最不利组合的设计值和重要性系数的乘积要不大于结构抗力设计值。

$$\gamma_0 S \leqslant R \qquad (3-6)$$
$$R = R(f_d, a_d)$$

式中

γ_0——结构重要系数；

S——作用效应设计值；

R——结构承载力设计值。

承载能力极限状态设计时，有两种作用效应组合。

①基本组合

永久作用（设计值效应）与可变作用（设计值效应）的组合。

②偶然组合

永久作用（标准值效应）与可变作用（某代表值效应）、一种偶然作用（标准值效应）的组合。

（2）正常使用极限状态计算

正常使用极限状态计算考虑作用的长期效应组合、短期效应组合或者同时考虑长、短期效应组合的影响，以弹性理论或者弹塑性理论为基础，对构件部分的抗裂、裂缝宽度及挠度进行验算，满足各项计算值不超过各相应的规定限值。

正常使用极限状态设计时的两种作用效应组合。

①作用短期效应组合（频遇组合）

永久作用（标准值效应）与可变作用（频遇值效应）的组合。

②作用长期效应组合（准永久组合）

永久作用（标准值效应）与可变作用（准永久值效应）的组合。

3.1.8.3 混凝土结构的耐久性设计

在混凝土结构设计时，不仅要进行承载力计算、变形与裂缝验算外，还要进行耐久性设计。它主要是针对影响耐久性能的主要因素提出来的相应对策，它主要涉及在使用环境下，结构对化学物理的以及其他使结构材料性能恶化的各种内部的不完善性和外部的不利因素侵蚀的抵抗能力。它包括混凝土的强度、渗透性、保护层厚度、水泥品种和标号及用量，外加剂、集料的活性等内部因素；环境温度、湿度、CO_2 含量、侵蚀性介质等外部因素；设计不妥、施工欠缺和维修不当引起的结构缺陷。混凝土冻融破坏、碱—集料反应、侵蚀性介质腐蚀、机械磨损、混凝土碳化、钢筋锈蚀等是常见的混凝土结构耐久性问题。

目前对于混凝土结构耐久性的研究深度还不够、耐久性的设计方法也不够完善，耐久性设计主要采取划分混凝土结构的环境类别（混凝土结构耐久性和结构的工作环境条件有关系，混凝土结构使用环境被分为四类）、混凝土保护层厚度（依据混凝土结构所处的环境类别条件，规定混凝土保护层的不同最小厚度）、裂缝控制等级及其限值（裂缝推动混凝土的碳化速度，也是钢筋开始锈蚀的主要条件。依据钢筋混凝土结构与预应力混凝土结构所处不同环境条件类别与不同的构件受力特征，规定了不同的裂缝控制等级与最大裂缝宽度不同限值）、规定混凝土的基本要求（依据结构的不同环境类别，合理地选择不同砼原材料，控制砼的不同氯离子含量和碱含量，防止碱集料产生反应。改善砼的级配，控制最大不同水灰比、最小水泥不同用量和最低砼强度不同等级，提高混凝土的抗渗性能和密实度。公路桥涵应根据其所处不同环境条件进行相应耐久性设计）等保证措施。

3.2 拱桥设计要素

拱桥的总体布置包括桥位选择、确定桥梁的长度、跨径大小、孔数多少、拱轴线的选择、桥面标高、主拱圈的矢跨比等。

3.2.1 设计标高及矢跨比

拱桥的设计标高主要包括桥面标高、拱顶底面标高、起拱线标高、基础底面标高等四个方面。

（1）拱桥桥面标高

桥面标高是根据施工规范加密引测临时水准点，桥面临时水准点要依据工程的复杂程度，采用先在各交叉路口设点进行复测闭合，测量结果必须符合误差规范要求。一方面根据两岸线路的纵断面设计来控制，另一方面要确保证桥下净空能满足宣泄洪水与通航的要求。

（2）拱顶底面标高

根据拱桥跨径大小、荷载不同等级、主拱圈材料规格等不同条件估算拱圈的厚度，根据桥面标高分别减去拱顶填料厚度与拱顶填料及拱圈厚度和，分别得到拱顶上缘的标高和拱顶底面标高。

（3）起拱线标高

起拱线的计算位置一般包括边墙与拱部，也就是所谓的半径改变的地方。拱式桥起拱线具体位置是拱圈的拱脚截面的下缘线。通常宜选择低拱脚的设计方案，尽可能减小桥墩台基础底面的弯矩大小、节省墩台圬工材料数量，且拱脚位置要满足通航净空、排洪、流冰等客观条件的制约，同时要符合《桥规》的有关规定。

（4）基础底面标高

基础底面标高是基础修好后，基础的起始位置的标高，基础底面标高对基础底面基准标高来说通常不能与其同值，往往要比它略低（因桩基、基坑、基槽的标高允许偏差或允许值为 -50 mm）。

拱桥的主要标高、跨径示意图如图 3-5 所示

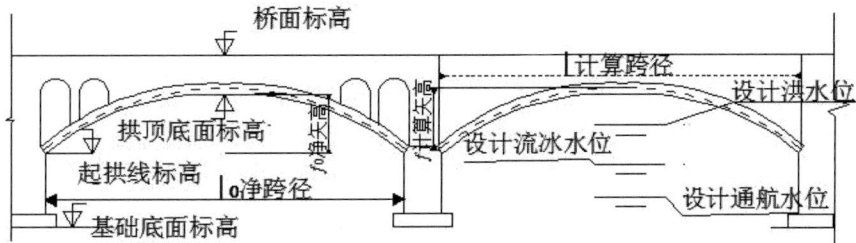

图 3-5　拱桥的主要标高、跨径示意图

（5）矢跨比

拱桥主拱圈矢跨比是设计拱桥的主要参数之一，矢跨比不仅影响拱圈内力的大小，而且也影响到拱桥的设计结构造型式和施工方法的不同选择及后期的维护保养等。拱的水平推力同矢跨比成反比，矢跨比减小则拱的推力增大，推力大有利拱圈自身的受力，但不利墩台，当拱圈受力后因其弹性压缩，或因墩台位移或温度变化、混凝土收缩等原因，都会在无铰拱内部产生附加内力，且矢跨比愈小则附加内力愈大。而矢跨比过大则拱脚区会过陡，不便于施工。砖、石、混凝土板拱桥及双曲拱桥，常用的矢跨比通常为 1/4 ~ 1/6，不宜小于 1/8；箱形拱桥的矢跨比通常为 1/6 ~ 1/8，圬工拱桥的常用的矢跨比一般不宜小于 1/10；钢筋混凝土桁架拱、刚架拱桥的常用的矢跨比一般为 1/6 ~ 1/10，或更小，但也要大于 1/12；多跨连续拱桥一般选用等跨分孔方案；但由于在受地形、地址、通航和周边景观协调一致等条件的限制，可以考虑采用不等跨连续拱桥；不等跨连续拱桥相邻孔的恒载不相等，增加了不等跨连续拱桥的桥墩和基础的推力不平等。对于多孔连续拱桥采用柔性墩的设计中，还要考虑的连拱作用的不平衡推力及计算和构造复杂性，改善桥墩、基础的复杂受力情况，节省材料与造价的情况。不等跨连续拱桥（图 3-6）导致下部结构受力不利，设计原则一般是大跨径采用较大的矢跨比，小跨径则采用较小的矢跨比，可以改善不平衡的水平推力；大小跨径差异明显的，可以设计不同的拱脚标高（图 3-7），小跨径的拱脚标高高，大跨径的拱脚标高低，调节拱脚水平力对基底的力臂，调节恒载水平力对基底的弯矩平衡。但如果拱脚标高必须在同一水平线附近时，可通过调整拱上建筑的重量来调节相邻孔间的不平衡水平推力，大跨拱上建筑尽量用空腹或轻质材料，小跨拱上建筑尽量用实腹或重质材料；也可以设计小跨用板拱结构，大跨设计成分离式拱肋结构，且可以考虑加大大跨径拱肋的矢高，设计为中承式肋拱桥梁等不同类型的拱跨结构。在分别考虑以上几种设计方案，也可以综合考虑，兼顾几种方案综合运用加以平衡推力。但是如果仍然不能满足平衡条件，可以考虑桥墩和基础的调整方案，可以设计不对称的墩台基础或大小尺寸不一墩台基础。

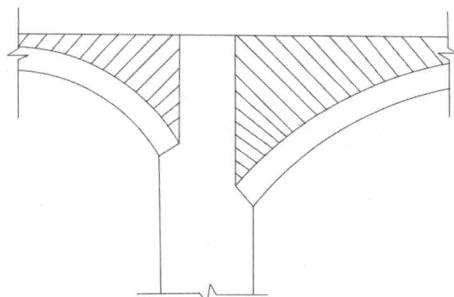

图 3-6　不等跨分孔示意图

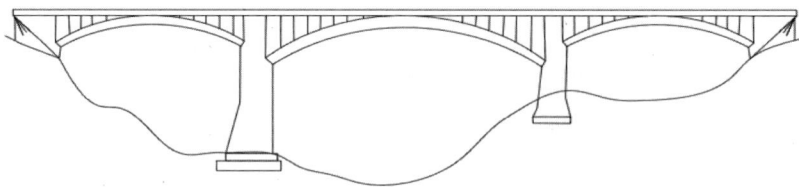

图 3-7　采用不同的拱脚标高示意图

3.2.2 拱轴线的选择

　　理想拱轴线——仅承受压力，无弯矩和剪力作用。合理拱轴线——荷载压力线尽量接近理想拱轴线。拱轴线的选择不仅和桥型结构受力有关，它直接影响着拱圈的内力分布与截面应力的大小，而且拱轴线的形状决定桥梁工程的经济性、安全适用性、结构耐久性等。拱轴线的线型要尽可能选择使拱轴线是和拱上建筑各种荷载产生的压力线相吻合一致，减少荷载产生的拱圈截面的弯矩数值。但是拱圈除了受恒载作用外，还要受到汽车荷载、汽车冲击力、汽车离心力、汽车引起土侧压力、汽车制动力、人群荷载、疲劳荷载、风荷载、流水压力、冰压力、波浪力、温度（均匀温度和梯度温度）作用、支座摩阻力等可变作用以及温度变化、土侧压力、水浮力、砼收缩及徐变作用和基础不均匀沉降等不同因素的影响，压力线与拱轴线很难完全吻合一致。考虑公路拱桥的结构重力部分占全部作用较大的比重，工程中通常参照结构重力作用下的压力线设计拱轴线的线型，最大程度减小截面拉应力，同时尽量选择结构计算简便、造型美观、方便施工。

　　工程实践中拱桥常用的拱轴线型有抛物线、圆弧线、悬链线等。圆弧拱桥的拱圈轴线按部分圆弧线设置的，构造简单，施工方便；但受荷时拱内压力线偏离拱轴线较大，拱圈各截面受力不均匀。一般适用于跨度小于 15 ~ 20 m 的小跨径的石拱桥。但是对于预制装配式钢筋混凝土大跨径拱桥，有时简化施工也会设计成圆弧线拱轴线。悬链线拱桥的拱圈轴线是按悬链线设置的拱桥。对于实腹式拱桥，如不计拱圈在恒载弹性压缩产生作用时，拱圈截面只承受中心压力而无弯矩；对于空腹式拱桥，由于结构形式的差异，它相应的恒载压力线是在腹孔墩处有转折的多段曲线而不再是悬链线，即设计的悬链线与恒载压力线之间产生对拱圈的控制截面的内力有利的偏离。因此空腹式、实腹式拱桥均可采用，弯矩不大，受力均匀，节约材料。所有，悬链线是目前我国大、中跨度拱桥采用最多的拱轴线形布置。设计时一般拱轴线与恒载压力线在拱顶、1/4 跨和拱脚 5 处重合。抛物线拱桥的拱圈轴线按抛物线形设置的，弯矩小，是悬链线拱桥的一种特例，它适用于竖向均布荷载作用下或恒载强度比较接近均布荷载的拱桥。节约材料，跨越能力强；但它构造比较复杂，施工不太方便，适用于矢跨比不大的大跨径的桥面系拱桥、组合式拱桥和轻型拱桥，如较小的矢跨比空腹式钢筋混凝土拱桥、钢筋混凝土桁架拱和刚架拱等轻型拱上结构的拱桥。

因此对于合理选择拱轴线型要结合拱上建筑的型式及其结构布置。合理拱轴线要保障荷载压力线尽量接近理想拱轴线，即仅承受压力，无弯矩与剪力作用。因此，圆弧拱主要针对实腹式小跨径拱桥，悬链线拱主要针对空腹式大、中跨径拱桥或实腹式小跨径拱桥，抛物线主要针对轻型拱桥或矢跨比较小的大跨径钢筋混凝土拱桥。

3.2.3 拱圈尺寸的拟定

拱桥的主拱圈截面变化规律常有等截面（常用）和变截面（构造复杂）两种不同形式。变截面主要是指主拱圈沿拱轴方向高度变化，宽度不变，或宽度变化，高度不变的截面变化形式。拱圈的宽度拟定主要取决于拱桥桥面的宽度，即人行道宽度和行车道宽度的和；通常要大于跨径的 1/20，如果小于跨径的 1/20，要验算拱桥拱的横向稳定性。拱圈高度可参考估算主拱圈高度的相关经验公式或数据。板拱一般在上承式中小跨拱桥采用较多；箱形拱一般在上承式大中跨拱桥拱桥采用较多；肋拱在上、中、下承式大中小跨拱桥都会出现。

3.2.4 拱肋的横向布置

单片拱肋可以是垂直也可以是倾斜的，它的优点是行车视野开阔，但要求拱肋的横向刚度大，稳定性要好，桥面设计不宜过宽。两片拱肋可以是垂直也可以是倾斜的，倾斜可以是内倾也可以是外倾的，拱肋之间可以有风撑也可以没有风撑。风撑的设置影响行车视野，但可以改善拱的横向稳定性。多片拱肋也可以是垂直或倾斜的，倾斜可以是内倾也可以是外倾，拱肋之间可以有风撑也可以没有风撑。

3.2.5 拱桥计算

拱桥的计算主要包括拱轴线的选择与确定，成桥状态的强度、刚度、稳定性验算、必要的内力分析计算（主要涉及恒载内力、活载内力、温度、收缩徐变、拱脚变位、内力调整、拱上建筑的计算、主拱验算等），施工阶段结构受力计算、验算及主拱验算，拱桥墩台计算等。由于形状直接影响主拱截面的内力分布与大小数值，拱轴线的选择与确定的原则是荷载压力线尽可能地接近理想拱轴线，尽量降低荷载产生的弯矩值，使它尽可能接近仅承受压力，无弯矩和剪力作用，使它应力分布最均匀，材料强度则能得到充分利用，但是实际工程中由于活载、主拱圈的弹性压缩及温度、收缩等不同因素的作用，工程中压力线和拱轴线是不可能是重合的，是得不到理想的拱轴线的。要同时考虑拱轴线外形美观与方便施工等因素。而工程中往往根据混凝土拱桥恒载比重大的特征，通常采用恒载压力线作为拱轴线，而且恒载愈大则愈合理；而对于活载较大的铁路混凝土拱桥，通常考虑采用全桥均布的恒载加一半活载对应的压力线作为拱轴线。

常见的有圆弧线、抛物线、悬链线等三种不同拱轴线形，其中圆弧线拱轴线全拱曲率一致，线形比较简单，方便施工；由于圆弧形拱轴线实际是对应于同一深度静水压力下的压力线，一般情况下，圆弧拱轴线和实际的恒载压力线偏离比较大，使拱圈各截面应力分布不够均匀，如果 f/l 比较小时，圆弧拱轴线和实际的恒载压力线偏离还不算大，此时用圆弧拱并不能使恒载内力增大的过多；如果 f/l 比较大时，如 f/l 接近 1/2 情况下，恒载压力线的两端将远离拱脚截面中心，工程中通常在拱脚处另外设置护拱以帮助拱圈受力。只有假设圆弧形上的作用满布均布的径向荷载情况下，其拱轴才和恒载压力线重合；因此，圆弧拱轴线主要用于 15～20 m 以下的石拱桥、拱上腹拱空腹拱桥等小跨径拱桥。圆弧线的拱轴方程为

$$x^2 + y_1^2 - 2Ry_1 = 0$$
$$x = R\sin\phi$$
$$y_1 = R(1 - \cos\phi) \tag{3-7}$$
$$R = \frac{l}{2}\left(\frac{1}{4f/l} + f/l\right)$$

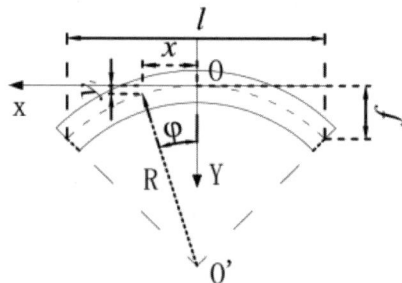

图 3-8　圆弧线拱轴线

对于竖向恒载均布荷载情况下，工程中通常用二次抛物线拱轴线；而对于矢跨比较小的空

腹式钢筋混凝土拱桥、钢筋混凝土桁架拱及刚架拱等轻型拱桥的恒载集度较接近均布的拱桥，通常也采用抛物线拱轴线；在一些大跨径拱桥中，为了使拱轴线尽量和恒载压力线相重合，也可采用 3 次、4 次等高次抛物线作为拱轴线（图 3-9）。抛物线轴线主要用于轻型拱桥、中承式拱桥或空腹拱桥等情况。其拱轴线方程为

$$y_1 = \frac{4f}{l^2} x^2 \tag{3-8}$$

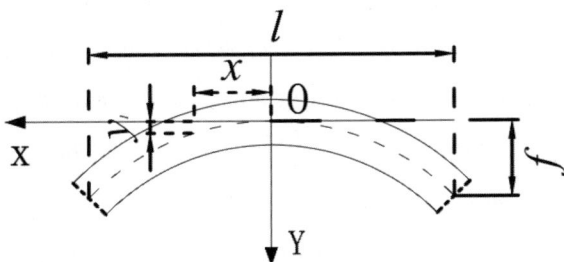

图 3-9 抛物线拱轴线

悬链线是最常用的拱轴线，尤其大中跨径的拱桥通常都采用悬链线拱轴线形。工程中常把实腹式拱桥的恒载集度看成拱顶到拱脚均匀增加，它对应的压力线是一条悬链线。因此，通常用恒载压力线作为实腹式拱桥的拱轴悬链线；而空腹式拱桥的恒载从拱顶到拱脚不再是连续均匀增加的，其恒载压力线不再是一条光滑的悬链线，拱轴线很难与压力线重合，且很难用连续函数来表示，为了计算方便，拱轴线目前通常采用"五点重合法"作为简易的悬连线，即仅需设计拱轴线和恒载压力线在拱轴线的拱顶、跨径的四分之一处及拱脚共 5 处与压力线重合即可，且空腹拱悬链线拱轴线对空腹式拱桥的主拱受力是非常有利的。

结合定义拱轴系数，通过变换求得拱轴线（压力线）方程

$$y_1 = \frac{f}{m-1}(chk\xi - 1) \tag{3-9}$$

其中，$\xi = \dfrac{x}{l_1}$，$k^2 = \dfrac{l_1^2 g_d}{H_g f}(m-1)$，$chk\xi = \dfrac{e^{k\xi} + e^{-k\xi}}{2}$ 为双曲余弦函数

当拱的矢跨比 f / l 确定后，悬链线的形状将取决于拱轴系数 m。在具体计算 m 值时可采用试算法，在 m 为已知情况下，则可以由下式计算 k 值。

$$k = ch^{-1}m = \ln(m + \sqrt{m^2 - 1}) \tag{3-10}$$

而成桥状态的强度、刚度、稳定性验算、必要的内力分析计算（主要涉及恒载内力、活载内力、温度、收缩徐变、拱脚变位、内力调整、拱上建筑的计算、主拱验算等），施工阶段结构受力计算、验算及主拱验算，拱桥墩台计算等情况结合工程实际情况再做分析。

3.3 组合结构拱桥关键部位构造设计

目前，随着钢－混凝土组合结构在大跨度拱桥中的大量应用，取得了良好的社会效益和经济效益。大跨度拱桥造型不仅美观大方，造价经济而且跨越能力强，常常为人们大跨度桥梁方案比选的目标之一。传统拱桥的拱轴线与压力线重合，主拱截面的弯矩值基本为零。它虽然可以发挥石材、砖料、混凝土等材料的抗压方面特性，但是传统拱桥往往其横向稳定性计算比强度计算所需要的拱截面尺寸要大得多，明显降低了主拱截面的效率。随着拱截面尺寸不断地增加，结构自重、施工难度、造价等方面大幅地增加，限制了传统拱桥经济跨越能力的进一步拓宽。如何通过拱桥结构体系的不断优化，通过不断减小水平推力、提高横向的稳定性、简化施工安装等，以提高其经济跨越的能力，实现大跨度拱桥力学与美学的统一，满足我国当前不断日益增长的工程建设与应用需求，是目前发展大跨度拱桥亟待解决的关键性难题。

3.3.1 拱轴线的形状设计

为了比较传统拱桥与组合结构拱桥的拱脚水平推力的不同，进行计算模型的对比分析论证。计算模型主跨 2×400 m、2×500，桥面宽度为 30 m、35 m，矢跨比 1/4，主拱采用钢箱拱，设计荷载：城 $-A$ 级。拱脚水平推力比较见表 3-7。

表 3-7　2×400 拱桥拱脚水平推力比较

结构形式 荷载工况	传统拱桥	组合结构拱桥	水平推力减小百分率
	$L=2 \times 400$ m, $f=1/4$,	$L=2 \times 400$ m, $f=1/4$,	组合拱桥 / 传统拱桥
主拱自重	21 103.8	13 001.5	38.4%
主梁自重	37 530.7	9 500.6	74.7%
活载（城 $-A$）	19 110.0	6 710.9	64.9%
活载（公路 I 级）	5 510.2	2 003.5	63.5%
组合 1（城 $-A$）	78 686.5	52 642.3	66.9%
组合 2（公路 I 级）	65 076.5	46 456.3	71.4%
结论	组合结构拱桥的拱脚水平推力减小约 70%		

说明：表中数据为单片拱水平推力值。

大跨度拱桥横向稳定性计算比强度计算所需要的拱截面尺寸大，降低了主拱效率。而大跨度异型拱桥与传统拱桥比较，其基本力学特征的不同在于拱轴线与压力线不重合，拱截面将承受局部附加弯矩 M；传统拱桥的拱轴线通常与压力线重合如图 3-10 与图 3-11，主拱截面弯矩基本为零，充分发挥了结构材料的抗压特性；因此大跨度组合结构拱桥拱脚的附加弯矩 M，可通过采用调整拉索倾角 β、钢－混凝土组合结构等方法解决；调整拉索倾角 β，可以减小附加弯矩；采用钢－混凝土组合结构材料，混凝土受压性能良好，钢承受拉应力性能良好，能够合理地满足主拱受力变化的要求。

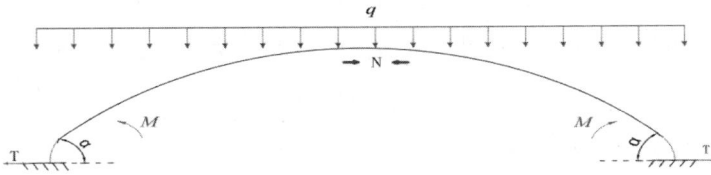

图 3-10　组合结构拱轴线

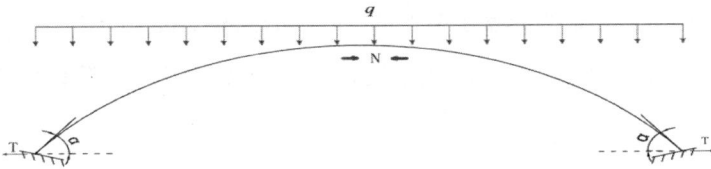

图 3-11　传统拱轴线

对于单跨拱桥，将发散式拱轴线调整为收敛式的拱轴线，渐变拱轴线的曲率，即通过合理调整拱轴线，导致拱脚支撑面的倾角 α 调整相应减小，拱的轴向力 N 的水平分力则会明显减小，将部分水平推力 T 合理地转化为附加弯矩 M，减小了拱脚水平推力 T。随着水平推力 T 不断地减小，拱截面的轴向力 N 相应地减小，拱的横向稳定系数 K 相应大大提高。综之，组合结构拱桥，减小了大跨度拱桥的水平推力，从而相应地提高其横向稳定性，是最有效的方法之一合理地调整拱轴线，使横向稳定性计算所需的拱截面的尺寸相应地减小，满足横向的稳定性计算和强度计算所需要的拱截面尺寸大小一致变化，从而提高拱桥主拱截面的效率。

3.3.2 锚固部位的构造

锚固端部横梁、跨中转向横肋、墩顶导向槽共同确定了体外预应力桥梁钢绞线的空间位置，索形与张拉应力则客观决定了等效荷载的大小。体内索锚固于混凝土顶板或混凝土底板时，为了避免混凝土板中产生应力集中，必须将其适当的分散布置。同时应注意跨中转向横肋、墩顶导向槽钢绞线出现的偏折问题，而导致承受局部挤压应力，在施工过程中要求锚固端横梁处的锚垫板预埋位置、方向等必须准确。在防松套与锚具夹片之间放置弹簧垫圈，使防松套对三夹片均匀施力，并起减振作用。锚垫板、钢管中需要灌浆，以形成有粘结段，选用无粘结钢绞线作为体外预应力索，外裹油脂和塑料护套可起到保护预应力索的作用，具有一定的耐久性。

3.3.3 节点部位的构造

根据节点部位与顶底板的连接构造方式，对于以固结的方式来处理构件与顶底板之间的连接，要充分考虑杆件承受的轴力和弯矩。而钢杆件的规格以及杆件厚度的大小尺寸，如果是按照顺桥向的方法布置的，要按照钢杆件中的截面内力进行设定，由于横向刚度较小，所以对于钢杆件的截面内的布置，有必要充分考虑荷载的分配。

研究钢板和混凝土之间的应变分布、位移反应、裂缝扩展以及相对滑移的现象。由于混凝土收缩和徐变会产生的变形，混凝土构件的施工形状误差和重量计算误差等，节点部位的构造要考虑节点力学性能。又因为节点的刚度有限，剪力的传递依靠抗剪环筋以及混凝土与钢管壁之间的粘结力与摩擦力等。要根据节点的结构、受力性能合理的布置，避免损坏节点构造的功能及保障其寿命的耐久性，恰当布置于节点部位附近的混凝土板上的钢筋，保证节点结构的正常功能及耐久性。因此在施工过程中，要对上述误差不断依次修正，建议将节点部位设计为能简单追随的构造。

3.3.4 转向部位的构造

组合结构桥梁的转向部位，要想采用隔板形式或加劲肋形式较困难，因此多采用实块形式，在转向力的作用下更容易产生局部应力。由于用以降低钢桁架杆件截面内力为目的布置的体外索，要锚固于混凝土底板时，由于转向力和锚固力同时作用，在转向部位中将产生更大的应力。因此，有必要研究选定对应于作用力的最合适的构造形状、加固方法以及材料。转向部位必须是能确保施工误差不会在 PC 钢筋中产生次应力的构造。满足张锚体系锚固及传力的功能要求，转向部位是要准确可靠地向主梁传递来自 PC 钢筋的转向力，转向部位以及其周边的构件必须确保转向力的安全，转向块要由钢板焊接而成，保证有效传递预应力。

3.3.5 横梁的构造

验算认为主梁横方向的荷载分配中没有问题时，则可以不设中间横隔梁。当不设置混凝土横梁时，则为了确保横向的荷载分配，建议加大钢杆件的刚度或增加混凝土顶底板刚度防止截面结构变形等情况出现。但是为了避免主梁和支座等过度变形或为了抗震原则要在支点上设置混凝土横隔梁，但设置与一般的混凝土箱梁类似的中间横隔梁，主梁支点上，原则上要设置混凝土横隔梁，组合结构在构造上存在难度，而改善横向应力作用下钢纵主梁与钢横梁连接处的底板疲劳性能，要尽量减少低等级焊接接头。因此，要根据应力分布规律、惯性矩选择梁的截面形状和尺寸是设计梁的关键等，要分析在外力作用下结构变形与破坏的规律。

横梁设计的原则是在满足强度、刚度和稳定性要求的前提下，合理节约工程的造价，保障桥梁的安全性、经济性与耐久性。有关正常使用极限状态以及承载能力极限状态的验算，可以依据混凝土桥的设计要求。横梁在跨中侧自下往上呈一定倾角，横梁上一般不设人孔，横梁在超出桥面防撞墙外侧部分顶面采用平坡。在设计中分析梁的强度和刚度关键要把握住梁的跨度和承受的载荷。对经济的要求，则要考虑施工条件、材料选择、截面尺寸、技术经济指标等几个方面。支点部位的横梁设计要考虑到如下方面：①梁的跨度；②车辆的直接荷载，如有可能改变载荷的位置或分布情况，将使梁的内力分布变得较为有利一些；③作用于落梁防止装置和位移限制构造中的地震力；④由钢梁杆件传递的力；⑤在组合结构桥上设置混凝土结构的支点横隔梁时，能加强上部结构整体性，调结构整体受力和变形，必须考虑从桥面板及钢梁杆件传来的力的传递性能，要验算横隔梁构造或钢梁杆件的布置。要保证内力最大处的安全，在弯矩很小的地方，不能忽略剪力的影响等。此外，对于非混凝土构造，必须是能够把桥面和钢梁构件中传来的力，安全地传递至下部结构、能分配支座反力的构造。其构造必须要将从桥面和钢梁杆件中传来的力安全地传递至下部结构。采用外部预应力钢丝束加固梁体时，若沿梁肋侧面按某种曲线（如抛物线）布置预应力筋，为保证预应力筋的线形和位置，则要在梁底每隔一定距离设一个定位箍，或在梁侧面埋设定位销固定。在组合结构桥上预应力筋常在靠近梁端处向上弯起，其转弯处应设支座垫板，以防过大的局部应力将混凝土压碎。转弯处的支座则要设置内外挡块，以固定预应力筋的位置。如采用体外索时，横梁作为体外索锚固及转向的部位，其结构一定要满足功能要求。

3.4 组合结构的相关计算

3.4.1 承载力计算

承载能力是可以通过整体稳定和截面强度进行判断，组合梁桥截面破坏的承载能力极限状态的验算，要确认设计截面内力 S_d 和设计截面承载力 R_d 之比乘以结构重要性系数 γ_i 所得到的值在 1.0 以下，如公式（3-11）所示。

$$\gamma_i S_d / R_d \leq 1.0 \qquad (3-11)$$

连续组合梁中间支座附近的是负弯矩区，而混凝土板处的是受拉区，因此其结构体系的配置及结构内力和简支梁的结构体系的配置及结构内力不同；由于连续梁的内力变形较简支梁的内力变形低很多，使连续梁优越性相当的明显。如何考虑组合梁负弯矩的影响是关键因素。

由于中和轴通常是在钢梁中穿过，所以在极限状态时，支座处截面处刚度主要是考虑钢梁的刚度而不考虑混凝土的影响。但可以配置在板上部的纵向钢筋与钢梁通过配置足够数量的连接件共同的作用，对应的变截面刚度梁的负弯矩区截面刚度比较小，正弯矩区截面刚度较大。参照图3-12，支座截面的惯性矩满足下列关系式：

$$I_1 = I + Ay_1^2 + A_s \frac{E_s}{E_{ss}} y^2 \qquad (3-12)$$

其中，I 表示为钢梁对它自身重心轴的惯性矩；A 表示钢梁的全截面面积；I_1 表示组合梁支座负弯矩截面在极限状态时，为对其中和轴的惯性矩，A_s 表示混凝土翼缘板有效宽度范围内的所有纵向受拉钢筋截面面积的和；y 表示塑性中和轴至纵向钢筋合力中心间的距离；y_1 表示钢梁塑性中和轴至截面重心轴间的距离。E_s、E_{ss} 分别表示钢筋的弹性模量、钢梁的弹性模量。

连续梁的中间支座最大负弯矩一般比跨中的最大正弯矩更大。在负弯矩塑性区承受拉应力的混凝土板通常在荷载稍大时板面即开裂，如果达到正截面受弯极限状态时，其可能已经退出了工作。但参照欧洲规范及具体弯矩包络图的分析，认为惯性矩 I_1 的区域范围是在支座两侧各 $0.15l$ 的之间，因此，连续组合梁的内力分析应根据变刚度梁的方式。但由于实际上截面的设计是按照塑性方法来计算的，内力分析要依据弹性的方法计算。因此按照变刚度梁来分析内力，内力分析的工作比较麻烦，对钢筋混凝土连续梁的内力分析也同样的麻烦。因为用弹性方法分析内力时，对于等截面梁全都依据等刚度梁来考虑，但是当达到弯矩极限状态时，对于受拉区开裂，支座截面和跨中截面的刚度有悬差，即使对于同一区段，刚度也不相等，导致内力重布置。所以支座截面的计算弯矩要大于实际弯矩，而跨中计算弯矩相应变小。但只要不超过依据最不利可变荷载所产生的最大弯矩，内力将会在支座与跨中之间自动调整，仍然是安全的。所以在实际的分析中，可以用一种简化的塑性分析方法来分析计算内力，即对于等截面的连续梁仍按等刚度梁，即按正弯矩塑性区组合梁的截面刚度来考虑。但是它要满足以下条件：

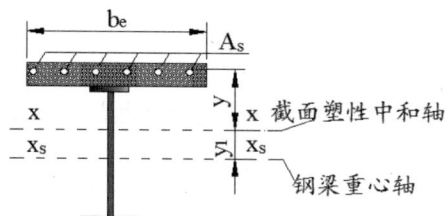

图3-12　负弯矩截面刚度计算图

（1）任意两个相邻梁支座截面所能承受的弯矩平均值与跨中截面所承担的最大正弯矩的和要与最不利荷载组合时的最大弯矩相平衡。

（2）钢梁构件的宽厚比要满足相关规定限值，要保证塑性铰产生及转动前，要防止局部失稳现象的出现。

（3）没有太集中的荷载。

（4）相邻跨的跨度之差不超过小跨跨度的 45%；边跨的跨度不大于邻跨跨度的 115% 也不小于邻跨跨度的 70%。

3.4.2 计算负弯矩截面抗弯强度

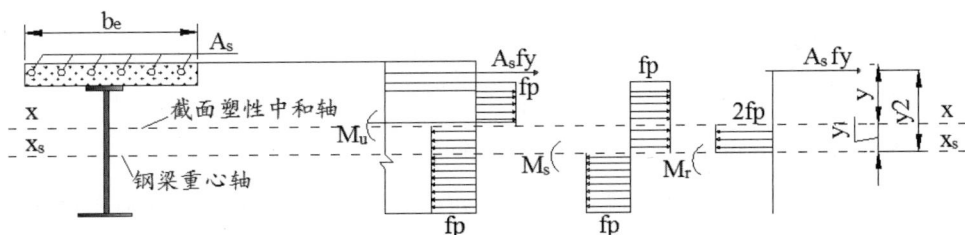

图 3-13　负弯矩截面极限状态应力图

依据试验数据和研究的分析，符合上述条件的连续组合梁如在弯矩极限状态时，要有足够的剪切连接的前提下，在有效宽度范围内的翼缘混凝土板内受拉钢筋也可达到钢筋抗拉强度的设计值。受拉翼缘混凝土板的有效翼缘宽度可以参照各国的规范及试验结果和正弯矩区的受压翼缘混凝土板取值一样。由此，连续组合梁的支座截面的极限状态应力图形如图 3-13 所示。

如图所示，负弯矩截面极限状态的应力其等效为仅有钢梁时的塑性应力状态和板中受拉钢筋与相应腹板组成的应力状态两部分的应力之和。钢梁的重心轴位置很容易的得到，则板中受拉纵筋的合力中心至钢梁重心的距离 y_2 极易求出。由板中的受拉钢筋与相应腹板组成的应力状态，根据受力平衡满足下式

$$A_s f_y = 2y_1 t_w f_p \qquad (3-13)$$

则有

$$y_1 = \frac{A_s f_y}{2t_w f_p} \qquad (3-14)$$

根据图中所示，可得板中受拉纵筋与相应型钢部分所抵抗的弯矩为

$$M_r = A_s f_y (y + \frac{y_1}{2}) \qquad (3-15)$$

相应有

$$M_u = M_r + M_s = M_s + A_s f_y (y + \frac{y_1}{2}) \tag{3-16}$$

y 值可按下式计算

$$\begin{cases} y_2 = y_t + h_{c1} - a \\ y = y_2 - y_1 = y_t + h_{c1} - a - y_1 \end{cases} \tag{3-17}$$

设计时应满足

$$M \leqslant M_u \tag{3-18}$$

其中，M 表示最不利荷载组合时对应的最大负弯矩；M_r 表示纵向钢筋及对应部分型钢所抵抗的弯矩；M_u 表示组合梁所能抵抗的负弯矩；M_s 表示钢梁所能抵抗的塑性弯矩；A_s 表示混凝土翼缘板有效宽度范围内的沿梁方向受拉钢筋截面面积总和；$f_p=0.9f$ 表示根据规范型取的钢梁塑性计算时的受拉、受压强度设计值；f_y 表示根据规范取的钢筋的抗拉强度设计值；y_1 表示塑性中和轴和钢梁重心之间的距离；y_2 表示受拉钢筋合力中心至钢梁重心间的距离；a 表示混凝上板顶面至钢筋合力中心间的距离；y 表示纵向钢筋合力中心到塑性中和轴之间的距离；y_t 表示钢梁上翼缘顶面至钢梁重心间的距离；h_{c1} 表示混凝土翼缘板的厚度；t_w 表示钢梁腹板厚度。

3.4.3 连续组合梁中间支座的抗剪强度

连续梁的中间支座处的剪力也只考虑钢梁腹板，其抗剪的承载力要满足下式

$$V \leqslant h_w t_w f_{vp} \tag{3-17}$$

其中，V 表示最不利的荷载组合时对应的支座最大剪力。

但是，通常的情况下连续梁中间支座处可能同时存在最大剪力和最大弯矩，根据研究分析梁的抗剪强度和抗弯强度都会下降的。但是因为计算时并没有考虑纵向受拉钢筋的作用，计算值会比实测梁的抗剪能力要低。根据试验验证，只要纵向钢筋配筋强度比满足式（3-18）时，时，计算值会比实测梁的抗剪能力要低。

而实际上支座截面的惯性矩 I_1 比跨中截面的惯性矩要小，而计算值一般支座截面的弯矩会比跨中截面的计算弯矩大，因此一般支座截面的纵向钢筋会配得会比较多。且部分钢材已经进入了强化阶段，当配筋强度比在 $\gamma \geqslant 0.15$ 的情况下，钢梁的实际极限的抗弯能力也会比依据简化塑性理论计算得的抗弯能力要大一些。所以从纯剪、纯弯角度来考虑计算梁的承载能力是可行的。

$$\gamma = \frac{A_s f_y}{A f_p} \geqslant 0.15 \tag{3-18}$$

3.4.4 组合结构扭矩的验算

由于组合结构桥梁的整体扭转变形如果在混凝土板中产生扭转行为时，构件的受扭可能将会导致部分杆件的失效，甚至引起整个结构的完全破坏，因此必须要验算扭矩对构件安全性带来的危害。扭矩安全性的验算是对公式中所求得的抗扭转设计承载力进行计算。组合结构桥梁由于在扭转作用下而产生的对截面变形的影响，使顶底板的混凝土构件将要承受扭矩和扭转剪力，在承载能力极限状态下的混凝土构件中将会发生扭转裂缝。如果扭矩与剪力同时作用时，则必须考虑各自相互作用的影响及验算其安全性。预计有可能有较大偏心荷载的组合结构桥时，则必须进行适当的结构分析，验算其对扭转安全性的影响。因此，要对承载能力极限状态下的扭转验算，可以对顶底板混凝土构件的抗扭设计承载力。如果与组合结构的闭合截面相关的抗扭设计承载力 M_{tucd}，可以通过下面的公式计算

$$M_{tyd} = ZA_m \left(V_{odi} \right)_{\min} \tag{3-19}$$

其中，$\left(V_{odi} \right)_{\min}$ 表示各构件单位长度上的面内剪切力的最小值，A_m 表示抗扭截面积。

如果混凝土顶底板对扭矩的斜压破坏设计承载力，可以通过下面公式计算

$$M_{tcud} = K_t \cdot f_{wcd} / \gamma_b \tag{3-20}$$

其中，$f_{wcd} = 1.25\sqrt{f_{cd}}$（$N/mm^2$），且 $f_{wcd} \leq 7.8$（N/mm^2）；

K_t—与扭矩相关的系数；γ_b—构件系数。

如果关于扭矩 M_{td} 与剪力 V_d 同时作用时的安全性验算，可以通过确认是否满足下式验算：

$$\gamma_i [M_{td} / M_{tu\min} + (1 - 0.2 M_{tcd} / M_{tu\min})(V_d / V_{yd})] \leq 1.0(4.4.3) \tag{3-21}$$

其中，$M_{tu\min}$—M_{tcud} 与 M_{tyd} 中较小的值；γ_i—结构重要性系数；V_{yd}—节点部位的设计剪力；M_{tcd}—通过公式所求得的开裂扭矩。

如果通过扭转载荷实验等方式，可以确认到公式抗扭设计承载力的精度，那么可以将 γ_b 减小至 1.15 左右。通常情况下计算各个构件面内剪力时的构件系数 γ_b，在顶底板混凝土构件中一般可以取 1.3。另外，采用预制块的方法施工组合结构桥梁时，对于可能存在顺桥向钢筋不连续的情况下，往往有必要对抗扭承载力的安全性要进行充分的验算分析。

3.4.5 组合结构的变形计算

3.4.5.1 荷载效应组合

在荷载以标准值取用的前提下的变形计算，属于正常使用极限状态的设计计算。正常使用阶段荷载长期效应的组合作用下变形计算，除应考虑所有永久荷载 C_1 与准永久荷载即 $\Psi_{qi}Q_{ik}$，其中可变荷载的准永久值的系数 Ψ_{qi} 依据相关规范；正常使用阶段荷载短期效应组合作用下的

变形计算，要应考虑可变荷载的最不利的组合，且要考虑所有永久荷载的标准值 C_k 及可变荷载的标准值 Q_k。其中可变荷载的组合值、标准值的系数全部可按相关的规范规程及参照实际值大小而定。

3.4.5.2 简支梁刚度计算

计算钢梁和钢筋混凝土板组成的组合梁的变形时，通常将混凝土板换算为等效的钢材料的构件，然后计算相关的钢截面及其刚度，而一般情况下不考虑开裂的混凝土受拉区。计算换算成同一种材料构件的材料截面的刚度时，通常要分成两种情况：少数情况下中和轴从混凝土板中穿过或大多数情况下中和轴从钢梁中穿过的不同两种情况。

如图 3-14 所示，当中和轴从钢梁中穿过情况下。通过弹性模量之比混凝土截面被换算成钢截面，即图中所示的宽为 $\dfrac{b_e}{\alpha_E}$、厚度为 h_{c1} 的矩形阴影部分。

混凝土板顶至中和轴的距离 y_0 可做如下的近似计算：

$$y_0 = \frac{\dfrac{b_e h_{c1}^2}{2\alpha_E} + Ay_1}{A_0} \geqslant h_{c1} \tag{3-22}$$

其中

y_t 表示钢梁上翼缘顶至钢梁重心轴的距离；$y_1 = y_t + h_{c1} + h_{c2}$；$h_{c1}$、$h_{c2}$ 分别表示混凝土板及板托的不同高度；b_e 表示混凝土板的有效宽度大小；A_0 表示把混凝土板换算为钢材后的组合梁换算截面面积；A 表示钢梁截面面积；$\alpha_E = \dfrac{E_{ss}}{E_c}$ 表示钢梁与混凝土的弹性模量的比。

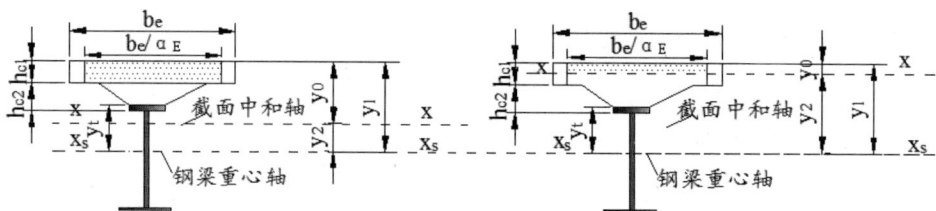

图 3-14 正弯矩区换算刚度计算图

把混凝土板换算为钢材之后的组合梁截面对中和轴的惯性矩 I_0 满足下式：

$$I_0 = \frac{b_e h_{c1}^3}{12\alpha_E} + \frac{b_e h_{c1}}{\alpha_E}(y_0 - 0.5h_{c1})^2 + I + Ay_2^2 \tag{3-23}$$

其中，$y_2 = y_1 - y_0$。

而通过相关公式，转化计算 $y_0 < h_{c1}$ 情况下时，表示中和轴从混凝土板中穿过。

混凝土板换算为钢材之后，而组合梁换算截面的中和轴到混凝土板顶面之间的距离关系要

满足下列方程

$$y_0 = \frac{\dfrac{b_e y_0^2}{2\alpha_E} + Ay_1}{A_0} \qquad (3-24)$$

这时换算截面对于中和轴的惯性矩则要满足下式

$$I_0 = \frac{b_e y_0^3}{3\alpha_E} + I + Ay_2^2 \qquad (3-25)$$

式中，$y_1 = y_t + h_{c1} + h_{c2}$，$y_2 = y_1 - y_0$。

3.4.5.3 连续组合梁刚度计算

而连续梁正弯矩区段的截面惯性矩的求法同上面简支梁的求法类似。中和轴为悬臂梁、连续梁的负弯矩区段的中和轴大概位置如图 3-15 所示。

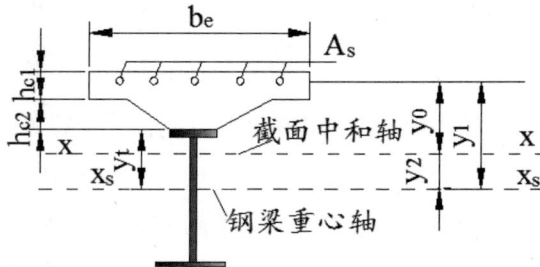

图 3-15　负弯矩区换算刚度计算图

首先把纵向钢筋通过弹性模量之比转换为和钢梁同一种材料钢材的转换截面

$$A_{s0} = \alpha_1 A_s \qquad (3-26)$$

其中，$\alpha_1 = \dfrac{E_s}{E_{ss}}$ 表示纵向钢筋弹性模量和钢梁弹性模量的比值；A_{s0} 表示纵向钢筋的换算截面；A_s 表示混凝土翼缘板有效宽度范围内的所有纵向受拉钢筋截面面积的和。

而纵向钢筋合力中心距中和轴之间的距离为

$$y_0 = \frac{Ay_1}{A_0} \qquad (3-27)$$

式中，$A_0 = A + \alpha_1 A_s$ 表示组合梁的换算截面面积。

$$y_1 = y_t + h_{c1} + h_{c2} - a \qquad (3-28)$$

换算截面对于中和轴的惯性矩则要满足下式。

$$I_{01} = \alpha_1 A_s y_0^2 + I + Ay_2^2 \qquad (3-29)$$

式中，$y_2 = y_1 - y_0$。

3.4.5.4 变形计算

变形计算要根据结构力学方法，简支梁和连续梁分别要根据等刚度梁、变刚度梁计算。计算荷载的短期效应和长期效应组合作用下的变形时的刚度分别取 $E_{ss}I_0$、$E_{ss}I_{01}$ 及 $0.5E_{ss}I_0$、$0.5E_{ss}I_{01}$ 等不同值。

而连续梁在一般的荷载作用下的每一跨可对应转化成一种单跨形式梁，而连续梁的中间跨可以看作在其两端有作用支座弯矩的单跨简支梁。对于特殊的情况，可根据变刚度梁计算或根据相关计算手册。多种荷载作用的情况可看作单独一种荷载作用下的效果的不同挠度值叠加。但无论什么情况下，算出的最大挠度都需要满足

$$\Delta \leqslant \left[\Delta\right] \qquad (3\text{-}30)$$

其中，$[\Delta]$ 表示容许最大挠度值。

3.4.6 组合结构裂缝控制计算

裂缝控制等级一般共分为一级、二级和三级等共三个不同的等级。其中，一级、二级的预应力混凝土板的裂缝控制等级要依据《混凝土结构设计规范》来抗裂验算，三级的一般钢筋混凝土板要根据裂缝宽度验算。因为简支梁及连续梁的正弯矩区是混凝土板的受压区，它不涉及裂缝问题。一般情况下，连续组合梁的中和轴要从钢梁中穿过，通常混凝土板位于受拉区，所以组合梁裂缝宽度的验算主要是指连续梁的负弯矩区的混凝土板最大裂缝宽度大小的验算。因此，中间支座处板面的最大裂缝宽度的计算可以近似参照钢筋混凝土轴心受拉构件来计算，要满足下列关系式

$$W_{\max} = 2.7\psi \frac{\sigma_s}{E_s}(2.7a + 0.1\frac{d}{\rho})v \qquad (3\text{-}31)$$

式中，W_{max} 表示考虑荷载长期效应组合影响后及裂缝分布的不均匀性最大裂缝的宽度大小；E_s 表示沿梁长的方向钢筋弹性模量；Ψ 表示裂缝之间的纵向钢筋应变不均匀系数；a 表示混凝土的板顶到纵向钢筋合力中心之间的距离长度；当 $a < 20$ mm 时要按 $a=20$ mm 论；d 表示纵向钢筋的直径大小；σ_s 表示根据荷载短期的效应组合算出的裂缝截面位置钢筋混凝土板中的纵向受拉钢筋的应力；v 表示沿梁长的方向受拉钢筋表面的特征系数；ρ 表示混凝土板中的纵向受拉钢筋的配筋率；因为处于正常使用阶段，因此不考虑混凝土的受拉作用的影响，且组合梁的塑性还没有完全地体现出来，而钢筋和钢梁的应力大约都在弹性阶段。所以 σ_s 可近似的满足材料力学的公式

$$\sigma_s = \frac{M_s y_0}{I_{01}} \qquad (3\text{-}32)$$

式中，I_{01} 表示连续组合梁的中间支座使用阶段所计算的惯性矩。M_s 表示关于组合梁中间支座截面由荷载短期效应组合计算的最大负弯矩值；y_0 表示正常使用阶段的受拉钢筋中心至中和轴之间的距离；连续组合梁支座截面处由荷载短期效应组合计算得到的板顶最大裂缝宽度应小于容许最大的裂缝宽度，即

$$W_{\max} \leqslant [W] \tag{3-33}$$

式中，$W_{\max}$ 表示考虑荷载短期效应组合影响后及裂缝分布的不均匀性最大裂缝的宽度大小；$[W]$ 表示最大裂缝宽度容许值，它可以依据构件的受力性质与所处环境的不同，根据《混凝土结构设计规范》的要求取值。

3.4.7 剪切连接件的计算

当达到极限弯矩时，完全剪切相连的组合梁中的钢梁和混凝土板交界面处所产生的纵向剪力，在剪切连接不发生破坏的前提下全部应该由剪切连接件承担。计算得到所需要的剪切连接件的总数以后，之后按照布置连接件的构造要求，在该段按照图样均匀布置所需连接件的数量，为了使连接件分布更加的合理，也可分段的均匀布置。但分段均匀布置的剪切连接件时的分界线应包括在下列截面之中：所有最大正、负弯矩截面、支座截面、悬臂梁的自由端、弯矩图中所有反弯点（弯矩零点）、较大集中荷载的作用点、组合梁截面突变的截面、在变截面梁中，两个相邻界限面的截面惯性矩之比不超过二等规定要求。

由弯矩零点和弯矩最大截面处之间的钢梁、混凝土板两者交界面处的剪力计算分成下面两种情况。

（1）当塑性中和轴从钢梁中穿过时，满足下式

$$V = b_e h_{c1} f_{cm} \tag{3-34}$$

（2）当塑性中和轴从混凝土板中穿过情况时，满足下式

$$V = A f_p \tag{3-35}$$

而组合梁弯矩零点和弯矩最大截面之间需要的剪力连接件的总体数量，要根据下式计算：

$$n = \frac{V}{N_V^c} \tag{3-36}$$

其中，n 表示弯矩零点与弯矩最大截面之间的剪力连接件的总体数目；V 表示弯矩零点与弯矩最大截面之间的钢梁、混凝土板两者交界面处的纵向剪力值；N_V^c 表示抗剪承载能力单个连接件的设计值大小。在实际应用中组合梁的截面大小和截面高度大小，并不是完全有承受弯矩的大小所确定的，所以不必依据极限弯矩所能产生的纵向剪力来计算连接件的数量多少，减少连接件的适当配置，相应设计为部分剪切连接组合梁而不是完全组合梁方案。根据试验数据

研究分析部分组合梁，它虽然滑移距离较大，但是其抗弯承载力的下降、挠度增大和连接件数量的减小是不成比例的。

设计时可以参照一种部分剪切连接组合梁的简化设计方法，这一简易方法的要参照如下约束范围：

（1）等截面的简支梁或主要是承担静力荷载的连续梁梁且跨度小于 20 m 的组合结构；

（2）理想塑性剪切连接件且不会出现很大的集中荷载作用。

界面处的所有抵抗极限弯矩依据前述简化塑性的方法计算得 M_u，而设荷载在布置连接件区段的界面处所产生的计算弯矩可表示为 M_r，比较知 $M_r < M_u$。相应地则在该区段内所需布置的连接件总数 n 依据下式计算：

$$n \geqslant n_f \frac{M_r - M_s}{M_u - M_s} \tag{3-37}$$

且

$$n \geqslant 0.5 n_f \tag{3-38}$$

其中，M_s 表示钢梁自身所能抵抗的塑性弯矩；n_f 表示根据完全剪切连接计算所要的连接件的数量。上述简易方法仅适用于部分剪切连接组合梁的连接件是属于柔性连接件的情况。

3.4.8 组合结构横向钢筋的计算

组合梁中为了防止沿着截面剪切破坏的可能性发生，要配置一定数量的横向钢筋。沿着梁长方向的单位长度作用剪力 V_1，是由单位长度范围内的连接件的数量多少和每个连接件所能承受的最大剪力大小而定。常见剪切面如图 3-16 所示。

$$V_1 = \frac{n_1 N_V^c}{a_1} \tag{3-39}$$

其中，N_V^c 表示单个连接件抗剪承载能力的设计值；V_1 表示沿梁长方向的单位长度范围内作用在面上的剪力；a_1 表示梁长方向的相邻连接件的间距；n_1 表示连接件的列数大小。

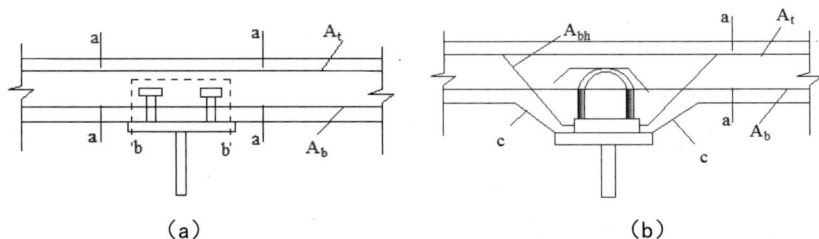

（a）　　　　　　　　　（b）

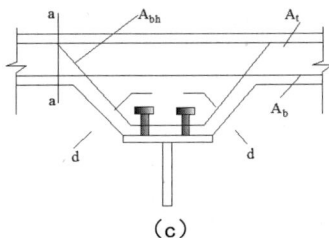

图 3-16 常见剪切面图

沿梁长方向的单位长度范围内，钢筋混凝土板及板托沿着 $a-a$，$b-b$，$c-c$ 及 $d-d$ 截面的抗剪能力取下列两式的计算结果中的较小值：

$$V_u = 0.9sL_s + 0.7A_{sV}f_{yV} \qquad (3-40)$$

$$V_u = 0.19L_sf_c \qquad (3-41)$$

式中，s 表示应力常量 1 N/mm²；L_s 表示钢筋混凝土板及板托剪切面的计算长度；f_{yV} 表示横向钢筋抗拉强度的设计值；A_{sv} 表示危险剪切面沿梁长方向的单位长度范围内所含的横向钢筋截面的面积总和；可按照相关的规定取用。但如果考虑到横向弯矩或者横向预应力的作用，则沿梁长方向的单位长度范围内，钢筋混凝土板及板托沿 $a-a$，$b-b$，$c-c$ 及 $d-d$ 截面的抗剪强度要满足

$$V_u = 0.9L_s + 0.7A_{sV}f_{yV} - 1.6F \qquad (3-42)$$

式中，L_s 表示钢筋混凝土板及板托剪切面的计算长度；f_{yV} 表示横向钢筋抗拉强度的设计值；A_{sv} 表示危险剪切面沿梁长方向的单位长度范围内所含的横向钢筋截面的面积总和，F 表示在梁长方向的单位长度范围内，由于板的横向预应力或者横向弯矩的作用且产生的垂直于危险剪切面的法向力，同时规定拉力为正、压力为负；但如果可变荷载产生对抗剪强度的影响是有用的，则可以忽略它产生的影响。横向钢筋的配置要根据下式设计

$$V_1 \leq V_u \qquad (3-43)$$

横向钢筋的配置数量要根据下式计算。横向钢筋 A_{sv} 的取值见表 3-8。

$$A_{sV}f_{yV} \geq 0.75sL_s + 1.1F \qquad (3-44)$$

表 3-8 横向钢筋 A_{sV} 的取值

危险剪切面形式	A_{sV}
$a-a$	$A_b + A_t$
$b-b$	$2A_b$
$c-c$	$2(A_b + A_{bh})$
$d-d$	$2A_{bh}$

表中，A_b 表示沿梁长方向的单位长度范围内内板下部的横向钢筋截面面积的总和；A_t 表示沿梁长方向的单位长度范围内板的上部横向钢筋的截面面积的和；A_{bh} 表示沿梁长方向的单位长度范围内板托中的弯起钢筋截面面积的和。

3.4.9 组合结构疲劳极限状态的验算

随着高强度混凝土和高强钢筋的采用，结构处于一种高应力的工作状态，由荷载造成的混凝土板的变形性能较为复杂，在设计中要全部反映出来十分困难，而是常常把它设计为不容许发生裂缝的开裂极限的构件。由此钢筋的变动应力较小，所以可以不考虑对钢筋的疲劳安全性复核。通常根据混凝土结构的标准荷载谱求得验算部位材料的标准应力谱，对于普通钢筋混凝土的截面计算，一般不考虑受拉区混凝土承受的拉应力。而作为 PC 结构设计的顶底板的混凝土构件，钢筋及 PC 钢筋可以不可虑疲劳验算。组合结构桥梁是一种由钢梁支撑的混凝土板结构，类似于点支撑的结构。桥梁结构在车辆、地震等动力荷载的反复地作用下引起的应力反复变化的节点部位处，应注意考虑反复应力的次数、应力变化的范围及节点结构形式，必须考虑疲劳的安全性，防止初始裂缝扩展造成累计损伤引起构件突然断裂。桥梁结构的安全性和耐久性主要是由其关键部位构件的疲劳状态来决定，节点部位疲劳安全性的验算原则是确认设计疲劳强度 f_{rd} 和设计变动应力度 σ_{rd} 是否满足下列的公式条件。

$$\gamma_i \cdot \sigma_{rd} / (f_{rd} / \gamma_b) \leqslant 1.0 \qquad (3\text{--}45)$$

式中，f_{rd}—设计疲劳强度；σ_{rd}—设计变动应力度；γ_b—构件系数；γ_i—结构重要性系数。

构件系数一般情况下可以取 1.0 ~ 1.1。要监控裂缝的控制验算、混凝土材料、钢筋材料疲劳承载极限的状态。如何将变幅疲劳荷载换算为等效等幅应力是疲劳可靠度验算的关键步骤。对于不规则的变动荷载，要通过适当的方法将其分解为各自独立的荷载与反复次数的不同组合。疲劳安全性的验算中，要应用 Miner 准则置换为对应于设计变动应力 σ_{rd} 的等效反复次数的相应作用。长期处于腐蚀环境下的"承受循环荷载作用的各种钢筋混凝土构件"，基于"腐蚀和静 / 动力的耦合影响等"难于给出比较合适的验算方法，而现行规范给出的无腐蚀钢筋混凝土构件正截面的疲劳计算公式不再对其适用。而对于预应力混凝土和部分预应力混凝土构件截面的计算，要分别考虑截面开裂及不开裂两种不同状态。要研究材料以及构件截面的腐蚀疲劳效应变化的计算参数，要研究预测循环荷载下腐蚀钢筋混凝土构件的正截面承载力的计算方法。

3.5 桥梁建筑的"绿色设计"

　　21世纪，工业时代转入到了信息时代。21世纪是科技日新月异的世纪。21世纪的设计理念就是要到回归大自然，回归乡土。人们追求的主题概念就是"生态、环保、绿色、健康"。而"绿色"成为时尚的代名词，21世纪即将成为一个"绿色"时代，世界各地到处是绿色食品、绿色消费、绿色照明、绿色建材、绿色家装等。"绿色"是一种无害标志、环保的标志，它不是一般意义上的一种颜色。根据我国目前的城市化发展目标，城市化率要从当前的40%上下扩展到本世纪中叶的至少75%以上，这意味着每年大约有上千万的人口从农村转移到城市中来，而每个城镇人口的平均耗能水平要比农村人口高几倍。已有的建筑和近年来我国每年的城乡新建房屋大都是高能耗建筑，能源利用率很低，但在建筑的建造和使用全过程中的又过度消耗了资源和能源，增加了环境的负荷，使我国的有限资源环境面临巨大的挑战。所以要大力发展绿色建筑，要建立有中国特色的绿色建筑理念和绿色建筑评价标准体系。

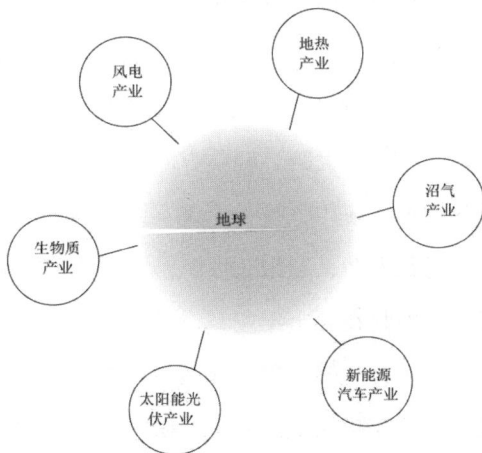

图3-17　新能源产业

　　所谓绿色建筑也可以称为生态建筑、生态化建筑或可持续建筑。绿色建筑要以符合自然生态系统客观规律且与之和谐共生作为前提，在建筑的全寿命周期内，尊重文化，要坚持本地化原则，最大限度节约资源、保护环境和减少污染，为人们提供与自然和谐共生，要具备安全、健康、适用的功能且对生态系统扰动最小，要具有可持续、可再生、可循环的全生命周期。在建筑的全生命周期内，最大限度地节地、节能、节水、节材，就要求绿色建筑在整个生命周期内，包括材料的采购、加工运输、施工建造、拆除更换等各个阶段，都要注意避免对生态环境的不良作用。人们回归自然，希望更多地与大自然接触，就要使用绿色建材。但建筑有绿色还不能说具有生态性，生态性是以绿色为基础，涵盖生态环保、可持续发展等多种理念。建筑本身要达到国家的有关标准，且具有完整的设计、施工、物业管理等生命周期评价，且与城市的整体环境质量相协调。垃圾处理、污水处理等循环转化利用，减少了环境污染，要保护环境。在进行建筑设计时要分析研究生态环境状况，考虑建筑实体与周边环境的协调一致，要处理好自然能源的充分利用，自然材料的充分地合理利用。要充分调节好采光照明设计方面的影响，要注意物理性能的调节设计，建筑装饰要多利用自然元素，创造出自然质朴的工作生活环境，建筑要尽可能减少能源消耗，开发资源与材料再生利用，按"绿色建材"打造建筑实体，要防止视觉污染，降低人、财、物的滥用和浪费，使建筑实体能更贴近于自然，使能源利用与景观创造都能达到新的高度。21世纪不仅是信息时代，且应该是生态文明时代，建筑设计要着眼未来，紧盯时代的潮流，要走可持续发展的建筑设计道路。建筑设计要考虑建筑实体的实用功能和观赏功能，建筑实体要在满足实用功能的同时也要满足观赏功能，要突破传统风格，创造出满足现代人需求的审美意境和情趣。绿色建筑要本着可持续发展原则，要有绿色平衡理念，要优化设计集成绿化配置、绿色建材与智能控制等高新技术，要充分展示人文与建筑、环境及科技的协调一致。绿色建筑要综合措施有效节能、废物排放减量无害等特点，要满足人们的需求，对绿色环境的冲击最小化。

随着新科技不断涌现，要探索新材料、新技术、新工艺，要走生存生产和生活环境的可持续发展的模式。结构体系也要向高强、大跨、轻质方向发展，尽量减少砖混结构，提高了建筑的抗震性能，有利于新型材料的推广应用，且为建筑实体提供自由分割的空间，丰富建筑的立面造型。现代建筑实体要考虑延长寿命，超耐久性建筑实体将要大量出现。当前，建筑实体的使用寿命根据其设计方案来看一般是在几十年左右，投入那么大的投入建造一个实体，在投入使用几十年之后就要报废，这种管客观的现象实在是有点太难接受了，因此人们很迫切地要求提高建筑实体的耐久性，现在建筑超耐久型混凝土的研究正在引起人们的兴趣，在不久的将来可使混凝土的耐久性达到数百年甚至上千年，如住宅弃用砖混结构之后，如采用超耐久型混凝土框架结构就可以大大地提高住宅的耐久性，实现拥有超耐久型建筑实体的梦想，其经济效益和社会效益的作用是显而易见的。"以人为本"的建筑实体要强调自然方面的因素，根据其自然性引发出建筑实体在时空中的循环延续，构成为一个和谐整体，关怀自然也就是关怀人类本身，实现真正意义上的"以人为本"。建筑实体生命周期是设计工作中一个十分重要的因素，建筑实体的延续性，就是要求在设计创作中要遵循自然因素，学会从传统建筑形态中汲取养分，给传统居住形式一个延续和生存的空间，结合当代建筑实体特点和需求，运用现代建筑语言呈现建筑实体民族传统地域空间文化，可以是有形的或无形的、局部或全部等情况，以表达建筑实体的个性，并使建筑实体与时俱进的同时且与传统文明相辅相成。在完成了人性空间与自然空间合理的结合后，更要符合现代人的要求，要将适合现代化社会发展于涉及人类自身生活方式的一些重要因素如功能性、生态节能、信息性、文化娱乐性、智能化等因素考虑其中，建筑实体的目的就是为人服务，建筑实体要使得功能空间要有合理统的统筹安排，各个构件区块功能明确，使各功能的空间有表达诗意的比例尺度，方便人和机具等活动的空间，同时要保证各功能空间的相对独立性，要注意各空间的环境质量、各空间采光性、通透性、使用性、设计造型的艺术性、时域性。同时要与外部空间的环境协调一致，保障居民生存环境的质量。建筑实体要适应周边环境，建筑实体要具有多样性，要避免一个城市地区的某一种类型的建筑实体单一造型，要赋予个性化的设计，来满足社会日益多样的市场需求。由于功能的多样性与技术的可行性，可以实现建筑实体空间的灵活多变，其可变性一般可以根据用户的需求为设计单位，建筑实体空间布置可以各取所需、各尽其能，设计布置一个温馨而有个性的单体，自然提高了建筑实体的利用效率，使建筑实体易于后期的改造而拥有更长的使用寿命。而如今都市人群都渴望回归自然，希望更多地与大自然亲密接触，但建筑实体的生态型不是仅有绿色就够了，建筑实体的生态型要以绿色为基础涵盖的生态环保，要具有可持续发展等多种现代理念，要达到国家规定的相关标准，要具有完整的的生命周期评价体系，要和城市的整体环境质量相融合。生态的建筑设计要尊重建筑实体地段内的外部环境的地形地貌、水文地质、环境气候、物种植被的特点，要因地制宜，要强调人与环境的同一体。当前城市用地紧张，如果扩大城市化向城郊周边发展会增加城市化程度，但导致耕地面积减少，破坏生态平衡；如果向高空发展，则会导致城市人口密度增加、交通拥挤、加重空气污染。而开发利用地下空间不破坏植被、不侵占农田，可以节省土地资源，有利于生态平衡，减轻交通拥挤，净化空气，地下空间无大气污染，减少社会活动的相互干扰，有利于美化环境，利用土壤具有隔热与蓄热的双重功效，地下开发空间可以比地面建筑节约大量能源，地下环境相对湿度适宜，利于储存水果蔬菜粮食，避免鼠害虫害等。随着科技的不断进步，也不断加强了对物质能量的循环利用。城市的绿化是改善生态环境的重要手段，要提高绿色植物的覆盖率，要加强绿化设计以净化空气。增加绿地面积可以提高绿色覆盖率，也可以从空间拓宽绿化覆盖率，可以在建筑实体适宜的地方搭建一个绿色的平台，可以在平台上放花草树木，形成与自然环境相融合的建筑实体，建立自然生态环境，维护生态平衡。信息高速公路的开通使智能建筑应运而生，智能建筑是现代的计算机多媒体技术、现代通信技术、环境监控等技术与建筑艺术相融合在一起的一种高新技术。它具有安全经济、舒适方便、高效灵活、节能环保等特征。它可以最大限度地减少能源消耗，创造出更具人性化的生存环境，开放式的跨度与空间结构，可以灵活改变建筑物的使用功能，在智能建筑内，人们通过智能技术可以方便地从事各种活动。未来的社会一定是生态环保、绿色健康、以人为本的高度发达的社会，对传统工业建筑设计的观念提出了挑战，传统的粗放型工业生产、生态恶化、环境污染等负面因素逐渐消失。未来的工业化生产一定会注意节能环保，废气、废料、有害化学物质等都会净化处理，对于可重复利用的废料都要加以循环利用，最后的产品也力求可能是再生产的，从而将生产带来的负面影响降低到最低程度，新时代工业建筑的特点会努力做到以人为本。随着生态意识的提高与可持续发展理念的深入人心，要创造具有时代精神、人文关怀的工业建筑为城市景观增辉添彩。世界大型建筑的主流是生态建筑和智能建筑，我国无论是在建筑艺术上，还是在设备上，都要有超前意识。

绿色施工技术要能在保证质量、安全等基本要求的前提之下，通过系统科学化的管理和新技术的充分应用且最大化的节约资源成本及保护环境施工活动。绿色施工技术是能实现绿色建筑的前提保证，绿色施工的评价体系要根据施工环境、管理水平、经济性、材料使用等参数作为综合评价的指标。我国的绿色桥梁建筑最根本的发展目的要对人类生存的生态环境加以有效的保护且尽可能地减少环境污染，能为人们提供一个绿色、健康环保的生存环境。而绿色桥梁建筑要从设计的方案理念入手，在保持生态平衡的基础上进行无公害的良性桥梁建筑发展方向，要实现生态桥梁建筑的可持续发展与桥梁建筑的节能环保。我国经济发展一日千里，交通设施不断发展完善，桥梁工程的数量不断增加，各项技术不断地提高，加快了城市化现代化的进程。但当下桥梁桥梁建筑施工技术通常以过度耗用资源为代价，随着桥梁施工技术的不断完善，桥梁施工中不断加入绿色环保的技术，绿色环保桥梁建筑可以节约工程材料的大量使用，有效地缓解资源日趋紧张的压力，使桥梁施工能产生良好的社会效益和经济效益；反之绿色设计理念能优化桥梁的施工技术，能促进桥梁施工技术的不断创新，要求施工人员既要考虑桥梁整体结构的耐久性，又要考虑施工场地周边的自然环境，绿色理念能让施工人员根据施工现场周边的生态环境确定桥梁施工的可行性，要充分利用智能化的技术，使桥梁建设和周边的环境相协调一致，保证环境的生态平衡不被破坏。要充分合理地利用近几年新开发出的新材料，替换旧有的水泥与钢筋等非再生资源的材料，尽量不使用具有污染性的材料，要降低材料的成本重复利用的可用原废弃材料。要优化资源以提高工程的建设质量，延长工程的有效使用时间。水源是工程建设必不可少的部分，包括施工用水、施工人员的日常的用水资，都要消耗大量的水源，桥梁的施工现场水设施简陋，装置设备较差会出现破损，导致浪费大量的水。桥梁施工需要大量的钢筋，且要根据钢筋的使用情况来进行切割及夜间的照明都会造成环境的光污染，因此施工时要用挡光板把灯光的照射范围控制在一定的施工范围内。同时要消除桥梁施工时所产生的噪声污染，施工时要尽量使用噪声较小的设备来降低噪音的产生，如果无法避免要尽量选择在白天施工，防止影响周围居民的生活。使桥梁绿色桥梁建筑能大量地节约资源、保护环境，进一步优化桥梁的施工技术，实现国民经济的可持续发展，以满足社会日益发展的需求。随着桥梁载重和跨度的不断加大，桥梁的体积也在不断地增大，原有技术已不能满足桥梁的施工工期要求，设计人员不断地寻求新的桥梁建筑材料与施工方法，能使桥梁满足各种不同情况的需求，装配式桥梁使建造成本更低、建设周期更缩短，装配式桥梁逐渐成为设计人员的首选。

未来大跨度桥梁向更大、更柔的方向不断发展，对各种新式杂交的组合体系、协作体系及组合结构与混合结构等创新结构体系的研究发展，以充分发挥各自不同材料及体系的优点，使桥梁安全、适用、经济、美观及环保且具有安全方便的施工工艺。轻质高性能、耐久材料的研制和应用。新材料要有高强、高弹模、高轻质的不同特点，最传统的钢材和混凝土材料最终可能被玻璃纤维及碳纤维等增强塑料所取代，导致材料的革命性转变。理论方面借助计算机及非线性数值方法的不断进步，使力学的模型日益的精细化，仿真度不断地提高，可以在设计阶段十分逼真地描述梁在地震、强风、海浪等恶劣环境下施工和运营的全过程，为决策者提供动态的虚拟现实图像。重视梁美学和低碳环境，21世纪的梁结构必将更加重视桥梁建筑艺术造型，重视梁美学与景观设计，重视环境的保护，达到人文景观与环境景观的协调统一。桥梁作为使用年限长、投资大、对环境影响深远等的重要基础设施，而传统的设计者很少考虑桥梁对周边环境的影响、对不可再生资源的保护、桥梁自身的可持续发展及等情况，这和当代社会发展的要求不符。而绿色设计就是要有利于环保、有利于节能、有利于可持续发展的优点（图3-18）。

图3-18　绿色建筑核心理念

桥梁建筑绿色设计的目的是克服传统设计方面的不足，根据资源最佳利用原则，结构设计时要结合实际情况 采用技术先进的结构形式。绿色设计理论要从桥梁自身的安全、美观及经济适用性，及对环境的影响方面来分析，使它优于传统的桥梁设计且具备可持续发展的能力。使所设计的产品满足绿色产品的功能要求，包含从概念设计到桥梁的施工建造、桥梁使用乃至废弃后的处理加工等的各个阶段，即涉及桥梁整个生命周期，是从摇篮到再现的整个的过程。

进行建筑结构设计时为实现可持续的发展，要充分考虑建筑实体整体或部分以及材料的再利用性，将材料的价值发挥到极致。要充分利用各种有用的成分，合理的开发二次资源，实现废弃物料的充分回收利用，绿色设计要考虑整个生产、生活系统的物质能量充分利用，产生良性循环。绿色设计要从根本上防止污染，要节约资源和能源，关键在于设计与加工制作，要提前设法防止建筑实体与工艺对环境产生的副作用，然后再施工，更不能等建筑实体产生了不良的环境影响破坏后果再采取一系列防治措施。绿色设计要减少生产与使用过程中所生成的垃圾，要节约资源、降低能耗，对同一物体尽可能进行多次重复利用减少浪费。建筑实体全生命周期并行的闭环的设计原则，要使绿色程度体现在建筑实体的整个生命周期的各个阶段，选用资源资料时要考虑其再生能力及跨时段配置问题，充分利用可再生资源，同时要能保证所选用的资源在整个生命周期中得到最佳利用。桥梁在结构设计时要考虑桥梁在整个漫长的生命周期内的各种不同荷载、各种不同的环境因素及自身承载能力的不断退化，要考虑桥梁在使用过程中的健康监测、加固维护及改建等预留条件确保桥梁的安全使用。通常采用易于更换的模块化设计，为日后桥梁报废拆除及构件重复利用提供了便利，分析结构受力进行合理的结构尺寸、钢筋布置、合理的施工方案等设计，将材料的消耗降到最低且降低污染，减少对环境的不利影响。在保证功能质量的前提下，尽量简化结构设计且使构件具有最大限度的可替换性及可回收利用性。一是尽量使清洁能源或者二次能源，力求整个生命周期循环中能源消耗最小原则。设计时要充分考虑如何消除污染源，从根本上防止污染等环保策略。为使设计体现绿色的特定效果，要采用最先进的技术加以创造性的应用获得最佳的生态经济效益。桥梁的建造通常是由政府部门根据地区社会、经济的发展状况不同来确定实施的，它和市场的关系很小，它的经济费用主要与设计、施工方案有关。桥梁的建设规模比较大桥梁的寿命较长，桥梁设计的好坏对将来的经济效益、社会效益和生态环境效益会产生重大影响，相应的设计过程中要考虑的多方面的问题。整日暴露在自然环境中的桥梁要具备一定的抵御不利环境因素的侵蚀能力。桥梁在使用中一般不会产生对环境有害的垃圾，但在达到使用寿命之后，其自身会成为几乎无法处理的废弃物。绿色桥梁设计时，桥梁体系选用要根据实际情况选自己适用的范围，在设计时不要盲目地追求新奇、超大跨等，它将会抬高了造价且给日后的养护及加固留下一系列难题。要结合周围的地形来选择桥梁体系，以达到桥梁和周围环境和谐一致的效果。挖方段设计可采用拱桥，填方段则可考虑梁桥。如完全不考虑实际的周围环境背景盲目用大量不同的体系，使得施工的工艺变得复杂，对各种不同的施工设备需求过多，索结构及钢结构的桥梁对防腐的要求比较高，成桥后养护工作是十分繁杂的，对于较低等级的中小跨径的桥梁的投入是得不偿失的，绿色设计对这些上跨桥的体系选择要进行优化处理，尽量用简洁的梁式桥体系的统一结构尺寸，可以简化施工工艺、节约施工用料以更好地控制施工质量。为满足景观设计要求的复杂体系要适可而止，随着交通的飞速发展路面的不断改造路基加宽，桥跨的设计要预留空间以满足桥梁的不断可持续发展。对于复杂体系桥梁的设计要考虑日后的养护及维修的问题，可采用索、梁不同组合的体系，可以加大主梁的刚度及减少拉索的用量利于维护。桥梁的伸缩缝、支座、排水系统、照明系统等附属设备的设计，虽然在工程造价中不是主要的部分，但也发挥着极其重要的作用。传统的设计丝毫未考虑环保的因素，如现已建成的大多数桥梁的排水系统设计相当的简单，通常是使用排水管将水直接地引出桥面即可，有的地方的污水直接流向地面甚至直接流入良田；传统的设计选择排水系统的材料通常是造价高易锈蚀的不可再生的铸铁，而现在绿色设计使用 PVC 管等材料不仅轻质节能且抗腐蚀。而且要根据当地的降水量要准确地设置足够多数量的排水系统，要防止排水不畅或者排水系统过多。排水系统要将水疏导至地面，在条件许可的情况下考虑将排水系统埋入到桥梁结构内，引到地表的水还要再引入到合适的排水沟且尽量设置沉淀池以减少污染。桥梁结构的耐久性设计 由于桥梁结构有着漫长的使用寿命，一般要几十年或上百年，过短的使用期则会造成资源的极大浪费，这就要对桥梁结构的耐久性提出了较高的要求。设计人员要根据结构的用途应特别注意材料的选择、使用和维护、施工的方便与否、功能过时、寿命期费用等。要使桥梁能适应漫长的服役期内各种变化，采取相应措施使结构获得再生的能力。设计师要考虑到整体结构的寿命与各部件的寿命是不同的，如拉索的寿命仅 10 ~ 40 年、钢结构的油漆保护时间最优为 20 年等，要能够在运营阶段对桥梁进行维修养护加固处理等，充分保证桥梁结构的耐久性。那么设计阶段就要注意考虑到桥梁结构的可修性、可检性、可强化性、可换性、变形可控性及可持续性等方面，防止新建桥梁慢慢地破损倒塌而束手无策，面对严峻的地球生态与环境问题，桥梁设计者在构思阶段就要对照传统的观点，明确自己的社会经济行为，要强调降低能耗、回收利用及生态保护等和桥梁的经济、使用、安全、寿命等的要求同等重要，要保障桥梁的最优化设计和可持续发展战略。而对于达到设计使用年限后的桥梁，由于桥梁工程造价高且不容易回收再利用，按照绿色设计的原则，要尽量延长其生命周期，通过健康检测评估其承载能力，对于可继续使用的桥梁要重新设定其使用年限，而对于承载能力不足的桥梁可降低等级使用。

3.6 工程设计计算实例

3.6.1 工程概况

场地原始地貌为堆积阶地，地势开阔平坦，土质松软。场地四周布满建筑、商场、娱乐设施等，场地周边有水域，整体地形相对较平坦。勘察期间钻探点地面标高介于 −2.11 ～ 9.96 m，最大相对高差为 12.05 m。根据现场钻探勘测，场地内分布的地层主要有第四系的人工填土层、第四系的沉积层、第四系残积层，下伏基岩为早白垩世坪田凸单元粗中粒黑云母的花岗岩。某大桥工程桥位于市中心，河道为旅游航道，来往游船较多。桥梁四周地标建筑众多，根据桥位处的地理位置及周边的环境考虑，将桥梁建造成为一座景观性人行桥。

本桥采用下承式钢箱混凝土组合系杆拱桥，吊杆间距 9 m，横向双吊杆，主拱计算跨径 224.5 m，矢高为 52.90 m，矢跨比为 1/4.3，主梁采用波形钢—桁架组合结构，桥面系全长 209.75 m，总宽为 11.2 m，梁高为 2.55 m，桥面纵坡采用 3% 的控制，引道与两侧规划道路纵坡顺接，桥面取横坡双向 1%。桥型立面图如图 3-23 所示。

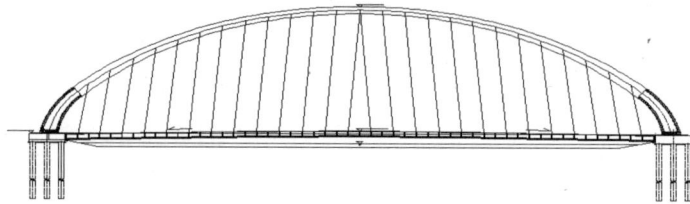

图 3-23　桥型立面图

3.6.2 桥梁设计

拱桥为单片拱肋拱桥，其分为钢箱拱肋段和钢－混凝土组合结构拱肋段，为抵抗水平推力，拱脚收敛。拱肋拱轴线线形采用 $m=2.512$ 的悬链线和半径 $R=29.49$ 的圆曲线组成，主拱计算跨径 224.5 m，矢高为 52.90 m，矢跨比为 1/4.3。主梁采用波形钢腹板－桁架组合结构。从主桥中轴线向两端每隔 4.0 m 布置一道标准波形钢腹板－桁架节段，每隔 8.0 m 设置 1 道吊杆，共 104 道。主梁顶板厚 20 mm，主梁侧向悬臂长 3.0 m，主梁中心线上每隔 4.0 m 设置一道斜撑，其规格为 $\phi 299 \times 12$ mm；桁架结构下弦杆采用规格为 $\phi 600 \times 12$ mm 的钢管，桥面板、斜撑及下弦杆材质均为 Q345q-C。腹板采用波形钢腹板，腹板中心距为 3.0 m，波形钢腹板波长 1.0 m，波高 16 cm，厚 16 mm，腹板每 4 m 设置一道加劲柱，后浇层与主梁顶板通过抗剪栓钉及加劲肋链接。主梁顶板与下弦杆之间设置两道内斜撑，其规格为 $\phi 219 \times 10$ mm；两道下弦杆之间设置一道横撑，规格为 $\phi 299 \times 12$ mm/$\phi 219 \times 10$ mm，形成箱内三角形断面，以提高主梁局部抗扭能力。桥面板厚度为 20 cm 厚的钢筋混凝土构件，待主梁拼接形成整体结构后一次连续现场浇筑完成。钢箱拱肋段采用等宽不等高单箱单室截面，截面尺寸为宽 4.0 m，高从拱顶的 3.0 m 渐变到拱脚的 6.6 m，为了提高整桥稳定性，拱脚范围内拱肋段均采用钢－混凝土组合结构，内灌 C50 微膨胀混凝土。钢箱拱肋段面板厚度为 16 mm，钢箱拱肋均在内壁设置 12 mm × 150 mm 的扁钢纵向加劲肋。腹板纵向加劲肋和横隔板间距分别控制为等间距 0.5 m 和

4.0 m。腹板上的纵向加劲肋以平行于顶底板的方式平行布置，以避免倒角区域的构造复杂化，并保证施工焊接空间。基础采用了桩接承台的结构形式，承台高 4.0 m，拱肋与主桥桥墩同时支撑于一个承台上，以提高基础的整体性。其每个承台共设置 9 根 ϕ180 cm 的钻孔灌注桩基础，ϕ180 cm 桩基础均按照摩擦桩设计。承台内埋设了冷却钢管用于减小大体积混凝土水化热引起裂缝。桩基础内埋设了声测管用于对桩基进行超声波检测，以控制桩基础的施工质量。拱桥均采用板式橡胶支座，全桥共设置 8 只，分固定、单向、双向三种。各墩顶采用的具体支座型号详见设计图纸。全桥泄水孔纵向间距为 4 ~ 5 m，布置在人行道外侧缘石 15 cm 处，泄水孔内径为 10 cm。泄水管采用铸铁材料。桥面铺装按公园总体设计要求布置，桥面板喷涂 FYT-1 改进型防水剂，桥面铺装材质待与业主商定之后再定。选择了轻型、通透行强的钢护栏设计方案，供建设方选择。照明设施为体现本工程景观的重要部分，分功能性照明和装饰性照明两部分。具体可以由业主另外委托设计。装饰性照明着重对斜拱肋外倾面、斜吊杆、桥面板外缘这三部分进行了亮化设计。所有电缆均按暗埋式设计。

3.6.3 结构分析计算

桥梁空间静力结构分析采用空间程序 midas2014 进行计算。计算中考虑恒载和各种活载情况，计入混凝土的收缩、徐变效应及温度变化影响。温度分别按照升降温 20 ℃计取，混凝土的收缩、徐变根据现行桥梁设计规范的有关规定计取。全桥下部结构承受顺桥向的水平力，径向力根据墩台组合刚度大小来进行分配，温度影响力取决于墩顶梁体水平滑动克服的支座摩阻力。拱桥跨桩基础按摩擦桩设计计算。大桥全桥采用单跨直线布置单片拱结构形式，采用下承式钢箱型拱肋，主拱计算跨径 224.5 m，矢高为 52.90 m，矢跨比为 1/4.3，采用斜置式双吊杆体系，主拱截面宽 3.5 m，高度由拱脚的 6.6 m 过渡到拱顶的 3 m，主拱曲线在拱脚段采用 R=29.45 m 的圆曲线形式，结构形式为钢混组合结构，其余钢箱拱肋段曲线部分采用 m=2.514 的悬链线形式，钢箱拱肋与混凝土拱肋的连接为钢 - 混凝土连接过渡段。过渡段通过焊灯以及开孔板加以连接，通过 3 次应力过渡，保证钢与混凝土之间的作用力的均匀传递过渡，图 4-6 所示为主拱钢 - 混凝土结合段；主梁采用波形钢腹板 - 桁架组合结构，桥面宽 11.2 m，梁高 2.55 m，桥面纵坡采用 2% 控制，引道与两侧规划道路纵坡顺接，桥面横坡双向 1%；下部结构型式为桩接承台，其中全部桩基按摩擦桩标准设计，为抵抗主拱传递至承台的水平推力，特在两端承台之间加设高强预应力钢索，以减轻桩基的水平推力。

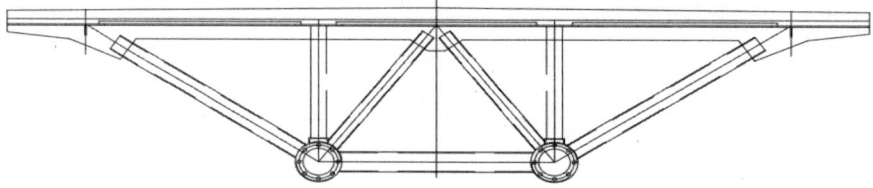

图 3-24　板 - 桁组合结构断面

大桥主要设计技术标准包括荷载等级：人群荷载集度按《城市桥梁设计规范》（CJJ 11—2011）第 10.0.5 条及《城市人行天桥与人行地道技术规范规范》（CJJ 69-95）第 3.1.3 条取值；桥梁横断面：桥梁总宽为 11 m，断面布置：0.5 m（踢脚）+10.2 m（人行道）+0.5 m（踢脚）= 11 m；桥面纵坡：最大纵坡 2%；桥面横坡：1%；通航要求：深圳湾为 Ⅶ 级航道，净宽 ≥ 18 m，净高 ≥ 3.5 m，最高通航水位 1.0；水文要求：梁底标高不低于 3.5 m；桥梁设计安全等级：一级；设计基准期：100 年；主要参照《城市桥梁设计规范》（CJJ 11—2011）、《城市桥梁抗震设计规范》（CJJ 166—2011）、《城市人行天桥与人行地道技术规范规范》（CJJ 69-95）、《公路桥涵设计通用规范》（JTG D60—2004）、《公路桥涵施工技术规范》（JTG/TF 50—2011）、《公路钢筋混凝土及预应力混凝土桥涵设计规范》（JTG D62—2004）、《公路圬工桥涵设计规范》（JTG D61—2005）、《公路桥梁抗风设计规范》（JTG/TDF 60—01—2004）、《公路桥涵地基与基础设计规范》（JTG D63—2007）、《公路桥涵钢结构及木结构设计规范》（JTJ 025—86）、《城市桥梁工程施工与质量验收规范》（CJJ 2—2008）、《钢管混凝土结构技术规范》（GB 50936—2013）、《钢结构工程施工质量验收规范》（GB 50205—2001）、《钢结构设计规范》（GB 50017—2003）、及相应的现行国家标准及行业标准为依据。主要材料的指标包括不同混凝土等级的 C30 混凝土：承台，拱座，牛腿，抗震挡块等；C50 混凝土：拱肋填充料、桥面板、梁底垫石；C30 水下混凝土：全桥桩基等。钢筋材料包括拱肋加劲钢板、钢横梁的横隔板及其他钢板 Q345q-C（符合 GB/T 1591—94 规定）；吊杆采用 PES7-55（斜吊杆）钢绞线整束挤压吊杆体系，其破断力为 $3535KN$，成品索采用 1860 级环氧喷涂无粘结钢绞线缠包后热挤 HDPE；系杆采用型号为 PES7-109 的普通拉索，其破断荷载为 $7225KN$；拱肋所有钢管、缀板；钢横梁的顶板、底板及腹板；钢纵梁的顶板、底板、腹板、加劲板及部分横隔板 Q345q-C（符合 GB/T 1591-94 规定）；普通钢筋中的光圆钢筋采用 $R235$（Ⅰ级）；带肋钢筋采用 HRB400（Ⅱ级）（符合 GB 13013—1991 及 GB 1499-1998 规定）；锚具采用符合国家标准、质量可靠的优质群锚体系（符合 GB/T 14370—2007 规定）。

结构分析参数及计算模型说明如下：结构自重：混凝土容重取 26 kN/m³，钢结构容重取 78.5 kN/m³；二期恒载：桥面木质铺装层容重取 10 kN/m³，按照 52 mm 计算，$q=10 \times 0.05=0.5$ kN/m³，以均布面荷载加载；栏杆及附属设施按照规格及材料用量，在横向两侧施加 2.4 kN/m 均布线荷载；吊杆初拉力按照计算初始施加吊杆的初拉力设计值，吊杆破断力为353.5t。基础沉降变位作用：按照左右两个承台各沉降10 mm考虑。混凝土收缩及徐变作用按照《公路钢筋混凝土及预应力混凝土桥涵设计规范》（JTG D62—2004）的规定进行计算；主拱拱脚钢混组合结构段内壁所灌注一定壁厚的混凝土，以及承台和桩基这几部分混凝土的收缩徐变通过在midas/Civil里面设置收缩徐变参数而自行考虑。人群荷载集度按《城市桥梁设计规范》（CJJ 11—2011）第10.0.5条及《城市人行天桥与人行地道技术规范规范》（CJJ 69—95）第3.1.3条取值。

$$W = \left(5 - 2 \cdot \frac{L-20}{80}\right) \cdot \left(\frac{20-B}{20}\right) = 2.4 \, \text{kN/m}^2 \tag{3-46}$$

式中：W—单位面积的人群荷载；L—加载长度；B—单边人行道宽度。

温度荷载中系统温度规定初始温度为15 ℃，整体升温按25 ℃计，整体降温按20 ℃计；梯度温度：按照《公路桥涵设计通用规范》（JTG D62—2004）第4.3.10条规定计算。加载模式见图3-25所示，按混凝土铺装，T_1为25 ℃，T_2为6.7 ℃；竖向日照反温差为正温差的—0.5倍。

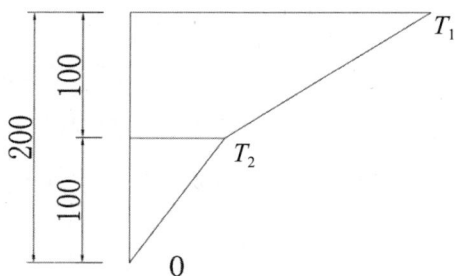

图3-25　梯度温度

风荷载按照《公路桥涵设计通用规范》（JTG D62—2004）第4.3.7条规定计算，加载考虑两个不同方向分别加载，并分别参与荷载组合。偶然作用中的船舶撞击作用涉及考虑到承台位于岸上，故不存在船舶撞击作用，且大桥不考虑地震作用。

荷载组合具体内容见表3-9。

表3-9　荷载组合及其系数统计表

组合及组合系数		永久作用			可变作用				偶然作用
	恒荷载	收缩徐变	支座沉降	人群荷载	风荷载	系统温度	梯度温度	船舶撞击	
承载能力	基本组合	1.2	1.0	1.0	1.4					
						± 1.1			
							1.4	1.4	
					1.4	± 0.88			
					1.4		1.12	1.12	
					1.4	± 0.77	0.98	0.98	

续表

组合及组合系数 恒荷载		永久作用			可变作用				偶然作用
		收缩徐变	支座沉降	人群荷载	风荷载	系统温度	梯度温度	船舶撞击	
极限状态	偶然组合	1.2	1.0	1.0		±1.0			1.0
							1.0	1.0	
						±1.0			
							1.0	1.0	
						±1.0	1.0	1.0	
正常使用极限状态	作用短期效应组合	1.0	1.0	1.0	1				
						±0.75			
							1.0	0.8	
					1.0	±0.75			
					1.0		1.0	0.8	
					1.0	±0.75	1.0	0.8	
	作用长期效应组合	1.0	1.0	1.0	0.4				
						±0.75			
							1.0	0.8	
					0.4	±0.75			
					0.4		1.0	0.8	
					0.4	±0.75	1.0	0.8	

主要材料包括 C50 混凝土：弹性模量取 34 500 MPa，泊松比取 0.2，线膨胀系数取 0.000 1/℃；C30 混凝土：弹性模量取 30 000 MPa，泊松比取 0.2，线膨胀系数取 0.000 1/℃；Q345 钢：弹性模量取 206 000 MPa，泊松比取 0.3，线膨胀系数取 0.000 012/℃；PES7-55 钢绞线：弹性模量取 195 000 MPa，泊松比取 0.3，线膨胀系数取 0.300 001 2/℃；整桥计算分析以有限元软件为主，对于模型具体划分情况如下：共计 3 820 个单元（其中 120 个桁架单元，430 个板单元，1 920 个实体单元，1 382 个梁单元）。

3.6.3.1 施工阶段分析结果及验算

各施工工序进程主要包括桩基和承台施工，后采用满堂支架安装主拱肋，满堂支架用"一般支撑"模拟；安装好主拱肋后，安装桥面系钢梁；桥面系安装好之后，张拉第一批系杆预应力，即张拉系杆中靠外侧的两根；拆除主拱肋支架；张拉全部吊杆；拆除桥面系支架，安装永久支座；张拉第二批系杆，即靠中间的系杆；桥面二期铺装施工；让结构混凝土充分完成收缩徐变而设置的十年时间等不同工序。各施工工序结构强度及变形验算主要包括以下内容。

各施工工序进程主要包括桩基和承台施工，后采用支架安装主拱肋，满堂支架用"一般支撑"模拟；安装好主拱肋后，安装桥面系钢梁；桥面系安装好之后，张拉第一批系杆预应力，即张拉系杆中靠外侧的两根；拆除主拱肋支架；张拉全部吊杆；拆除桥面系支架，安装永久支座；张拉第二批系杆，即靠中间的系杆；桥面二期铺装施工；让结构混凝土充分完成收缩徐变而设置的十年时间等不同工序。各施工工序结构强度及变形验算主要包括以下内容。

1. 结构相应内力

表 3-10　各单独工况关键内力表

单独相应工况	拱脚水平推力（t）	拱脚竖向力（t）	拱脚弯矩（tm）	截面 -B 弯矩（tm）	主拱跨中弯矩（tm）
仅裸拱	311.6	661.9	1011.4	−206.2	108.3
仅桥面系钢梁与砼铺装层以及吊杆力	1049.5	797.5	10236.0	−76.7	828.7
仅二期恒载与径向力	173.7	134.7	1651.4	−29.8	100.3
仅全桥满人荷载	519.9	403.1	4943.6	−88.5	300.1
以上合计	2054.7	1997.2	17842.4	−401.2	1337.4

2. 施工工序变形图

按照桩基和承台施工后，采用支架安装主拱肋的工序为代表，该工况阶段相应的变形图（单位：mm）如图 3-26 所示。

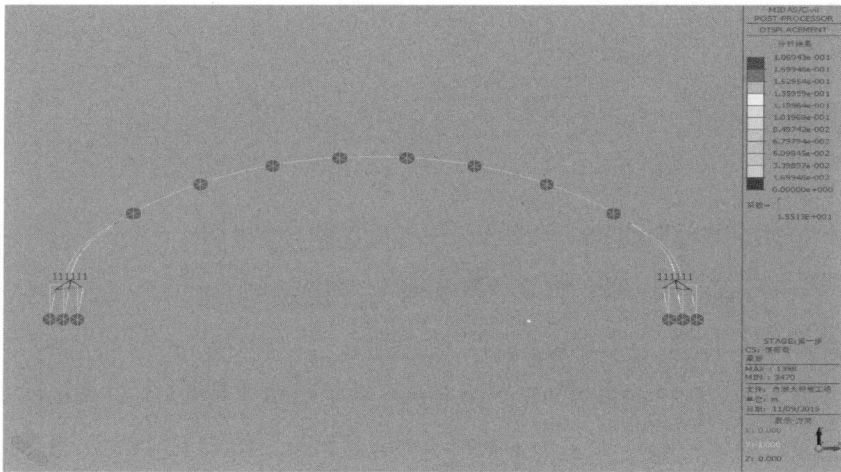

图 3-26　主拱肋变形图

3. 重要施工工序结构关键内力计算

主拱拱脚处的内力验算采用《钢管混凝土结构技术规范》（GB 50936—2013）第 5.3.1 章节为规范依据；针对钢混组合段与钢拱肋段连接处截面的承载力验算采用《钢结构设计规范》（GB 50017—2003）第 5.2 等相关章节为规范依据。

（1）主拱拱脚处承载力验算

此处验算仅取施工阶段桥面二期铺装施工施工工序的恒载内力"弯矩剪力轴力"等做承载力校核。先取定拱脚处内力设计效应值为（单位：t，m）。根据《钢管混凝土结构技术规范》（GB 50936-2013）第 5.1.4 条，根据下列公式计算空心钢混组合构件的受剪承载力设计值。

$$V_u = (0.736\psi^2 - 1.094\psi + 1) \times 0.71 f_{sv} A_{sc} \tag{3-47}$$

$$\psi = \frac{A_h}{A_c + A_h} \tag{3-48}$$

$$f_{sv} = 1.547 f \frac{\alpha_{sc}}{\alpha_{sc} + 1} \qquad (3\text{–}49)$$

式中：V_u 表示实心或空心钢管混凝土构件的受剪承载力设计值（N）；A_{sc} 表示实心或空心钢管混凝土构件的截面面积（mm^2），即钢管面积和混凝土面积之和；Ψ 表示空心率，对于实心构件取 0；A_c、A_h 分别表示为混凝土面积和空心部分面积（mm^2）；f_{sv} 表示 钢管混凝土受剪强度设计值（MPa）。

根据《钢管混凝土结构技术规范》（GB 50936–2013）第 5.1.4 条，钢管混凝土短柱的轴心受压强度承载力设计值应按下式计算。

$$N_0 = A_{sc} f_{sc} \qquad (3\text{–}50)$$

$$f_{sc} = (1.212 + B\theta + C\theta^2) f_c \qquad (3\text{–}51)$$

$$\alpha_{sc} = \frac{A_s}{A_c} \qquad (3\text{–}52)$$

$$\theta = \alpha_{sc} \frac{f}{f_c} \qquad (3\text{–}53)$$

式中：N_0 表示钢管混凝土短柱的轴心受压强度承载力设计值（N）；A_{sc} 表示实心或空心钢管混凝土构件的截面面积，等于钢管和管内混凝土面积之和（mm^2）；f_{sc} 表示实心或空心钢管混凝土抗压强度设计值（MPa）。A_s、A_c 表示钢管、管内混凝土的面积（mm^2）；α_{sc} 表示实心或空心钢管混凝土构件的含钢率；θ 表示实心或空心钢管混凝土构件的套箍系数；f 表示钢材的抗压强度设计值（MPa）；f_c 表示混凝土的抗压强度设计值（MPa），对于空心构件，f_c 均应乘以 1.1；B、C 表示截面形状对套箍效应的影响系数，查规范《钢管混凝土结构技术规范》（GB 50936—2013）附录 B 得到相关参数，求出 N_0。

钢管混凝土柱轴心受压稳定承载力设计值应按下式计算

$$N_u = \varphi N_0 \qquad (3\text{–}54)$$

$$\varphi = \frac{1}{2\overline{\lambda}_{sc}^2} \left[\overline{\lambda}_{sc}^2 + (1 + 0.25\overline{\lambda}_{sc}) - \sqrt{\left(\overline{\lambda}_{sc}^2 + (1 + 0.25\overline{\lambda}_{sc}) \right)^2 - 4\overline{\lambda}_{sc}^2} \right] \qquad (3\text{–}55)$$

$$\overline{\lambda}_{sc} = \frac{\lambda_{sc}}{\pi} \sqrt{\frac{f_{sc}}{E_{sc}}} \approx 0.01 \lambda_{sc} \left(0.001 f_y + 0.781 \right) \qquad (3\text{–}56)$$

式中：N_0 表示实心或空心钢管混凝土短柱的轴心受压强度承载力设计值（N）；φ 表示轴心受压构件稳定系数；表中 λ_{sc} 是各种构件的长细比，等于构件的计算长度除以回转半径。依相关数据，查规范知轴压构件稳定系数 $\varphi=1.0$，计算出拱脚段钢管混凝土柱轴心受压稳定承载力设计值。

根据《钢管混凝土结构技术规范》（GB 50936—2013）第 5.1.6 条，钢管混凝土构件的受弯承载力设计值应按下列公式计算。

$$M_u = \gamma_m W_{sc} f_{sc} \tag{3-57}$$

$$W_{sc} = \frac{\pi(r_o^4 - r_{ci}^4)}{4r_0} \tag{3-58}$$

$$\gamma_m = (1 - 0.5\psi)(-0.483\theta + 1.926\sqrt{\theta}) \tag{3-59}$$

式中：f_{sc} 表示实心或空心钢管混凝土抗压强度设计值（MPa）；γ_m 表示塑性发展系数；W_{sc} 表示受弯构件的截面模量（mm³）；r_O 表示等效圆半径（mm）。圆形截面为半径，非圆形截面为按面积相等等效成圆形的半径；r_{ci} 表示空心半径（mm），对于实心构件等于 0。根据公式解出钢管混凝土构件的受弯承载力设计值。

综之：

可以分别求出拱脚处内力设计效应值（单位：t，m）和拱脚处内力设计单项承载力（单位：t，m），通过对上述单项效应值与承载力的对比可知。

$$M_d < M_u \tag{3-60}$$

因为拱脚处同时存在轴力剪力弯矩等，受力状态比较复杂，故而还需依据规范《钢管混凝土结构技术规范》（GB 50936-2013）第 5.3.1 条进行校核，承受压、弯、扭、剪共同作用时，构件的承载力应按下列公式再次进行校核：

① 当 $\dfrac{N}{N_u} \geqslant 0.255\left[1 - \left(\dfrac{T}{T_u}\right)^2 - \left(\dfrac{V}{V_u}\right)^2\right]$ 时，有

$$\frac{N}{N_u} + \frac{\beta_m M}{1.5 M_u (1 - 0.4 N/N_E')} + \left(\frac{T}{T_u}\right)^2 + \left(\frac{V}{V_u}\right)^2 \leqslant 1 \tag{3-61}$$

② 当 $\dfrac{N}{N_u} < 0.255\left[1 - \left(\dfrac{T}{T_u}\right)^2 - \left(\dfrac{V}{V_u}\right)^2\right]$ 时，有

$$-\frac{N}{2.17 N_u} + \frac{\beta_m M}{M_u (1 - 0.4 N/N_E')} + \left(\frac{T}{T_u}\right)^2 + \left(\frac{V}{V_u}\right)^2 \leqslant 1 \tag{3-62}$$

$$N_E' = \frac{\pi^2 E_{sc} A_{sc}}{(1.1\lambda^2)} \tag{3-63}$$

式中：N、M、T 与 V 表示作用于构件的轴心压力、弯矩、扭矩和剪力设计值；β_m 表示等效弯矩系数，应按现行国家规范《钢结构设计规范》（GB 5017—2003）的规定执行；N_u 表示实心或空心钢管混凝土构件的轴压稳定承载力设计值，应按本规范第 5.1.8 条计算；M_u 表示实

心或空心钢管混凝土构件的受弯承载力设计值，应按本规范计算；T_u 表示实心或空心钢管混凝土构件的受扭承载力设计值，应按本规范计算；V_u 表示实心或空心钢管混凝土构件的受剪承载力设计值，应按本规范第 5.1.4 条计算；N_E' 表示系数。根据本规范，N_E' 可以进一步简化为 $10.6 k_E f_{sc} A_{sc} / \lambda^2$。根据上述公式可以计算得到

$$N_d / N_u < 0.255[1 - (T/T_u)^2 - (V/V_u)^2]$$

查规范《钢结构设计规范》计算可得

$$-\frac{N}{2.17 N_u} + \frac{\beta_m M}{M_u (1 - 0.4 N/N_E')} + \left(\frac{T}{T_u}\right)^2 + \left(\frac{V}{V_u}\right)^2 < 1 \qquad （3-64）$$

通过上述比较可知，拱脚根处横断面在弯矩，剪力，轴向压力等复杂受力状态下其承载力满足设计要求。

（2）钢混组合段与钢箱拱肋段连接处截面强度验算

此处验算仅取桥面二期铺装施工工序中在恒载作用下钢混组合段与钢箱拱肋段连接处截面的内力"弯矩剪力轴力"等做强度校核，得到该截面处内力设计效应值（单位：t，m）。

弯矩作用在主平面内的拉弯和压弯构件，其强度根据由下式计算。

$$\frac{N}{A_n} \pm \frac{M_x}{\gamma_x W_{nx}} \pm \frac{M_y}{\gamma_y W_{ny}} \leqslant f \qquad （3-65）$$

则验算得

$$\frac{N}{A_n} \pm \frac{M_x}{\gamma_x W_{nx}} \pm \frac{M_y}{\gamma_y W_{ny}} < f \qquad （3-66）$$

因此钢混组合段与钢箱拱肋段连接处截面强度满足设计要求。

（3）主拱肋跨中截面强度验算

此处验算仅取桥面二期铺装施工工序中在成桥恒载作用下主拱肋跨中截面的内力"弯矩剪力轴力"等做强度校核，得到该截面处内力设计效应值（单位：t，m）。

弯矩作用在主平面内的拉弯和压弯构件，其强度根据公式计算得

$$\frac{N}{A_n} \pm \frac{M_x}{\gamma_x W_{nx}} \pm \frac{M_y}{\gamma_y W_{ny}} < f \qquad （3-67）$$

因此主拱跨中截面强度满足设计要求。

3.6.3.2 成桥阶段上部结构分析结果及验算

1. 拱肋分析计算

主拱拱脚处的内力验算采用《钢管混凝土结构技术规范》（GB 50936—2013）第 5.3.1 章节为规范依据；针对钢混组合段与钢拱肋段连接处截面的承载力验算采用《钢结构设计规范》（GB 50017—2003）第 5.2 等相关章节为规范依据。主拱拱脚处承载力验算，此处验算仅取成桥运营阶段"恒载 + 全桥满人"荷载作用下拱脚处内力"弯矩剪力轴力"等做承载力校核。取定拱脚处内力设计效应值（单位：t，m）。根据《钢管混凝土结构技术规范》（GB 50936—2013）第 5.1.4 条，空心钢混组合构件的受剪承载力设计值计算根据公式求出。根据《钢管混凝土结构技术规范》（GB 50936—2013）第 5.1.4 条，钢管混凝土短柱的轴心受压强度承载力设计值根据公式计算得到。查规范《钢管混凝土结构技术规范》（GB 52936—2013）附录 B 得抗压强度设计值（单位为 MPa），由公式计算轴心受压强度承载力设计值（单位为 N）。同时根据《钢管混凝土结构技术规范》（GB 50936—2013）第 5.1.9 条，钢管混凝土柱轴心受压稳定承载力设计值应根据公式计算得到。而首先得到构件的长细比，依上述数据，查规范上表 5.1.9–1 知轴压构件稳定系数 φ=1.0。故拱脚段钢管混凝土柱轴心受压稳定承载力设计值由公式计算得到。根据《钢管混凝土结构技术规范》（GB 50936—2013）第 5.1.6 条，钢管混凝土构件的受弯承载力设计值应根据公式计算。根据综合拱脚处内力设计效应值（单位：t，m）和拱脚处内力设计单项承载力（单位：t，m）。通过对上述单项效应值与承载力的数据对比可知

$$N_d < N_u, \ V_d < V_u, \ M_d < M_u \tag{3-68}$$

因为拱脚处同时存在轴力剪力弯矩等，受力状态比较复杂，故而还需依据规范《钢管混凝土结构技术规范》（GB 50936—2013）第 5.3.1 条进行校核，承受压、弯、扭、剪共同作用时，构件的承载力应根据公式再次进行校核。根据上述相关的公式计算，由计算结果比较可知，拱脚根处横断面在弯矩，剪力，轴向压力等复杂受力状态下其承载力是满足设计要求。

钢混组合段与钢箱拱肋段连接处截面强度验算，此处验算仅取桥面二期铺装施工工序中在成桥恒载作用下钢混组合段与钢箱拱肋段连接处截面的内力"弯矩剪力轴力"等做强度校核，取定该截面处内力设计效应值（单位：t，m），《钢结构设计规范》（GB 50936—2013）第 5.2 章规定：弯矩作用在主平面内的拉弯和压弯构件，其强度要根据公式规定计算得到。则

$$\frac{N}{A_n} \pm \frac{M_x}{\gamma_x W_{nx}} \pm \frac{M_y}{\gamma_y W_{ny}} < f \tag{3-69}$$

因此钢混组合段与钢箱拱肋段连接处的截面强度满足设计要求。

主拱肋跨中截面的强度验算，此处验算仅取成桥阶段"恒载 + 全桥满人"作用下主拱肋

跨中截面的内力"弯矩剪力轴力"等做强度的校核，取定该截面处的内力设计效应值（单位：t，m）。《钢结构设计规范》GB 50936—2013 第 5.2 章规定：弯矩作用在主平面内的拉弯和压弯构件，其强度要根据公式规定计算，则

$$\frac{N}{A_n} \pm \frac{M_x}{\gamma_x W_{nx}} \pm \frac{M_y}{\gamma_y W_{ny}} < f \qquad (3-70)$$

因此主拱跨中截面强度满足要求。

压弯拉强度验算，压弯拉强度计算内容根据《钢结构设计规范》（GB 50017—2003）第 5.2 部分计算。根据第 3.4.1 条、第 4.1.1 条、第 5.2.1 条和截面特性，得到

$$\sigma = \frac{N}{A_n} \pm \frac{M_x}{\gamma_x \cdot W_{nx}} \pm \frac{M_y}{\gamma_y \cdot W_{ny}} \leqslant f \qquad (3-71)$$

因此它满足设计要求（见表 3-11）。

表 3-11　构件强度验算结果

位置	内力情况	轴力 N（kN）	弯矩 M_x（k·Nm）	弯矩 M_y（k·Nm）	强度计算值 σ（N/m²）	强度设计值 f（N/m²）	验算结果
主拱肋	最大压力	−27 550.8	7 694.3	−0.01	125.3	230	
	最大拉力	—	—	—	—		
	最大弯矩 Mx	−24 269.4	28 401.1	0	185.4		
	最大弯矩 My	−21 914.9	8 720.8	17 834.2	148.5		

抗剪强度的验算，它根据《钢结构设计规范》（GB 50017—2003）第 4.1 部分计算。根据截面特性和第 4.1.2 条计算，则

$$\tau = \frac{V \cdot S}{I \cdot t_w} \leqslant f_v \qquad (3-72)$$

因此它满足设计要求。构件强度验算结果见表 3-12。

表 3-12　构件强度验算结果

位置	内力情况	剪力 Vx N（kN）	剪力 Vy（kN·m）	强度计算值 σ（N/m²）	强度设计值 f_v（N/m²）	验算结果
主拱肋	最大剪力 Vx	395.7	1734.6	18.3	170	
	最大剪力 Vy	0	2837.8	31.2		

波形钢腹板压力计算，本计算内容根据《钢结构设计规范》（GB 50017—2003）相关规定

进行。取波形钢腹板厚为 16 mm，根据第 3.4.1 条计算，由软件计算结果直接提取出波形钢腹板单元的应力结果，结果见表 3-13。

表 3-13 波形钢腹板强度验算结果

位置	内力情况	强度计算值（N/m²）	强度设计值（N/m²）	验算结果
波形钢腹板 N_2	最大压应力	45.5	230	OK
	最大拉应力	40.9		OK
	最大剪应力	28.1	180	OK

主拱及桥面系挠度验算，根据《城市人行天桥与人行地道技术规范规范》（CJJ 69—95）第 2.5.2 条规定，由人群荷载计算的最大竖向挠度不应大于规定值。由软件计算结果，仅考虑全桥满人的极限情况，根据桥面系跨中竖向挠度值，正常使用长期效应组合。

$$f \leqslant \frac{L}{800} \qquad (3-73)$$

针对主拱肋，跨中竖向挠度在全桥满人荷载情况下为 269 mm，也符合设计要求。

支座承载力计算的工况：恒载（包括结构主拱以及桥面系自重，二期铺装，吊杆张拉力，三次张拉的承台之间的预应力等）+ 全桥满人荷载；大桥为公园人行景观大桥，使用阶段主要荷载为观景及通行人流荷载，所承受荷载水平较低，出于工程预算方面的经济考虑，在支座的设计上仅选用"恒载 + 全桥满人"的荷载水平作为选用支座型号的标准，所选用支座型号为 GJZ 200×300，该型号支座承载力远大于工况下所产生最大竖向支座反力，因此满足设计的要求。

针对上部结构验算，钢混拱肋承载力验算根据其轴向受压承载力安全系数、横向受剪承载力安全系数及主轴抗弯承载力安全系数，拱脚段在所有工况中不存在轴向受拉的情况，拱脚段承载力满足设计要求。根据主拱钢箱段抗弯承载力安全系数和抗压承载力安全系数，它满足要求。根据桥面系的各钢构件其抗弯、抗压及抗剪各安全系数和桥面翼缘钢板抗剪安全系数，综合判断桥面系各构件承载力满足要求。主拱肋及桥面系在各种工况下的竖向变形值是结构竖向刚度的侧面体现，是设计时的关键控制指标，桥面系跨中在仅人群荷载作用下其跨中挠度数值，根据《城市人行天桥与人行地道技术规范规范》（CJJ 69-95）第 2.5.2 条规定，该值小于 $L/800$，对于主拱肋而言在恒荷载 + 全桥满人荷载下跨中下挠数值，主拱及桥面系竖向变形验算合格。根据支座轴向设计效应值，在所有工况中和其承载力对照，都满足要求。

3.6.3.3 承台及桩基计算

承台强度验算，承台采用 C30 浇筑，尺寸为 13 m×12 m×3.5 m，布置有 9 根直径 1.8 m

的钻孔灌注桩，基桩设计桩长 70 m，采用水下 C30 灌注。外侧桩中心距承台边缘 1.5 m，桩间距 5 m。承台结构立面图如图 3-27 所示。

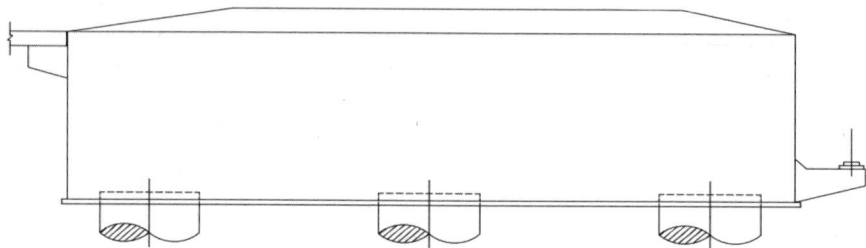

图 3-27　承台立面图

根据 JTG D62—2004 第 8.5.1 章公式 $N_{id} = \dfrac{F_{id}}{n} \pm \dfrac{M_{xd}y_i}{\sum y_i^2} \pm \dfrac{M_{yd}x_i}{\sum x_i^2}$，取用工况"恒载 + 满人荷载"计算得单桩桩顶轴向压力设计值和轴向拉力设计值。首先根据《公路钢筋混凝土及预应力混凝土桥涵设计规范》（JTG D62—2004）第 8.5.3 条规定，按照"撑杆 – 系杆体系"计算承台撑杆的抗压承载力和系杆的抗拉承载力。撑杆抗压承载力计算，由第 8.5.2 条规定，当桩中距不大于三倍桩直径时，承台截面计算宽度，由 8.5.3 条规定，取相应参数，由计算得结果判断满足要求。系杆抗拉承载力计算 由第 8.5.2 条规定计算满足要求，斜截面抗剪承载力计算由第 8.5.4 条规定计算验证满足要求。对于抗冲切承载力计算时，由于本桥成桥使用阶段仅限人群荷载，不存在汽车荷载的冲击作用，故本项验算忽略。

桩基验算，单桩桩顶竖向承压及抗拔拉效应设计值的选取：按 5.1.1 第一部分的计算单桩桩顶竖向力压力设计值和拉力设计值来取定数值。该钻孔灌注桩按摩擦桩设计，依据《公路桥涵地基与基础设计规范》（JTG—D63，2007）规定，钻挖孔灌注桩的轴向承载力容许值为

$$[R_a] = 0.5 \times u \sum_{i=1}^{n} q_{ik} l_i + A_p q_r$$

$$q_r = m_0 \lambda \left\{ [f_{a0}] + k_2 \gamma_2 (h-3) \right\} \tag{3-74}$$

式中：

$[R_a]$—单桩轴向受压承载力容许值（桩身自重与置换土重的差值作为荷载考虑，当自重计入浮力，置换土重也计入浮力），kN；

u—桩身周长 m；

A_p—桩端截面面积（对于扩底桩，取扩底截面面积）m²；

l_i—承台底面或局部冲刷线以下各土层厚度（扩孔部分不计）m；

q_{ik}—与 l_i 对应的各土层的与桩侧的摩阻力标准值（宜采用单桩摩阻力实验确定，当无实验

条件时，可查阅《公路桥涵地基与基础设计规范》（JTG D63—2007 表 5.3.3-1）；

q_r—桩端处土的承载力容许值；

m_0—清底系数；

$[f_{a0}]$—桩端处土的承载力容许值，按《公路桥涵地基与基础设计规范》（JTG D63—2007）确定。

针对两边承台处的地勘情况，对两边承台处桩基分开做轴向承载力验算，由公式验算两边承台处单桩轴向受压承载力满足要求。桩基抗拉承载力验算，依据《公路桥涵地基与基础设计规范》（JTG D63—2007）规定，根据公式计算钻挖孔灌注桩的轴向受压承载力容许值。在做单桩桩顶抗拔拉承载力验算时，仅取桩周土体摩擦力以及桩基本身重力作为其抗拔拉承载力之和，由单桩抗拔拉承载力和单桩桩顶抗拔拉效应设计值比较验证，满足设计要求。桩基自身强度验算要根据《公路钢筋混凝土及预应力混凝土桥涵设计规范》（JTG D62—2004）第 5.3.2 条规定，按照钢筋混凝土轴心受压构件验算桩身强度的验算，满足要求。单桩桩基反弯点及弯矩计算，根据单根桩基在"恒载 + 全桥满人荷载"工况下，根据其最大顺桥向侧移力数值，根据地质勘查资料，通过软件采用土弹簧模拟桩土共同作用，得出其变形和内力。判断桩基变形反弯点发生在顶点以下约数值米数，（桩顶以下覆盖有约 10 m 淤泥层），判断桩基弯矩反弯点发生在顶点以下大约数值。

最不利工况下桩基承载力验算，在系杆失效情况下单桩桩基的承载力验算和在系杆没有失效情况下单桩桩基的承载力验算的最不利工况下两种极限情况。根据《公路钢筋混凝土及预应力混凝土 桥涵设计规范》（JTG D62—2004）第 5.3.9 条按偏心受压构件复核验算墩柱承载力。由验算知需要考虑偏心距增大系数，按照设计中墩柱采用的钢筋型号根数及根据配筋率要求和及设计计算采用的混凝土，根据《公路钢筋混凝土及预应力混凝土桥涵设计规范》（JTG D62—2004）附录 C 公式及查附表 C.0.2 计算，得出最不利工况下，假设系杆全部失效时单桩承载力模拟计算结果，算出最大弯矩值和轴力值，验证得满足规范要求。单桩承载力具体验算过程根据《公路钢筋混凝土及预应力混凝土桥涵设计规范》（JTG D62—2004）第 5.3.9 条按偏心受压构件复核验算桩基承载力。针对工况验算，需要考虑偏心距增大系数。按照设计中墩柱所采用的钢筋型号根数及根据配筋率要求和及设计计算所采用的混凝土规格型号，根据《公路钢筋混凝土及预应力混凝土桥涵设计规范》（JTG D62—2004）附录 C 公式及查附表 C.0.2 验算。得出最不利工况下，假设系杆没有失效全部正常工作状态下，考虑水平系杆拱脚推力，得出单桩承载力模拟计算结果，比较计算结果满足设计要求。针对大桥关键连接处的焊缝强度验算要采用规范《钢结构设计规范》（GB 50017—2003）第 7.1 章相关强度验算公式进行计算。所验算关键连接部位如下：槽钢与下旋主钢管的焊接连接、波形钢腹板与 U 型槽钢的连接、波形钢腹板顶部与翼缘板的连接、梁端支座处预埋钢板对应的焊接连接，所需验算的焊缝编号如图 3-28 所示。

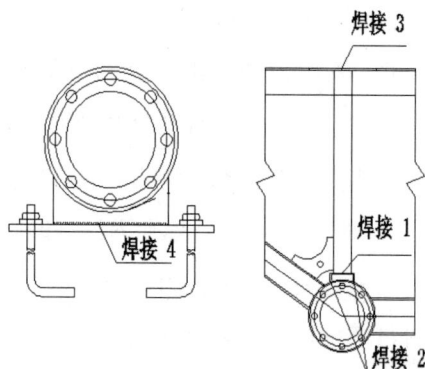

图 3-28　焊缝连接

直角角焊缝的计算强度计算根据《钢结构设计规范》（GB 50017–2003）第 7.1 章 7.1.3 条，在通过焊缝形心的拉力，压力或剪力作用下，正面角焊缝（作用力垂直于焊缝长度方向）为

$$\sigma_f = \frac{N}{h_e l_w} \leqslant \beta_f f_f^w \tag{3-75}$$

侧面角焊缝（作用力平行于焊缝长度方向）为

$$\tau_f = \frac{N}{h_e l_w} \leqslant f_f^w \tag{3-76}$$

在各种力综合作用下，τ_f 与 σ_f 共同作用处为

$$\sqrt{(\frac{\sigma_f}{\beta_f})^2 + \tau_f^2} \leqslant f_f^w \tag{3-77}$$

σ_f —按焊缝有效截面 $h_e l_e$ 计算，垂直于焊缝长度方向的应力；

τ_f —按焊缝有效截面计算，沿焊缝长度方向的剪应力；

h_e —角焊缝的计算厚度，对直角角焊缝等于 0.7 h_f，该值为焊脚尺寸；

l_w —角焊缝的计算长度，对每条焊缝取其实际长度减去 $2h_f$；

f_f^w —角焊缝的强度设计值；

β_f —正截面焊缝的强度设计值增大系数；对承受静力荷载和间接承受动力荷载的结构，β_f=1.22；对直接承受动力荷载的结构，β_f=1.0。

焊缝连接 –1 强度验算：

根据 Midas/Civil 软件计算结果，得出焊缝 1 处垂直于焊缝长度方向的压应力效应值、拉应力效应值为和剪应力效应值，计算结果和查规范《钢结构设计规范》（GB 50017–2003）表 3.4.1–3

的沿焊缝 1 方向的拉压应力设计值和剪应力设计值结果相比较及根据公式

$$\sqrt{(\frac{\sigma_f}{\beta_f})^2 + \tau_f^2} = 20.7\,\text{MPa} \leqslant f_f^w \qquad (3-78)$$

综合上述数据，可知焊缝 1 强度验算满足设计要求。

根据 Midas/Civil 软件计算结果，得出焊缝 2 处垂直于焊缝长度方向的压应力效应值、拉应力效应值为和剪应力效应值，计算结果和查规范《钢结构设计规范》GB 50017–2003 表 3.4.1–3 的沿焊缝 2 方向的拉压应力设计值和剪应力设计值结果相比较及根据公式

$$\sqrt{(\frac{\sigma_f}{\beta_f})^2 + \tau_f^2} = 22.1\,\text{MPa} \leqslant f_f^w \qquad (3-79)$$

综合上述数据，焊缝 2 的拉压剪应力效应值与相应的设计值比较可知，焊缝 2 强度验算满足设计要求。

根据 Midas/Civil 软件计算结果，得出焊缝 3 处垂直于焊缝长度方向的压应力效应值、拉应力效应值为和剪应力效应值，计算结果和查规范《钢结构设计规范》（GB 50017–2003）表 3.4.1–3 的沿焊缝 3 方向的拉压应力设计值和剪应力设计值结果相比较及根据公式

$$\sqrt{(\frac{\sigma_f}{\beta_f})^2 + \tau_f^2} = 39.2\,\text{MPa} \leqslant f_f^w \qquad (3-80)$$

综合上述数据，焊缝 3 的拉压剪应力效应值与相应的设计值比较可知，焊缝 3 强度验算满足设计要求。

根据 Midas/Civil 软件计算结果，得出焊缝 4 处垂直于焊缝长度方向的压应力效应值、拉应力效应值为和剪应力效应值，计算结果和查规范《钢结构设计规范》GB 5001—2003 表 3.4.1–3 的沿焊缝 4 方向的拉压应力设计值和剪应力设计值结果相比较及根据公式

$$\sqrt{(\frac{\sigma_f}{\beta_f})^2 + \tau_f^2} = 26.2\,\text{MPa} \leqslant f_f^w \qquad (3-81)$$

综合上述数据，焊缝 4 的拉压剪应力效应值与相应的设计值比较可知，焊缝 4 强度验算满足设计要求。

3.6.4 动力性能分析

分析结果，前十阶结构特征值见统计表 3–14。

表 3–14　前十阶结构特征值统计表

模态号	频率 /Hz	周期 /s	振型描述
1	2.510	2.504	桥面系横向一阶

模态号	频率 /Hz	周期 /s	振型描述
2	3.364	1.868	主拱肋横向一阶
3	6.773	0.928	主拱以及桥面系全部竖向二阶
4	8.455	0.743	主拱与桥面系横向二阶
5	8.560	0.734	拱肋竖向三阶 + 桥面系竖向三阶
6	9.019	0.697	主拱肋横向二阶
7	11.864	0.530	主拱横向一阶 + 桥面系一阶扭转侧翻
8	15.224	0.413	拱肋竖向三阶 + 桥面系竖向三阶
9	16.863	0.373	主拱横向三阶 + 桥面系二阶扭转
10	17.111	0.367	桥面系二阶扭转 + 主拱横向三阶

本桥结构动力特性分析采用其固有频率和与之相应的振动周期，具体数值统计情况见表3-14，因为桥梁结构的动力特性是桥梁动力性能分析的重要参数之一。而从桥梁的自振模态的分析研究结果来看，表明桥梁振动基频正常合理，结构动力特性良好。

3.6.5 整体稳定性分析

拱桥主拱圈是压弯结构，它存在着稳定性问题。短而粗的受压构件主要是强度的破坏。当其某一截面上的平均应力到达某控制应力时，就认为构件已到达承载能力极限状态。计算方法和轴心受拉构件相同。长而细的轴心受压的构件主要是失去整体稳定性的破坏。杆件的稳定问题通常有两类，第一类结构丧失稳定时，平衡的形式发生改变的，称为丧失了第一类稳定性或者称为平衡分枝的失稳。以轴心受压的直杆为例，当轴压力达到临界值瞬间，件杆除维持原来的受压平衡状态理论上仍然成立外，还会出现第二种的平衡状态，即受弯平衡。第一类稳定问题在小挠度与材料无限弹性假定的前提之下，数学上可通过求挠曲线方程的特征值的办法来求得结构的临界荷载，简单的情况下可得出解析解，复杂结构可有限元法。一般大型通用的结构有限元的计算程序都可进行此项的计算。分支点失稳特征是在临界状态时，结构从初始的平衡位形突变到和其临近的另一平衡位形，表现出平衡位形分岔的现象。在轴心压力作用下的完全直杆和在中间受压的完全平板的失稳都属于这一种类型。第二类稳定性特征是在结构丧失稳定时弯曲平衡的形式不发生改变，只是由于结构原来的弯曲变形增大而将不能正常工作，也称为极值点的失稳。对于压弯杆件，或有初始缺陷的杆件，结构从开始加载就在弯矩或缺陷存在的方向产生了侧向变形，即在面内存在弯压平衡的状态，结构始终保持一种平衡的状态，随着荷载的增加，结构的变形不断地增加，当荷载达到一定的值时，结构在应力转大的区域出现了塑性变形，刚度下降而变形增加更快，而当荷载达到峰值时，只有在卸载情况下才能维持结构的平衡，而结构的变形仍在不断地增大，并因结构的变形迅速地增大而破坏。结构在荷载挠曲线上升段时是稳定的，在下降段时是不稳定的，所以这类失稳又称极值点失稳，这一荷载峰值被称为稳定的极限荷载，又称为压溃荷载。压弯构件从施荷时开始直至破坏，始终保持着压弯平衡的状态，不发生平衡分枝。第二类稳定问题若不考虑材料的非线性时，它将以第一类稳定的临界荷载作为稳定极限荷载的渐近值，所以第一类的稳定问题的临界荷载是第二类稳定问题稳定极限承载力的上限。压弯杆件除了面内二类稳定外，还存在着面外一类的稳定问题。即不在弯矩或缺陷的方向之内，由受压平衡出现了扭压平衡。极值点失稳特征是没有平衡位形分岔，临界状态表现为结构不能再承受荷载的增量，由建筑钢材做成的偏心受压的构件，在经历足够的塑性发展过程之后常呈极值点失稳。第二类稳定的问题通常要考虑材料的非线性的问题。即使作为理论的分析，假定的材料为无限弹性时，其微分方程为非齐次，其解也较一类稳定的问题复杂。当考虑材料非线性情况下，其稳足极限荷载和加载历史有关，解析解要更为困难，通常只能给出数值解。

　　拱桥的稳定问题从失稳的性质上也可分为一类稳定与二类稳定，且从失稳空间模态上可分为面内失稳与面外失稳。确切地说由于结构构件制作安装的误差、荷载施力点的偏差、材料的缺陷等，工程上的第一类稳定的问题是不存在的，而任何材料都不能是无限弹性的，因此认为材料是无限弹性的第一类稳定问题更不符合实际。然而，第一类的稳定问题在简单情况下可以得出解析解，对稳定问题具有很强地理论意义。在工程的应用上，第一类稳定问题的求解要较第二类稳定问题容易，因此其计算方法仍然被广泛地应用于工程领域。然而，第一类稳定问题所求得的荷载值是第二类稳定问题的极值点荷载的上限，其差值对于不同问题有不同的幅值，且结构的失稳突然，破坏性很大，因此，在实际应用中，采用第一类稳定计算方法进行稳定计算时，均要求有比较大的稳定系数，在拱桥计算中通常要取 4 ~ 6。对于偏心的受压杆件，当杆的长细比不是太大，或轴力不大但弯矩为主要受力时，忽略轴力在横向变形上的作用，则第二类的稳定问题退化为强度的问题，偏压杆转化成为受有轴向力的梁的问题。在结构分析上强度的极限承载力，可以用极限状态理论来求解，也可采用考虑材料非线性的有限元的方法求解。杆系结构的强度问题或称为强度极限承载力问题也常用荷载变形曲线表示，其形式上也是极值的问题。但在强度极限承载力中荷载的挠度曲线中，直接荷载和变形均指杆的横向，而在第二类稳定问题中，荷载是轴力是沿着杆长方向，变形是指杆的横向的。由于偏压杆中轴向力的横向变形上的作用降低了结构的承载能力，因此偏压杆的强度极限承载力是稳定的极限承载力的上限。拱桥在面内的受力只有当拱轴线是合理的拱轴线，且对超静定拱不计较弹性压缩时，拱受纯压，对较柔细的拱当荷载达到临界值状态时，拱内的应力尚没达到屈服，拱除受压的平衡可能外，还存在着受弯平衡的可能，拱的变形可由对称向反对称的弯压平面挠曲转化时，即拱出现了一类弹性的失稳又称为弹性屈曲。拱面内的一类失稳的临界荷载的解析解由拱为曲杆结构，所以较为复杂，除圆弧拱承受径向均布荷载外，抛物线和悬链线拱的一类稳定空间问题常只能采用渐近法和差分法求解。

如拱在面外没有受到横向荷载的作用，对于横向的刚度较小的拱，如拱所承受的面内荷载达到临界值而使拱轴线向竖平面之外的偏离而出现侧倾，拱则由面内受压或者以压力为主，转向空间弯扭形式的平衡状态过渡时，称之为拱的面外屈曲，又称为拱的侧倾。由于在这一失稳的过程中出现了平衡分枝，所以它属于一类的稳定问题。当临界的状态下的应力要小于屈服应力时，即为面外的弹性屈曲。对于肋拱，拱在施工的过程中若采用单片拱肋安装，则其面外的稳定性较面内稳定差。因为单片肋的面内刚度即成桥时拱圈的面内刚度，而成桥时各拱肋之间横向的联系会使其面的外刚度较之单肋提高非常多。因此施工阶段单片拱肋的安装或双肋安装，但临时横向联系不可靠时拱要发生面外屈曲的可能性较大。为防止面外的屈曲，可以通过缆风或临时横撑等予以加强，面内的稳定性可通过扣索予以提高。计算和实践均表明这些临时的措施对提高肋拱在施工过程中的稳定性是十分有效的。成桥运营的拱，对于拱梁组合式其面内的刚度要考虑拱肋、立柱（或吊杆）、桥面系的组合作用，通常情况下，刚度要较大。对于面外刚度随跨径的增大而不断减小。若如将肋拱做成内倾式（又称 X 型拱、提篮拱）则可以提高拱的稳定性。由于需要承受的活载、超静定拱存在弹性压缩等原因，拱圈在面内是以受压为主的压弯结构，因此，其面内的稳定是属于二类稳定问题。当拱的矢跨比较小、材料强度较高而刚度较小时，拱的轴向力较大，轴向力在横向变形上的作用也比较大，二类失稳的问题突出，计算中应以二类稳定问题即稳定极限的承载力进行控制。在工程上仍只可以进行一类弹性稳定分析或者一类弹塑性稳定分析。验算时要考虑轴向力作用效应，要对弯矩进行放大，要对边缘纤维屈服进行限制的应力验算法。以代表性结构自重（常量）＋二期铺装（常量）＋吊杆力（常量）＋三次张拉系杆力（常量）＋全桥满人荷载（变量）的工况为例，结合屈曲失稳模态的屈曲分析结果（见表 3-15）。

表 3-15　屈曲分析结果统计表

模态号	特征值（稳定系数）
1 阶	26
2 阶	41
3 阶	85
4 阶	89
5 阶	115

以代表性结构自重（常量）＋二期铺装（常量）＋吊杆力（常量）＋三次张拉系杆力（常量）＋整体升温（变量）的工况为例，结合屈曲失稳模态的屈曲分析结果（见表 3-16）。

表 3-16 屈曲分析结果统计表

模态号	特征值（稳定系数）
1 阶	151
2 阶	228
3 阶	231
4 阶	239
5 阶	242

大跨度桥梁稳定问题往往成为设计的控制因素，但第二类稳定计算复杂，按第一类稳定计算被广泛用于工程领域。本桥在荷载作用下的稳定分析计算见表 3-15 和 3-16；从表中可以看出，该桥结构性能良好，稳定安全可靠。

3.6.6 节点试验

根据混凝土结构的标准荷载谱求得验算部位材料的标准应力谱，对普通钢筋混凝土截面，计算中受拉区混凝土不考虑承受拉应力。作为 PC 结构设计的顶底板的混凝土构件，钢筋以及 PC 钢筋可以省略疲劳验算。组合结构桥梁是一种由钢梁支撑混凝土板的结构，类似于点支撑的结构。随着高强混凝土和高强钢筋的采用，结构处于高应力工作状态，由荷载产生的混凝土板的变形性能较为复杂，在设计中全部反映出来十分困难，而是常把它设计为不容许发生裂缝的开裂极限构件。由此钢筋的变动应力较小，所以可以省略对钢筋的疲劳安全性复核。桥梁结构在地震、车辆等动力荷载的反复作用下引起的应力反复变化的节点部位（图 3-29），应注意反复应力的次数、应力变化的范围、节点结构形式，必须留意对疲劳的安全性，防止初始裂缝扩展产生累计损伤造成构件突然断裂。桥梁结构的安全性和耐久性主要由其关键部位构件的疲劳状态决定。

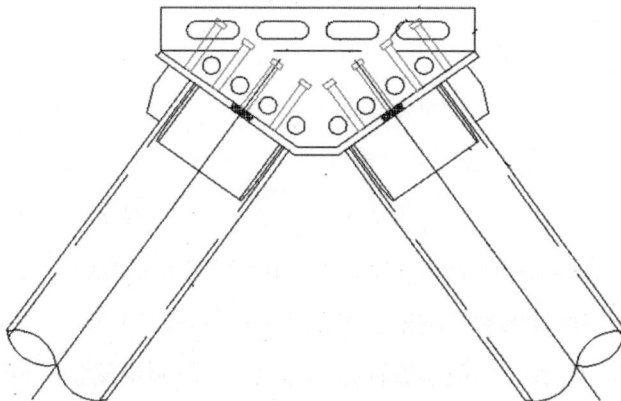

图 3-29 构件节点

疲劳安全性的验算原则是确认设计疲劳强度 f_{rd} 与设计变动应力度 σ_{rd} 是否满足下列公式的条件。

$$\gamma_i \cdot \sigma_{rd} / (f_{rd} / \gamma_b) \leqslant 1.0 \qquad (3-82)$$

式中：σ_{rd}——设计变动应力度；f_{rd}——设计疲劳强度；γ_b——构件系数；γ_i——结构重要性系数。

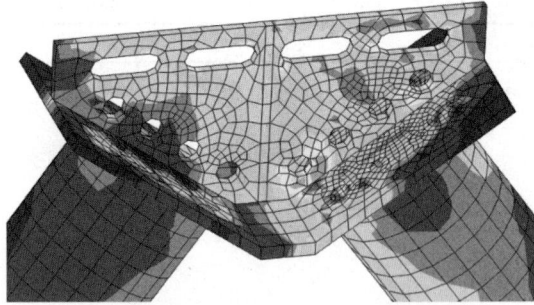

图 3-30　节点应力云图

如何将变幅疲劳荷载换算成等效等幅应力是疲劳可靠度验算的关键问题。构件系数一般可以取 1.0～1.1。要监控裂缝控制验算、混凝土材料、钢筋材料疲劳承载极限状态。对不规则的变动荷载，通过适当的方法将其分解为各自独立的荷载与反复次数的组合。疲劳安全性的验算中，应用 Miner 准则置换为对应于设计变动应力 σ_{rd} 的等效反复次数的作用。对于预应力混凝土和部分预应力混凝土构件截面的计算，要分别考虑截面开裂和不开裂状态。长期处在腐蚀环境下"承受循环荷载作用的各种钢筋混凝土构件"，由于"腐蚀和静/动力的耦合影响等"很难给出比较合适的验算方法，现行规范给定的无腐蚀钢筋混凝土构件正截面的疲劳计算公式不再适用。研究材料以及构件截面腐蚀疲劳效应变化的计算参数，预测循环荷载下腐蚀钢筋混凝土构件正截面承载力的方法。

建立了钢桁腹组合桥梁节点疲劳应力计算公式：

$$\gamma_i \cdot \kappa \cdot \sigma_{rd} / (f_{rd}/\gamma_b) \leqslant 1.0 \qquad (3-83)$$

式中：κ——恒活载比系数，$\kappa = 2\kappa_l / \kappa_d$，其中，$\kappa_d$、$\kappa_l$——活载；$\sigma_{rd}$——设计变动应力度；$f_{rd}$——设计疲劳强度；$\gamma_b$——构件系数；$\gamma_i$——结构重要性系数。

由图 3-30 可以看出，节点在真实的边界条件下，靠固定端一侧的桥面板与节点区域相接的部位应力较大，往后应力较小。可认为从腹杆传递来的力主要由这个部位传递。最先的破坏从靠近固定端的垫板与节点区域的裂缝开始，然后节点区域开始出现横线裂缝。随着荷载加大，靠近固定端的垫板与节点区域的裂缝越来越多，越来越粗。由图看出，加载端和固定端的腹杆杆脊应力较小，杆腹应力较大，加载端腹杆整体应力大小较固定端腹杆小，且有偏心现状，且腹杆与垫板相接处有应力集中现状，两处应力集中部位之间的应力较小。主要由于腹杆偏心受力，应力集中的部位通过垫板与 PBL 钢板连接，所以传力十分直接，而应力集中部位之间的应力较小，说明通过此处传递的力较少，垫板上栓钉的位置有较明显的应力集中现象，由里往外应力大小逐渐减少。PBL钢板右下侧和上方开孔有应力集中现象，两者之间形成了三条明显的应力带，应力带内应力较大，显示传力路径；混凝土榫的应力云图表示上方大混凝土榫的应力主要集中在两侧与钢板接触的位置。左下方混凝土榫应力大小不均匀，应力从右向左逐渐减小。右下方的混凝土榫应力较小，基本不受力。与传力路径分析相吻合。试验研究表明，组合钢板梁、组合钢箱梁界面剪力主要由弯剪作用产生，钢桁腹PC梁的斜腹杆在节点处产生轴力与局部弯矩，其剪应力则是由于节点的应力重分布产生。通过对腹杆、PBL键等处的应力向量分析，确定了节点在真实边界条件下的传力路径。

第四章 拱桥施工基础

4.1 桥梁施工图的识读

4.1.1 桥梁施工图的概述

在桥梁工程中，无论是大跨径的大桥，还是造型简单的小桥，都要根据设计图纸进行施工。因此对于施工员、技术负责人而言，制图和识图技术都是必须掌握的，工程图纸是现场技术交流、签订合同等的依据。从流程上看，桥梁施工图是编制工程概算、预算和决算等的依据；桥梁施工图是生产施工中备料和施工的依据；桥梁施工图是工程竣工检查和验收的依据；桥梁施工图是评价工程质量的优劣的依据。下定义的话，桥梁施工图是桥梁设计师根据投影的原理，依据国家规定的制图标准，在绘图纸上把拟建造的桥梁结构用多种图例符号绘出，并加上文字标注用于指导现场施工的技术文件。通过图纸可以算出工程施工中所需材料、结构物和看出地形等的情况。因此，工程施工离开了桥梁施工图，就相当于无的放矢。由于桥梁结构细长，桥梁施工图的各种图样都是用缩小的比例正投影法绘制的，同一构筑物的三视图（平面图、立面图和侧面图）所用的比例可以不同，且同一图形在纵向和横向上的比例选取也可以不同。桥梁施工图册里包括封面、扉页、图样目录、设计说明、工程量汇总表、工程位置平面图、桥位地质断面图、桥梁总体布置图、主体工程图样、次要工程图样、构件施工图等内容。

施工技术人员要按图施工，要掌握桥梁施工图的方法，要把总体布置图和构件详图结合起来，先从总体布置图看到构件详图，再从构件详图看回到总体布置图。这样才能分析桥梁这一庞大而又复杂的建筑实体，了解它的构件组成，弄清每一个构件的形状和大小对整个桥梁的形状和大小所起的作用，弄清整体和构件的关系。看图由大到小、由粗到细，不能随意更改图样等。

技术人员在看图、审图时都要抓住要点。技术人员拿到工程图纸后，在审图时先要查看桥梁施工图的基本规定、图样目录、设计说明、工程量汇总表等内容。查看图样目录可以快速了解工程所包含的大体内容，工程图纸的章节分布、图样是否齐全、结构细节图样具体位置等。通过查找图样目录可以迅速地找到所需的图样。图样目录在工程中通常也称为工程图纸"首页图"。通过设计说明对工程设计和施工要求能有大体概括的了解。依照图纸先后顺序推敲一遍，对全部工程有一个整体的认识。然后按施工顺序深入仔细地看图，详细查阅有关图表计算工程量清单。

其次再查看桥位平面图、桥位地质断面图、桥梁总体布置图、构件施工图等图样内容。桥位平面图主要用来标明桥梁和路线连接处的具体平面位置，通过地形测量桥位平面图绘制出桥位附近的交通道路、建筑设施、山川河流、地形、水文地质概况等，以便作为桥梁选址、施工建设的依据。桥位地质断面图是通过水文调查和地质勘探所得的水文地质资料，绘制出桥位所在区域位置的地质断面图，包括河床断面线、最高水位线、常水位线和最低水位线，土质、岩层、溶岩等情况，以便作为桥梁选址、桥梁墩台设计、桥梁施工和计算土石方工程数量的依据。桥梁总体布置图主要包括桥梁的三视图，即桥梁的平面图、桥梁的立面图、桥梁的剖面图，由图纸可以得出桥梁的结构形式、跨径大小、跨径数量、总体尺寸、桥梁上下部结构、桥梁墩台位置、线路交角、桥梁宽度、及桥面布置、桥梁各部分的标高、各主要构件的相互位置关系。桥梁总体布置图可作为施工时确定墩台位置、安装构件和控制标高的依据。构件施工图是绘制桥梁各部分构件详细的设计、计算后的施工详图，可供桥梁施工使用，应包括纵剖面图、长度大小、定位尺寸、标高数据、配筋位置定位、横剖面、断面尺寸大小、配筋数量及位置、预埋件位置大小数量、预留孔道位置大小数量、张位钢筋的位置大小数量及锚固位置等，即在桥梁总体布置图中，桥梁的细部构件没有详细完整地表达出来，都要在构件施工图详细绘制出来。因此要把桥梁总体布置图和桥梁构件施工图要加以结合使用。要根据桥梁总体布置图采用较大的比例把构件的情况绘制出来，才能进行桥梁构件的制作和施工的。

最后再结合预算、施工条件、工期长短等内容拟定施工方案。

读图时通常要先看图纸右下角的图标与附注，了解图纸名称、比例单位、设计说明等内容，同时要掌握桥梁施工图的幅面格式、坐标网和指北针、标高及半径与直径、倒角尺寸标注方法、水位符号、视图、视图剖切、斜桥涵、弯桥等相关规定。

（1）幅面格式

桥梁施工图的一般幅面格式如图 4-1 所示。

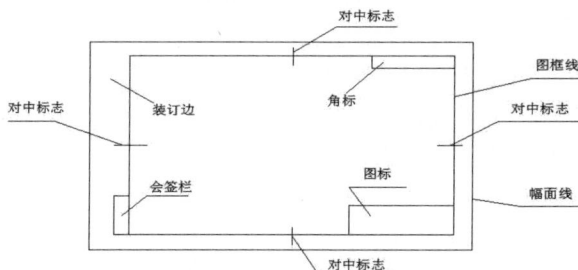

图 4-1 幅面格式

图标通常情况下布置在图框内右下角，可采用图4-2所示格式中的一种。

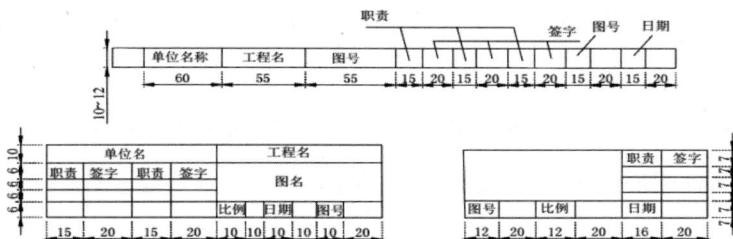

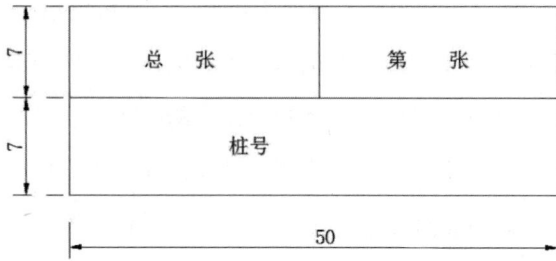

图4-2　图标格式（尺寸单位：mm）

会签栏通常情况下布置在图框外左下角，其制图格式见图4-3。

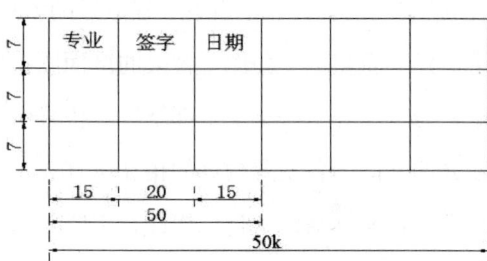

图4-3　会签栏格式（尺寸单位：mm）　　　　**图4-4　角标格式（尺寸单位：mm）**

角标通常情况下布置在图框内的右上角，其制图格式见图4-4。

（2）坐标网格及标线

地形图上通常用细实线绘制坐标网表示区域的方位和路线的走势，一般画有坐标网或指北针。坐标网格通常规定南北走向轴线为 X 轴，东西走向轴线代号为 Y 轴，其中坐标网格线也可以采用十字线，坐标值在网格线端部标注且要平行于网格线，坐标值前要标注坐标位置方向轴线字母或图样上沿 X 轴方向绘制指北针标志符号（如图4-5所示）。较密集情况下坐标数值也可以采用间断标注的，而在坐标数值位数比较多的情况下，常常将相同位数上的相同数字省略（在图纸说明中交待即可）；如果标注的控制坐标点比较少时，通常情况下用引出线的方式标记。引出线中的水平线上、下方分别标记 X、Y 轴向及具体数值。

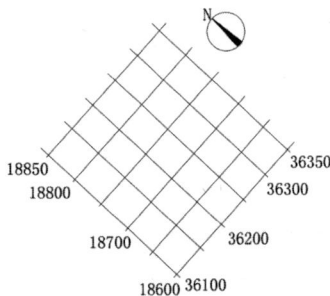

图4-5　坐标网格及标线

（3）比例

桥梁工程的设计图、施工图等图样通常是用缩小的图形线性尺寸和相应实物实际尺寸之比的不同比例在图纸上绘制显示出来。绘图的比例一般用阿拉伯数字标注在图名的下方或者右侧。有时在图纸中的某些位置也会采用标尺标注图形大小，而如果横、纵方向的比例不统一时，通常用 H 表示水平方向比例、V 表示竖直方向的比例（如图 4-6 所示）。

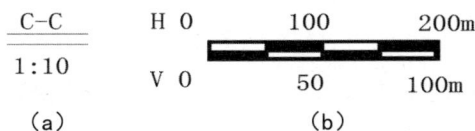

图 4-6　比例的标注

而对于比较小且复杂的图形要用大样图表示，其放大部分通常在原图中用细实线绘制的圆形或者较规则的其他图形标出，且用引线标注（图 4-7）。

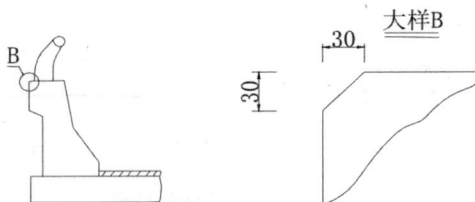

图 4-7　大样图的标注（尺寸单位：mm）

（4）标高及水位符号尺寸标注方法

标高符号通常用细实线绘制的等腰直角三角形来表示，边长大约 3 ~ 4 mm 左右。如果图形较复杂时，通常采用引出线绘制标（如图 4-8 所示）。水位的标注图如图 4-9 所示。

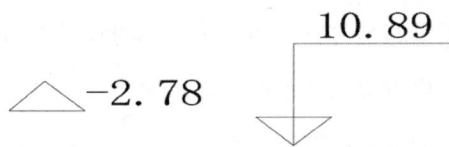

图 4-8　标高的标注　　　　　　　　　图 4-9　水位的标注

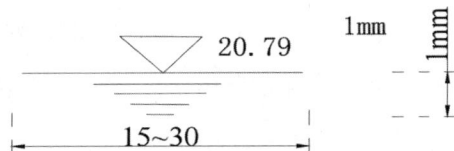

（5）视图、视图剖切

视图的选用要根据方便实用等实际需求情况而定。通常我国的结构物的视图往往用第一角正投影法绘制。断面图是面的投影，它表示形体剖切之后断面的投影，只画出该剖切面和物体接触部分的相关图形；而剖面图是形体剖开后，把观察者和剖切平面之间的形体除去，整个余下部分体的投影，剖面图中包含有断面图。剖面图的剖切符号通常包括粗实线绘制的投射方向线、剖切位置线及编号等，其中剖切位置线的长度通常为 6 ~ 10 mm，投射方向线要垂直于剖切位置线，且长度要短于剖切位置线，通常为 4 ～ 6 mm，而剖切符号的编号通常采用阿拉伯数字或者英文字母等表示。而断面图通常只画剖切位置线和编号。视图的剖切及标注如图 4-10 所示。

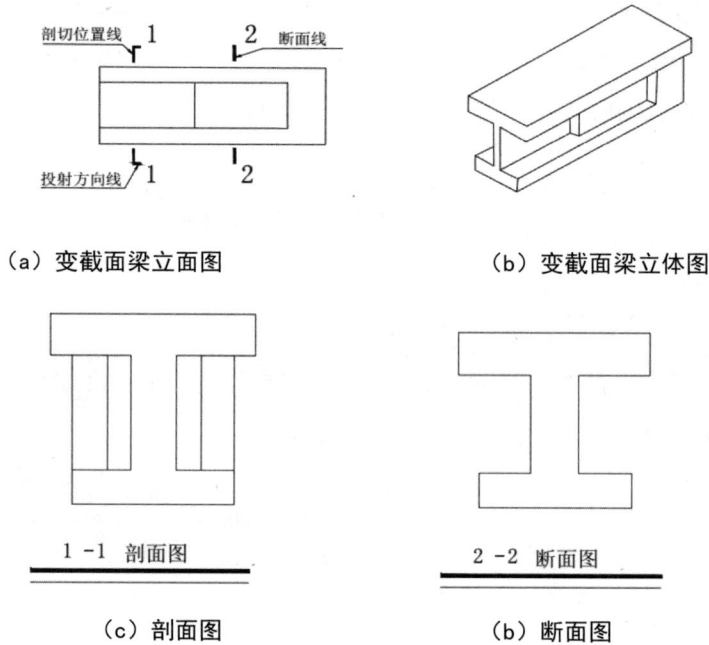

（a）变截面梁立面图　　　　　　　　（b）变截面梁立体图

1-1 剖面图　　　　　　　　2-2 断面图

（c）剖面图　　　　　　　　（b）断面图

图 4-10　视图的剖切及标注

（6）斜桥涵与弯桥

斜桥的"斜"主要体现在斜交角上，斜交角通常是指桥梁中轴线和跨过桥下的交通物的轴线之间的夹角或者规定桥上的行车方向轴线与桥支承线的法线之间的夹角。直桥的轴线是正交的，而除此之外都是称为斜桥，如果桥梁是曲线，那么这个交角就会不断变化。斜交角过大会造成桥梁的跨度增大，造价提高，结构受力不合理，增加构造施工难度。斜桥涵的主要视图为平面图。斜桥涵耳墙长度、各墩台的里程桩号、桥梁跨径等都采用立面图中的斜投影的尺寸，而墩台的宽度还是用正投影尺寸。弯桥的特征是桥面中心线在平面上投影为曲线的桥梁。通常分为有主梁是直线而桥面是曲线的曲桥和主梁及桥面都是曲线的两种分类情况。而如果全桥在曲线范围内时，以过桥长中点的平曲线半径作为对称线，立面或者纵断面要垂直于对称线，且根据桥面中心线展开后绘图（图 4-11）。

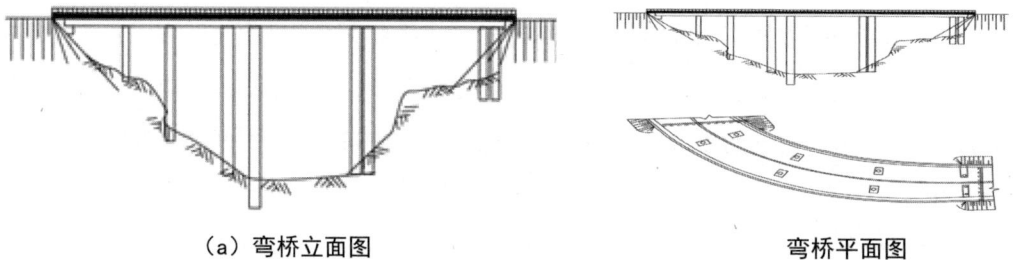

（a）弯桥立面图　　　　　　　　弯桥平面图

图 4-11　弯桥视图

4.1.2 桥梁工程识图

桥梁施工图涉及桥位平面图、桥梁总体布置图、桥位地质断面图、构件结构图的识读。桥梁工程识图方法通常由桥梁总体布置图到局部构件的结构图、由大轮廓图到小构件图、主要构件图到次要构件结构图；而识读总体布置图要以立面图为主，再涉及平面图及横断面图；而读局部构件结构图时先看一般构造图，再看钢筋结构图。桥梁工程识图的次序要先看标题栏和附注等，初步了解项目名称、类型、桥梁名称、相关单位、主要技术指标、施工说明、比例尺寸单位等情况；其次看总体布置图中的立面图、平面图、断面图等，要先看立面图，初步了解桥梁结构大小、形式、跨数、跨径、墩台形状数量、里程桩号、高程尺寸、河床断面、地质情况等；然后看平面图、横断面图等，观察桥梁的主梁的断面形式宽度、人行道尺寸大小等；接着了解各构件的结构图，熟悉桥梁各部分的结构尺寸大小，再结合总体布置图，观察各构件的相互位置及尺寸数量大小等；最后熟悉钢筋结构图。

（1）桥位平面图的识读

桥位平面图表示桥梁在整个线路中的地理位置，它根据地形测量的方法，测绘出桥位所在地物、地貌的相关平面位置，且把地面的高低起伏用等高线等规定的符号反映绘制成正射投影图。它主要包括桥位和地物等要素，桥位平面图包括图样名称为"桥位平面布置图"、图号（如02）及总张数（放在每张图纸的右上角或者标题栏内）、比例（如1：100）、标题栏、走向、工程路线平面形状、桥梁的中心里程、河流位置、不良工程地质现象的分布位置、水准点、地形和地物（标准图例）等相关工程信息、图纸的右上方为指北针或者坐标、比例尺、水准点、钻孔位置，用图例的形式绘制在实地测绘处的地形图上，通过坐标系、桥位标注及指北针等内容将桥梁的设计结果定位在道路路线中的确切位置、走向、线路上的里程位置、桥型及反映桥周边的河流、道路、水准点、地质钻孔等地形地物的大体情况。桥位总平面图应满足桥位比选、桥头引道，调治构造物和施工。桥位地形图是根据实地测绘的，能客观地反映桥位处的相应地面情况，它是桥梁规划设计的重要依据。

（2）桥位地质断面图

桥位地质断面图主要包括桥梁处的河床断面（原始地形断面）的地质、水文等情况。根据假设的方法，把实际看不见的桥位相关地质资料和水文调查情况，由地质钻孔把地质岩层的种类、年代、地层等绘制桥梁所在河床位置的河床断面线、各层地质情况、最高水位线、常水位线和最低水位线及钻孔的位置、绘图比例、图号、标题栏、孔口标高、钻孔深度及孔与孔之间的间距等分布变化情况，构成桥位地质剖面图。绘图时横坐标表示长度，而纵坐标表示标高，竖向比例比横向比例大数倍，这样可以更加清楚地表示河床断面及土层的深度变化情况，其中粗折线表示河床断面线（地面线），用细折线表示土层分层，各土层（砂夹卵石层和黏土层）的深度变化可由左侧标尺确定。有时桥梁的地质断面图以地质柱状图的形式直接放在桥梁总体布置图的立面图正下方位置，结合图中工程图例可以清楚地了解到桥位处的地质情况，它作为设计桥梁结构、桥梁墩台和计算土石方数量等的桥梁基础设计的重要依据。

（3）桥梁总体布置图

桥梁总体布置图是指工程施工设计中桥梁施工现场的分布情况的图示，它主要包括立面图、侧面图、平面图、剖面图。它主要能反映出桥梁的宽度、桥梁的墩台位置桩号情况、桥面的布置情况、与路线的交角、桥梁的形式、构造组成、跨径、孔数、总体尺寸，各部分结构构件的相互位置关系及尺寸标注，桥梁各部分的设计标高，桥梁来往去向标注，使用材料以及必要的技术说明等，同时反映出地质土名称、地层分布、钻孔位置等河床地质分布情况，设计周期内的最高洪水位、常水位等水文情况。拱桥总体布置图绘制要先设置图层，涉及上部结构、下部结构、附属结构、辅助线、中线、图块定义、适合的文本样式标注、适合的标注样式、绘图单位、布局设置、水文、地质、设置图形界限、添加图框、说明等模板文件的创建；绘图步骤通常按绘制立面图、绘制平面图、绘制侧面图（横断面图）等先后次序，也可以交互进行。

拱桥立面图通常用全剖面图或者半剖面图绘制，上部结构内容包含桥梁上部的跨径设置、结构形式、里程桩号、桥面高程等；下部结构内容包含桥梁下部的墩台及基础的结构形式、深度、高程及简要的河床断面及水文地质等情况。绘制次序一般先绘制标尺、确定起始桩号的位置，绘制河床地面线、地质分层线，绘制桥面设计线、各墩台轴线，绘制主拱圈、绘制腹拱圈，绘制墩台及基础，绘制桥面栏杆、人行道，绘制锥坡、挡墙等。

拱桥平面图绘制通常用分层掀开法绘制，从左至右按上下顺序绘制桥梁中心线、桥面及防护、伸缩缝、各墩台轴线、支座、绘制桥梁墩、台，绘制桥面、盖梁、立柱、承台、基础、锥坡、挡墙等。

拱桥侧面图通常用全剖面图绘制，绘制内容包括绘制桥梁中心线、绘制主拱圈、绘制腹拱圈、绘制墩台、桥梁基础、绘制桥面、栏杆、人行道等桥梁上部、下部结构及布置情况和度和高度方向的基本尺寸及绘制锥坡、挡墙等。在每张图纸的右上角或标题栏内要标明图纸序号和总张数，在图纸下方绘制标题栏，注意事项通常放在图纸左方或下方，写明技术标准和部分附属结构的布置等情况。

（4）构件结构图

构件结构图主要包括主梁工程图、桥面系结构图、桥台桥墩工程图、基础工程图等。基础工程图通常采用剖面图和平面图。基础工程图包括剖面图、平面图、钢筋结构图、钢筋数量表等，其中剖面图表示基础形状、长度和高度方向的尺寸、位置、高程等情况；平面图表示基础各部分相对位置、形状、长度及宽度方向尺寸；钢筋结构图表示基础钢筋的种类样式、各种钢筋的位置形状；钢筋数量表包括各个编号钢筋的型号和数量等情况。主梁工程图通常采用横断面、平面、剖面图，其中横断面图表示桥梁的形状、宽度及高度的尺寸、方向位置；主梁平面图表示主梁各部分形状、相对位置、长度及宽度方向的尺寸；主梁剖面图表示主梁各部分形状、相对位置、长度及高度方向尺寸；钢筋结构图表示主梁钢筋的种类样式、各种钢筋的位置形状；钢筋数量表包括各个编号钢筋的型号和数量等情况；预应力钢筋图表示全桥预应力管道走向、位置、长度大小及预应力钢筋的数量、大小、张拉应力等。桥台桥墩工程图包括桥梁墩台及盖梁等构成桥梁的下部结构，它通常采用立面、平面、侧面图；桥台桥墩工程立面图绘制下部结构形状、宽度及高度方向的尺寸大小、位置及高程；桥台桥墩工程平面图绘制下部结构各部分形状、相对位置、长度及宽度方向尺寸大小等；桥台桥墩工程侧面图绘制桥墩各部分形状、相对位置、长度及度方向尺寸大小等；钢筋结构图表示桥台桥墩钢筋的种类样式、各种钢筋的位置形状；钢筋数量表包括各个编号钢筋的型号和数量等情况。桥面系结构图主要绘制桥面铺装层、人行道、路灯、栏杆、伸缩缝、标志标线等内容。

在施工时，每个构件要严格根据设计图纸中的尺寸与标高施工，在模板上标注设计的高程大小位置，施工中要严格控制横坡、纵坡。而对于防撞墙钢筋施工，要在梁板混凝土浇筑前，要先熟悉防撞墙图纸，根据设计尺寸及和位置预埋好钢筋构件。在梁板浇筑完工后，根据设计图纸对防撞墙测量放线，确定防撞墙的位置，按照设计的钢筋尺寸大小及型号布置好钢筋且按照规范要求设置好混凝土保护层厚度，根据图纸要求安装模板，然后进行混凝土浇筑。在混凝土浇筑前，要处理好需要埋置泄水孔的位置，在设计的泄水孔道位置预埋比泄水孔实际直径略大的 PVC 管，施工完工后拆除 PVC 管，而后安装泄水孔即可。

4.1.3 桥梁受弯构件的截面形式与构造

钢筋混凝土板是指在长、宽两个方向上尺度很大，而在厚度方向上尺寸相对很小的构件，它主要承载垂直于板面的荷载作用。板的通常厚度为：60 mm、70 mm、80 mm、100 mm、120 mm 等，其中简支板的最小厚度为 60 mm，悬臂板的最小厚度为 80 mm。对于小跨径的钢筋混凝土板，通常为实心矩形截面；而对于大跨径钢筋混凝土板，涉及自重及经济方面考虑，通常做成空心板。钢筋混凝土板的常见截面形式如下图 4-12 所示。板中通常分布主钢筋（即受力钢筋）与分布钢筋。受力钢筋布置在板的受拉区。板的受力钢筋直径通常为 I、II 级钢筋，直径通常为 6 mm、8 mm、10 mm、12 mm，间距要适中。垂直受力钢筋方向布置的构造钢筋通常配置在受力钢筋的内侧，可以将板上的荷载更均匀地传递给受力钢筋，且用阻碍温度、收缩应力等沿着分布钢筋方向产生的拉应力，利于在施工时固定受力钢筋的位置。

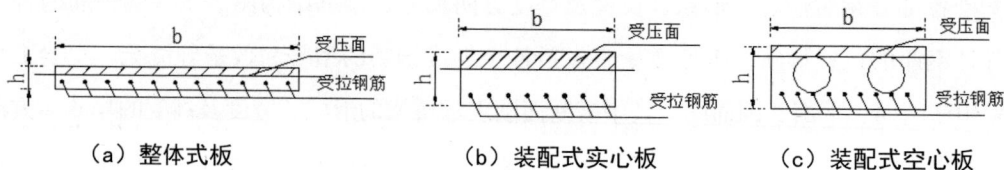

（a）整体式板　　　　　（b）装配式实心板　　　　　（c）装配式空心板

图 4-12　钢筋混凝土板的截面形式

钢筋混凝土梁是指长度与高度之比不小于 5 的受弯构件。钢筋混凝土梁的截面通常有矩形、T 形和箱形等不同形式，如图 4-13 所示。对于小跨径的钢筋混凝土梁，通常为空心板梁或 T 形截面；而对于大跨径钢筋混凝土梁，通常做成箱形截面。梁的最小截面高度 h：简支 $h = (\frac{1}{12} \sim \frac{1}{8})l$，多跨连续梁 $h = (\frac{1}{18} \sim \frac{1}{12})l$；矩形梁截面高与梁宽之比通常为 2 ~ 3.5，T 形梁截面高与梁宽之比通常为 2.5 ~ 4。钢筋直径一般在 10 ~ 28 mm，在梁的中间 15 ~ 40 mm 左右。钢筋混凝土梁一般配置有箍筋、纵向受力钢筋、架立钢筋、弯起钢筋等。其中由于纵向受力钢筋主要是承受弯矩在梁内所产生的拉应力，因此要设置在梁的受拉区。

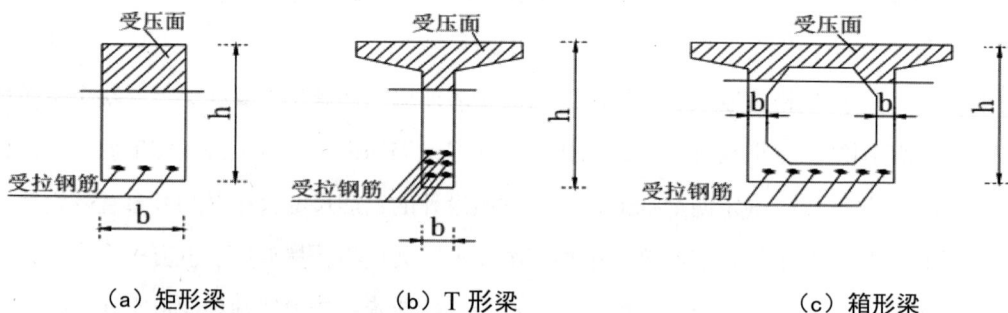

（a）矩形梁　　　　　（b）T 形梁　　　　　（c）箱形梁

图 4-13　梁的截面形式

4.1.4 桥梁配钢图的识读

桥梁钢筋图通常置于桥梁构造图的后边，特殊情况下，如果结构外形简单，桥梁钢筋图和桥梁构造图通常置于同一视图中，钢筋大样图通常和桥梁钢筋图放在同一张图纸上，如果钢筋加工外形简单，钢筋大样图通常放在钢筋明细表内，其中，对于桥梁构造图以粗实线表示外轮廓线，对于桥梁钢筋图以细实线表示外轮廓线。而在审查工序施工图纸时，要审查施工的下道工序的图纸，如果下道工序的钢筋要伸入本次施工构件中，要提前将钢筋预埋在上道工序中。

1. 桥梁钢筋图的基础知识（单位为 mm）

（1）箍筋表示方法

（a）Φ12@100/300（2）

表示箍筋大小为 Φ12，加密区的间距 100，非加密区的间距 300，都是双肢箍。

（b）Φ12@100（4）/200（2）

表示箍筋大小为 Φ12，加密区的间距 100，为四肢箍，非加密区间距 200，为双肢箍。

（2）梁上部钢筋表示方法

（a）2Φ20+（4Φ12）

表示两根 Φ20 的钢筋，通长布置，4 根 Φ12 架立筋，用于六肢箍。

（b）6Φ20+2Φ22 5/3

表示有 6 根直径 20 的钢筋与 2 根直径 22 的钢筋，分成两排，第一排 5 根钢筋，第二排 3 根钢筋。

（c）2Φ22+2Φ22

表示只有一排 4 根钢筋，其中两根在角部，另两根在中部，它们均匀布置。

（3）梁下部钢筋表示方法

（a）6Φ20

表示有一排主筋，6 根 Φ20 钢筋全部伸入支座内。

（b）6Φ22（-2）/4

表示有两排钢筋，上排钢筋为 2Φ22，不伸入支座里，下排钢筋为 4Φ22，全部伸入支座里。

（c）3Φ20+3Φ22（-3）/5Φ30

它表示有两排不同的钢筋，上排筋为 6 根。其中 3Φ20 伸入支座里，3Φ22，不伸入支座里；下排 5 根钢筋 Φ30，通长布置的。

其中，同时表示梁上主筋和梁下主筋方法如下：

3Φ22，5Φ25

表示上部钢筋数量为 3 根 Φ22，下部钢筋数量为 5 根 Φ25。

（4）梁腰中钢筋表示方法

（a）$G2\Phi20$

表示梁两侧的每侧一根 Φ20 的构造钢筋。

（b）$G4\Phi18$

表示梁两侧的每侧两根 Φ18 的构造钢筋。

（c）$N2\Phi20$

表示梁两侧的每侧一根 Φ20 的抗扭钢筋。

（d）$N4\Phi22$

表示梁两侧的每侧两根 Φ22 的抗扭钢筋。

2. 钢筋算量基本方法

（1）梁上钢筋的算量

（a）上部贯通筋的算量

上部贯通筋长度＝通跨净跨长＋首尾端支座锚固值

（b）支座负筋的算量

端支座负筋的长度：第一排为 Ln/3 ＋端支座锚固值；

　　　　　　　　　　第二排为 Ln/4 ＋端支座锚固值。

中间支座负筋的长度：第一排为 Ln/3 ＋中间支座值＋ Ln/3；

　　　　　　　　　　第二排为 Ln/4 ＋中间支座值＋ Ln/4。

Ln 为相邻梁跨大跨的净跨长。

（c）下部钢筋的算量

下部钢筋长度＝净跨长＋左右支座锚固值

（d）腰筋的算量

构造钢筋：构造钢筋长度＝净跨长＋ $2 \times 15d$（d 为钢筋的直径）

抗扭钢筋：算法同贯通钢筋。

（e）拉筋的算量

拉筋长度＝（梁宽－ $2 \times$ 保护层）＋ $2 \times 11.9d$（抗震弯钩值）＋ $2d$

（f）箍筋的算量

箍筋长度＝（梁宽－ $2 \times$ 保护层＋梁高－ $2 \times$ 保护层）＋ $2 \times 11.9d + 8d$

（g）吊筋的算量

吊筋长度＝ $2 \times$ 锚固 ＋ $2 \times$ 斜段长度＋次梁宽度＋ 2×50，

（2）板上钢筋的算量

在桥梁工程中，板主要分为预制板和现浇板两类，下面主要研究现浇板的布筋情况，预制板筋类似。板筋的主要类别有受力筋、支座负筋、分布筋、附加钢筋、撑脚钢筋等，其中受力筋又有单向或双向、单层或双层之分；附加钢筋涉及角部附加放射筋、洞口附加钢筋等情况；撑脚钢筋通常指支撑上下层双层的钢筋。

（a）受力筋

受力筋的长度＝轴线的尺寸＋左锚固值＋右锚固值＋两端弯钩长度（如果是Ⅰ级筋）。

（b）负筋及分布筋

负筋长度＝负筋长度＋左弯折＋右弯折

分布筋长度＝负筋布置范围长度－负筋扣减值

（c）附加钢筋、支撑钢筋的长度根据工程实际情况计算钢筋的长度。

3. 桥梁钢筋图的表示方法

桥梁钢筋图以细实线表示外轮廓线，钢筋通常以单线条粗实线或者实心黑圆点表示。各种不同的钢筋将被标注编号、直径、数量长度、间距等。采用阿拉伯数字编号，按照先编主、次部位的主筋，后编主、次部位的构造筋的次序。编号格式通常符合下列相关规定：编号可放在引出线右侧的圆圈内，或者放在对应钢筋断面图相应的方格内，或者用"N"字样的编号，通常放在钢筋的上下方，根数常常放在"N"字样之前边，如图4-14所示。钢筋末端的标准弯钩通常分为90°、135°、180°三种不同形状，如图4-15所示。对于预应力钢筋的纵断面图，间隔0.5～1 m的距离，通常用表格标出纵、横、竖向三维坐标值。而对于弯起的预应力钢筋列表或者在预应力钢筋大样图中，标注预留的张拉长度、弯起角度和弯曲半径切点的坐标等。

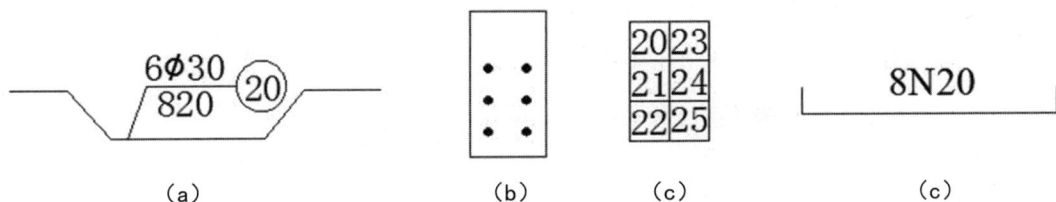

图 4-14　钢筋的标注（尺寸单位：cm，钢筋直径：mm）

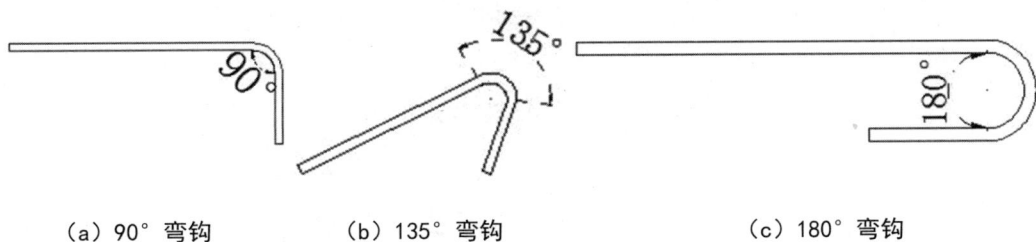

图 4-15　标准弯钩

4. 桥梁结构钢筋骨架构造

梁内的钢筋有纵向受力钢筋、弯起钢筋、箍筋、架立钢筋、纵向水平钢筋等。其中，纵向受力钢筋一般布置在梁的受拉区，它是梁内主要的受力钢筋，通常又称为主力钢筋；斜钢筋（弯起钢筋）它主要为满足斜截面的抗剪承载力而分布的，大多数由纵向受力钢筋弯起而制成。对于焊接钢筋骨架，如果是由纵向受力钢筋弯起制成的斜钢筋无法满足斜截面抗剪承载力的要求，或由于结构制造上的需求要增设斜钢筋时，也要相应加焊专门的斜钢筋。梁内箍筋一般要垂直于梁轴线的方向布置，箍筋一方面满足了斜截面抗剪承载力要求，另一方面它还要联结受拉受压区混凝土与主钢筋共同协调工作的作用，且在构造上还起到使梁内各种钢筋构成钢筋骨架的定型作用，它的肢数由截面竖直方向的箍筋根数决定。架立钢筋主要是依据构造上的需求设置的，它主要是使箍筋与主钢筋等固定成型成钢筋骨架。纵向水平钢筋通常分布在T形截面梁、工字形截面梁或者箱形截面梁等的腹板两侧，用以抵抗温度应力与混凝土的收缩应力等，且和箍筋、主钢筋等固定成型成钢筋骨架利于应力的扩散。混凝土保护层为了防止钢筋锈蚀，同时加强钢筋和混凝土的黏结力，在构件的钢筋外缘至构件表面要保持一定的厚度，混凝土保护层的厚度要满足设计要求，如果无设计具体要求时，混凝土保护层厚度要大于或等于钢筋直径大小。梁内的钢筋骨架定型连接方式通常分为绑扎钢筋骨架、机械连接或者焊接钢筋骨架两种不同形式。绑扎钢筋骨架一般是用细铁丝将各种不同钢筋绑扎而成，见图 4-16（a）。焊接钢筋骨架通常是将纵向受拉钢筋、斜筋和架立钢筋等焊接成平面的钢筋骨架，之后用箍筋将数片焊接的平面钢筋骨架组成一个立体骨架的形式。绑扎连接钢筋搭接长度不得小于 $35d$，焊接搭接单面焊接头不得小于 $10d$，焊接搭接双面焊接头不得小于 $5d$。但钢筋搭接时，要注意如桁架和拱的拉杆，墩柱主筋等轴心受拉或小偏心受拉杆件等情况下不能采用绑扎连接。受拉钢筋直径大于 28 mm 或者受压钢筋直径大于 32 mm 时一般不采用绑扎连接。钢筋连接区段的长度通常规定为 1.3 倍搭接长度，如搭接接头的中点设置于该连接区长度范围内的都属于同一连接区。施工中分布于同一连接区搭接接头面积百分率通常不允许超过一半。

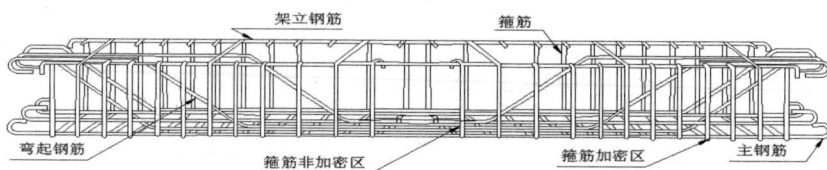

（a）绑扎钢筋骨架

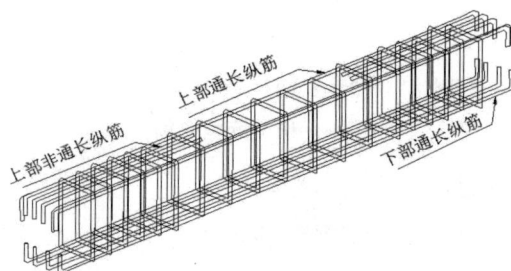

（b）焊接钢筋骨架

图 4-16　梁内绑扎钢筋骨架常见形式

5. 钢筋工艺流程

钢筋进场质量检查→钢筋储存→钢筋取样试验→钢筋加工→钢筋的连接→钢筋安装。

钢筋进场时要附有出厂质量证明书或者出厂检验报告单，进行外观检查，且要将外观检查不合格的钢筋要及时剔除；要认真核对每捆或每盘钢筋上的出厂质量证明书的型号、批号（炉号）标志是否相同，规格及型号是否满足设计要求。当钢筋的外观检验合格后，要设立识别标志，要按钢筋等级、品种、牌号规格及生产厂家分类存放，不能混杂在一块，钢筋在储存过程中要避免锈蚀与污染，通常在库内或棚内存放，露天堆置时，要架空存放，离地面不能小于 300 mm，要加以遮盖；钢筋取样试验要按不同批号和直径，要按照规定抽取试样作力学性能试验，如有一试样的一项指标实验不合格，则要另取双倍数量的试样来进行复验，如仍有一个试样不合格，则该批钢筋判为不合格。钢筋加工前要根据图纸进行钢筋翻样且编制钢筋配料单，下料前要认真核对钢筋规格、级别及加工数量，核对无误后按配料单下料。钢筋加工之前，配料单位要结合钢筋来料长度与所需长度进行编制，以使钢筋的接头最少及节约钢筋，钢筋的下料长度要考虑钢筋弯曲之时的弯曲伸长量，在允许误差的范围内尺寸宜小不宜大，以保证保护层的厚度。钢筋要平直、无局部弯折，对弯曲的钢筋要调直后使用，调直可用冷拉法或调直机调直，冷拉法通常多用于较细钢筋的调直，调直机多用在较粗钢筋的调直，采用冷拉法调直时要匀速慢拉。钢筋加工前应要清除钢筋表面油漆、锈蚀、油污、泥土等不同污物，有损伤或锈蚀严重的要剔除不用。钢筋的切割要采用钢筋切断机进行，在钢筋切断前，要先在钢筋上用粉笔按配料单标注下料长度要将切断位置做明显标记，切断时，对切断标记要对准刀刃将钢筋放入切割槽将其切断。钢筋的弯制要采用钢筋弯曲机或弯箍机在工作的平台上进行，钢筋的弯制及末端弯钩均要符合设计要求，设计未作具体规定的，要符合规定，箍筋的末端要做弯钩的，弯钩的型式要符合设计要求，如设计未作具体规定时，要符合规定，如用一级钢筋制作的箍筋，其弯钩的弯曲直径要大于受力钢筋的直径，且弯钩平直部分的长度不能小于箍筋直径的 10 倍。钢筋的级别、种类和直径要按设计要求采用，如当需要替换时，要征得设计同意及监理工程师的签认，预制构件的吊环，要采用未经冷拉的一级热轧钢筋制作，严禁用其他钢筋代替，在结构配筋情况及现场运输起重条件允许情况下，要先预制成钢筋骨架或钢筋网片，入模就位后可进行焊接或绑扎钢筋，骨架要具有足够的刚度和稳定性，以便运输和安装，为了使骨架不变形，且不发生松散，必要时可在钢筋的某些交叉点地方以焊接或添加辅助钢筋等。现场安装钢筋的交叉点应采用铁丝扎牢，板和梁的钢筋网，除靠近外围两行钢筋交叉点处绑扎牢外，中间部分的交叉点可间隔交错绑扎牢，但要保证受力钢筋不产生偏移，双方受力的钢筋，要全部扎牢。梁和柱的箍筋，除了设计有特殊要求外，都要与受力钢筋垂直设置，箍筋的弯钩叠合处，要沿受力钢筋的方向错开设置，在柱中要沿柱高方向交错布置，对于柱，则要位于柱角竖向筋交接点上，但对于交叉式箍筋的大截面柱，则可在与任何一根中间纵向筋的交接点处。受力钢筋的混凝土保护层的厚度要符合设计要求，为了保证钢筋保护层厚度的准确性，要采用不同规格的垫块，并要将垫块与钢筋绑扎牢固，垫块要交错布置。

4.2 桥梁施工准备

随着世界各国技术、经济的不断进步，交通事业快速的发展。对桥梁功能的要求不断提高。对桥梁造型的外观设计要求越来越高，特别是城市桥梁，往往作为城市的地标工程，其建筑造型成为重要的工程评价指标。对桥梁的施工速度、施工质量、施工成本和施工管理水平的要求不断提高，施工中普遍采用机械化机具、设备以提高施工速度。桥梁工程必须做好施工前的各种准备工作和施工中的各项技术管理工作，严格执行技术规范与有关技术操作规程的相关规定，保证工程质量。工程施工前所做地一切工作，在开工前要做，且开工后也要做，它要有组织、有计划、有步骤、分阶段地贯穿于整个桥梁工程建设的始终。认真细致的做好施工准备工作，对充分发挥各方面地积极因素，合理地利用资源，提高工程的质量、加快施工的效率、降低工程成本、确保施工的安全及获得较好经济效益都起着重要的作用。对于中小跨径的桥梁构件更多地考虑用标准化设计的装配式结构构件。对于每道施工工序必须严格实行检验制度，每道工序必须验收合格，资料签证完整后方能进入下一道工序。

桥梁施工技术大量使用最新投入的新技术、新工艺、新结构、新材料、新设备。桥梁机具设备向大功能、高效率和自动控制的方向快速发展，尤其对于深水基础的施工机具、大型起吊设备、大吨位的预应力张拉设备、长大构件的运输装置、大型移动模架等技术不断推陈出新。要根据桥梁结构的体系、跨径大小、材料、结构受力和地形状况方便、合理地选择最适合的施工技术。要积极推广使用经过鉴定和工程实践认可的新工艺、新技术、新材料、新结构、新设备，以加快实现公路桥梁施工的现代化水平。悬臂施工技术在大跨径桥梁中得到普遍认可，其施工效率高，缩短工期，特别对于预应力混凝土结构，可以充分利用预应力结构的受力状况，而得以迅速发展。

桥梁施工要合理选择施工方法，施工方法的选择要充分考虑桥位处的不同地形、环境，安装方法的安全性、经济性、适用性和施工速度，施工条件要结合自然环境条件、社会环境影响，要考虑节约用地，少占农田，且按国家有关规定防止环境污染与破坏。要考虑施工过程中，对陆上和水上交通方面的影响，尤其不能阻断主航道和陆上主要交通干线。要进行必要的施工验算，选择或设计制作施工机具设备，制订机具设备使用计划、材料及运输计划，选购与运输建筑材料，安排水、电、气、生活设施以及施工计划、组织和管理等方面的工作等。桥梁工程交工之前，应对临时性辅助设施、临时用地与弃土等要及时进行处理，做到人走场清。施工要根据施工图设计的标准。要提高施工工人的素质，培养技术熟练程度、反应能力强的施工技术专业人员，安排人事劳务计划。要使施工机械化程度不断提高，做到机具设备配套，使用效率不断提高。做好施工准备工作及设计，制订工程进度计划，组织专业化施工队伍，构建工程的施工方案和施工方法使技术力量、机具设备得充分利用，要不断强化施工的科学管理，严格遵守安全方面操作规程，加强安全性生产教育，建立和健全安全生产管理方面的制度，要保障施工安全、质量与卫生管理，做到安全生产，文明施工。

桥梁施工准备工作的主要任务是为桥梁工程的施工建立必要地技术和物质条件，统筹安排施工力量与施工现场，桥梁施工准备是施工企业做好目标管理，推行技术经济承包的重要依据，桥梁施工准备是加快施工进度、保证工程质量、降低工程成本和施工安全、增加企业经济效益，为企业赢得社会地效益、实现企业现代化管理等重要保障。施工准备主要包括技术准备、人员准备、管理体系准备、物质准备和施工现场准备等。

4.2.1 技术准备

任何技术方面的差错或不当都可能引起人身安全、机械破坏和作业事故，造成人、材和机等方面重大的经济损失，技术准备是桥梁工程施工准备的核心，所以要认真做好技术准备工作。技术准备的具体内容包括熟悉设计文件、领会设计意图，研究施工图样及所有的设计资料，确保在拟建工程开工之前，使桥梁施工技术与经营管理的工程技术人员充分地掌握设计图样的设计意图、桥梁结构与构造特点和技术基本要求。要在开工前组织经验丰富的技术专家对设计文件认真审图和现场核对，对设计中存在的问题要及时提请设计单位给予解决，要完成试验室组建、临时资质申报和材料招投标工作及试验、砼配合比的合理设计、实施性施工组织设计的编制与报批。能发现设计图样中存在的问题和不足，使其施工开始之前得到明确，为拟建工程的施工提供一份准确、齐全的设计图样。能够根据设计图样的要求顺利地施工，打造出符合设计要求的桥梁工程。宜由设计单位进行技术交底；施工前应对施工现场进行实地调查和现场核对后，为了充分做好施工准备，不仅要了解有关拟建工程的书面资料外，而且要完成拟建工程的实地勘测和调查，调查分析地区水准点和绝对标高等情况、地质构造、土的性质和类别、地基土的承载力、地震级别和烈度等，获得有关现场数据的资料，保障拟定先进合理、切合实际的施工组织设计方案，制定施工方案；桥梁施工是非常复杂的，要正确处理人、材、机方面协调工作、主体工程与辅助工程、生产与消耗、供应与储存等空间布置、时间统筹安排，要根据拟建工程的规模大小、结构特点和业主单位的不同需求，分析原始资料，编制出详细合理的施工组织设计文件。施工组织设计是施工准备工作的重要组成部分之一，它是指导现场施工全部生产活动的技术经济文件。根据设计要求、合同条件及现场条件等编制实施性的施工组织设计，编制施工预算；对技术条件复杂的大型工程，应进行多方案比选，编制安全可靠、技术可行、经济合理的专项施工技术方案与专项安全技术方案。实施性施工组织设计的编制承包人应该在签订合同协议书后的一个月内完成编制实施性的施工组织设计，要包括详细的施工组织、施工方案、现场布置方案、工程进度计划表、资金流量计划、资源供应计划、质量安全保证措施、安全体系、廉政建设、文明施工与环境保护等具体内容。开工报告前要向监理工程师报批，主要包括安全体系的建立、人员安排、施工机构、材料、质检体系、机械及检测仪器设备进场等情况及水电供应、临时设施地修建、施工方案准备等情况。开工前 14 天向监理工程师提交分部与分项工程开工报告，分部或分项工程包括工程名称、施工地段、现场负责人、施工组织、人员安排、机械进场、材料供应、材料试验、质量检查手段、水电供应；临时工程的修建、施工方案进度计划等事项。要根据施工内容编制不同专项技术交底，下发到各级不同管理部门，做相应的培训、交流，而且对交底内容要求要有针对性的安全技术交底，确保施工的技术过关、安全过关。

4.2.2 物资准备

物资准备包括工程材料的准备、工程施工设备的准备、其他各种小型生产工具的准备等，如钢材、水泥、木材、砂石材料、小型配件等的准备。材料、机具和设备等是保证工程开工顺利进行的物质基础，根据各种物资的需要量计划，要在工程开工前完成这些物资的准备工作。按需要分别落实货源，安排运输与储备，要满足连续施工的要求。工程材料的准备要根据施工预算进行分析，制订分部（项）工程施工方法和施工进度的安排，编制出材料、施工机具等需要量计划，根据各种物资需要量的计划，组织货源，确定加工、供应地点及供应方式，签订物资供应合同。依照施工进度的计划要求，按材料使用时间、名称、规格、消耗定额进行汇总，同时要确定仓库、堆场面积和组织运输等条件。按照施工总平面图的相应要求，组织物资按计划时间进场。

4.2.3 施工组织准备

劳动组织准备的范围既有整个桥梁施工企业的劳动组织准备，又有大型综合的拟建工程项目的劳动组织准备，也有小型的拟建单位工程的劳动组织准备。工地的组织机构确定之后，要落实计划和技术责任制，拟建工程的设计内容、施工计划和施工技术等要求，详尽地向施工班组、工人进行施工组织设计、计划与技术交底，应根据开工日期和劳动力需要量计划，建立健全各项管理制度，组织劳动力分批进场，同时要进行安全文明施工等方面的教育，也要将职工的生活安排好。健全各项管理制度是使各项施工活动顺利进行的保障。要做到有章可循，而不能无章可循。

4.2.4 施工现场准备

要做好施工场地控制网的测量，要尽量要减少施工用地，尽量少占用农田，要优先选择在建设项目用地界内，平面布置要紧凑合理。总平面布置要体现以人为本、节约用地、因地制宜、整齐划一、环保节能、永临结合的原则。施工平面布置的内容与工程类别要有关，与位置和地形地貌的复杂程度要有关，也与新建公路线路方向、位置里程有关系等。要确定征地界内及附近已有的地上、地下建筑物及其他地面设施的位置和尺寸。合理布置主要加工场区位置，混凝土成品预制厂、混凝土搅拌站等。标出施工队伍的驻地、项目经理部、生活区的位置，标出划分地施工区段，标出各工区的施工范围。搞好"三通一平"，标出既有高压线的位置、水源的位置（既有水井）、既有河流的位置及河道的改移。临时的供电线（变电站）、供水、排水及其管线和临时的通信线路等。运输主干道和引入便道的位置；水、电、通信管线的位置；取土和弃土场的位置。如果取土和弃土场离施工现场地较远，在平面布置上无法标注时，可用箭头指向取土和弃土场的方向并加以说明。做好施工现场的补充勘探。施工区域划分和场地的确认要符合施工流程的要求，尽量减少专业工种和各工程之间的干扰。

安装、调试的施工机具要突出主体工程的施工部署，确定施工的辅助设施及主要施工机械设备地位置；做好建筑的构（配）件、制品和材料的储存与堆放，合理地组织运输，减少运输的费用，保证运输的方便畅通。要标清各种材料、半成品、成品等的仓库和堆放场地的位置。确定搅拌站的位置及集料棚、预制构件厂、构件成品、仓库、原材料等的堆放位置；及时地提供建筑材料的试验申请计划。要做好冬雨期施工的安排，场内的排水、污水循环系统的布置。要进行新技术项目的试制和试验，要设置消防、保安设施。要符合安全防火和劳动保护的要求。

4.2.5 施工的场外准备

办理施工人员的施工手续，要尽快到主管部门建立联系与办理工人上岗手续；为保障工人到施工现场后能及时地投入工作做好准备；准备好材料的加工与订货；许多施工单位自身的施工力量很有限，有些专业施工、安装、运输等都需要和专业化施工单位相联合，以保证工程能按合同要求的质量和时间竣工，因此要做好分包的工作和签订分包的合同，向监理单位提交开工的申请报告。对于施工企业缺少且需要的施工机具，应与有关的方面签订订购或租赁合同，以保证施工需要。还有要做好分包的安排，组织好科研攻关等工作。

4.3 桥梁施工测量

随着我国的桥梁工程建设的规模日益扩大，测量技术与测量仪器的快速发展，测量方法也由传统的测量方法（经纬仪、水准仪及钢尺相结合的测量方法）升级为智能化的测量方法（电子经纬仪、电子水准仪、全站仪、GPS等定位系统和计算机相结合的测量方法）。

智能化测量仪器在施工控制测量中的应用提高了测量效率。全站仪称为全站型电子速测仪，由光电测距仪、电子的经纬仪和数据处理的系统组成。它能在一个测站自动的测距、测角且同时完成坐标和放样等方面的数据处理，是当前各施工单位进行测量和放样的主要仪器之一。全站仪配合反射棱镜，可用来高精度、快速地测量任意两点之间的相对地距离和直线间地夹角度，并可间接地测定高差，同时可完成坐标的放样、悬高的测量、后方交会等的测量工作。如将全站仪与计算机联机，可将数据进行计算机储存与处理。

桥梁工程的施工测量的主要任务是利用测量的技术将设计图样上的工程构造物的平面位置和高程在实地来标定出来，即根据设计的文件，按照规定精度，将图纸上设计地桥梁标定于地面，作为施工、纠正施工的偏差和检查验收的依据。要确保建成的桥梁在平面的位置、高程的位置和外形尺寸等方面均要符合设计的要求。

在桥梁施工前，要通过测量放样来确定基坑开挖、墩台建造的施工的位置。在施工的过程中，应通过测量放样对工程的构造物的外形几何尺寸进行控制与检测。桥梁工程的施工测量的依据是桥梁工程的施工技术规范、测量规范及工程的设计图样。测量放样的工作应遵循从整体到局部的原则，先进行控制的测量，再进行细部的放样测量。通过控制的测量，建立起平面的控制点和高程的控制点与工程构造物的特征点之间的平面位置与高程的几何联系。以平面的控制点的坐标与高程控制点的高程作为依据，可利用传统的测量仪器进行距离、高程和角度测量的放样或利用现代化的全站仪和GPS来测量放样。在放样的过程中，工程的设计图样是图解控制点和工程的构造物特征点之间几何关系的依据；现行施工的技术规范、规程，以及测量的规范是核查放样结果的精度的依据。根据桥梁的结构、跨径大小及设计要求地施工精度，确定利用原设计网点的加密或重新地布设控制网点。

桥梁施工测量的内容包括平面控制测量、高程控制测量、施工效率测量、竣工测量等。

平面控制测量包括测设和校核桥位的中心线控制桩，如有好的丈量条件时，可用直接丈量法对墩台施工定位。对大、中桥的水中的墩台和基础的位置，宜用测距仪、全站仪来测量。测设桥梁墩、台的中心位置及上部结构的平面形状地测量放样。

高程控制测量要布设施工临时水准点网，对施工高程展开测量工作。

要做基础施工放样、墩台施工的细部放样和桥梁上部的构造安装放样的施工放样测量，而且要测量相应各部位的高程。

对涵洞测量放样时，要注意核对涵洞纵横轴地形剖面图是否和设计图相一致，应注意涵洞的长度、交角和涵底标高地正确性。要测定并经常的检查桥涵结构浇砌及安装部分的位置和标高，并作出相应的测量记录和结论，对于超出允许偏差时的结果，应认真分析原因且予以补救和改正。

工程竣工以后，要对结构物的各部位平面位置、高程、尺寸等，按照设定的要测定桥梁的中线，测量跨径、桥梁墩、台（或塔、锚）各部的尺寸、检查桥面的高程。

施工效率测量工作基本要求有以下三点。

（1）紧密结合的施工

为满足紧密结合施工的需要，测量技术人员要熟悉设计的图样，理解图样设计的思路，检查图样，核实图样的有关数据，做好施工测量的数据准备的工作。了解施工的工作计划和安排，协调测量与施工进度的关系，落实好施工测量方案。

（2）熟悉施工现场

施工测量技术人员要熟悉施工现场，因为它是做好放样工作的基本条件。要核查并检测有关的控制点所在实地的位置，并与设计资料中的点标记要相对照，要确认点位的准确可靠。如果原控制点点位丢失，要按照原控制等级进行恢复，并满足精度要求。要了解施工现场的地貌形态及地物分布情况。要做好控制点的复测工作。为了防止差错，施工测量要采用"双检制"，它要求测量的工作要由两个人相互地检查校对并作出测量和检查的核对记录。

（3）保护测量的标志

要加强测量的标志的管理、保护，注意受损的测量标志的恢复。测记标志是指控制点的标志和放样点的标志。

在桥梁建设当中桥测量工作贯穿整个桥梁施工的全过程，桥梁的结构形式不断创新，施工现场是复杂多变的，构筑物的精度要求越来越趋向于一致，这就要求施工放样的外业尽量简单、减少对现场的施工干扰，放样点位间不要有误差的积累，严格复核，加强放样后的测量检核。这就需要极细地分析对比各种测量的放样方法，进行必要的精度分析，选择最佳方案，以取得事半功倍的效果。

桥梁在施工的过程中，桩、承台、蹲身的承载力不断加载，桥的沉降是难免的，控制点会随着时间的推移而变化，地下水位的变化和地面部分沉降度也会引起控制点沉降与变化，因此，在施工过程中，隔一定的周期就要对控制点进行沉降观测，要确保控制点的坐标位置的准确。要为以后的施工放样，施工中与竣工后的周期性的沉降观测提供准确的数据。如果一个周期内量得的承台或墩身的数据有明显变化，我们要把数据及时地反映到设计部门，设计部门要及时地对该桥的地质情况、承载力和地下水位等方面进行勘察研究，要获得问题的所在，及时地提出补救措施，否则后果不堪设想。如果在一个周期内它得到的数据没有明显的变化，说明桥的结构安全可靠。

在测量时，首先应对设计方提供的桥梁工程项目内的所有导线点与水准点进行认真细致地复测，要建立测量控制网。导线点的复测通常用附合导线测量法，即在桥梁工程的项目前（后）范围内导线系列点中选其中两点作为测量基准点，在桥梁工程的项目后（前）范围内导线系列点中选取两点作为附合的导线点，依据导线测量的要求用全站仪对桥梁工程项目内的导线点进行认真测量，平差后如不能符合规范要求，要报业主调整后再进行复测，直到满足要求为止，并报监理工程师认可。

在桥梁工作实践中，为了保证桥梁各部的结构符合设计和规范的要求，更好地掌握和控制工程的施工数量，测量的人员需要不断地放样、检查、监控各部的结构施工，内、外业工作量极大。施工放样的精度又关系着桥梁施工地质量和进度。近些年来，工程规模逐渐扩大，人员又精简，如何能既保证测量的精度，又能保障施工测量放样效率，具有重要的现实意义。选择合适的测量放样方法、细致的复核习惯，测量工作则会取得事半功倍的效果。

桥梁工程中的施工放样通常包括已知距离的放样、已知高程的放样、已知水平角的放样和平面点位的放样。其中高程的放样一般用几何水准法或三角高程法，而往往采用两种方法互相复核。

桥梁点位的放样方法通常有坐标放样法与极坐标放样法。极坐标法测设构筑物的测设元素（极角和极距），对于在同一个测站上所测设的各不同点，除导线点本身、仪器安置、后视瞄准等误差的综合影响的反映造成的后视定向误差外，各测点拨角和量距的误差都是相对独立的。即同一个测站所测设的各点误差互不干涉、互不影响，点与点之间的误差是独立的。且极坐标法可以在导线点上直接放样构筑物中的线点与构筑物的边桩点，比传统的放样方法降低了测设构筑物各方面误差的影响。且利用极坐标法或者坐标法来施工测量，解决了某些墩台轴线护桩不好测设的问题，还可以把整个大桥的所有墩位都放入到同一个整体网中，防止个别墩位发生偏移，是一种可行的施工测量方法。

施工放样要遵循先整体、后局部的原则，要先放样精度高的点，经复核正确后，后继续放样其他点，也可以利用先放样精度高的点，再放样精度略低一些的点。在工程实际生产中，往往很难达到这种条件要求，不同的情况下也对定位要求不一样看法。

1. 桥位中线测量

桥位中线通常也称为桥轴线，桥轴线上控制桩 A、B 之间的距离为桥轴线的长度（图 4-17）。桥轴线的测量方法通常有直接丈量法、三角网法、坐标放样法等不同种方法。

对于桥梁中线的测定，即在实地标定桥梁中线与两岸控制桩（即定位桩）的位置，且要精确地测定两控制桩之间的距离（即是桥轴线的长度）。对于 50 m（钢尺长度）以内的条件下，则可采用直接丈量法来测定桥轴线长度。精确地测定 A、B 长度之后，则可分别由 A、B 点来标定出桥台和桥墩的位置。利用钢尺丈量距离要测量 3 次，3 次测量结果相差不超过 1～2 mm；要同时记录测时温度，为便进行尺长温度修正，要评定丈量的精度。而桥梁墩台的中心定位，则根据桥梁设计施工的详图上所设计的两桥台及各桥墩中心的里程，根据桥梁中心线控制桩、桥梁三角网的控制点为基准，依据规定精度放样出墩台的中心的位置。根据《公路桥涵施工技术规范》中的相关要求：桥墩中心线在桥轴线的方向上的位置中误差要小于等于 ±15 mm。而根据桥梁的不同长度，其相对误差也不同。

图 4-17　直接丈量法测定桥梁中线

2. 桥位平面控制测量

（1）布设平面控制三角网的要求

平面控制网要根据当地的地形、地貌和桥梁形状布设位置，桥梁平面控制网可采用导线测量、三角测量与 GPS 测量，由于三角测量法原理简单，操作较方便，在桥梁施工中被广泛应用。

（2）平面控制测量的误差计算与精度要求

水平角测量一般用方向观测法，用电磁波测距测量距离，要选用与控制网精度要求相应的测量等级。小型的桥梁可以在原有导线网的基础之上做适当的加密，形成桥区加密的平面控制网，但要尽量形成直伸的导线，保障一定的测量精度。特大桥、跨江河桥或跨线桥等的平面控制网，要根据桥形和地形及施工要求等情况布设成三角网或者导线网。满足国家技术标准规定的三角点、二级以上的导线点和相应精度的 GPS 点，都可作为桥梁工程的首级控制点。

3. 桥梁施工高程控制测量

首先要建立桥梁高程控制网，即要在桥址附近设立的一系列的基本水准点与施工水准点，其中基本水准点则是桥梁高程的基本控制点。高程控制点要布置在土质坚实、控制点间通视要良好，方便施测的地方，并要定期复测。为了获得可靠的高程的起算数据，河流两岸的基本的水准点要与桥址附近的国家的高级水准点进行联测。首级高程控制网要布设成环形或附和水准路线，且与道路高程控制网联测。通过过河的水准测量，将两岸的高程联系起来，来检核两岸国家水准点是否变动，且从中选取一稳固可靠的、精度较高的国家的水准点作为桥梁高程的控制网高程起算点。其中桥梁各墩、台在施工中通常由两岸较为靠近的水准点引测高程，而为了两岸水准点高程的相对的精度，要进行精密过河水准测量。而桥梁施工期间的墩、台的高程放样基于基本水准点（图 4-18），因此它是成桥后检测桥梁墩、台沉陷变形的依据，要永久保留。桥梁构件的高程放样，通常采用几何水准测量的方法，有时也会用钢尺直接丈量竖直距离的方法，如对于深基坑的高程放样可用悬挂钢尺的方法，对于高桥墩等则可采用悬挂钢尺进行高程传递测量或者用三角高程测量的方法。如在多丘或山地不便的地方进行水准测量时，通常用电磁波测距三角高程测量，精度要满足相应等级水准测量的技术要求。而对于测量精度要求较大的高墩墩顶，及特要求更高的支座垫石标高，相应地要将地面的水准高程引测到墩顶。高程测量误差计算与精度要求要符合相关的规范与要求。2 000 m 以上的特大桥通常为三等水准测量，1 000 ～ 2 000 m 之间的特大桥为四等，1 000 m 以下的桥梁通常为五等。

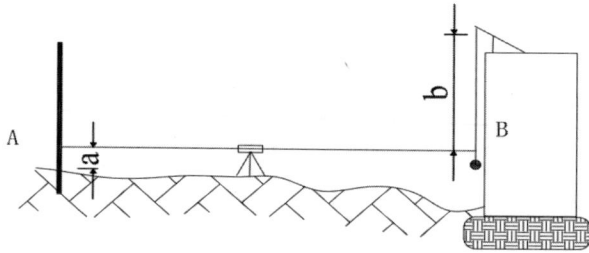

图 4-18　桥墩台高程放样示意图

4. 墩台定位及其轴线测设

桥梁墩台定位是指要在桥梁施工测量工作中时准确定出桥梁墩台的中心位置和标出纵横轴线。墩台定位及其轴线的测设，施工测量人员要先熟悉设计图纸、理解设计说明，在计算桥墩放样要素时要尤其注意设计图样上的墩台轴线的桩号是否是桩位、承台、盖梁的中心点，部分的桥墩控制点的前后、左右是否对称，防止出错。墩、台施工放样可用极坐标方法或角度交会法来展开施工放样，墩台定位要根据河宽、水深和墩台不同情况而异，如果墩位在干涸或浅水河床上的可用直接定位法；对于墩位处于水深急流部位的则用角度交会法。桥梁墩、台平面定位控制要根据桥位平面控制网，在墩、台的轴线上要布设控制点，也可直接用桥位控制点作为墩、台定位的控制点，墩、台的高程控制测量可用附和水准测量方法，桥梁墩、台高程的控制点常用桥区高程控制网上的控制点。高差较大的可用钢尺悬吊法配合测量观测，墩、台定位控制点测设后要绘制平面控制桩定位图，标注相关点号及与墩台各部位的相关数据关系。具体台身与墩身的细部放样，一般要也以它的纵横轴线为根据，在立模板的外面要事先画出它的中心线，而后在纵横轴线的控制桩上架设经纬仪，照准该轴线方向上的另一个控制桩，依据这一方向校正模板的位置，直至模板的中心线位于视线的方向上。在施工过程中，通常要利用控制桩来恢复墩台的纵横轴线，即要在墩身、台身一侧的控制桩上要架设经纬仪，照准另一侧的控制桩。但是墩身筑高以后，视线被阻，很难直接照准来进行墩台纵横轴线的恢复，则在墩身尚未阻挡视线以前，要将轴线方向用油漆标记在已成的墩身上，以后要恢复轴线时可在控制桩上来架设仪器，按照这个标志来定。墩、台垂直度可用经纬仪、铅直仪或垂法线来控制，定位后要对墩台实际位置与设计的相关数据进行比较校核。模板垂直度校正可以用吊线法校正或经纬仪投线法校正。对于吊线法校正，在制作施工模板时，通常要在模板外面的下端和上端都要标出中线。装模板的过程是先将模板下端的四条中线要分别与基础顶面的四条中线对齐。模板放好后，要在模板上端放重球线对齐中线，如果重球线和下端中线重合，则模板在这个方向是垂直的，再如法校正其余方向，当在纵横两个不同方向同时垂直时，则表明校正好了。针对经纬仪投线法校正，仪器与墩柱的距离要大于投点高度。先要用经纬仪照准模板的下端中线，之后仰起望远镜，观测模板的上端中线，如果中线偏离了视线，则要校正上端的模板，使中线与视线相重合。但在校正横轴方向时，要检查已校正好的纵轴的方向是否发生了倾斜变动。对于模板标高测量，墩柱身模板的垂直度校正好后，要在模板外侧测设一个标高线作为量测柱顶标高等的各种标高的依据。而墩柱拆模后要将中线和标高线测在柱表面上，供下一道工序的使用。对于投测中线要根据基础表面的墩柱的中线，在其下端立面上标出中线的位置，而后用吊线法与经纬仪投线法将中线投测到柱上端的立面上。而在每个柱立面上，要投测 0.5 m 的标高线。

　　直线桥梁的墩台定位的测量方法通常有直接丈量法、墩台交会法、坐标放样法等不同种方法（图 4-19）。

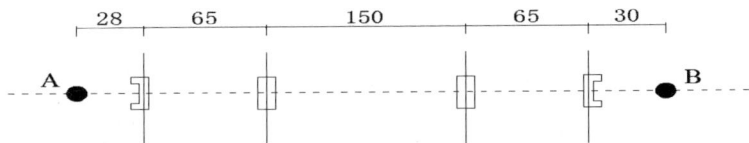

图 4-19　直线桥梁位置图

墩台纵横轴线的测设通常分成直线桥梁和曲线桥梁两种不同情况。

①直线桥梁（图 4-20）

图 4-20　纵轴线图

②曲线桥梁（图 4-21）

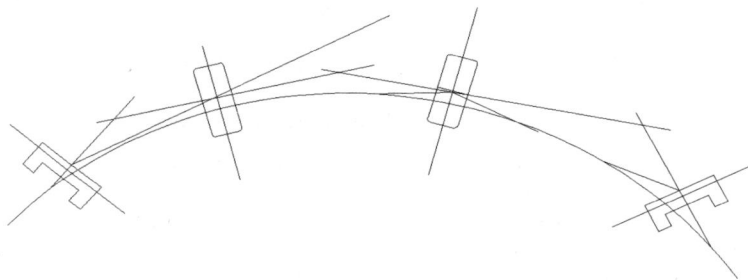

图 4-21　曲线桥梁纵横轴线图

5. 桩基础细部放样

桩基放样要根据墩台纵横轴线用钢尺测设出四根边角的桩位，利用矩形对角线长度相等的原理用钢尺复核这四根桩的相对位置，后根据这四个点用钢尺来测设桥墩的其他的桩位。桩基放样要根据墩、台控制点用交会法进行定位。施工前要对各桩基分别定出十字控制桩，便于在施工控制中进行检验。桩基础的钻孔放样与墩台定位放样的方法相同，桩基础放样要根据墩、台控制点要用轴线交会法进行定位。施工前要对各桩基分别定出十字的控制桩，便于施工过程中要进行检验。桩基础施工放样常采用全站仪进行，使用极坐标法放出桩基础的点位，后在点位上打入木桩，在木桩上钉入铁钉后进行定位，且引测到桩位的四周做好护桩。它固定方法和墩台纵横轴线的测设方法相同。桩基础定位的误差要满足相关的规范要求。而对于明挖扩大基础放样，在基础的开挖前，要先根据施工图样中的基础底面长宽、开挖深度、合理的放坡等情况要算出原地面的开挖边线尺寸，根据墩、台平面控制点、墩台的中心及其纵横轴线放出基坑的边线。沉井下沉过程中的平面位置要用极坐标法或角度交会法来进行检测。用角度交会法测量时角度角要尽量接近 60° 同时，要用三个控制点进行交会。按设计图纸测出墩、台位置的控制线，再进行细部放样。当基坑开挖到设计的标高后，应进行基底的平整或根据施工图样做必要的地基处理，然后在基础垫层上放出墩台的中心及其相应的纵横轴线，作为安装模板、绑扎钢筋、浇筑混凝土基础及墩身的依据。桩基施工过程中的高程控制要用十字高程桩控制。但如在水准测量条件不允许的情况下，沉井下沉前的高程测放和下沉过程中的监控一般常采用电磁波三角高程的测量。

6. 盖梁、墩帽的放样

盖梁是控制跨径与桥面标高的重要结构，因此盖梁的测设精度十分重要。它可根据墩台纵横轴线来测设，且要丈量跨径，各项工程的结构放样及复测都要单独分开进行，且要经监理工程师复核签证后，方可做下一道工序施工。桥梁墩台本身要浇筑至离墩帽底约 30 cm 时，再测出墩台的中心及纵横轴线，并以此竖立墩帽模板、安装锚栓孔、绑扎钢筋、浇筑混凝土等。但在浇筑墩帽前，要对墩台的中线、高程及各部分尺寸等进行复测。

7. 上部结构施工测量

桥梁工程的梁体施工作为桥梁主体结构施工的最后一道的工序。桥面铺装前要复测桥梁中线的高程，且要在护栏内侧的立面上要测设桥面标高控制线，上部结构施工前要根据墩（台）的垫石（支座）的中心检测跨度和全长，且要复测支座顶面的高程与平整度。依据桥梁施工图，要先测设桥梁纵轴线与桥墩横轴线，后按照纵横轴线画出梁的准确位置，并测出跨径。垫石的施工放样通常要先根据轴线控制点测设梁台中线与墩柱中心点，要检查同一梁台的跨距大小，检查符合设计要求之后，按照梁台中线与墩柱的中心点进行垫石放样。桥梁上部的结构较为复杂，要根据相关施工技术规范的要求对墩台的方向、距离和高程等按较高的精度测定。桥梁护栏安装前要根据桥梁中线进行放样，要分别弹上护栏边线或控制线。由护栏边线测设高程点，直线段点间距 10 m 要测设一点，曲线段点间距为 2 ~ 5 m。由测设的高程点控制护栏顶面的安装的标高。对于桥梁中心线方向的测定，直线部分用经纬仪（或全站仪）正倒镜来观测，描绘方向线。对于跨距大于 100 m 桥梁要逐墩观测左、右角，对于曲线部分，通常用坐标法或偏角法。梁体施工要将相邻的墩台联系起来，要考虑它的相关精度，每个中心点之间的方向、距离和高差要符合设计及相关施工技术规范的要求。上部结构中架梁位置测设的中心线，墩帽模板的尺寸允许误差是 1 cm，自墩帽的底部起高程精度要符合三等水准测量的要求。

8. 桥梁工程竣工测量

桥梁工程竣工后要检查施工质量，竣工检测由建设单位委托具有相应的资质等级的测绘单位来完成。当桥墩台竣工后，需要查明墩台的各个主要部分的平面位置和高程能否符合设计条件，为阶段桥梁上部构造的定位与安装提供了可靠的原始数据。桥梁墩台竣工测量的内容主要包括各墩台中心的实际长度及坐标、检查垫石的高程、进行检查性的水准测量、丈量墩台各部分的尺寸、墩帽各处的高程等。而在架梁和桥面系施工完成以后，通车前也要进行桥梁的竣工测量。桥梁通车前竣工测量包括测定主梁轴线、主梁线形、跨径、桥梁净空、轴线偏位、轮廓尺寸、标高、立柱的垂直度、桥梁与引道衔接和各个墩上梁的不同支点与墩台中心的相对的位置。竣工测量完成以后，要由承接竣工测量的单位编制相应的《竣工测量成果报告书》，且由建设单位存档然后报送规划部门。

9. 桥梁变形检测

通常要在桥梁附近布设若干个水准基点，作为桥梁运营阶段的沉陷观测的依据。要在使用过程中定期地观测墩台和上部结构的垂直位移、倾斜、水平位移及主梁竖向挠度等，掌握它的变形规律，制定维修加固的相应措施。沉降变形观测内容主要是墩台的沉降观测和梁体变形。观测点一般布置在承台，桥台观测点布置在台顶即通常在台帽及背墙顶，桥墩观测点布置在墩身两侧，高出地面 1 m。墩、台沉降观测频次，在墩台基础施工完成之后，设置观测点要完成首次观测；墩台混凝土施工要全程跟踪，荷载变化前后各观测 1 次或 1 次／周观测；预制梁桥在架梁前要 1 次／周观测，预制梁架设时要全程跟踪，前后各 1 次；附属设施施工时要全程跟踪，荷载变化前后各观测 1 次或 1 次／周观测；现浇梁桥在制梁前要前后各观测 1 次，上部结构施工中要全程跟踪，荷载变化前后各观测 1 次或 1 次／周观测；附属设施施工时要全程跟踪，荷载变化前后各观测 1 次或 1 次／周观测；架桥机（运梁车）通过时全程跟踪，前后各观测 1 次。桥面铺装完成之后，要设定观测周期，工后沉降要长期观测。要建立沉降监测网，精度要符合相关规范要求，水准基点由设计院布设。而为了满足沉降变形观测的过程要求，要在设计单位提供的水准基点之间进行工作基点加密。根据有关规范标准观测沉降变形。水准基点在使用时要作稳定性检验，且以稳定或相对稳定的点作为沉降变形的参考点，沉降变形观测网高程用施工高程控制网系统，水准工作基点设定 6 个月复测一次。要按照固定的观测路线与观测方法进行，观测路线要形成附合或闭合路线，要用固定的工作基点对应沉降变形观测点进行观测要，要在基本相同的环境和观测条件下工作。水准基点与工作基点布设示意图如图 4-22 所示。

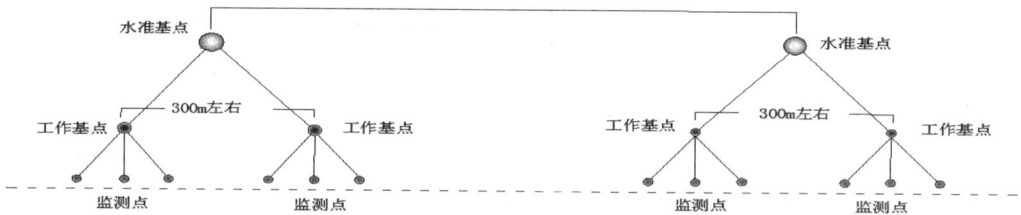

图 4-22 水准基点与工作基点布设示意图

4.4 桥梁施工的常用设备

1. 贝雷架

贝雷架也叫贝雷梁或贝雷片，它主要由桁架片、横梁、纵梁等通过销子或螺栓相接或铰接构成，每一桁架片结构形式相同，它可拼成横纵多层、多排结构，它可适用于不同长度与荷载的临时承重结构，根据施工需要，贝雷架可以做成桥梁施工中用的脚手架及塔架等临时性的支撑设备、架桥机及起重机等架桥的设备、装配式钢桥的梁体及各种不同钢桥的承重结构和其他结构设备。贝雷架按用途不同可分为主体结构、桥面系、支撑连接结构和桥端结构四大部分，

桁架片是组成贝雷梁的基本组成单元，桁架片主要包括上下弦杆、竖杆和斜撑连等组成部

分。两节桁架拼接时通过上下弦杆的阴阳头的销孔交替拼装，即将相邻两节中的一节的阳头插入另一节的阴头内，然后对准销孔，插上销子及保险插销。

销子用于连接桁架，其端预留有一小圆孔，用来插入保险插销，防止销子造成脱落。

加强弦杆能够改善贝雷梁的抗弯能力，能发挥桁架腹杆的抗剪作用，但贝雷梁端部的弯矩小，故首尾节桁架不需要另设加强弦杆。

横梁由工字钢制成，中部设有4个卡子，用来固定纵梁位置。横梁两端焊利用短柱连接斜撑。

纵梁有扣纵梁和无扣纵梁两种，它在梁的一边焊有扣子，桥面板的榫头安放于扣子之间，从而使桥面板的位置固定。

支撑连接结构有斜撑、联板、支撑架、抗风拉杆、横梁夹具、桁架螺栓和弦拉螺栓、撑架螺栓和斜撑螺栓。

斜撑的作用是为了增强贝雷梁的横向稳定性。每节贝雷梁于桁架后端竖杆（以贝雷梁推出方向为前方）上各装有一对斜撑，桥头端柱上又另增加一对。斜撑与桁架和横梁的连接用斜撑螺栓。桁架螺栓可用来连接上下层桁架，撑架螺栓则用来在桁架上连接支撑架与联板；斜撑螺栓用于在横梁与桁架竖杆上连接斜撑。

2. 万能杆件

万能杆件用角钢、钢板、螺栓等制成，可用来拼装桁架、墩架、塔架和龙门架等各种施工构架或者常备杆件。它可以作为桥梁墩台、索塔的施工的脚手架、吊车主梁、临时性的桥梁墩台和桁架等。万能杆件容易安装、方便运输，使用率高，节省大量辅助结构所需的材料、人力和机械等，被广泛应用。万能杆件的类型大同小异，只是在局部构件的尺寸上略有差异，它在结构、拼装形式上基本相同。

3. 钢管脚手架

脚手架是工程施工中堆放材料与工人进行操作的临时性设施，它是为了保证高空作业的顺利施工而搭设的一种工作平台或作业通道及保证作业工人员的人身安全，能满足交叉作业、多层作业、流水作业和多工种不同作业之间的配合。常见的脚手架有钢管扣件式脚手架、碗扣式钢管脚手架、门式脚手架等。

钢管扣件式脚手架由钢管和扣件两种构件相组拼而成，钢管杆件包括立杆、横杆、斜杆等杆件，钢管扣件式脚手架杆配件数量少，它安装拆除方便，方便施工，搭设的高度大，坚固耐用，它是目前使用比较广泛的一种脚手架，虽然它一次性投资较大，但周转次数多，摊销费用较低。其中扣件有直角扣件、旋转扣件和对接扣件三种扣件，可以分别满足钢管直角连接、钢管之间呈锐角连接、采用旋转扣件和钢管需要接长时三种不同情况（图4-23）。

碗扣式钢管脚手架由钢管立杆、横杆、碗扣接头等配套构件组成。其基本的构造和搭设要求与扣件式的钢管脚手架类似，主要不同之处是碗扣接头。其中碗扣接头是主要核心部件，碗扣接头包括上碗扣、下碗扣、横杆接头与上碗扣的限位销等不同构件组成。下碗扣焊在钢管上，组装时将上碗扣套入钢管上，在横杆与斜杆上焊接插头，将横杆和斜杆同时插入下碗扣内，压紧与旋转上碗扣，利用限位销来固定上碗扣，从而将横杆和立杆固定地连在一起，形成框架结构。由于碗扣它是固定在钢管上的，连接比较可靠，它的构件都是轴向连接，力学性能好，组成的脚手架整体性较好，不存在扣件的丢失问题（图4-25）。

门式脚手架是一种工厂化生产、现场搭设的一种脚手架，门式钢管脚手架它是用普通钢管材料制成的工具式的标准件，可以在施工的现场组合而成（图4-25）。其基本组成单元是由一副门式的框架、二副剪刀撑、一副水平的梁架、四个连接器、顶托、底座等组成组合而成框架结构，它是当今国际上广泛应用的脚手架之一。它既可作为外脚手架，又可作为内脚手架或者满堂脚手架使用。材料几何尺寸标准化、结构形式合理、受力性能较好、施工中装拆较容易、安全可靠、普通工人徒手都可以进行搭设，经济实用等。门式脚手架广泛的应用于高层建筑、装饰装修、隧道、桥梁、地铁，桥梁工程以及大型设备的安装维修等工程施工，也可以作为设备维修、油漆粉刷、广告制作等的活动工作平台。

当工程施工结束以后，脚手架要制定拆除方案，拆除前要对脚手架作一次全面的检查，清理所有物件，且设立拆除区，禁止非施工人员进入场地。脚手架的拆除要由上至下、后搭先拆、先搭后拆的拆除顺序。禁止上下同时拆除。当拆除至最后一节的立杆时，要先加设临时的抛撑，后再拆除连墙件，拆下的材料要及时地分类集中放到地面，严禁将拆除的部件从高空直接抛扔。

图4-23 扣件　　　　　　　　图4-24 碗扣接头

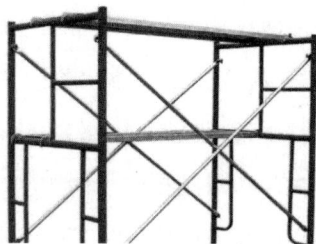

图4-25 门式钢管脚手架基本框架

4. 模板

刚开始浇注混凝土时，其处于固体和液体之间，不具有设计强度，因此混凝土工程施工中要用模板作为临时支承的结构物，模板是使塑性状态的混凝土逐渐凝固硬化，达到构筑物所需要的构件形态和尺寸的施工模型（图4-26）。模板不仅设计出构件的形状、尺寸和位置，且具有足够的强度、刚度和稳定性；装拆方便，能多次周转使用，接缝严密且不漏浆，且对混凝土工程进度及工程造价有很大的影响。合理的选择模板，可以节约模板在整个钢筋混凝土工程中所占的费用，可以减少材料和劳动力的费用，降低钢筋混凝土工程施工费用，进而降低整个工程造价。由分析知模板费用约占混凝土工程费用的34%，在混凝土结构施工中选用合理的模板结构、模板形式及施工方法，对加速混凝土工程的施工与降低工程造价有显著的效果。

制作模板的材料通常有木、竹子、玻璃钢、塑料、钢、铝合金、胶合板、复合材料及混凝土本身等，或钢筋混凝土，或是木、钢、混凝土等材料混合使用，或以薄板钢材制作的具有一定比例的模数的定型组合的钢模板。20世纪70年代之后，许多工程开始采用滑模，节约费用、提高工程质量、加快施工速度。

模板系统通常包括模板与支架两大部分，模板板块包括面板、主肋、次肋等组成，支架包含桁架、支撑、系杆及对拉螺栓等构件部分。工程中模板的选材要根据构件实体的工期要求、施工条件、施工方法、结构形状大小、费用和材料的来源等客观条件。现浇结构中常用的模板有基础模板、柱模板、梁模板、板模板、液压滑动模板、爬升模板、悬臂模板等。其中基础模板又常见的有柱下单独基础模板、杯形基础模板、条形基础模板。

木模板通常选用的木材大部分为松木与杉木，它含水率要保持适中，以防干燥后产生变形。而从经济方面考虑，模板通常由加工厂或木工棚加工成的基本元件的拼板，然后在施工现场，根据需要拼接出构件的形状和尺寸。

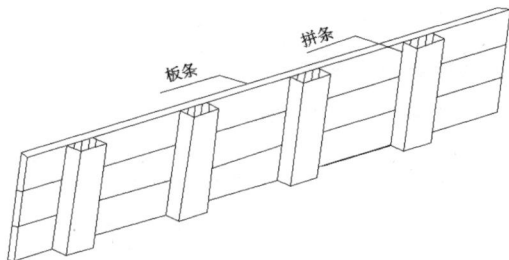

图 4-26 模板示意图

图 4-27 钢模板

组合钢模板（图 4-27）作为一种工具式的模板，它是具有一定模数的很少类型的角模、模板、支撑件与连接件等组成，用组合钢模板可以构造出各种结构类型不同尺寸的几何形状，可以预拼装成各种大块模板或构件模板，也可在现场直接的组装拼成各种不同的大模板。

一次消耗模板（永久性模板）是现浇混凝土结构浇筑之后不再拆除，模板可以与现浇结构叠合成共同的受力构件，一次消耗模板分为压型钢板与配筋的混凝土薄板两种不同类型。

塑料模板主要原料是聚丙烯或增强聚乙烯，采用注塑成型工艺加工而成的，塑料模板坚固、质轻、耐冲击、不易被腐蚀，施工简便等特点。

现在桥梁工程上较多地采用充气橡胶管来代替木制的内模，因为它比较方便架设和拆除。充气的气压的大小要根据橡胶管的管径大小、新筑的混凝土的压力大小以及气温等客观因素来确定，在现浇混凝土之前要事先用定位钢筋或压块固定橡胶管的位置。

现场装拆式模板根据设计要求在施工现场组装模板的形状、尺寸及空间位置，而当混凝土达到拆模的强度后将它拆除的模板。

固定式模板主要是根据构件的形状、尺寸大小等，在现场或者预制厂制作模板，主要用于预制构件的制作。如砖胎模、土胎模、混凝土胎模等各种胎模即属于固定式模板。

移动式模板可随着混凝土的浇筑范围变化，模板可按着垂直方向或水平方向移动。如浇筑高墩混凝土用的滑升模板、提升模板等都是移动式模板。

支模涂刷隔离剂后浇筑混凝土，而模板的拆除期限要根据混凝土的设计强度、工程特点、模板位置等条件来决定，芯模要保证混凝土强度能使其表面不发生塌陷与裂缝情况下拆除，混凝土强度一般应达到 0.4～0.8 MPa；非承重模板通常在混凝土抗压强度达到 2.5 MPa 情况下拆除；钢筋混凝土的承重模板要在混凝土强度能承受它自重及其他可能的相关荷载时拆除，跨径小于 4 m 的构件要其混凝土的强度符合设计的强度标准值的 50% 才能可拆除，跨径大于 4 m 的构件要其混凝土的强度符合设计的强度标准值的 75% 才能可拆除，而当混凝土达到规定要求的拆模强度后，脱模之后要清理模板，然后涂刷隔离剂，准备制作下一批构件。

5. 钢筋加工安装设备

钢筋进场时，将外观检查不合格、不符合设计要求的钢筋及时剔除。《钢结构规范》规定，承重结构的钢材要采用 Q235 钢、Q345 钢、Q390 钢与 Q420 钢。承重结构采用的钢材应具有伸长率、抗拉强度、屈服强度和硫、磷含量合格的保证，对焊接结构尚要具有碳含量的合格保证。焊接承重结构和重要的非焊接承重结构采用的钢材还要具有冷弯试验的合格证明。碳素结构钢会随牌号的增大，含碳量增加，其强度与硬度提高，塑性及韧性降低，冷弯性能逐渐地变差。Q195、Q215 号钢的强度低，塑性与韧性较好，易于冷加工处理，常用于轧制薄板与盘条，制造钢钉、铆钉、螺栓和铁丝等。Q215 号钢经冷加工之后可代替 Q235 号钢来使用。Q235 号钢是建筑工程中应用最广泛的一种钢，属低碳钢，具有比较高的强度，良好的韧性、塑性及可焊性，综合性能较好，能满足一般的钢结构和钢筋混凝土的用钢要求，且成本比较低，大量地被用作轧制各种型钢、钢板和钢筋。Q255、Q275 号钢强度较高，但塑性、韧性比较差，可焊性也较差，不易焊接与冷弯加工，可用于轧制钢筋和作螺栓配件等，但更多地用于机械零件和工具等。低合金钢 Q295 号钢中含有少量的合金的元素，强度不太高，但有良好的冷弯性能、塑性、焊接性能和耐蚀性能。主要用于建筑工程中对于强度要求不高的一般的工程结构。Q345、Q390 号钢的综合力学性能好，焊接性能、冷热加工性能与耐蚀性能均好，C、D、E 级钢具有较好的低温韧性。主要用于工程中承受较高的荷载的焊接结构。Q420、Q460 号钢的强度高，特别是在热处理之后有较高的综合力学性能。主要地用于大型工程结构及荷载大的轻型结构。一般的承重结构要有 f_u、f_y、δ 以及 C（$\leqslant 0.22\%$）、S、P 的极限含量的合格保障；焊接及重要的非焊接的承重结构还要具备冷弯 180° 合格保障（$C \leqslant 0.2\%$）；承受的动力荷载要验算结构疲劳强度时，还要根据具体情况增加不同要求。钢筋的检验合格后，要根据钢筋的品种、等级、牌号规格及生产厂家等分类堆放，不能混杂乱放，且要设立识别标志。且钢筋要存放在库内或棚内，在露天要架空遮盖放置，离地面不宜小于 $30cm$，存放的过程中要防止锈蚀和污染。根据不同的批号和直径按规定抽取试样作力学的性能试验，如有一试样的一项指标实验不合要求，则要取双倍数量的试样来进行复核，如仍有某一个试样不合要求，则该批号的钢筋判不合格。钢筋加工前要依据施工图纸进行钢筋的翻样且编制钢筋的配料单，配料单要结合钢筋料长和所需长度进行编制，尽量节约钢筋且使得钢筋接头最少；钢筋的下料长度要考虑钢筋弯曲处的弯曲伸长量，在保证保护层厚度的前提下，在许可误差范围内材料尺寸尽可能小。对弯曲的钢筋要通过冷拉法或调直机调直后方使用，要保障钢筋平直、无局部的弯折。较细的钢筋通过冷拉法调直，较粗的钢筋通过调直机调直（图 4-28）。钢筋在加工之前要清除钢筋表面的油污、油漆、锈蚀、泥土等各种污物，有损伤或锈蚀严重地方的要剔除不用。核对无误后按配料单的钢筋规格、级别及加工数量分别下料。

图 4-28 调直机

钢筋的切割通常采用钢筋切断机实现，在钢筋切断之前，根据配料单要先在钢筋的下料长度切断位置用颜色笔标注明显标记，将钢筋标记处放入切割槽刀刃处将其对准切断（图 4-29）。

图 4-29 钢筋切断机

图 4-30 钢筋弯曲机

钢筋的弯制要在钢筋弯曲机或弯箍机的工作平台上完成（图 4-30）。钢筋弯制和末端弯钩都要符合设计规定要求，箍筋的末端要做弯钩，弯钩的型式应符合设计规定要求。如用一级钢筋制作的箍筋，它弯钩的弯曲的直径要大于受力钢筋的直径，弯钩平直部分的长度要大于箍筋直径的 10 倍。钢筋采用的级别、种类和直径都要根据设计要求，如果需要替换时，要经设计方同意和监理工程师的签字确定，预制构件的吊环，要用未经冷拉的一级热轧钢筋的制作，严禁用其他钢筋代替。在结构配筋情况与现场的运输起重条件许可条件下，可以先预制钢筋的骨架或者钢筋网片，入模到位后再进行焊接或者绑扎。钢筋的骨架应具有足够的刚度与稳定性，方便运输与安装，为了骨架不变形等，有时要在钢筋的某些交叉点处要铁丝扎牢、焊接或者添加斜杆、横撑等辅助钢筋。

板的钢筋网，除了靠近外围两行的钢筋交叉点处绑扎牢外，中间部分的交叉点可以间隔的交错绑扎牢，但要保证受力钢筋不能产生偏移，而双方受力的钢筋，一定要全部扎牢。除设计有特殊的要求外，梁的箍筋要与受力钢筋垂直设置；在箍筋弯钩的叠合处，要沿受力钢筋方向错开的设置；为保证钢筋保护层一定的厚度，采用不同规格的垫块，且垫块要交错布置，使受力钢筋的混凝土保护层厚度要符合设计的要求，且要将垫块与钢筋要绑扎牢固。钢筋接头连接类型有焊接接头、绑扎接头及机械连接接头，钢筋连接要优先选用电弧焊，而具体的接头型式、焊接方式、适用条件要符合国家的现行标准的相关规定。普通混凝土中钢筋直径小于等于25 mm 时，如果没有焊接条件情况下，可以用绑扎接头，但是对于轴心受拉或者小偏心受拉的构件中的主钢筋除外，不能用绑扎接头只能用焊接。而对于直径大于 32 mm 轴心受压与偏心受压柱中的受压的钢筋接头要用焊接；常见接头有搭接焊、帮条焊、窄间隙焊、坡口焊和熔槽帮条焊等五种接头型式（图 4-31，4-32）。

图 4-31 电焊机   图 4-32 气焊割枪

焊接过程中焊缝表面要及时清渣保持光滑，焊缝余高要平缓过渡，弧坑要填满。接头焊缝要用双面焊，如果不能用双面焊时可采用单面焊，其帮条或搭接长度要符合相关规定，帮条焊或者搭接焊接头的焊缝厚度要大于主筋直径的 0.3 倍；焊缝宽度要大于主筋直径的 0.7 倍，在任一焊接接头的中心到长度为钢筋直径的 35 倍且要不小于 50 cm 的区段范围内，同一根钢筋不能有两个接头；有接头的受力钢筋的截面面积与受力钢筋的总面积的百分率在受压区及装配式构件的连接处不受限制，但受拉区要小于 50%。接头距钢筋的弯折处，不能小于钢筋直径的10 倍，且不要位于构件的最大的弯矩地方。钢筋的绑扎接头在受拉区域内，钢筋绑扎接头的末端应做成弯钩，直径小于 12 mm 的受压 I 级钢筋的末端及轴心受压构件的任意直径的受力钢筋的末端，可不用做成弯钩，但搭接长度不能小于钢筋直径的 35 倍，且至少要在搭接头中心及两端的地方用铁丝绑扎牢。施焊次序要由中到边或由边到中，要采用分区的对称跳焊，不能顺方向一次性焊成（图 4-33）。

图 4-33 钢筋加工

6.混凝土施工设备

混凝土施工设备主要包括混凝土搅拌设备、混凝土搅拌输送车、混凝土泵送设备。

混凝土工程的施工工序通常为：配料→搅拌→运输→浇筑→振捣→养护等。目前各工序已基本实现了全盘机械化，提高了混凝土工程的施工质量与施工的现代化水平，改变了以前人工操作，质量随机性较大，难以达到高质量混凝土制作的要求。

（1）混凝土搅拌机

混凝土搅拌机是对于混凝土的组成材料进行拌合的专用的设备通过搅拌要使材料达到了强化、塑化的作用（图4-34）。混凝土的强度它不但和组成材料的性能及配合比相关，且还取决于拌合的均匀程度。采用搅拌机可使混凝土强度提高了20%～30%。因此，搅拌机械是制备混凝土的必要的设备。

混凝土搅拌机按搅拌原理可分为自落式和强制式不同的两类。自落式搅拌机大多用于搅拌塑性的混凝土和低流动性的混凝土；强制式搅拌机大多用于搅拌干硬性的混凝土和轻骨料的混凝土，有时也可以搅拌低流动的性混凝土。

混凝土的搅拌时间通常从砂、石、水泥和水等全部的材料投入搅拌筒算起，到开始卸料时间为止。搅拌时间和混凝土的搅拌的质量相关，且随着搅拌机的类型和混凝土的和易性不同而不同。在一定时间范围内，搅拌时间的延越长，强度能有所提高，但延长时间的搅拌既浪费，且又将降低混凝土的和易性，会影响混凝土的质量。搅拌时间过长也会降低加气混凝土的含气量。

关于混凝土搅拌机的选择，需根据工程量与工期的要求选择。如果混凝土工程量大且工期较长，通常选用中型或大型固定式的混凝土搅拌机或者搅拌站（又叫混凝土预制）；如果混凝土工程量小且工期较短，通常选用中小型移动式的搅拌机。

（2）混凝土搅拌输送车

①搅拌车如果露天停放时，在装料前要先将搅拌筒反转几圈，要使筒内积水和杂物及时排出，防止混入混凝土的拌合料中，影响混凝土的质量。②运输中的全部时间要小于混凝土的初凝时间，运输中要保持匀质性，不能产生分层离析的现象，不能漏浆；保证混凝土在初凝前要有充分的浇筑时间。③混凝土的运输道路要平坦，要以最短的时间、最少的运转次数从搅拌地点运到浇筑地点。④从搅拌机中卸出到浇筑完毕的时间不能超过规定的时间。⑤混凝土运输常分为地面的水平运输、垂直的运输和楼面的水平运输等三种。⑥地面运输时，短距离通常用双轮手推车、机动翻斗车等；长距离通常用自卸汽车、混凝土搅拌运输车等。⑦垂直运输通常用各种井架、龙门架和塔式起重机等作为垂直运输工具，而对于浇筑量比较大、浇筑速度比较稳定的大型的设备基础和高层的建筑，通常用混凝土泵，或者用自升式塔式起重机或爬升式塔式起重机等运输。⑧混凝土搅拌输送车由汽车底盘与搅拌筒、传动系统、加料和卸料装置、供

水系统等搅拌装置等构成（图4-35）。⑨搅拌筒由中心轴与环形滚道倾斜卧置，固定在机架上的调心轴承和一对支承的滚轮所组成的三点支承的结构上，保障搅拌筒平稳地绕其轴线而转动。

（3）混凝土泵送设备

泵送混凝土，是指混凝土用混凝土泵运输，拌合物的坍落度一般不低于100 mm。混凝土泵常用的有液压柱塞泵和挤压泵两种。与传统的普通混凝土的施工方法不同，泵送混凝土是在混凝土泵的推力下沿输送管道进行的运输和浇筑。泵送混凝土的技术具有高效、施工方便、劳动强度低、浇筑范围较大、适应性强等优势，适于各种大体积的混凝土和浇筑效率高的混凝土工程中，但在地下结构或者一些高度不高的混凝土结构施工中，通常也利用混凝土移动泵车进行混凝土的浇筑（图4-36），泵车的臂长通常在30 m以内。泵送混凝土在桥梁工程中应用得十分广泛。

图4-34　混凝土搅拌机

图4-35　混凝土搅拌输送车

图4-36　泵送混凝土车

混凝土泵的输送管常见的有直管、弯管、锥形管和软管等。除软管是橡胶的除外，其余通常都为钢管。泵送前要先开机进行空运转，而后泵送适量的水来湿润混凝土泵的料斗、活塞和输送管的内壁等直接和混凝土接触的相关部位。通过泵水检查，确定混凝土泵和输送管中无异物，且确保接头严密后，要采用泵送水泥浆，或者除粗集料外与混凝土的其他成分相同、配合比也相同的水泥砂浆等类型的润滑浆，来润滑混凝土泵及输送管的内壁。润滑浆要分散布料，不能集中浇筑在同一处。

混凝土泵根据移动方式不同可分为拖式、固定式、臂架式和车载式等类型。

混凝土浇筑前不能发生离析或初凝现象，如果已发生，要重新搅拌。混凝土从高处倾落时，它的自由倾落高度不要超过 2 m，如果混凝土自由下落高度大于 2 m，要设斜槽、串筒、振动溜管或溜管等，且浇筑混凝土工作，要尽可能持续完成，分段、分层随浇随捣，不能发生离析的现象。对于不能一次性连续浇筑完毕，期间停歇时间已大于混凝土的初凝时间，而要继续浇混凝土时，会形成施工缝。施工缝通常要放在结构受力（剪力）较小且利于施工的结构部位。且施工缝在浇筑之前，要除去它表面的水泥薄膜、软弱的混凝土层和松动石子，且要湿润与冲洗干净，不能有积水，施工缝要细致捣实，确保它能紧密结合。通常先浇捣柱子，在柱子浇捣完成后，间隔 1 ~ 1.5 h，使其达到一定的强度后，再对梁和板浇捣。对于桩基承台或基础底板等不能留施工缝，以及浇筑之后水泥的水化热量大且聚集于构件的内部，内外温差较大，易造成混凝土表面产生收缩裂缝等。

混凝土的振捣方式通常分为人工振捣和机械振捣两种类型。但人工振捣是利用捣锤或者插钎等工具的冲击力来使得混凝土密实成型，但其效率低、效果不好；机械振捣是用振动器的振动力传发给混凝土，使它发生强迫的振动而密实成型的，高效实用。混凝土振动器根据其工作方式不同又分为表面振动器（图 4-37）、内部振动器、外部的振动器和振动台等，其中内部振动器又叫做插入式振动器，表面振动器又叫做平板振动器，外部的振动器又叫做附着式振动器。混凝土浇捣后由于水泥水化作用能逐渐凝结硬化，水化作用需要一定的湿度和温度。在浇筑混凝土 12 h 以内要加以覆盖和浇水；通常用洒水养护和喷枪喷洒氯乙烯树脂塑料溶液在混凝土表面形成塑料薄膜养护等两种自然养护。要对施工过程中的混凝土质量检查及养护后的质量检查。防止由于混凝土浆少而石子多配合不当或搅拌不均匀原因造成砂浆与石子分离等情况造成表面蜂窝状、模板表面粗糙等原因造成的麻面、混凝土结构内部存在空隙产生孔洞、混凝土保护层的地方漏振或振捣不结实而造成露筋、施工缝处理不当等原因造成的缝隙及夹层、模板变形或沉陷等原因造成的缺棱掉角和裂缝等。混凝土质量缺陷通常用表面抹浆修补、细石混凝土填补、宽度较大的裂缝用水泥灌浆与宽度较小的裂缝用化学灌浆等方法来防治与处理。

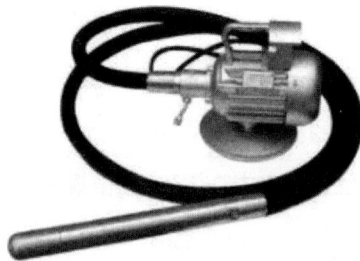

图 4-37 插入式混凝土振动器

7. 预应力锚固体系和张拉设备

制作预应力桥梁的构件需要用预应力相关设备，预应力技术在桥梁工程中广泛应用，工程中常用的预应力设备有预应力筋张拉机具、预应力锚固体系等设备（图 4-38）。

锚固装置常见的有为锚具、夹具和连接器。在后张法结构或构件施工中，锚具做为一种永久性的锚固的装置，它保持预应力筋的拉力且把它传递到混凝土上去的作用。锚具在张拉预应力筋完成后且将钢筋永远锚固于构件的端部，防止预应力筋的回缩造成应力的损失，它和构件共同的受力，不能卸下的重复使用一种预应力的制作工具。而在先张法的构件施工中，它夹住预应力筋的张拉使其固定于张拉台座或设备上的所使用机械装置称作为夹具。在构件制作完成之后，夹具可以卸下反复使用的一种张拉的工具，夹具是一种临时性地锚固装置。一个完整的锚固体系通常包括锚具，夹具，连接器，锚下支撑系统等部分。预应力张拉锚固根据锚固原理划分为预应力粗钢筋张拉锚固体系、DM 型预应力张拉锚固体系、LM 型预应力张拉锚固体系、预应力高强精轧螺纹钢张拉锚固体系、钢质锥型锚具、YJM 型夹片式锚固体系等等；固定端的压花锚固、P 型锚固、拉索群锚、吊杆锚、系杆锚等等；根据预应力品种把预应力张拉锚固体系划分为钢绞线夹片锚固体系、钢丝束镦头锚固体系与精轧螺纹钢筋锚固体系。夹片式锚固体系是目前应用得较多的一类锚固体系，它主要应用于后张法预应力工艺，它可锚固多根高强的钢绞线。而一个完整的锚固体系既包括张拉端锚具又包括固定端锚具。其中固定端锚具通常有P 型和 H 型两种。

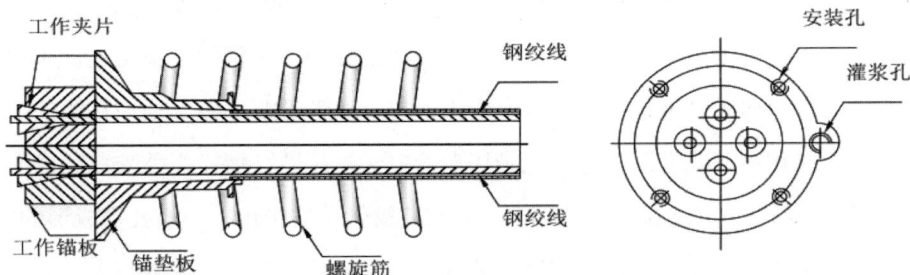

图 4-38 预应力锚具装置

预应力千斤顶（图 4-39）是钢绞线预应力张拉施工中重要的配套的设备，预应力千斤顶的结构紧凑，预应力千斤顶要与高压油泵相配合使用，张拉与回顶的动力全由高压油泵的高压油来决定，在张拉时工作平稳，油压高，张拉力较大，是专门用于张拉钢铰线等预应力筋的专用工具。预应力千斤顶有拉杆式、穿心式、锥锚式和台座式等四种不同类型。

预应力千斤顶代号后连接主参数的张拉力，它的单位通常为 kN，张拉之前要检查油泵的油量，且使千斤顶空行程的运行几次清空千斤顶和油管内的空气。

预应力千斤顶的形式与主参数的选择要参照锚夹具的形式、预应力筋的种类、构造的参数和张拉的方法等情况。

预应力千斤顶根据结构的不同它又分为前卡千斤顶与普通穿心式千斤顶两种不同类型。其中穿心式又可分成穿心单作用式、穿心双作用式和穿行拉杆式等三种不同类型。前卡千斤顶主要适用于初张拉与单根锚具的张拉，普通穿心式的千斤顶主要适用在群锚整体张拉。预应力千斤顶在公路桥梁、铁路桥梁等预应力施工工程中广泛应用。在使用之前要严格控制千斤顶的参数，不能超压超载使用，预应力筋的张拉的顺序要符合设计的要求。对于直线预应力筋的张拉，在张拉过程中要使张拉力的作用线与孔道的中心线重合；对于曲线预应力筋的张拉，在张拉过程中要使张拉力的作用线和孔道末端的中心点的切线重合。液压泵（图4-40）是预应力千斤顶的动力与操控装置，要按照需要供给预应力千斤顶的液压油。

图 4-39　预应力千斤顶　　　图 4-40　液压泵

其他预应力用具有预应力波纹管。后张法预应力要在构件中预留孔道穿入预应力筋，其孔道预留的方法有用金属波纹管预埋在构件中或用塑料波纹管（图4-41）预埋在构件中成孔。

金属波纹管是用镀锌或者不镀锌薄钢带用卷管机经过压波、螺旋折叠咬口而成的，有圆管和扁管之分，但扁形波纹管要配合扁形锚具。金属波纹管是后张预应力筋孔道成形的理想材料，广泛采用于各种大中型桥梁，它重量较轻、抗渗、强度高、柔性好，刚度较大、耐压、摩擦系数较小、与混凝土黏结性能较好，预应力金属波纹管能保障施工质量，缩短工期等特点。

金属波纹管的结构决定了它的性能，不同的性能取决于它的不同的结构，结构差异的反映在波型上。波型是指轴向剖开后的波纹型式与形状，波纹管的波型通常有C型、U型、Ω型和S型等，及承压能力强和刚度小的多层波纹管与有加强环的波纹管。圆环形的横截面许用位移较小承受高压力的能力较大，U型的横截面许用位移较大承压能力相对较小，虽然C型波纹管的刚度较大，但灵敏度差，且非线性的误差大，通常用于密封隔离元件或挠性联接件。Ω型与S型波纹管主要适用在压力较大、位移较小的场合条件下。在压力和位移较大的情况下，通常用多层U型波纹结构。

波纹管端部的结构连接有不同的基本结构型式，波纹管的两端部分需要与相联接的构件焊接，而波纹管的端部结构影响着波纹管的构件的工艺性。

而应用于后张预应力水泥结构的预应力的塑胶波纹管的原材料是 HDPE（高密度聚乙烯），它是一种新式的成孔材料。和金属波纹管相比，当使用金属波纹管时，在构件的防水层的破坏、裂缝渗水或排水设施失效时，后张构件预应力筋就要受到腐蚀作用，预应力结构承受着外界干扰与破坏作用。而塑料波纹管作为一种新型成孔材料，它的原材料是 HDPE。因此它的耐腐蚀性能比金属强，它不怕酸、碱，预应力筋免受腐蚀。

由于预应力塑料波纹管避免了金属管没有永久的防腐能力，且能为预应力筋提供一种远超于金属波纹管的屏障的保护作用，防止有害物质对管道的污染，保障了后张预应力结构的耐久性；同样条件下，预应力金属波纹管预留孔道的摩擦系数要大于塑料波纹管预留孔道的摩擦系数，塑料波纹管减小了预应力张拉过程中的摩擦损失，比较适用于真空灌浆；预应力塑料波纹管是绝缘材料，对比金属可防止杂散电流腐蚀性；预应力塑料波纹管且有更好的耐劳的性能，可以极大地提高构件的抗疲劳能力。塑胶波纹管还具有无渗水漏浆、密封性好、环刚度高、耐老化、柔弹力好、不易被捣棒凿破等优点。而如果孔材料受到破坏后，浆体则是预应力钢板的最后的一道保护屏障。

图 4-41　波纹管

8. 起重机具设备

常见的起重机具设备有卷扬机、井架、链滑车、扒杆、架桥机、龙门架、塔式起重机等。

卷扬机（图 4-42）又称为绞车，有手动和电动两种不同方式，其中电动卷扬机它是起重及其他施工操作的动力设备，在工程施工中常采用电动卷扬机。电动卷扬机根据操作方式的不同常分为电动可逆式的卷扬机和电动摩擦式的卷扬机。卷扬机要安放在地基平坦坚实、地势要稍高周围场地、无障碍物且距离起吊处要保持一定的距离。根据短时间使用还是长时间使用方式的不同，固定卷扬机的方式也相应不同。使用时要注意安全事故，可以延长卷扬机的使用寿命。

井架可用钢管或型钢加工成定型的产品，也可以用碗扣式脚手架、扣件式脚手架或框架式脚手架等脚手架的部件搭设而成，井架内设置吊盘或料斗。通常井架有单孔、双孔或三孔等不同类型，以满足各种垂直运输量的需要，而且常在井架上安装悬臂的拔杆，满足起重运输的服务的范围，拔杆的长度可以设置为 3 ~ 10 m，起重量为 0.5 ~ 2 t，常见井架的搭设高度范围通常控制在 20 ~ 70 m，特殊情况可以调整搭设的高度范围。

链滑车通常俗称倒链或神仙葫芦，它是一种简便的起重工具，它主要分为蜗轮式和齿轮式两种链滑车，它主要用于人力手工吊装轻型的构件，在桥梁施工中的构件安装落位等工作中使用较多，齿轮式链滑车的工作效率较高。链滑车使用时要检查吊钩、链条、轮轴、链盘等部位，检查是否有锈蚀、裂纹、损伤、传动不灵活、起重链打结、扭结现象、齿轮啮合等。

图 4-42　卷扬机

扒杆是一种简单的起重吊装的工具，用它可以起吊重物，安装架设桥梁等通，常都是施工单位按照工程的需要来自行设计与加工制作。常见有独脚扒杆、人字扒杆、摇臂扒杆等类型。独脚扒杆是用一根形式立木制、钢管或钢桁架等柱做为主体结构，通过在其顶部系几根根缆风绳，把立柱固定成垂直位置或一定倾斜的简便起重装置。人字扒杆用两根木制、钢管或钢桁架等搭设为"人"字形支柱，支柱顶部交叉处要用螺栓连接，前后用缆风绳系住，扒杆下部也用拉绳系住。摇臂扒杆通常用一副人字扒杆或者一根独脚的扒杆吊住一根吊杆组成的扒杆。

架桥机是架设预制梁的专用设备，在工程实践中架桥机类型习惯以各生产厂家的型号来命名，无具体分类标准（图 4-43）。常见的有单梁式架桥机、双梁式架桥机、拼装式架桥机、三角桁架式架桥机、贝雷梁式架桥机等几种不同名称的架桥机。32 m 以下铁路桥及 50 m 以下的公路桥的预制混凝土简支梁的施工安装通常采用架桥机。架桥机通常适用于公路、铁路等桥梁建设工程施工现场工地进行桥梁的安装架设。它的主要作用是将预制好的梁片提起，之后运送且放到预制好的桥墩上面。它与一般意义的起重机由很大的不同，安全性要求高。

龙门架主体是由两根立柱和天轮梁（横梁）等不同部分构成，还有导轨、滑轮、吊盘、安全装置、缆风绳、起重索等附属设备，普通龙门架的架设高度通常为 20 ~ 30 m，龙门架是工程中一种较常用的垂直起吊设备，可在龙门架的顶横梁上设置横向吊运构件的横移装置，或在龙门架两腿下设置可纵向运输设的平车和轨道，龙门架通常用于构件预制场来吊装构件，或者设在墩旁附近用来吊装大梁等构件。普通龙门架的竖立方式通常有旋转法和起板法，地基要提前进行加固处理，可用起重机来整体安装或分节安装，龙门架竖立后要将缆风绳系紧及龙门架底角加固处理，龙门架高度如果低于 12 m 只设缆风绳一道；大于 12 m 以上者，每递增 5 ~ 6 m 要增设一道缆风绳，且每道缆风绳不能少于 6 根，龙门架埋深要大于等于 1.5 m。龙门架常见有简单龙门架、贝雷梁拼装式龙门架等类型。简单龙门架通常用圆木、方木或者型钢等组拼构成。贝雷梁拼装式龙门架通常是由公路装配式的钢桥桁架（贝雷梁）等不同配件组拼而成的，它是吊装预制梁的常用的起重设备。该龙门架易于拆装、改装，可以改为不同规格的龙门式起重机、架桥机、支架等构件设备。

塔式起重机俗称塔吊（图 4-44），塔式起重机通常包含有吊臂、塔身、转台、底架等结构部分，包含电动机、控制屏及控制器、电气安全装置等电气传动与控制部分，包含起升机构、变幅（小车牵引）机构、回转机构和运行机构等工作机构部分等组成。根据行走机构、起重臂变幅方式的不同、回转机构的位置及爬升方式的不同等分类标准塔式起重机通常可分为爬升式、轨道式和附着式塔式起重机等类型。轨道式塔式起重机可以负荷行走，可以同时完成水平的运输和垂直的运输，可以在直线和曲线轨道上作业，使用方便高效，但安装工序较繁费用较高。爬升式塔式起重机通常安装在建筑物的电梯井、特设的开间内、筒形结构内等，依靠爬升的机构随着结构升高而相应升高，通常每建造 3 ~ 8 m，起重机相应爬升一次，起重的高度随着施工的高度而定。附着式塔式起重机是要紧靠拟建的建筑物而布置，塔身要借助顶升系统而自行向上升高，随着建筑物和塔身的不断升高，每 20 m 上下要用附着支架装置，将塔身固定于建筑物上，以求稳定。原来主要适用于建筑工程中，现在也大量应用于桥梁工程中。

图 4-43 架桥机　　　　　　　　图 4-44 起重机

4.5 拱桥施工方法

1. 常见施工方法

（1）就地浇筑法，就是直接在桥跨的下面搭设的施工支架作为作业平台，支立模板结扎钢筋骨架，浇筑混凝土梁制造梁体的结构，当混凝土梁施工达到规定的要求后，拆除或转移施工支架模板，该方法主要适用于两岸桥墩不高的引桥、城市的高架桥、近岸边水浅且无通航要求的小跨径的桥梁。就地浇筑法由于不用中断主筋，故其整体结构性能好，且不用大型的垂直吊装设备与不用提供专门的预制场地。但因多次转移支架会加长工期，如果整桥多跨一次性就地浇筑，则会增加投入的支架费用。就地浇筑法对于拱桥而言，是把拱桥主拱圈混凝土的支模板、绑扎钢筋、现浇混凝土、混凝土养护及拆模板等基本施工工序流程直接在桥孔的位置来完成的施工方法。就地浇筑法根据施工设备来分为有支架施工法和悬臂浇筑法两种。

支架与拱架是支撑和稳固的模板，且承受钢筋、模板、混凝土等重量的结构，在搭设模板前都要先搭设相应的支架和拱架。支架在当前桥梁施工中应用十分广泛，如在就地浇筑混凝土时通常要搭设简易的支架或者脚手架来支承模板、钢筋混凝土、施工荷载等的重量；构件吊装、简单施工操作时，有时也要搭设简易支架。桥梁工程中，支架通常用在梁体的就地浇筑混凝土施工中。支架根据材料分为钢支架、木支架、钢木混合支架和万能杆件拼装的支架等；根据其构造分为梁式、立柱式和梁—柱式支架。立柱式支架其结构造型简单，一般包含排架和纵梁等构件，其中排架由桩、立柱和盖梁等组成，一般排架的间距一般为 4 m，通常不小于 3 m，材料通常是钢管支架，且一般要在纵梁下布置卸落的设备。通常用在陆地或者不通航河道以及桥墩不高的小跨径的桥梁施工中。根据跨径不同，梁式支架的梁通常采用跨径小于 10 m 工字钢、跨径大于 20 m 的钢桁梁、跨径小于 20 m 的钢板梁等。梁一般支承在桥墩上预留的托架上或者支承在桥墩处的横梁上。梁–柱式支架一般用于当桥梁比较高、跨径比较大、要在支架下设孔通航或者排洪情况下。

拱架是采取有支架施工法建造拱桥的必不可少的辅助结构，它是施工期间用来支承全部或者部分拱圈及拱上建筑的重量，保证拱圈要符合结构设计形状的临时的构造物，所以要求拱架要有一定的刚度、强度、和稳定性。拱架按材料分为竹拱架、木拱架、竹木混合拱架、钢拱架、钢木组合拱架和土牛拱胎架；拱架根据结构形式分为撑架式、排架式、桁架式、扇架式、叠桁式、组合式、斜拉式等。组合式拱架通常在木支架上把钢梁设计成斜梁，可以增大支架的间距，在钢架上可设置变高的横木形成的拱度，且用以支承模板。支架和拱架及模板全部是浇筑混凝土施工中的临时性的结构，但它要承担大部分的施工荷载。在工程施工中，支架和拱架及模板不但要控制着桥梁结构确切位置和构件各部分的形状大小尺寸的精度，而且施工进度、施工安全和混凝土的浇筑质量也受支架和拱架及模板的影响，因此要保证支架和拱架及模板要有足够的强度、刚度和稳定性，支架和拱架安装完成后，要检查它的平面位置、顶部标高、节点连接位置及纵、横向的稳定性是否符合要求。支架和拱架及模板在受力后会产生结构变形与弯曲下挠，要通过结构分析计算结构可能产生的变形与挠度，安装时要设置预拱度，而且支架和拱架及模板要安装在有足够的承载力地基上，立柱的底端要设垫木来分散和传递压力，要扩大上下支承点的承压面，来减少支架下沉量和模板的变形量。

（2）预制安装法，就是当桥梁的桥墩较高、近岸边河水较深且有通航要求的多跨径的桥梁，通常将桥梁主跨结构沿横向或纵向划分成若干相互独立的构件，并在桥位附近提供专门的预制场地或者预制厂成批的加工制作立模浇筑混凝土构件，当构件达到设计强度后，然后按照工序将这些构件适时地运到桥位处安装施工的方法。桥梁的预制安装可以集中成批生产，降低工程成本，容易控制质量，使上、下部结构平行施工，缩短工期，且无需在高空构件制作，但构件需要大型的起吊运输安装设备，构件与构件间存在拼接缝，整体工作性能欠佳，施工时要搭设吊架，操作比较麻烦。

2. 圬工拱圈的砌筑

砌体的材料通常有岩石、混凝土预制块和砂浆，常用的砂浆强度有 M20、M15、M10、M7.5、M5、M2.5 等六个不同等级。岩石强度是影响砌体强度的主要因素，岩石规格和砂浆强度是影响砌体强度的次要因素。对砂浆的抗压强度要根据不同强度等级、不同的配合比分别制备不同试件，重要的或主体的砌筑物，每工作班要设置 2 组试件，一般的或次要的砌筑物，每工作班要设置 1 组试件。砂浆的抗压强度试件的标准养护期一般为 28d，砂浆的抗压强度合格条件的标准是同等级试件的平均强度不能低于设计强度的等级，且任意一组试件的最低值不能小于设计强度等级的 75%。砌体所用的各项材料的类别、规格及质量都要符合要求，砌缝砂浆或小石子混凝土都要铺填饱满，强度要符合规定要求，砌缝宽度、错缝距离都要满足相关规定，勾缝要坚固、整齐，深度及形式要满足要求，砌筑方法要正确，砌体位置、尺寸不能超过允许偏差的规定范围。对于外圈片石及转角片石的施工要选择形状比较方正及尺寸较大一些的片石，且要长短相间地与里层的砌块相咬接。块石砌体通常要分层平砌，每层的岩石高度要基本一致，石块大面要向下，上下层的竖缝要错开，每层厚要大于 0.2 m。浆砌粗料石及混凝土的预制块对于粗料石砌筑时根据岩石及灰缝的厚度，粗料石砌筑要根据估计的层数来选好粗料石，砌筑时要控制好平面位置和相应的高度。粗料石的砌筑要预先估计层数选好粗料石，砌筑时要严格控制平面的位置及高度。镶面石要一丁一顺的排列，砌缝要横平竖直，且在丁石的上层或下层要没有竖缝。强度不高的岩石，只要形状规则平整且用较高强度等级的砂浆去砌筑，则可获得较高强度的砌体。如果形状不方正的岩石或片石，则要把岩石和砂浆的强度都要提高，也可以获得一定强度的砌体。砌体的砌筑方法通常有铺浆法和挤浆法，铺浆法是先铺上一层坐浆，之后将片石铺上，再用手使劲的推紧，每层的高度视岩石的尺寸而定，一般不要超过 0.4 m，并随时地选择厚度大小适合的砌平整理的石块，先要填满空隙处。挤浆法通常要分层砌筑，每层的高度控制在 0.7 ~ 1.2 m 之间。层间的砌缝要大致砌成水平，通常每 3 ~ 4 层石块要找平一次，对于分层内的每层石块，不用铺通层来找平砂浆，而是根据岩石高低的不平形状，逐段地铺好安砌上层的石块的坐浆。砌筑时为了使砌体的各个不同石块能紧密结合，岩石要在使用前清除灰尘、污泥及其他杂质，以利于石块与砂浆之间的结合度；砌筑之前要把石块充分地润湿，防止石块吸收砂浆里的水分。如果基底是土质，要先夯实后直接地铺坐浆砌筑。砌体通常是分层砌筑，较长层可分段砌筑，分段位置要尽量选在沉降缝或伸缩缝处，各段水平砌缝要一致，两相邻工作段的砌筑高差通常不超过 1.2 m。在砂浆还未凝固的砌层上，要避免受外力的碰撞或者扰动。如果砌筑中断后要洒水湿润养护。砌体勾缝通常用凸缝或平缝，浆砌比较规则的时候要用块材时要采用凹缝。

　　勾缝砂浆强度不要低于砌体的砂浆强度，流冰或严重冲刷部位要采用高强度的水泥砂浆。岩石砌体勾缝要嵌入砌缝内大约 2 cm 左右，缝槽深度不够时要凿够深度之后再勾缝；片石勾缝时要嵌入砌缝 2 cm 以上，片石的护坡、锥坡勾缝要待坡体土方稳定之后再施工，可以做平缝。浆砌砌体要在砂浆初凝之后洒水覆盖养生 7 ~ 14 天。

　　对于在拱架上砌筑的圬工拱圈主要是石拱桥和混凝土预制块拱桥。要先做好相关的准备工作，且在拱圈砌筑时要注意相应的程序。砌筑拱圈施工时，拱架会由于荷载的增加而产生变形，如果砌筑方法不当，拱架变形会改变拱轴线的形状，在拱架变形突变剧烈的地方，会导致拱圈砌缝开裂。因此要选择适当的的砌筑方法保持拱架受力均匀，变形也均匀。要结合桥跨径大小待等因素，相应选择适宜的拱圈砌筑方法。

　　（1）连续砌筑法

　　对于砌筑跨径小于 10 m 以内的拱圈，砌筑时要根据拱圈的全厚和全宽，从拱脚两端开始连续对称地向拱顶方向砌筑。

　　（2）分段砌筑法

　　如果桥梁跨径较大时，继续采用连续砌筑法，由于在砌筑拱脚一段是地，则由于拱石重力而导致该段拱架下沉，拱顶总部会受到两边拱石重力的挤压而向上方拱起。如果连续砌筑到拱顶时，则拱顶部拱架会下沉，导致拱跨的 $L/4$ 处拱架拱起，会使拱圈轴线偏离设计方向拱轴线过多，增加了拱圈内力，或者引起灰缝的开裂。工程实践中，通常当拱的跨度大于 16 m 时，要防止拱架变形不均匀产生拱圈裂缝，以及要降低混凝土的收缩应力，施工要用分段浇筑法。根据浇筑的能力、拱架的结构和跨度的大小不同，确定分段的数量，分段的长度通常为 6.0 ~ 15.0 m，分段位置要使拱架的受力均匀对称，分段的位置通常选在拱架的拱顶、拱脚等节点处，要对称砌筑施工，以保持拱架的受力平衡。

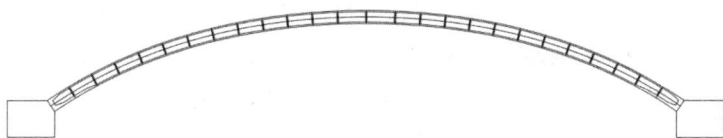

图 4-45 钢箱拱肋

（3）分环分段砌筑法

对于浇筑大跨径的拱圈混凝土时，为了降低拱架的负担，通常用分环（层）分段法浇筑。如果拱桥跨径大于25 m，且拱圈厚度较大时，则分几层砌筑。每层的砌筑方法同分段砌筑法类似。当一层砌筑完成后，则拱圈和拱架共同承担下一层拱圈的重力。如对于箱形截面的拱圈可分段浇筑底板合龙，合龙后的底板可与拱架共同受力，减小拱架承载，然后再分层、分段的浇筑腹板、隔板和顶板等。

（4）多孔拱桥砌筑法

多孔拱桥的拱圈砌筑涉及桥墩单向推力的作用，要在砌筑的方法上采取恰当的措施。拱圈砌筑程序通常对称于桥孔的中心线，从拱脚、拱顶及四分之一点处同时开始或者交叉进行。拱圈砌石根据砌缝面垂直于拱腹线方向分层砌筑，石层之间要错缝。拱圈合拢和空隙堵塞完成，要经过数日的养护砌缝砂浆强度达到30%强度以上时进行拱上建筑的砌筑。在主拱圈砌完成，先砌腹拱的横墙，在卸落拱架之后再砌筑腹拱的拱圈。腹拱上的侧墙，要在腹拱拱铰地方设置变形缝。砌置横墙的拱背的部分，要设置五角形的拱石。横墙不能承受拱圈的恒载单向的推力，各个腹拱要设拱架，且同时完成拱圈，或者自拱脚向跨中逐孔的砌筑腹拱，但要抵抗腹拱圈卸拱后作用在横墙上的单向推力。铰石要用石质坚硬而无裂纹的石料。拱圈砌筑的程序要根据拱圈的跨径大小、矢高、厚度不同及拱架的情况来设计，通过设置变形的观测缝跟踪观测拱架的变形情况，及时调整砌筑程序，控制拱圈的变形。对于跨径不大于 10 m 的拱圈，如果用满布式的拱架砌筑时，拱架砌筑从两端拱脚向拱顶方向对称、均衡地顺序砌筑，直至砌拱顶石；如果用拱式拱架砌筑时，拱架砌筑要分段、对称地先砌筑拱脚和拱顶段，然后砌筑 1/4 跨径段。对于跨径 10 ~ 20 m 之间的拱圈，不论采用何种拱架，两半跨要同时对称施工，而其中每半跨拱架砌筑要分成三段，先砌拱脚段和拱顶段，然后砌筑 1/4 跨径段，分段砌筑的拱段，当拱段的倾斜角大于砌块与模板之间的摩擦角时，要在拱段的下方临时设置支撑，要防止拱段滑移。对于跨径不小于 20 m 的拱圈，通常采用分段砌筑或者分环分段相结合的方式砌筑，根据需要可以对拱架预加一定的压力。拱圈分环砌筑时，要在拱圈下环砌筑合龙、砌缝的砂浆强度达到设计强度的 75% 以上时，才砌筑上环拱圈。对于多孔连续拱桥拱圈的砌筑，要考虑连拱的影响，制定相应的拱圈砌筑施工工序。对于混凝土、钢筋混凝土拱圈的浇筑方法和圬工拱圈浇筑方法类似。砌筑拱上建筑必须在拱圈合拢后，强度达到设计强度等级的 30% 以后进行。

拱桥无支架施工主要应用于大跨径的钢筋混凝土的轻型拱桥，其主要施工方法包括缆索吊装、悬臂拼装、劲性骨架法、转体施工等。

缆索吊装施工设备主要包括主索、起重索、结索、扣索、牵引索、浪风索、地锚（地垄）、塔架、滑轮、电动卷扬机或手摇卷扬机等不同部分。其中起重索的一端连着卷扬机滚筒，另一端由地锚固定，由卷扬机与滑轮组来起吊、下放构件。扣索一般把一端系在拱肋接头附近的扣环之上，扣索另一端由扣索排架或者塔架固定在地锚上，调整扣索的长度可通过手摇卷扬机或者张紧索，扣索主要用于拱肋分段吊装的情况下。塔架是主要用来提高主索的临空高度和支承各种受力钢索的重要结构，塔架的上方设置了索鞍用于放置主索、起重索、扣索等，它可以减少钢丝绳和塔架的摩阻力且减少钢丝绳的磨损，并使塔架承受较小的水平力。缆索吊装施工工序主要包括预制设计要求规定形状的拱肋、拱肋的输运和吊装施工、拱圈的安装施工、拱上建筑的施工、桥面构造的铺装施工等工序。接头焊接后才能松索成拱，每次松索量不能太大，要避免各接头标高发生非对称的变形导致拱肋失稳或者开裂，接头高程的变化不能超过 1 cm，松索依拱脚段扣索、次段扣索、起重索的逐次顺序开展，且要对称、均匀的松索。转体施工法是把主拱圈从拱顶截面截开，将主拱圈的混凝土高空浇筑作业改为放在桥下或者岸边等适当的位置的低空作业，通过简易的支架等完成半跨的预制，在主拱圈混凝土通过一段时间养护达到设计要求强度后，通过提前设置好的旋转装置，以桥梁结构本身为转体，将主拱圈就地旋转合龙到位。转体施工法根据旋转面又分为平面转体施工法和竖向转体施工法及平竖结合体等不同方法。平面转体施工法的特点是把主拱圈从拱顶分成两个半跨，然后在两岸利用地形做简单的支架，通过现浇或者拼装拱肋，再安装拱肋间的横向联系，通过牵引转动体系，使半拱平面转动合拢。有平衡重平面转体和无平衡重平面转体施工。有平衡重平面转体一般是以桥台背墙为平衡重及拱体转体拉杆（索）的锚碇反力墙，通过平衡重来稳定转动体系，由于平衡重平面转体过大会不经济且转体比较困难，一般适用于 100 m 以内的拱桥。无平衡重平面转体施工适用于地质场地条件好的大跨径拱桥转体施工，它可很大程度减轻转动体系重力与圬工材料。竖向转体施工法的特点是把主拱圈从拱顶分成两个半跨，两个半拱在地面胎架上完成预制，通过现浇或者拼装拱肋，通过验收几何尺寸、拱轴线形等规定合格要求，然后由牵引转动体系，使半拱竖向转动合拢。劲性骨架法就是采用角钢、槽钢等劲性材料作为拱圈的受力钢材，在工程施工的过程中先把这些劲性钢骨架制作拼装成拱，后作施工的钢骨架使用，之后拱肋浇筑成混凝土，将钢骨架浇筑在混凝土的内部构成钢筋混凝土拱。拱桥悬臂施工是把拱圈、立柱与临时斜拉（压）杆、上拉杆组成的桁架，用拉杆或者缆索锚固在坚硬的台后，向桥跨中悬臂吊装逐节施工，最后于拱顶拱圈合拢。主要有塔架斜拉索法和斜吊式悬臂浇法等不同方法。

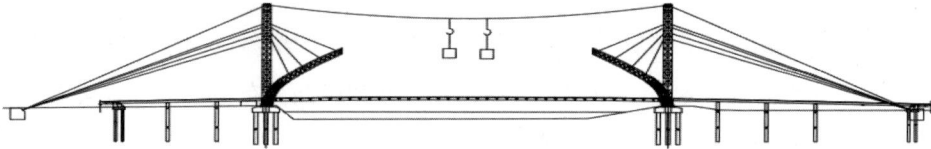

图 4-46 拱桥悬臂拼装

3. 主梁施工

主梁施工通常通过架桥机或顶推施工的方法。大跨度结构桥梁由于造型美观生态环保，经济合理，适用安全，跨越能力强常成为大跨度桥梁方案比选的目标之一。但随着拱截面尺寸的不断增加，结构自重及施工难度等大幅增加，限制了桥梁经济跨越能力，施工安装成为大跨度桥梁关键技术难题，满足我国日益不断增长的工程建设和应用需求，是目前发展大跨度桥梁亟待解决的问题。而顶推施工技术不受桥形、地形、天气等方面限制，该技术噪音低且质量好。利用简单设备的分节段预制，逐段顶推的不同工序，可以在宽深河道、深山峡谷等恶劣地形条件下作业。顶推法首次应用在桥梁工程中的是前联邦德国莱昂哈特博士与包尔教授，在1959年奥地利的 *Ager* 桥的工程施工中，在桥台的一侧设置了预制场，分节段预制了段长 8.5 m 且用 0.5 m 混凝土湿接缝且将全桥组拼后进行顶推施工，且在1962年在委内瑞拉建成卡罗尼（Caroni）河桥首次使用了钢导梁与在桥墩间设置了临时墩，1964年顶推施工采用了分节段预制逐段顶推的工艺，顶推法用千斤顶取代传统的卷扬机滑车组且用板式滑动装置取代了滚筒的刚梁纵向拖拉法，世界各国相继采用顶推法施工。推荐的合理顶推跨径大小为 40 m 左右，中国目前有百余座左右桥梁采用顶推工艺。顶推法施工显著的特点是大约仅用 5% 不到的水平力，克服了箱梁与滑道之间的摩阻力，可以把 20 倍水平力相当重量的箱梁架设到位，这是当前架桥工艺中耗用能量最小的施工方法之一，也是目前费用最低的施工方法之一。顶推法桥梁施工是沿桥纵轴方向的台后设置一个预制场分阶段预制梁体，张拉纵向预应力筋后，由水平千斤顶施力，借助滑道滑块等工具将梁逐段向前顶推，就位之后落梁更换正式支座。顶推法又分为单点顶推和多点顶推等不同方法。单点顶推的数学原理：当集中顶拉力 $H > \sum R_i (f_i \pm A_i)$ 时，梁体则向前移动，式中：R_i 为第 i 桥墩台滑道瞬时的垂直支反力，f_i 为第 i 桥墩台支点相应的静摩擦系数；A_i 表示桥梁纵坡坡率，下坡顶推为"-"，上坡顶推为"+"；多点顶推的数学原理：当

$\sum F_i > \sum (f_i \pm A_i) N_i$ 时，梁体则向前移动，式中：F_i 为第 i 桥墩台千斤顶所施的力，N_i 为第 i 桥墩台支点瞬时支反力，f_i 为第 i 桥墩台支点相应摩擦系数，A_i 为桥梁的纵坡，下坡顶推为"−"，上坡顶推为"+"。单点顶推的顶推动力装置集中一般设置在靠近梁场的桥台墩上，支承在纵向滑道上的垂直千斤顶及支承在墩（台）背墙的水平千斤顶联动，可使梁体以垂直千斤顶为支承向前移动。另一种单点顶推的方式是由水平千斤顶通过拉杆带动梁体前移，滑道是固定的不锈钢板，滑块在滑道上面支承梁体，在滑道前后设置的垂直千斤顶用来起落梁体且使滑块能从前向后移动，这是前期做法，现在是把滑道前后作为斜坡，滑块可以用手工续进，则不必用垂直千斤顶顶起梁体之后移滑块了。单点顶推在顶推前期和后期会存在一个严重缺点，就是垂直千斤顶顶部同梁体间的摩擦力不能带动梁体前移，它要依靠辅助的动力才能完成顶推。且单点顶推施工中，由于没有设置水平千斤顶的高墩，特别是柔性墩在水平力的作用下则会产生较大的墩顶位移，甚至涉及到结构的安全。而多点顶推法的优点是在任何阶段都能提供必要的顶推动力，在顶推过程中水平千斤顶会对墩台的水平推力和梁体作用在墩台上的摩擦力相平衡抵消，有利于柔性高墩的安全性。但是要保证多台千斤顶同步工作且可以分级调压，使作用在墩顶的水平力不能超过设计允许值。

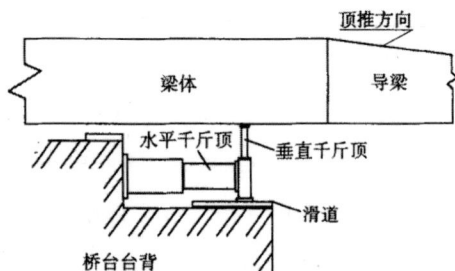

图 4-47　单点顶推示意图

波形钢腹板 PC 组合梁顶推施工时，沿桥纵轴方向的后台设置一个预制场，分阶段预制不同梁体，纵向预应力筋张拉之后用底板模板安装波形钢腹板，为了增加波形钢腹板 PC 腹板的抗弯刚度值，在其上、下端部加焊宽 0.4 m、厚 20 mm 的顶底水平钢板以形成工钢梁直接用来做顶推施工中的钢导梁。它节省了数百万的钢材且免除了导梁的安装、拆卸工序，节省了大量的劳力。钢导梁顶推到位之后可作为劲性骨架，装模板后可直接浇筑顶底板混凝土。然后底板混凝土浇筑（用顶板模板制作前一节段的顶板），根据顶推动力公式（$H = K \sum R_i f_i \pm GI$，式中 K 是安全系数，$K=1.5 \sim 2.0$；R_i 是墩台滑道的垂直反力；f_i 是相应的静摩擦系数；G 是箱梁总重量；I 是顶推坡度，上坡取"+"，下坡取"−"），算出顶推的动力，然后借助滑道、滑块等工具由水平千斤顶主梁顶推施力，顶板模板前移，用顶板模板作顶板的混凝土浇筑（用底板模板安装下一节段波形钢板、底板混凝土浇筑），波形钢腹板顶推完成以后作主梁的腹板，钢顶板顶推完成后作顶板的底模用。将梁逐段向前顶推，就位之后落梁，更换正式的支座。波形钢腹板预应力的混凝土组合箱梁是一种新型的钢—预应力混凝土结构。波形钢腹板代替了厚重的混凝土腹板，减轻了上部结构 20 ~ 30% 的自重，从而使上、下部结构工程量大量减少，降低了工程造价，同时波形钢腹板桥基本上解决了腹板的开裂问题。桥位地处山区，南北向都较为开阔，河岸较为顺直，主河槽呈 U 型河谷，洪水期河宽 100 余米，正常水位河宽约 90 m。某公路跨线桥，地处科技产业园大道上，大桥西起于中山路，东边终止于太原路。主桥跨径为 3 × 50 m 的波形钢腹板 PC 组合梁及浅部粗式空心桩方案，桥宽 25 m，梁高 3.5 m，箱内横隔除梁端间隔 5 m 一道外，其余均 8 m 间距设置一道。波形钢腹板及上下翼缘板均伸入焊钉、贯穿钢筋、顶板连接钢筋、顶板顶层、底层横向筋等。波形钢腹板与顶、底板混凝土采用埋入式连接键。桥面类型为沥青混凝土路面，装饰拱拱轴线为圆曲线，矢跨比为 1/4。大桥为城市主干路 II 级，计算机车速度为 50 km/h，道路横坡：1.5%。为满足桥下通车需要，采用顶推施工工艺。大桥的主要材料力学性能为 C50 混凝土，弹性模量取 34 500 MPa，泊松比取 0.2，线膨胀系数取 0.000 01/℃；Q345D 钢：弹性模量取 206 000 MPa，泊松比取 0.3，线膨胀系数取 0.000 012/℃；直径 21.8 mm 钢绞线：弹性模量取 195 000 MPa，标准强度取 1 830 MPa，泊松比取 0.3，线膨胀系数取 0.000012/℃。混凝土强度等级采用 C50；普通钢筋采用 HPB300 和 HRB400，箱梁预应力钢绞线采用抗拉强度标准值 f_{pk}=1 830 MPa 的大直径低松弛高强度钢绞线，公称直径 21.8 mm，单根公称面积 313 mm^2；箱梁结构普通钢板及波形钢腹板均采用低合金高强度结构钢 Q345D。设计图上部结构是采用现浇然后再顶推、顶推与现浇交替进行的施工方案。满足公路交通的有效作业时间段。上部结构采用双箱梁分段现浇、顶推施工工艺。施工中根据大节段在台后预制平台上进行分段现浇，然后分段顶推。第一次顶推 3#、4# 箱梁形成的双箱梁，到位后再利用原有设备顶推 1#、2# 箱梁形成的双箱梁。顶推中分段现浇后，混凝土达到强度要求即张拉或接长相应节段的上下缘前期束（通束），并根据受力需要，张拉相应位置的临时索和后期索。顶推到位后，利用塔架、斜拉索和墩之间的临时墩为钢导梁部分提供支撑，对钢导梁部分分段现浇顶、底板混凝土，形成双箱连续梁。顶推施工工序具体步骤见图 4-48。

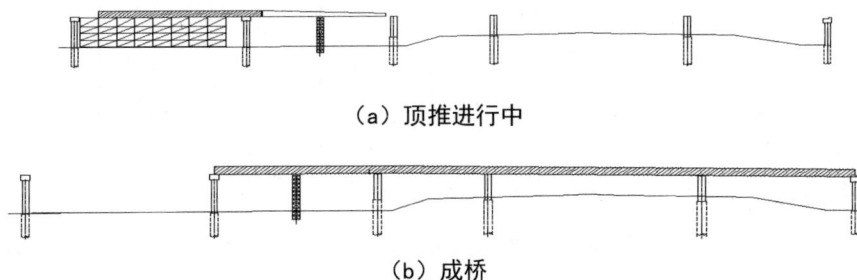

（a）顶推进行中

（b）成桥

图 4-48 顶推施工步骤图

结构分析基本参数及假定，结构自重：混凝土容重取 26 kN/m³，钢结构容重取 78.5 kN/m³；二期恒载：桥面铺装层容重取 23 kN/m³；预应力：按照成桥状态布置钢束，张拉控制力按照设计张拉力；混凝土收缩及徐变作用：按照《公路钢筋混凝土及预应力混凝土桥涵设计规范》（JTG D62-2004）的规定计算；基础变位作用：按照桥台及桥墩位置沉降 5 mm 考虑；汽车荷载：采用公路 I 级，荷载标准值、设计车道数、折减系数及冲击系数均按照《公路桥涵设计通用规范》（JTG D60-2004）的规定计算；系统温度：整体升温按 25 ℃计，整体降温按 25 ℃；不考虑地震作用等偶然作用。上部结构计算分析采用杆件模型模拟，共计 138 个单元，126 个节点。按照顶推施工工序，总共模拟了 11 个施工阶段。

表 4-1 施工工况

工况	施工情况
CS1	组拼预制梁段和钢导梁段
CS2	顶推 56 m，导梁处于最大悬臂状态
CS3	导梁前端支撑在临时墩上
CS4	顶推至 109 m，导梁前段到达临时墩
CS5	顶推至 145 m
CS6	临时墩支撑转换
CS7	钢导梁段浇筑混凝土
CS8	顶推至 150m
CS9	临时墩支撑转换为永久支座
CS10	二期恒载施工
CS11	桥梁使用阶段

荷载组合及系数见表 4-2 所示：

表 4-2 荷载组合

组合及组合系数		永久作用			可变作用		
		恒荷载	收缩徐变	支座沉降	汽车荷载	系统温度	梯度温度
承载能力极限状态	基本组合	1.2	1	1	1.4	1.4	1.4
					1.4	1.12	1.12
正常使用极限状态	作用短期效应组合	1	1	1	1	1	0.8
					1	1	0.8
	作用长期效应组合	1	1	1	0.4	1	0.8
					0.4	1	0.8

通过结构分析结果及验算都满足要求。分块预制组拼、分组顶推的灵活施工方案，满足公路部门营运管控的安全需要，顶推施工时可以用波形钢腹板作导梁、现浇时可省略腹板模板，施工简易、节省设施费用；波形钢腹板 PC 组合梁顶推技术的显著特点是自重轻，提高顶推施

工跨径，跨径可达 60 m 以上，可以将重达 20 倍左右的水平箱梁顶推到位，是桥梁工程中耗用能量最小、费用最低的施工方法。它为同类桥梁施工，提供了新的解决思路与技术方法。

4.6 桥梁工程质量管理

4.6.1 桥梁工程质量的概念

质量是表示活动、过程、产品、组织、体系或个人或者它们的之间的任意组合要满足一定的用户、社会群体及第三方的需要的特征的总和。桥梁工程建设包括可行性研究阶段、工程勘察设计阶段、工程的施工阶段、竣工验收交付使用阶段。

桥梁工程质量，它通常包括狭义和广义两个方面的含义。狭义的桥梁工程质量指桥梁工程项目的施工质量；广义的桥梁工程质量除桥梁工程施工质量外，还包括桥梁工程工序质量和工作质量等。

桥梁工程施工质量，桥梁工程质量是指保证承建桥梁工程的使用价值，也就是指保证施工工程的适用性。桥梁工程施工质量要与桥梁工程项目的使用相适应，在确定桥梁工程施工质量标准时，应在满足适用性的前提下再考虑技术、经济、安全、耐久、环保和美观等方面因素。

桥梁工程工序质量：桥梁工程实际是一个生产过程，而把生产过程的每一阶段又可看作是每一道工序，桥梁工程实际可以看作勘察设计阶段、施工阶段、使用阶段、服务阶段等四个不同阶段对应。桥梁工程施工质量对应设计阶段质量、施工阶段质量、使用阶段质量与服务阶段质量等四个阶段质量，只有做好桥梁工程过程质量才能保证工程的整体质量。

桥梁工程工作质量，它是指参与桥梁工程项目的工作者，为了保证桥梁工程实体质量所涉及的有关的各项工作的好坏，它要保证桥梁工程的质量、适用性等，它包括组织工作、管理工作、技术工作等对提高工程质量、服务质量和提高经济效益的保证程度。工作质量涉及各个部门、各个岗位工作的积极有效性，它取决于工作人员的品质意识、责任心、业务水平等不同方面，同时决定着桥梁工程施工质量和服务质量。如社会调查、市场预测、技术培训、质量调研等。

桥梁工程质量的特点和一般的工程质量相比较，桥梁桥梁工程质量具有许多影响因素、质量不稳定等特点。对隐蔽性强、终检局限性大的桥梁工程所存在的质量问题，表面上尽管桥梁工程质量很好。实际上混泥土可能已经失去了强度或钢筋已经锈蚀的完全失去了作用，但外表很难观察出来。可行性研究阶段、工程勘察设计阶段、工程的施工阶段、竣工验收交付使用阶段质量的好坏对使用者和社会环境都有影响。提高桥梁工程质量的要求是为桥梁工程使用的总目标服务的。

桥梁工程质量要求首先要确定施工项目范围，要详细了解工程项目的特性、规范标准、生产要求，且形成文件，桥梁工程质量特性尽可能用定量的指标表示，以此为依据；其次是规定桥梁工程特点；或评定桥梁工程项目特性对建设方、设计方等利益相关者要求的符合程度。

广义的桥梁工程质量的管理，是指桥梁建设全过程的质量管理。桥梁工程质量管理的范围贯穿于桥梁工程建设的决策研究、勘察设计、施工、运营等的全过程。一般意义的桥梁工程质量的管理，指的是桥梁工程施工阶段的管理。它是从系统理论出发，把桥梁工程质量形成的过程作为一个整体，以正确的设计文件为参考依据，结合专业技术知识、经营管理理念和数理统计分析，建立一整套施工质量的保证体系，直到投入生产和交付使用的过程要用最经济的手段，最合乎质量的标准，科学的有效方法，对影响工程质量的各种因素进行综合分析治理，建成符合规范标准、建设方满意的桥梁工程项目。桥梁工程质量管理的重点，以事后桥梁工程检查把关为主变为事前预防、及时纠正为主，桥梁工程质量管理，要求把桥梁工程质量问题消灭在它的形成过程中，桥梁工程质量好与坏，以预防为主，不依赖事后补救，要全过程多环节致力于桥梁工程质量的提高。要组织施工要制定科学的桥梁工程施工组织设计，从桥梁工程管结果变为管因素，把影响全过程桥梁工程质量的不良诸因素查找出来，根据科学理论，多部门协调一致，且桥梁工程施工人员均不应发生重大伤亡事故，使桥梁工程建设全过程都处于受控制的状态。

桥梁工程管理要以建设方为关注重点、要注意领导作用、全员参与、过程方法、系统方法、持续改进、基于事实的决策方法、与供方互利的关系等质量管理的原则；桥梁工程管理要根据确定的质量以及采用工程质量体系要素的目标和要求，来制定质量方针，把握桥梁工程的质量宗旨和质量方向，明确质量控制范围、质量改进的空间、质量保证具体措施等。桥梁工程管理主要包括对施工队伍的资质进行重新的审查，包括各个分包商的资质的审查、审阅进度计划及施工方案、对所有的合同和技术文件及报告进行详细的审阅、配备检测实验手段与设备及仪器等审查、对材料设备采购的检查、质量保证体系等工作的协助完善、合同中关于检验的方法标准次数和取样的规定等、对施工中准备采用的新技术新材料和新工艺进行审核、对工地各方面负责人进行审核确认、做好设计技术交底等决策阶段的质量管理；工序质量控制、桥梁工程质量的预控、设置质量控制点、质量检查、成桥保护、竣工技术资料、质量事故分析处理等桥梁施工过程中的工程质量管理；工程完成后的维护使用等质量管理。

4.6.2 桥梁工程质量问题的研究分析

根据桥梁工程质量问题的特点，有违背桥梁工程建设程序相关法规、工程地质勘察失误或地基处理不好、设计计算错误、桥梁工程建设材料和构件不合格、施工与管理的不到位、客观条件影响、桥梁结构或设施的使用失误等影响建筑桥梁工程质量的因素。桥梁工程质量问题通常可以分为桥梁工程质量通病、桥梁工程质量缺陷、桥梁工程质量事故等不同的三类。根据中华人民共和国国务院令第 493 号《生产安全事故报告和调查处理条例》中的第三条规定，按照生产安全事故（下面简称事故）造成的人员伤亡或者直接经济损失程度，桥梁工程质量事故通常分为：造成 100 人以上重伤（包括急性工业中毒）或 30 人以上死亡或直接经济损失在 1 亿元以上的特别重大事故、造成 50 人以上 100 人以下重伤（包括急性工业中毒）或 10 人以上 30 人以下死亡或直接经济损失在 5 000 万元以上 1 亿元以下的重大事故、造成 10 人以上 50 以下重伤（包括急性工业中毒）或 3 人以上 10 人以下死亡或直接经济损失在 1 000 万元以上 5 000 万元以下的较大事故、造成 10 人以下重伤（包括急性工业中毒）或 3 人以下死亡或直接经济损失在 1 000 万元以下 100 万元以上的一般事故。

对于出现的桥梁工程质量问题，要按照发现问题、质量问题调研、质量问题原因分析、制定质量事故的处理方案、处理方案的实施、事故处理报告、质量问题的责任承担等桥梁工程质量问题的有效处理程序有序进行。根据桥梁工程质量问题的原因分析，要制定相应的修补处理、返工处理、限制使用等不同的桥梁工程质量事故处理方案；而对于那些不严重的桥梁工程质量问题、不影响桥梁工程结构安全和使用要求者、虽然涉及桥梁工程质量问题但经复核验算后仍能满足设计规范要求的可以不作事故处理。对于桥梁工程质量问题做了事故处理之后，要做出事故已排除继续施工、经修补加工处理能够满足要求、已消除隐患结构安全、附加一定的条件基本满足使用要求、耐久性的结论、对桥梁工程外观影响的结论、短期内难以下结论等质量事故处理的鉴定验收报告。

4.6.3 桥梁工程质量验收的规定

桥梁工程质量验收要在施工单位检验评定合格的基础上来开展，桥梁工程质量验收采取对检验批、分项、分部、单位工程等的质量进行抽样复验和对施工质量保证资料的检查等基本方法，桥梁工程质量验收的内容包括过程验收和竣工验收等两种情况。桥梁工程施工现场要有满足施工要求的、完善设计施工图及设计、地质水文勘察文件资料等施工技术材料，要有健全的施工质量管理体系、检验制度、考核制度等措施要求。每道工序完成后要按施工技术标准进行质量控制检查；桥梁工程验收的内容包括主要现场验收的材料、半成品、成品、工程构配件；相关各专业不同工种之间要进行交接检验记录；桥梁工程施工中要分施工准备质量控制（事前质量控制）、施工过程质量控制（事中质量控制）、施工验收质量控制（事后质量控制）等三个不同阶段加强对质量的控制。

桥梁工程质量的验收均要在施工单位自行检查评定基础之上进行，尤其隐蔽工程在隐蔽前要由施工单位通知有关单位验收，参加桥梁工程质量验收的各方人员要具备的相应的资格，工程施工要符合工程勘察设计文件的规定，结构安全的试块试件要按规定见证取样检验，工程施工质量应符合本标准及相关专业验收规范的规定，有关结构安全及使用功能的重要分部工程要进行抽样检测，工程的观感质量要由验收人员通过现场检查确认。检验批的质量验收要根据检验项目的特点进行选择计量及计数等不同抽样方案，检验批质量要按主控项目和一般项目分别进行验收的要求。

桥梁工程质量验收可以把具有独立施工条件与能形成独立使用功能的单位工程或者子工程按单位工程的划分要求来收集整理施工技术资料及组织验收工作；对于单位工程中可以独立的组织施工过程的按专业性质、材料种类、施工特点、施工程序、专业系统及类别等按分部工程划分要求；对于可以按照地基、土方工程、基坑工程、材料、施工工艺、桩基础、施工段、通风、防水、线路设备、排水、管道、保温、主体结构分部、供电系统、智能构件、照明系统、专业、变形缝、设备类别等进行分项工程划分等分类验收。

4.6.4　桥梁工程质量验收的标准

检验批作为工程验收的最小单位，它是分项工程至整个桥梁工程质量验收的基础。检验批合格质量要具备完整的施工操作依据、质量检查记录、主控项目及一般项目的质量由抽样检验要合格等条件规定；分项桥梁工程所含的检验批全部要符合质量的规定且要有完整检验批的质量验收记录数据；分部工程的各分项工程必须已验收合格且相应的质量控制资料文件必须完整，这是验收的基本条件；分部工程要有关观感质量验收且涉及安全及使用功能的基础工程、梁体结构、有关安全及重要使用功能的安装等分部工程都要进行有关见证取样送样试验或者抽样检测；桥梁单位工程质量验收也称为质量竣工验收，是桥梁工程投入使用前的最后一次验收；检查内容包括桥梁工程质量要验收合格、涉及安全及使用功能的分部工程要进行检验资料的复查检查，对主要的使用功能还要进行抽查，必须要由参加验收的各方人员一起进行观感质量检查等。对于桥梁工程质量不符合要求时，且检测鉴定达不到设计的要求，但经原设计单位的核算认可，且能满足结构安全与使用功能的验收批，可以予以验收；对于经返工重做或者更换器具、设备的要重新进行验收；经有资质的检测单位检测鉴定能够达到设计要求的验收批要予以验收。

4.6.5　桥梁工程质量验收的组织

桥梁检验批及分项工程是桥梁工程质量的基础，所有检验批和分项工程都要由监理工程师或者建设单位项目的技术负责人验收；桥梁分部工程要由总监理工程师来组织施工单位的项目负责人、项目技术负责人、质量负责人及相关人员进行验收；桥梁单位工程完工后，要由施工单位先依据质量标准、设计图纸等组织有关人员进行自查，且对检查结果进行评定分析；在桥梁工程已根据设计完成了全部施工任务，准备交付给建设单位投入使用前，建设单位或者有关主管部门要依照国家关于工程竣工验收制度的规定检查桥梁工程是否符合质量标准、是否有完整的工程技术经济资料、是否有建筑工程质量保修证书、是否具备国家规定的其他竣工条件等相关要求。

4.7 工程施工实例

场地地势开阔平坦，土质松软。场地周边有水域，场地四周布满建筑、商场、娱乐设施等，地形相对较平坦。根据现场钻探勘测，场地内分布的地层主要有第四系的人工填土层、第四系的沉积层、第四系残积层，下伏基岩为早白垩世坪田凸单元粗中粒黑云母的花岗岩。某大桥工程桥位于市中心，河道来往游船较多。根据桥位处的地理位置及周边的环境等不同情况考虑，将桥梁建造成为一座景观性人行桥。桥梁采用下承式钢箱混凝土组合系杆拱桥，吊杆间距9 m，横向双吊杆，主拱计算跨径224.5 m，矢高为52.90 m，矢跨比为1/4.3，主梁采用波形钢－桁架组合结构，桥面系全长209.75，总宽为11.2 m，梁高为2.55 m，桥面纵坡采用3%的控制，引道与两侧规划道路纵坡顺接，桥面取横坡双向1%。拱肋、钢箱梁等钢构件可在工厂分节段加工制作，在现场搭支架拼装。其余构件均可采用现浇施工工艺或场外预制吊装工艺。具体可分为12个施工阶段，分叙如下：

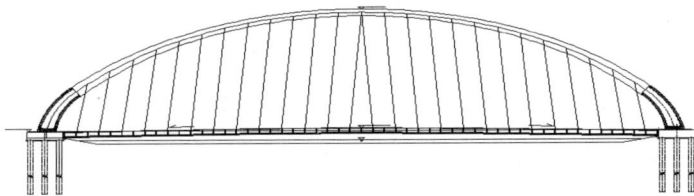

图 4-49 桥梁立面图

1. 施工步骤

（1）填土围堰；钻孔桩放样，施工桩基础、承台。

（2）预制钢构件，在工厂按 1 ：1 加工钢构件。

（3）打入支架钢管桩基础，搭设支架并预压，吊装钢箱梁就位。

（4）安装拱肋第一节段钢结构。

（5）安装斜拱其余节段，焊接全部接头，泵送斜拱混凝土。

（6）安装吊杆，第一次张拉吊杆钢束。

（7）吊装并拼接波形钢腹板－悬臂桁组合梁。

（8）现场浇筑桥面板。

（9）安装桥面铺装、栏杆及装饰板等附属结构。

（10）第二次张拉吊杆钢束。

（11）拆除支架。

（12）竣工验收，通车运营。

施工注意事项如下。

有关施工工艺和质量检验标准按现行的《公路桥涵施工技术规范》（JTG/T F50—2011）和《城市桥梁工程施工与质量验收规范》（CJJ 2—2008）；本工程中如有《城市桥梁工程施工与质量验收规范》（CJJ 2—2008）中缺项部分按照《公路工程质量检验评定标准》（JTG F80/1—2004）进行。钢结构部分还需参照《钢结构工程施工质量验收规范》GB 50205—2001进行；施工前应通读整个设计文件，要求施工方对有关设计标高、桩位等数据应进行复核计算，并将复核计算成果以书面形式提交给监理方，经监理方确认与设计方提供的相应数据吻合一致后，方可正式放样施工；否则，应与设计方联系，以查明原因；施工方在进场施工前，应根据桥位条件、建设方工期进度要求、设计文件等，编制详尽的施工组织设计文件，宜包含基础施工、下部结构施工、单拱桥施工、钢箱梁吊装及拼装、附属结构施工等五部分内容。施工组织设计文件应由监理方签认，签认后的施工组织设计文件作为施工的指导性文件。对于单拱桥结构施工部分，考虑到结构的复杂性，建议通过组织专家评审会议的形式予以审查。无论设计图纸规定与否，所有外露钢构件均应做防锈处理；保证各类钢筋的净保护层厚度，普通钢筋之间、普通钢筋与预应力之间位置相干扰时，可适当调整次要钢筋的位置，并取得监理工程师和设计代表的认可，不得随意割断或取消钢筋；梁体外露表面模板必须采用大型整体钢模板。内、外模板板面之间应平整、牢固、接缝严密、不漏浆，保证混凝土的表面平整美观，线形流畅；工程所采用的材料必须按有关规范、规程的的规定进行检测，合格的材料方可用于桥梁施工；浇筑承台过程中要优先选用低水化热的矿渣水泥拌制混凝土，并适当使用缓凝剂，要在保证混凝土设计强度等级前提下，适当减少水灰比，减少水泥用量，降低混凝土的入模温度，控制混凝土内外温差，及时对混凝土覆盖保温、保湿材料，可在基础内预埋预埋冷却水管，通入循环水，强制降低混凝土水化热产生的温度；在拌合混凝土时，还可掺入适量的微膨剂，设置后浇带，大体积混凝土可采用二次抹面工艺施工。

2. 施工主要材料

主要材料及技术标准中混凝土包括拱肋填充料、桥面板、梁底垫石用的 C50 混凝土；和桩基础的 C30 水下混凝土。钢筋包括吊杆采用 PES7-55（斜吊杆）钢绞线整束挤压吊杆体系，成品索采用 1860 级环氧喷涂无粘结钢绞线缠包后热挤 HDPE；拱肋用的所有钢板、缀板；钢横梁的顶板、底板及腹板；钢纵梁的顶板、底板、腹板、加劲板及部分横隔板：Q345q-C（符合 GB/T 1591-94 规定）；拱肋加劲钢板、钢横梁的横隔板及其他钢板：Q235（符合 GB/T 700-2006 规定）；普通钢筋：光圆钢筋采用 R335（I 级）；带肋钢筋采用 HRB400（III 级）（符合 GB 13013-1991 及 GB 1499-1998 规定）。锚具用符合国家标准、质量可靠的优质群锚体系（符合 GB/T 14370-2007 规定）；上各种材料均应采用符合现行国家标准规定的产品。

3. 结构施工

本桥主桥上部结构为单片拱结构，对外观质量要求也较严格，施工单位应高度重视，并投入足够的技术力量；上部施工可分头进行，桥面板等混凝土构件，在现场浇筑，拱肋、波－桁梁等钢构件，可在工厂分节段加工制作；桥面板加载应遵循均衡对称的原则，先中间后两边、全横断面一次浇筑；吊杆张拉力较大，应注意较长的吊杆失稳，可附加一定的侧向临时支撑；拱肋钢箱内混凝土、吊杆内砼和水泥浆均可采用微膨胀砼（28 天自应力在 1 ～ 2MPa 之间）；施工中应按设计设置预拱度，外露表面模板均采用 6 mm 整体钢模板，严禁使用组合模板，必须保证外表美观，以达到城市桥梁的使用要求，内模原则上要求施工后取出，如果不取出必须采用轻型材料，并事先得到设计单位的同意；拱脚灌注混凝土时必须采取有效措施保证混凝土的密实性。

（1）钢结构加工安装

本桥钢材结构材料主要用 Q345q-C 钢，次要结构用 Q235 钢，材料的化学成分及机械性能应符合现行的《低合金高强度结构钢》和《碳素结构钢》中的有关规定，如钢材供应品种不能满足设计要求，代用钢材的化学成分及机械性能应与设计基本一致，并征得设计单位的认可，本桥供货钢材必须具有生产厂的质量证明书，进厂后的原材料应按合同要求和有关现行国家标准进行检验和验收，并做好记录，焊接材料、手工电弧焊采用低氢型焊条，埋弧自动焊焊丝＋焊剂的选用，应与本桥的钢材相匹配，选用的焊条、焊丝＋焊剂与钢材焊接后，其熔敷金属的机械金属的扩散氢的含量应低于 5 ml/100 g，焊接材料供货应附有生产厂质量说明书，应任意抽查复验焊剂及焊丝；根据钢材定尺，现场安装起重能力，对钢结构进行分段划分，编上分段号和吊装程序，分段划分应征得设计单位的同意；制造厂应对本工程的制造、加工、焊接、组装等在满足设备使用性能上制订工艺文件，制订的工艺文件应遵照本说明中有关规范及标准中规定，工艺文件作为指导生产性文件，应报监理工程师批准；放样、样板制作，是保证产品精度和制作质量的关键，应严格按照施工图和工艺文件要求预留制作和安装时焊接收缩余量和切割余量；样板、样棒、生产草图应标明产品名称、件号、数量、材料牌号及厚度；号料前应检查钢板牌号、厚度、确认无误后方可下料。结构零件尺寸超过板材尺寸，应先拼板后下料；主要受力构件的下料应尽量使其受力方向与钢板的轧制方向一致；气割前应将钢板表面切割区域的铁锈、污物清除干净，切割后应将熔渣、氧化皮清除干净。零件切割允许偏差：手工切割误差范围 ±2 mm；自动、半自动切割误差范围 ±1.5 mm；切割截面的不垂直度误差范围 ±1.5 mm；切割坡口角度误差范围 ±5°；切割时控制割矩摆动、调整断面垂直度及坡口角度，防止缺口、零部件缺口应不大于 2 mm，不大于 2 mm 用砂轮机打磨平滑光顺，大于 2 mm 时应按照缺陷修补法进行修补。对用气割开坡口的钢板坡口表面，应用砂轮机将坡口表面不平处打磨光顺并显示出金属光泽，碳素钢结构在环境温度低于 –16 ℃、低合金结构钢在环境温度低于 –12 ℃时不得进行冷矫正和冷弯曲。焊缝坡口型式，根据本桥各节点处于位置和制造厂的设备性能：手工电弧焊焊接头的基本型式与尺寸，参照《手工电弧焊焊接接头的基本型式和尺寸》GB 985—80，埋弧焊焊接接头的基本型式与尺寸，参照《埋弧焊焊接接头的基本型式和尺寸》GB 986—80；结点钢管的两端面的质量要求较高，一般应采用机订下料，对于大直径钢管亦可采用展开作图制作样板号料，气割后铣（镗）加工工艺方法。对管口曲线的展开放样必须考虑壁厚和坡口的影响；施工单位对其首次采用的钢材、焊接材料、焊接接头型式焊接的方法等，应进行焊接工艺评定；并根据评定报告确定焊接工艺作为指导生产性文件，并报监理工程师认定；施工单位应对本工程的焊工所用材料，管节全位置 6G 或 2G+5G 的上岗培训考核取得合格证后方可从事焊接工作；焊工考核和工艺评定应按国家现行的《钢制压力容器焊接工艺评定》JB4 708—2000 的规定进行；施工单位对焊缝比较集中，刚性较强节点编制焊接程序，将内应力降到最低限度；焊条使用前需经 350～400 ℃烘焙 2 h，然后存放在恒温箱中，施焊时焊条应放在焊条保温筒中，随用随取，防止受潮；焊剂使用前须经 250 ℃左右烘焙二小时，施焊前应放在木箱内，防止受潮；施焊前，焊工应复查焊件接头质量和焊区的处理情况，当不符合要求时，应经修整合格后方可施焊；焊接时，焊工应遵守焊接工艺，不得自由施工及在焊道外的母材引弧；构架与板缝相交时，应先焊板缝后焊构架角焊缝；焊接应采用双数焊工从中间逐渐向外，左右对称进行，以保证构件自由收缩；多道多层焊应连续施工，每层焊道焊毕后应及时清理检查，清除缺陷后再焊；多层焊起落点相互错开，角焊缝转角处要连续绕角施焊；吊杆和拱肋的管节中相贯连接的角接焊缝，全部焊成弧形，并用砂轮机打磨光顺，打磨纹路应与杆件受力方向一致；埋弧自动焊对所有对接焊缝的两端设置引弧和熄弧板，引弧板的坡口型式、材料与工件相同。焊后切除并修磨平整；埋弧自动焊，再继续搭接 50 mm 进行施焊，焊接应搭接圆滑一致；环境温度低于 0 ℃时，预热、后热温度应根据工艺试验确定；焊缝出现裂纹时，焊工不得擅自处理，应查明原因，订出修补工艺后方法处理；焊缝同一部位不得出现返修二次，超过二次时，应按返修工艺进行；焊接完毕，焊工应清理焊缝表面的熔渣及两侧的飞溅物，检查焊缝外观质量，检查合格后应在工艺规定的焊缝及部位打上钢印；本桥焊缝质量等级分类依据《钢结构工程施工质量验收规范》GB 50205—2001，将本桥钢结构焊缝质量等级分类如下：一级焊缝：工厂内制作的拱肋钢管纵、横向对接焊缝；二级焊缝：工厂内制作的拱肋钢板跟拱肋连接的角焊缝（单面坡口焊）、钢横梁顶板、底板、横隔板与腹板间的角焊缝（单面坡口焊）；施工现场制作的拱肋钢管横向对接焊缝（有衬管的单面坡口焊，要求全熔透）；风撑跟拱肋连接的角焊缝和风撑腹板的四周角焊缝（单面坡口焊）；拱脚预埋钢板跟拱肋连接的角焊缝（单面坡口焊）；吊杆钢管 A 跟拱肋和系杆预埋钢板 A 的角焊缝（单面坡口焊）；斜拱脚拱肋、端横梁、钢纵梁之间的角焊缝（单面坡口焊）；三级焊缝：拱肋加劲钢板的角焊缝（双面焊）；直拱脚加劲钢板跟拱脚预埋钢板连接的角焊缝（双面焊）；斜拱脚加劲钢板与端横梁、钢纵梁连接的角焊缝（双面焊）；其他焊缝质量等级要求参见设计图；焊缝外形尺寸应符合现行国家标准《钢筋焊接及验收规程》JGJ 18—2003 及《钢结构焊缝外形尺寸》的规定；焊缝质量等级缺陷分级应符合《钢结构工程施工质量验收规范》GB 50205—2001 规定；一级焊缝和二级焊缝超声波探伤比例为 100%；拱肋钢管纵、横向对接焊缝应用射线抽探（10%）。
组装前，零件部件经检查合格；连接接触面和沿焊缝边缘 30 ~ 50 mm 范围内的铁锈、氧化皮、油污水份清除干净，坡口表面及不平处用砂轮机打磨光顺，并显示出金属光泽；板材、型材的拼接应在组装前进行，构件的组装应在部件组装、焊接矫正后进行；定位焊所用的焊接材料应与母材相匹配；定位焊焊缝长度 50 ~ 75 mm 焊脚尺寸一般大于设计焊脚一半，并应有合格上岗证书的焊工定位焊；埋弧自动焊应在焊缝二端设置引弧板，其材质、坡口型式应与焊件相同。焊毕后用气割切除并打磨平整；组装顺序应根据结构型式，焊接方法和焊接顺序等因素确定；全桥与大气接触的钢结构外表面防腐措施为：喷砂除锈、两道底漆、一道中间漆和两道面漆。斜拱钢板所围空间不填混凝土节段部分，应严格密闭，施工期间不得积水，做好防雨雪、防潮湿和防灰尘工作；当采用模夹具组装时，拆除时不得损伤母材；对残面的焊疤应修磨平整；组装后的构件自由边，全部用砂轮机打磨倒棱后方可进入涂装；焊接连接组装允许偏差按照《钢结构工程施工质量验收规范》相关规定执行；为确保现场安装精度，构件组装好后再进行预拼装，预拼装也可以作为组装，预拼装允许偏差严格按照《钢结构工程施工质量验收规范》执行；预拼装检查合格后，应标注中心线，控制基准线等标记；分段部件上应标注名称、编号、重心和吊点位置等。钢结构安装应按施工组织设计进行，安装程序必须保证结构的稳定性和不导致永久性变形，组织设计中有关标准的确定应征得设计单位的认可；安装前，应按构件明细表核对进场构件，查验产品合格证书及验收文件；工厂预拼装过的构件在现场组装时，应根据预拼装标准的中心线和控制基准点记录进行控制；钢结构安装过程中、组装、焊接和涂装等工序的施工均应按照组织设计中有关条文进行。C50 砼施工前必须进行配合比试验，综合考虑施工程序、工期安排、环境影响等各种因素，通过实验保证砼强度，减少砼收缩徐变影响，并应注意砼强度试件的取样及养生条件需与主梁梁体砼相吻合。C40 以上混凝土宜采用不低于 42.5 级硅酸盐水泥浇筑，同时为保证桥梁外观颜色，同一座桥的混凝土宜采用同一厂家同品种水泥浇筑。砼用石料强度不低于混凝土强度的 2 倍；砼构件的耐久性要求：最大水灰比 0.55，最小水泥用量 350kg/ m³，最大氯离子含量 0.06%，最大碱含量 1.8 kg/m³；为防止构件出现早期的收缩裂缝，应严格控制水泥用量、水灰比，并注意混凝土浇注的养护，由于构件内预应力管道和钢筋均较密集，建议采用细骨料的混凝土，以确保振捣密实。应特别加强管道下方及两侧的砼振捣密实工作；预应力管道应定位准确、牢靠，线形流畅，减少管道摩擦阻力。为此，需要设置足够的管道定位钢筋；施工方应将采购的钢绞线产品的试验力学数据反馈给设计方，设计方根据其物理力学指标计算钢绞线的理论伸长量，用于施工方进行双指标张拉控制；混凝土强度达到设计强度的 85%，并且龄期大于 8 天均满足后方可张拉预应力钢束，在同一个横断面内张拉顺序应遵照左右对称的原则，采用控制张拉力和延伸量的双控法；锚下螺旋筋必须与锚具配套。在预应力钢筋张拉完后，应尽早进行孔道灌浆工作。所用的水泥浆除应满足强度要求外，还应具有较大的流性和较小的干缩性，水泥浆的标号要求不低于构件砼标号。锚下需设置局部承压钢筋网片；预加力必须按图纸中说明的张拉顺序进行张拉，张拉之前对油压表、千斤顶进行严格校定。对于施工过程中应做好施工控制工作，在关键位置设置观测点，在施工各阶段做好应力、变形的观测，并做好记录，以便与设计值相互验证，结合施工过程做必要的标高调整，确保设计总体线形；钢结构外观要求平整光滑。施工单位在制作时应按设计线形严格控制，确保加工、焊接后线形圆顺。所有钢构件安装焊接完毕后，应将所有外露接头、焊缝等凹凸不平处打磨光滑；所有钢构件外露部分均应油漆，油漆前应仔细除锈。初拟拱肋颜色为乳白色，吊杆为天际蓝；现浇桥面板时，应预留泄水孔安装孔；桥墩、临时墩放样及高程；临时墩的位置放样、高程，座标等，必须准确无误（经多方校核）；其他未尽事宜，请严格按照《公路桥涵施工技术规范》《钢管混凝土设计与施工规范》《钢结构工程施工质量验收规范》及其他相关施工及验收规范的有关条文执行；施工前对大桥的主体结构应有详细的施工组织设计文件。

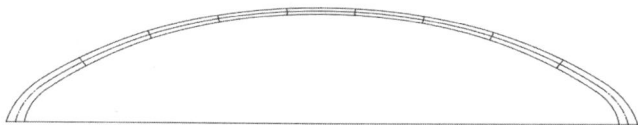

（a）拱肋

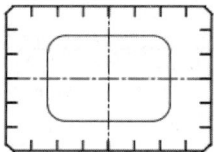

（b）钢箱

图 4-50　钢箱拱肋

（2）组合梁施工

将钢梁按设计图分段，依据钢梁和道路所示平面几何关系和竖向高度，计算所需技术数据，设计箱梁制作样胎，最好是整体放样；号料前检查钢材规格、型号（牌）、质量、合格方可进料，号料后要做明显标记；切割线要准确清晰，气割下一般预留 2 ~ 4 mm 切口量，尺寸偏差限 ±1 mm；钢材不平、不直影响号料或切割质量时要矫正；切割按号料线行进。定尺剪切时，固定好挡板，确认切下的部件尺寸无误后，方可大批剪切；焰切前，清除钢材表面的浮锈及脏物，优先采用斗自动切割机，采取手工焰切使用辅助工具，使用尺寸准确，边缘整齐；注意切割坡口的质量，特别是角度、钝边要符合要求。切割后，部件的长、宽偏差不得大于 ±2 mm。剪切部件边缘应整齐，无毛刺、反口等缺陷；钢材宜在切割后矫正，使表面无明显凹面和损伤，表面划痕浓度不大于 0.5 mm；钢材冷作弯曲时，内侧弯曲半径不得小于板厚的 15 倍，小者必须热煨，弯曲后零件边缘不得产生裂纹；剪切、气割、下料后的零件应进行刨（铣）、砂轮打磨边缘中工。顶紧加工面与板面垂直度偏差应小于 0.01 倍板厚，且不大于 0.30 mm；高强螺栓应孔壁光滑，孔缘无损伤不平，刺屑清除干净。允许偏差如下表所示。组焊前将连接表面及沿焊缝每边 30 ~ 50 mm 范围内的铁锈、毛刺、油污除净，钢板焊接须在杆件组装前进行。腹板纵横焊缝间距不小于 10 倍板厚，焊波应均匀，焊渣和飞溅物应清理干净，焊缝表面严禁有裂纹、夹潭、焊瘤、烧穿、弧坑、针状孔和熔合性飞溅缺陷。所有焊缝必须进行外观检测，焊缝外形尺寸符合设计要求，其允许偏差值应满足 GB10854-89《钢结构焊缝外形尺寸》标准的规定（表 4-3）。

表 4-3　高强螺栓连接孔加工允许偏差

名称	允许偏差 /mm		检查频率	检查方法
	部级标准	优质标准		
螺栓孔直径	0.52	0.52	10%	卡尺
相邻孔间距	± 0.5	± 0.35	10%	卡尺
对角线孔距	± 1.0	± 0.7	两个对角	卡尺
孔与定位基准中心孔	± 0.5	± 0.5	10%	卡尺
不圆度	1.5	0.52	10%	卡尺

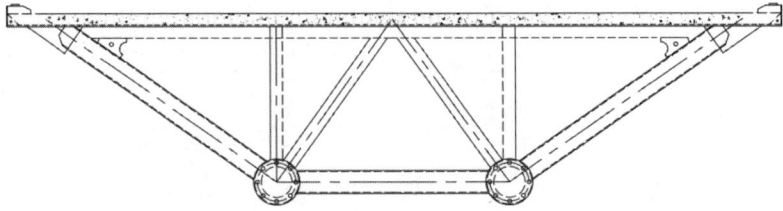

图 4-52　组合梁截面

剪力连接器焊接前，清除上翼板表面铁锈等污物，且上翼板表面不得涂漆，焊接后焊钉做弯曲试验，用大锤打击焊钉圆柱头，使焊钉弯曲 60°，其焊缝和热影响区不得有肉眼可见的裂纹。安装前对支座及临时墩的位置高程进行复核，支座允许偏差为（用水准仪测量），标高≤ ±1.5 mm/ 每件 2 点，水平度误差≤ 1/1 000 mm/ 每件 2 点；处理后的高强螺栓连接磨擦面，采取措施保护，防止沾染脏物和油污，磨擦面应保持干燥，不得在雨中作业，高强螺栓连接，作 3-5 组抗滑移系数试验，出厂抗滑移系数不小于 0.55；复验高强螺栓连接副的扭矩系数平均值和标准值。10.9 级连接副扭矩系数平均应为 0.11 ～ 0.15，标准差不大于 0.01，连接拧紧分初和终拧，初拧、终拧扭矩分别为施工扭矩的 50%、100%，电动扭矩扳手标定扭矩误差不大于 ±5%，班前应用检查定扭矩扳手校下，检查定扭

矩扳手误差不大于 ±3%。钢箱采用喷砂除锈，除锈质量要达到 $Sa2.5$ 级，除锈工作结束后，做好表面清洁工作，必须把杆件表面毛刺、铁锈、油污及附属物清除干净，使钢材表面露出银灰色，以增加漆膜与钢材表面的黏结力。不得带锈涂漆。钢箱加工时要先号料，根据对上翼板、腹板的规格要求对钢材号料，确定钢板拼焊工作图，划出号料切割线，用氧乙炔半自动切割下料，自动埋弧拼焊。按照拼板工作图在工作平台上按技术交底单规格的剂规格、焊丝规格、焊接规范参数、装配间隙，以先横后纵的顺序施焊，上下翼板、腹板切割下料。按上下翼板尺寸及腹板起拱坐标值，求出上下翼板展开长度，在拼焊后的板材上划出切割线，使用半自动切割机下料。钢梁焊接时要注意上翼板与腹板按照划线位置在组焊胎上点焊成型，组焊成单元体，在箱梁胎上找正底板位置后，点焊各个横隔板、两侧腹板、底板中劲肋、横隔板上翼板。全部点焊结束后，检查箱梁各部几何尺寸的磨光顶紧情况，合格方可施焊，全箱梁焊接先立焊后横焊，从中间到两边交错，对称的焊接，防止出现变拱，各梁端头高强螺栓连接处保留 50 cm 不焊，待现场安装调整后施焊，底板加劲肋应在梁端头保留 70 cm、50 cm 交错不焊，待现场安装调整后施焊。钢箱梁平面放样时，施工单位应根据设计图在实地或计算机上放出每个制作段的平面线形，以保证钢梁平面线形圆滑，安装连接顺利，钢箱梁竖向放样时，按照竖向位置坐标放线即可，竖向座标已考虑预拱度影响。必须保证临时支架的强度及刚度以避免钢梁安装后浇筑桥面板砼时支架发生变形，临时墩顶与钢梁之间应安装承重设备及调整高程的设施（千斤

顶）。钢箱梁横坡方向必须根据横坡方向确定钢箱梁高、低腹板的方向和位置，曲线内侧低外侧高（北侧高南侧低）。栓接板上的栓接孔分为左、右两组，其中一组在帮内预制（已知），另外一组在现场加工。使用专用工具。在调整就位的钢梁接口处测量确定两组孔的相对位置，反映在检接板上，制未知孔，制孔时不得使用润滑液，清理孔缘毛刺，沾梁油污者以汽油清洗，磨擦面受损者按照规定的工艺处理。按照先底板再腹板后上翼板和从钢梁一端向另一端的顺序进行。为保证尺寸精度，防止螺栓施探前受力，在使用 6 条以上冲钉固定栓接板，底板、翼板处还应使用部分普通螺栓，终拧后再以高强螺栓置换冲钉和普通螺栓，高强螺栓要顺畅穿入，不得强行打入，穿入方向全桥一致，注意垫圈使用方向。拧紧旋拧螺母，施拧要连接、平衡、不得间断，冲击作业。拧紧后续螺栓会使以前拧紧的螺栓降低预应力，需要复拧达终拧扭矩，高强螺栓连接要保证每个高强螺栓所施加的拉力准确无误。检查应在螺检终拧 1 h 以后 24 h 以内进行，检查样本的数量为总数的 5%，并且不得少于 2 个，抽样检查不合格者不得多于样本的 2%，否则继续取样，直到总数的 80% 合格为止，欠拧者补拧，超拧者更换。

（3）下部结构及附属结构施工

全桥桩基终孔标高采取双指标控制。终孔标高值应满足设计图纸的规定值，同时，桩基进入设计选定的持力层（持力层层号详见桥型布置总图）深度不小于桩径的 2 倍（全截面）。设计所选定的各类桩径持力层层顶标高的判定及进入该层的深度，应取得勘探方和监理方的签认，并作为桩基终孔的必备条件；钻孔作业应分班连续进行，填写好钻孔施工记录。应经常对钻孔泥浆进行检测和试验，不合要求时，应随时改正。应经常注意地层变化，在地层变化处捞取渣样，判明后记入记录表中并与地质剖面图核对。若发现地质情况与地质报告差异较大，应及时与有关部门联系，以采取相应措施；钻孔桩成孔后，必须测量孔径、倾斜度、沉淀层厚度等，只有满足设计和现行《公路工程质量检验评定标准》后才能进行后续工作。钻孔桩沉淀层厚度要求：不大于 100 mm；钻孔桩的护壁泥浆性能指标应符合《公路桥涵施工技术规范》第 6.2.2 条要求，尤其应注意控制失水率，保证泥皮厚度控制在规范允许的范围内，以确保桩基承载能力的发挥；绑扎桩基钢筋笼时，注意按设计图纸的要求埋入声测装置；对于低桩承台，承台封底混凝土的厚度主桥暂定 0.5 m，视开挖后的基底地质条件，以能够确保承台有效厚度为原则来确定是否需加厚封底混凝土；承台混凝土体积大，设计采取预埋冷却管流通冷却水以降低混凝土的水化热，施工单位也可根据经验采取其他有效措施降低混凝土的水化热；应严格控制墩柱的施工倾斜度，其垂度偏差应小于 1/1 000；垫石应与立柱（或墩、台帽）同时浇筑，其顶面应保持平整并符合施工技术规范的规定。与桥梁其他结构有关的预埋件（如盆式支座地脚螺栓）按设计图纸要求进行；桥台台后地基处理及填土应尽早按排施工，并尽早完成台后填土预压，其压实度应满足设计图纸和规范的要求，以减少工余沉降和对桩基的影响。严禁采取先钻孔后进行地基处理及填筑桥头的施工方法。台后填土应采用透水性好的材料填筑，并注意与路基的衔接。桥头路基填筑顺序应自台前向台后进行，并严格控制填筑速率，以保证台后填料的密实性和稳定性。支座安装要求定位准确，支座面安置平整稳贴，支座顶面四周高差不得大于 2 mm。活动支座应设防尘罩。支座产品及相应指标需满足《公路桥梁板式橡胶支座》（JT/T 4—2004）及《公路桥梁盆式橡胶支座》（JT 391—1999）要求；栏杆基座应每 2.5 米一节分段施工，节段间设 10 mm 的缝隙，纵向钢筋也相应断开，用硬质聚笨乙烯泡沫板填塞，以适应温度的变化，减少裂缝；现浇纵向缘石时，应及时埋入栏杆立柱的相关构件；建设方对大桥的亮化景观工程高度重视，亮化分照明灯和景观灯两部分，特别是主拱的灯类较多，在进行大桥施工过程中，相关亮化的预埋件应根据设计图纸及时埋入，不得遗漏；人行道铺装木板铺装；应按照图纸要求，设置主体结构避雷设施。

（4）钢结构防腐涂装

油漆是钢管拱桥的重要组成部分，应引起有关部门的高度重视。拱肋油漆颜色暂定为乳白色。油漆具体要求如下（见表 4-4）：

表 4-4　油漆品种要求

	钢材表面处理喷砂至 Sa3 级		
外表面	涂层	涂料品种	1/150
	底涂层	热喷涂锌铝伪合金	2/50
	封闭涂层	环氧封闭漆	2/120
	中间涂层	环氧（云铁）漆	2/100
	面涂层	聚硅氧烷面漆	7/420
	小　计		

钢结构在涂装前表面预处理，清洁结构表面焊渣，浮锈及其他污物，用压力式喷砂除锈，选用合适粒度、硬度和几何开头的沙子对杆件进行喷砂，除锈后的钢铁表面清洁度达到 $Sa3$ 级、粗糙度 Ra25 ~ $100\mu m$，拱肋表面预处理采用喷射工艺，选用涂料时，首先应选已有国家标准的品种，其次选用已有企业标准的品种，无标准的产品不得选用。涂料进场应有产品出厂合格证，并应取样复验，符合产品质量标准后，方可使用，涂料应配套使用，涂膜应由底漆、中间漆和面漆构成。不得用单一品种作为防护涂膜，涂装前技术资料应完整，操作人员应按国家有关规定进行安全技术教育和培训，经考试合格者，方可上岗操作，涂膜的底层、中间层和面层的层数，应符合设计的规定。当涂膜总厚度不够时，允许增涂面漆，涂膜的底层、中间层和面层，不得有咬底、裂纹、针孔、分层剥落、漏涂和返锈等缺陷，涂膜的外观，应均匀、平整、丰满和有光泽，涂装质量不符合设计和本规程要求的，必须进行返修，合格后方可验收，涂装施工的环境应符合环境温度宜为 10 ~ 30 ℃，环境相对湿度不宜大于 80%，或者钢结构表面温度不低于露点温度 3 ℃以上，在有雨、雾、雪、风沙和较大灰尘时，禁止在户外施工；填充混

凝土的钢结构内部需与拱肋外侧一样进行喷砂除锈、两道底漆、封闭层，但免去中间漆和面漆，以利与砼有效结合；没有填充混凝土的钢结构内部防腐要求：喷砂除锈同本条第 2 点，环氧云铁防锈漆 1 道，厚 50 μm，环氧玻璃鳞片涂料 1 道，厚 50 μm，钢纵梁和端横梁的油漆的施工工艺和技术要求同拱肋部分，但第四层、第五层的油漆颜色采用仿混凝土色质。其他构件的防腐要求详见相关设计图纸。

为了监测和控制各施工阶段和完工后桥梁的总体安全度和控制断面的局部安全度，要求进行测试桩基，采用超声波动测法提供每根桩完整性测试报告，比例不低于 10% 的大应变动测，提供承载力测试报告，要委托有检测资质单位进行拱肋混凝土密实性检测，焊缝质量检测要求要符合规范规定，要进行单拱桥静、动载试验。大桥的主体结构的施工复杂，具有一定的施工技术风险，要求对大桥的主体结构施工配备施工监控队伍进行，密切观测大桥重要部位的施工全过程，以确保大桥施工的安全和质量，如发现与设计值明显不符的情况时，应及时会同工程各方及有关专家一起商计解决。监控方的监控组织及实施文件宜与设计方取得充分沟通。监控方的监控组织要采用桥梁平面设计计算与控制分析软件和桥梁空间分析软件相结合，复核设计计算所确定的理论成桥状态和各阶段施工状态，线形监控包括斜拱肋、斜吊杆、桥面钢箱梁及桥面板等的线形控制，应力监控要包括拱肋、钢箱梁、风撑，需取跨中最长吊杆间、钢横梁各三根。桥梁结构的施工质量应分阶段实行严格管理和控制。在施工过程中，各方应互相密切配合，加强监测和质量管理，如有问题及时上报，将工程风险降至最低点，桥梁的使用应符合设计给定的使用条件，禁止超限车辆通行，使用过程中必须进行定期检查和维护，钢结构的防腐涂装设计年限为 15 ~ 25 年，具体施工时，也可依照建设单位的要求采用电弧热喷铝等更高标准的防护体系。

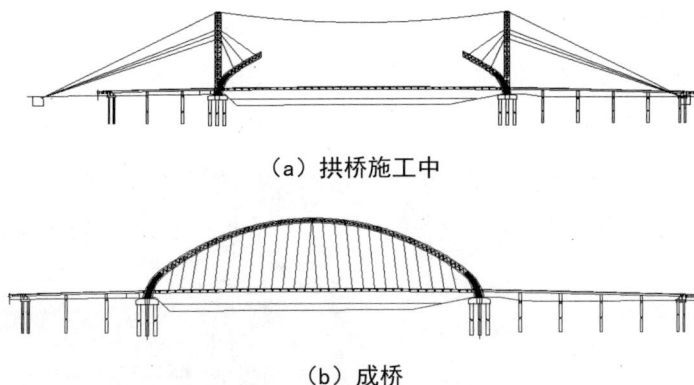

（a）拱桥施工中

（b）成桥

图 4-52　拱桥施工过程

第五章 物探技术在拱桥工程中的应用

5.1 拱桥的病害与加固

为了满足拱桥的正常的运营要求，要尽量地保持和延长拱桥的使用寿命，要对拱桥结构进行经常性的养护维修。

5.1.1 拱桥常见病害

拱桥工程具有高难度、复杂性、投资大、技术含量高等不同特点，国家投入很大。我们要重视拱桥工程的质量，要加强拱桥现场的施工管理质量控制。我国早期修建的公路拱桥多为中小跨径混凝土简支梁桥，常见的一些病害有钢筋锈蚀、伸缩缝损坏、桥面铺装开裂、拱桥墩台基础和支座破坏等的不同病害。

（1）由环境作用引起病害

当混凝土运输过程中出现离析现象、施工所用模板表面不光滑或湿润度不够、混凝土振捣施工违规操作、混凝土保护层比较薄或结构裂缝使雨水进入（混凝土中 NaOH 与进入混凝土中的 CO_2 或酸性气体反应的碳化现象，它破坏了钢筋表面的碱性钝化薄膜，在导致水分或其他有害介质侵入而发生锈蚀）、混凝土强度不足或表层细集料过多等情况时，拱桥结构表面会有空洞、麻面、蜂窝、露筋、磨损、锈蚀、表层脱落等缺陷（如图 5-1 和 5-2 所示）。

图 5-1 混凝土表面冻融破坏　　　　图 5-2 混凝土表层破坏

对于混凝土产生离析或泛浆现象和集料中有泥土及混凝土干燥收缩等与材料有关的因素、

混凝土搅拌不充分不合理和浇筑次序及速度不当及振捣不充分等与施工有关的因素,周边湿度、冻融土质、盐类等化学物质腐蚀(氯离子对混凝土的化学侵蚀最终还是表现为钢筋的锈蚀,对结构的危害是多方面的)、构件内外的温差、内部钢筋的锈蚀及混凝土表面因火灾受高温熏烤等与环境条件有关的因素,各种荷载和截面的尺寸等结构不合理及钢筋的用量不足使结构物不均匀下沉等与构造外力有关的因素,则混凝土构件会出现运梁不当引起的上部裂缝、网状裂缝(水泥中的碱和骨料中的活性硅发生的碱–骨料反应生成碱–硅酸盐凝胶,吸水膨胀造成混凝土开裂,裂缝的两侧边缘出现不平,碱–骨料反应引起的混凝土结构破坏程度比其他耐久性的破坏发展更快更严重,且碱–骨料反应一旦发生很难控制,钢筋约束力强处形成顺筋裂缝;钢筋约束力弱处形成网状裂缝,且在裂缝处有白色的凝胶物渗出。碱–骨料反应裂缝潮在湿部位出现,且碱–骨料反应裂缝要比混凝土收缩裂缝出现的时间晚)、梁侧水平裂缝、腹板上的竖向裂缝、腹板上的斜向裂缝、下缘受拉区的裂缝、梁端上部裂缝以及梁底纵向裂缝[大气中的酸性气体引起混凝土的碳化与氯离子侵蚀及潮湿环境等情况会造成钢筋表面的碱性钝化膜的破坏,再加上有水分和氧的侵入会引起钢筋的腐蚀以致混凝土体积膨胀(侵蚀混凝土和钢筋的作用都需要有水作介质),沿钢筋方向出现混凝土纵向裂缝,造成钢筋和混凝土之间的黏结力破坏使得构件的承载力下降,影响结构抗拉与抗弯能力在结构表面上形成锈迹,影响结构的美观。变形和裂缝加剧使混凝土结构开裂,腐蚀加快逐渐致结构的完全破坏(图5-3)等缺陷。

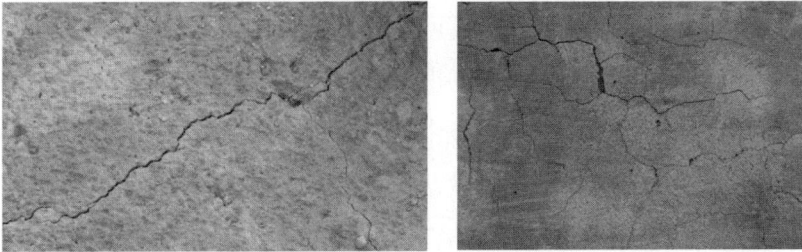

图5-3 混凝土构件裂缝

(2)伸缩缝损坏

伸缩缝的好坏程度直接影响拱桥结构的行车质量,材料选用不当、设计选型不当、桥墩台施工、梁(板)预制尺寸实际板端预留间隙与设计间隙误差引起的、伸缩缝处的跳车等现象会造成伸缩缝破坏。伸缩缝破坏严重者会导致交通事故,因此伸缩缝损坏要及时维修或更换(图5-4)。

(3)支座破坏

支座对于整体拱桥工程是一个小构件,但支座是拱桥上部结构的一个重要组成部分,支座的作用功能却非常大,它将上部结构的荷载传递给下部的拱桥桩基,且还要承受温度、风荷载等引起的水平力。常见支座破坏的原因有以下几点:小跨径拱桥中采用的简易垫层支座油毛毡老化破裂；弧形支座滑动面及滚动面锈蚀；摆式支座的混凝土摆柱脱皮或漏筋；滑动钢盆橡胶支座固定螺栓破坏；橡胶支座的橡胶老化或变质，结构梁体失去自由伸缩能力；支座座板混凝土压坏；漏水、溢水等。支座的破坏会加速拱桥上部结构的破坏，所以拱桥支座的病害要及时维修及更新。

图 5-4　伸缩缝裂缝

（4）拱桥墩台基础的病害

拱桥墩台基础除了承受上部构造荷载外，还将承受土压力、流水压力、风力、浮力等各种力的作用，以及雨水、大气、洪水等各种自然界因素的影响作用，同时，过桥车辆的日益重型化。拱桥墩台一般不按结构计算来配筋，对素混凝土一般只设构造筋或防裂钢筋。墩台基础经常超负荷的作用，拱桥墩台将会出现一定程度的损坏。墩台基础经常超负荷的作用，拱桥墩台将会出现一定程度的损坏（图 5-5）。

拱桥基础常用的有扩大基础（挖基）、打入桩、钻孔桩三种，钻孔灌注桩应用十分广泛，桩基础的破坏很大的一部分是由于断桩造成的。对于混凝土内部水化热、混凝土收缩干燥、外部气温的温差、基础松软产生不均匀沉降、混凝土灌注不良、墙间的填土不良、基层承载力不足、冻胀、局部应力、墩台帽在支承垫石下未布置钢筋、梁和活载的作用力集中传至桥墩、桩基下沉不均匀等原因，则有会发生基础滑移、倾斜、开裂和不均匀沉降等，墩台身会出现水平、竖向和网状裂缝，拱桥墩台基础易产生的病害会影响拱桥的使用且影响拱桥的美观。

图 5-5　墩柱裂缝

（5）桥面铺装层的病害

混凝土桥面铺装层的病害到处可见，铺装层的病害的危害性非常严重。如因荷载增大、配筋量偏小、施工原因、车流量加大和重车增多致桥面板刚度不足，洪水的破坏，因环境恶劣在周边出现不均匀沉降，构件承载力不足（旧桥大多情况下是在过去的经济环境下建设的，满足当时荷载等级要求不高设计规范不完善，行车密度不大的交通状况。但承载能力很难满足交通事业高速发展的当前情况），因构件上的缺陷、不完整的支撑结构、施工中保护层不够产生蜂窝麻面、冻融作用、化学作用、盐腐蚀，以及地震、交通碰撞事故、火灾、受落下物撞击等原因产生较大变形，桥面板会有锈蚀、断面破损、规则的纵横向裂缝、不规则的网状裂缝及较严重的破裂、钢筋外露、混凝土开裂、混凝土剥离（侵入混凝土中的水，从内部低温结冰膨胀破坏混凝土的微观结构。反复多次冻融循环后，损伤积累会使混凝土强度降低并剥落。混凝土剥落由表及里，速度很快发展为由小片剥落到大块剥落块，要及时采取修补措施）、异常变形、混凝土质量下降等。

铺装层破损会增大车辆冲击荷载，防水层破坏雨水渗入会使主梁受力钢筋锈蚀，铺装层的破坏则会改变设计荷载横向分布的状态减小横向刚度，铺装层的破坏使各梁板的受力不均且使主梁实际高度变小减弱纵向刚度，增加挠度。钢筋混凝土桥面板裂缝如图5-6所示。

图 5-6 钢筋混凝土桥面板裂缝

5.1.2 加强拱桥施工质量控制的措施

随着我国拱桥交通运输事业的发展、交通量的增大，造成了拱桥破坏或承载力及耐久性大幅降低，原有拱桥公路由于技术标准较低、通行能力较低，不能适应国民经济的发展。为了延长拱桥的服务年限及提高拱桥的荷载等级，对旧桥的加固、维修已刻不容缓。随着我国经济的快速发展，建材市场也逐渐繁荣，很多新型的施工建材不断涌现，但是对于厂家之间、商家之间的竞争为获取高额利润，会出现一些劣质假冒产品，选择材料不仅要重视经济还要注重材料的质量，要严格根据相关的工程材料标准与施工要求选择合格的材料，严格审查施工中使用的钢筋、混凝土、沙砾等材料质量，严格地检查施工材料的质量，保障整个拱桥工程的施工质量。要严格按照各项具体的衡量指标通过使用有效的检测方法来检测拱桥工程的质量，质量检测工作要全面地贯穿整个拱桥工程项目确保质量检测工作的连续性，使质量检测工作有效地保证整个拱桥工程的质量，且要建立健全责任连带制度以提高质量检测工作的有效性，通过质量检测工作可以直观地反映出拱桥工程在施工前准备、施工过程中及竣工后存在的不同问题，所以要重视拱桥工程质量检测工作，要严格地按照相关检测标准制订相应的系统检测内容。

验收环节是整个的拱桥工程最后环节，拱桥工程质量的验收要在施工单位检验评定合格的基础上来开展，拱桥工程质量的验收采取对检验批、分项、分部、单位工程等的质量进行抽样复验和对施工质量保证资料的检查等基本方法，拱桥工程质量验收的内容包括过程验收和竣工验收等两种不同情况。监理应加强对施工人员的监督力度，使施工人员要严格按照施工设计的图纸标准进行操作。

拱桥工程过程验收的内容包括主要现场验收的材料、成品、半成品、工程构配件；相关各专业不同的工种之间要进行交接检验记录；工作人员要在开展工作的过程中，要严格按照相关的设计标准和技术要求进行管理，确保操作的连续性，当一个施工环节完成后，要立即予以验收，要确保质量合格才能够进入到下一个的施工环节，同时要做好相关的交接记录，要严格把握好施工进程，要保证工程项目的按期完成。

拱桥工程的竣工检验是检测拱桥质量重要的步骤之一，检查内容包括拱桥工程质量一定要验收合格、涉及安全和使用功能的分部工程要进行检验资料的复查检查，对主要使用功能的还要进行抽查，必须要由参加验收的各方人员一起进行观感质量的检查等。组织相关的单位部门共同的参与验收工作。不仅要有承建人和基建部门的人员也需要组织其他相关单位人员的共同参与，来提高验收工作的准确度，且要重点验收拱桥工程的设备。要控制好施工的时间，进而有效地控制好工程成本。

对于拱桥工程质量不符合要求情况下，且检测鉴定达不到设计的要求，但是经原设计单位的核算认可，且能够满足结构安全与使用功能的验收批，可以予以验收；对于经返工重做的或者更换器具、设备的要重新进行验收；经有资质的检测单位检测鉴定的且能够达到设计要求的验收批要予以验收。

除了材料质量的保证及重视质量检测，还有一些预防措施如下。具体来说，设计上可采取冷轧带肋钢筋替代盘元条钢筋增加与混凝土黏结握裹力及增大钢筋直径，且冷轧带肋钢筋网不易变形且有良好的整体刚度，混凝土浇筑时钢筋网不会局部陷落；设计上考虑采用柔性路面或采用钢钎维混凝土，要考虑局部加密桥面钢筋网保证桥面铺装层抗裂性、耐磨性和耐久性；桥面铺装混凝土的强度要大于或等于梁板强度，要降低集料表面的粉尘，以提高集料和水泥砂浆的胶结力，布设桥面钢筋网且在梁板顶面预埋钢筋连接，混凝土强度要达到规范要求强度之后才可开放交通。伸缩缝处浇筑的混凝土要平整且与桥面连接平顺，伸缩缝内部要填塞耐高温、弹性好的材料，从而保证伸缩装置能够自由伸缩，伸缩缝安装时的自由伸缩量应通过计算确定；行车道、超车道和人行道的横缝要对齐，不能产生错缝，横缝间距通常 4 ~ 6 m 控制，横缝深度为铺装层深度的 1/3 且不损伤桥面铺装的钢筋网；检查是否存在漏水、积水，墩台不均匀的沉降；要及时检测内部锈蚀和损坏的情况，支座老化情况、定期进行拱肋、纵横梁的检查与维护；如发现问题，要采取相应的处理措施（图 5-7）。

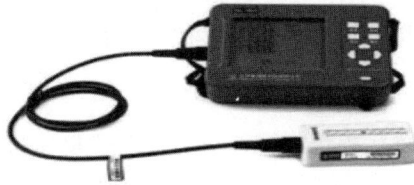

图 5-7　混凝土钢筋检测仪

5.1.3 拱桥养护管理的质量控制措施

拱桥养护工作要贯彻"预防为主，防治结合"的方针，要采取养护与综合治理相结合的方式，要及时消除危及行车安全的隐患，要经常保持构筑物处于完好地状态，要保证车辆的行车安全。拱桥养护要建立养护维修管理系统，全面地推行现代化管理制度，认真执行检查验收等基本工作制度。拱桥养护维修施工期间要加强质量检验，要保证各项养护维修工作有序地进行，确保工程的质量。拱桥养护维修作业，要贯彻文明施工、安全生产的方针，正确地处理养护维修作业，要保证安全和质量的前提下，尽可能不中断交通。

拱桥养护质量控制工作就是指拱桥养护管理人员根据拱桥养护工程质量标准与计划、严格地遵循拱桥养护管理工作的技术规范，严格地依据拱桥养护设计文件与图纸中的各项规定采取的一系列的技术活动，要能更好地满足拱桥养护的实际质量要求，且界定养护质量的具体责任。

拱桥工程施工中要分施工准备质量控制（事前质量控制）、施工过程质量控制（事中质量控制）、施工验收质量控制（事后质量控制）等三个不同阶段加强对质量的控制。

施工准备质量控制的内容主要有场地准备、组织准备、物资准备及技术准备等。组织准备主要有审查资质及建立质量控制体系等不同的工作，物资准备有验收材料及检测设备等工作，场地准备主要有准备临时设施、预测水准点控制网及制定管理制度等；技术准备主要有技术交底及新技术确认等工作。施工过程质量控制就是拱桥在养护管理过程中所采取的有效控制手段；

施工验收质量控制是指对拱桥的养护工程实际质量进行的建档及评定，且对控制的整体成果进行整理总结。

　　具体来说，如果桥面铺装层混凝土出现小面积局部的坑塘或唧浆现象，可以用局部挖补的维修措施，局部坑塘范围内要铺设上下两层的钢筋网。对于铺装层病害严重或破损面积较大的要采取铺装层改造处理方案。梁板顶面处用钻孔植筋的方法来加强桥面铺装层钢筋和主梁的联结，铺设双层的钢筋网片，要增设桥面防水层。对钢筋锈蚀的处理方法要围绕处理裂缝，要切断钢筋和水分、氧气接触能发生化学反应的途径。墩台出现裂缝以后，要分别加强观测和检查。对于不影响结构受力地温缩、干缩和施工过程中的养护原因造成的裂缝，为防止水分侵入造成钢筋的锈蚀或者在动荷载的作用下裂缝继续扩大，可用表面封闭法处理墩台表面的裂缝。可以沿裂缝走向喷浆、凿槽嵌补、填缝的措施使表面裂缝封闭；或对于深度裂缝采用高压灌注水泥浆或化学材料的方法，将浆液灌满内部裂缝；对于严重裂缝或混凝土表面破损的面积较大时用钢筋混凝土护套加固法；梁体裂缝可在梁的底面或侧面通过增加截面积与配筋的方法来提高抗弯截面积的方法提高梁的承载能力，或在梁顶面加铺一层钢筋混凝土面层使桥面补强或更换主梁法，改变结构体系使大跨变小跨或使简支梁变成连续梁结构等方法来改变梁体的裂缝（图5-8）。

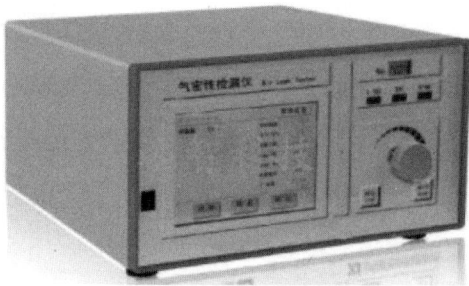

图 5-8　气密性检测仪

5.2 物探技术在拱桥工程中的应用

5.2.1 物探技术在工程领域中的应用

　　目前，随着经济水平的不断提高和科学技术的不断进步，我国工程勘探工作也取得了优异的成绩，物探技术也发挥了重要的作用。物探全称是地球物理勘探，是用物理方法进行勘查（探）的一种方法，利用物理学原理，根据地下岩体的电性、磁性、密度、弹性、放射性等物理性质的差异为基础，通过探测太空、地球、人类活动等因素形成并分布于地表或地下可以被感知或被仪器测量的物理量的分布，通过测量磁场强度、磁化率、极化率、介电常数、电阻率、密度、弹性波速、放射性伽马强度等物性参数，来研究分析分布于地球内部和外部近地表的电磁场、重力场、大地电流场、地磁场、核物理场（放射性射线场）、大地热流场等天然存在及形成的地球物理场，即天然场和由人工激振产生的弹性波在地下传播的弹性波场、往地下供电且在地下产生的局部的电场、往地下发射的电磁波激发出的电磁等人工激发的地球物理场，即人工场的变化规律，来确定被探测地质体在地下赋存的形状、大小、埋深等空间分布和物理性质，确定场的局部差异与变化，达到寻找矿产资源、勘查地下结构或解决工程、水文、环境等问题为目的的一种探测技术方法。

工程物探是利用地球物理的探测技术对工程地质情况探测的工程技术的手段，为工程地基的选定、地下工程的布局等提供依据。随着我国的城镇化建设的不断推进，工程物探技术的广泛应用得到了快速的发展，利用工程物探技术解决和工程建设密切相关的问题，已经成为应用地球物理的不可分割的组成部分。工程物探具有很多不同的特点，它在工程实际应用中的技术优势主要体现于快速、简便及能够做到无损探测等，特别是在城市环境条件下，面对狭小的场地以及不同干扰因素多等不利的条件，通过开展工程物探可以大量减少钻探工程，同时要注重应用综合物探方法，提高探测的效果，结合钻探的手段，尽可能减少物探的多解性。

按物性分类有重力勘探、磁法勘探、电法勘探、地震勘探、放射性勘探、地球物理测井、地热勘探等；按空间分类有航空物探、地面物探、地下物探、海洋物探等；根据探测对象应用领域有金属/非金属物探、石油物探、煤田物探、水工物探、环境物探、深部物探等；按场源时间特性分时间域法和频率域法。其中频率域电磁法和电磁波法（又称为探地雷达法）是地下管线定位定深的主要技术方法。但是要求被探查的地下管线和周围的介质之间要有明显的特征差异；被探查的地下管线产生的一次场要有足够的强度，可以从干扰的背景中清楚地分辨出来；探查精度要达到《城市地下管线探测技术规程》的相关规定要求。

重力勘探是研究根据地下岩层和其相邻层之间、各类地质体和围岩间的密度差异而引起的重力场的差异与变化，即"重力异常"来探测矿产、划分地层、研究地质构造等的一种物探方法。重力异常参数是由密度不均匀变化引起的重力场的变化，且叠加在地球的正常的重力场上。磁法勘探通常分为地面磁测和航空磁测两类不同的基本方法。

磁法勘探是分析研究由地下岩层和其相邻层之间、各类地质体与围岩间的磁性差异而引起的地磁场强度的差异与变化，即"磁异常"来探测矿产、划分地层、研究地质构造等的一种物探方法。磁异常参数是由磁性矿石或者岩石在地磁场的作用下产生的磁性叠加于正常场上产生的，和地质构造及某些矿产的分布有着密不可分的关系。

电法勘探是根据岩石、矿物等介质的电学性质为基础，分析研究天然的或人工形成的电场、电磁场的变化规律，确定场的局部差异与变化，通过异常来勘探矿产、划分地层、研究地质构造、解决水工地质等问题的物探技术方法。根据电场性质的不同，可分为两类：一是包含电测深法、电剖面法、激发极化法、充电法及自然电场法等直流电法勘探；二是包含无线电波透射法、瞬变电磁法、可控源间频大地测深法、地质雷达法等人工场源类电磁法及天然音频大地电磁法、大地电磁法等天然场源类电磁法的交流电法勘探（电磁法勘探）。

地震勘探是通过人工方法来激发地震波，观测分析它在岩体内的传播情况，来探测岩体的地质结构与分布情况的一种物探方法。以其所利用弹性波的差异，地震勘探主要分为反射波法、透射波法、折射波法及瑞雷波法等不同方法。

放射性勘探是根据地壳内的天然放射元素蜕变时会放射出 α、β、γ 等射线，而射线穿过介质时会产生游离、荧光等的特殊不同的物理现象，通过研究分析这些现象寻找放射性元素的矿床与解决地质结构问题及环境问题的一种物探技术方法。

地球物理测井简称测井，根据钻孔中岩石的密度、电性、电化学活动性、磁性、放射性、弹性、孔隙度、渗透性等物理性质，找出差异与变化，由物性异常来解决地层或构造等相关问题的一类物探方法。测井方法主要包含地震测井、磁测井、电测井、电磁测井、声波测井、放射性测井以及井斜测量、井径测量、井中流体测量、井温测量等。

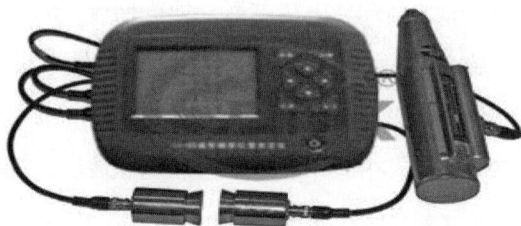

图 5-9　混凝土强度测试仪

目前随着社会经济与科学技术的不断进步发展，物探技术已经越来越成熟，物探技术已经被广泛地应用到了生活领域的诸多方面，且取得了良效。在工程地质勘查中的应用中，物探技术方法主要从外部的检测入手，工程检测主要以小型探测为基础，对大的探测环境进行详细分析，缩小了工程地质勘查的施工的范围，节省了工程地质勘探的资金的应用，减少了工程施工成本。而且物探技术对环境影响很小，物探方法在工程地质的勘查中的应用范围一般设定为工程的某一部分，勘查的形式将网络智能的勘查作为主要的勘查手段，从而大面积降低了工程地质的勘探中人工投入的程度，很小的破坏性的勘查形式很符合现代社会的低碳、可持续的发展的理念。同时物探监测花费时间少，物探技术方法与传统的勘查方法相比较，技术手段的应用的灵活程度加大，工程检测的准确性相应提高不少。且计算机智能勘测可以对勘测的数据进行保存收集，保障了勘探的连续性，压缩了工程施工勘查检测的时间。

工程物探技术与仪器水平的不断提高得益于计算机技术的不断发展，计算机使物探信息的采集、存储、处理等技术更加的高效、成熟。

图 5-10　地下管线探测仪

工程物探的需求主要如下。

（1）国家的"7918"高速公路网的建设、15 000 km 的高速铁路的建设、水利水电的建设、城市地铁网的建设等基础建设的工程及各省地的高速公路的建设项目，尤其是西部山区的工程，桥隧比率很高，要穿山越岭建设，工程的施工难度很大，除了物探勘查之外，且要物探检测与工程病害的诊断工作，隧道的超前预报、衬砌质量的检测、桥基岩溶的勘探、混凝土浇筑质量的检测、路基路面的检测、岩土边坡的评价、桩基锚杆的检测等大量探测与结果评价的物探工作。工程物探的花费通常占工程总投资的 0.2% ～ 0.4%，因此在高速公路和高速铁路建设中每年物探检测的投资要超过数十亿，这一巨大的市场需求不断推动着工程物探技术的不断发展和工程物探队伍的不断成长。这些工程的建设的项目为工程物探的技术应用提供了广阔地市场，不断地对工程物探的技术提出新的要求，推动着工程的勘查、检测的技术及新仪器的开发利用，而且许多工程病害的治理项目与防灾项目也需要物探技术。

（2）缓解城市地面的交通拥挤、净化城市环境的城市地铁与道路建设的工程不断扩大，省会级城市都在筹划兴建地铁，但地铁建设中的地质勘探、挖掘中的超前的预报、混凝土衬砌质量的检测、地面变形的量测等地质探测与工程检测都要用到工程物探工作。路面扩建、工程实体场地选择也都会涉及地下管线、地下人防工程的勘探，路面的塌陷隐患探测工作也施工建设面临的难题，这些都需要工程物探技术提供了支持。

（3）水利水电工程施工与病险水库的诊断，病险水库坝体的质量、坝基的渗漏、坝肩的渗漏，大型电站地下厂房的岩体稳定、高边坡岩体的稳定性等的勘查与评定都离不开工程物探技术的支持。

（4）拱桥病害诊断与评价。

（5）我国煤矿安全事故的发生会给国家造成亿万的经济损失，这些灾害多数的原因是地质原因引起的，因此如果能对煤矿安全开采中的地质病害预测与诊断是避免煤矿灾害的重要途径，对煤矿地质构造详细的探测研究是提供煤矿灾害预测的前提。

（6）针对地震灾区的地表开裂、山体滑坡、建筑倒塌、拱桥折断、隧道坍塌、道路倾覆等灾区面貌，要灾后重建治愈地震的坍塌破坏，那么首先要对实体建筑损毁程度的检测与评价及地质条件的探查，要检测评价受害的拱桥、隧道等的受损程度、利用价值、加固措施等问题。

在工程物探的巨大市场的需求的带动与计算机技术的推动下，未来工程物探技术新仪器具有高分辨、高可靠性、实时成像仪器的特点。而城市化快速发展与改造过程中，一般要涉及道路扩建、地铁、立交桥及大型建筑物扩建中要掌握电力、通讯、上下水管网等各类管线，地铁线路、人防工程等的位置布置等情况，而目前勘查地下的管线、建筑实体的空间布局常采用的工程物探技术主要通过地质雷达与金属管线探测仪探测。但这两种技术探测深度在 1 ~ 2 m 范围以内，且对非金属管线不敏感，但城市地下工程要掌握 20 m 深度范围内的相关情况，且由于地下工程的施工扰动、排水冲刷，导致地下空洞造成路面塌陷带来安全隐患，但这种探测要超过 5 m 的深度与 0.5 m 的分辨能力，这都需要提高地质雷达的探测深度与分辨率。高速铁路采用长轨高速运行，铁轨的裂损率很大，目前主要采用超声波反射法检测钢轨裂损的问题，但该方法技术落后、检测效率也比较低。国外以电磁感应原理开发的钢轨检测技术十分适合高速铁路检测，它测量速度快、图像清晰，但售价格比较高。国内外在都在热衷于超声导波检测技术的开发与研究，超声导波检测技术对薄板、金属管道等结构技术缺陷检测和油气输送管道内外腐蚀检测有它独特的优势。煤矿超前的地质预测的地震成像技术、城市道路与管道声波的成像技术、实时声波扫描成像、地下含水构造的探测高分辨核磁共振成像的技术、IBIS 微变形测量的技术、高速铁路钢轨裂损电磁检测的技术等问题，激发物探科研工作都向高精度、高分辨率、遥测的新时代迈进，使物探技术具有更加广阔的应用前景（图 5-11）。

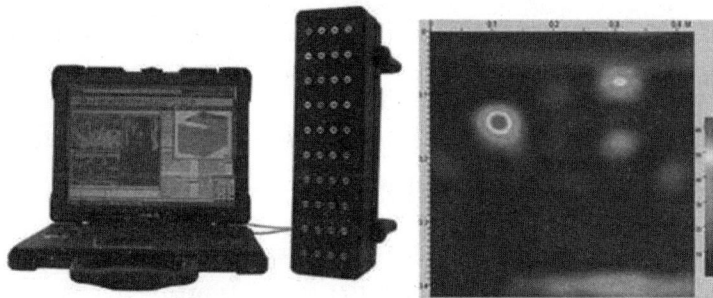

图 5-11　超声 CT 成像设备与检测结果

5.2.2 物探技术在桥梁领域中的应用

拱桥工程建设通常要经历设计阶段、施工准备阶段、施工阶段、拱桥建设完成后的检测和评估阶段、拱桥运营阶段及拱桥后期的养护维修加固等阶段，这几个不同阶段对于拱桥的建设工程质量都有着巨大的影响，每一个环节都缺一不可，任何一个环节出现了质量问题都会对拱桥的可靠性质量产生非常大的影响。现役拱桥的里程之大也为拱桥的管理提出新问题。要重点关注现役拱桥检测技术及时发现与处理一些缺陷，以避免事故的发生来保证拱桥的使用安全。依据检测的数据来加强日常的维护工作提前进行处理拱桥病害，使拱桥能发挥出更大的作用，节约拱桥维修费用及提高拱桥运营期的综合经济效益。拱桥检测主要包括混凝土强度检测、钢筋检测、力学检测等。传统的拱桥检测一般只是确定拱桥的损伤状况或至多是一定程度上对拱桥的继续工作能力提作出评价，不能提供现役拱桥的长期跟踪评价，缺乏严格系统的量化检验方法，使得管理上需要定期重复对拱桥检测，花费大量的人力物力，且使一些劣质工程得不到及时发现和处理或造成桥毁人亡的惨剧。所以加强公路拱桥检测对于保证人民生命财产安全和改善交通质量以及促进经济发展都有着很重要的作用和影响。因此，拱桥检测要对拱桥目前的技术状况及损伤的部位、性质、严重程度及发展趋势进行全面的检查，弄清出现缺陷及损伤的问题所在，能分析和评价既存缺陷和损伤对拱桥质量和使用承载能力的影响，且能为拱桥维修及加固设计提供可靠的技术数据与依据。

随着我国西部大开发战略实施的推进，为了改变西部山高路远、交通闭塞的封闭半封闭的落后状态，国家的大力支持加快交通工程的建设步伐改变当前落后面貌会是一项非常迫切的重要任务。我国存在病害的现有拱桥近万座，且每年病害拱桥会新增近千座，这些病害拱桥多数是预应力混凝土拱桥，要检测与测评混凝土的强度、孔隙空洞、钢筋锈蚀、预应力、预应力管道注浆密实度等内部结构状态，正确地诊断分析拱桥的病害原因、缺陷部位，制定合理的加固处治的措施。传统的外观勘测技术很难满足混凝土内部结构的病害诊断的要求，市场急需具有高分辨的、直观的、反映内部结构状况的地质雷达、超声成像、声波 CT 等能从事拱桥结构无损检测的工程物探技术方法。而随着我国西部拱桥工程建设规模的不断扩大，交通运输量也不断增加，道路拱桥上的行车密度和车辆载重也越来越大，对性能可靠的拱桥桩基提出了更高的要求。实践中为了增强拱桥桩基结构稳定性，延长其使用寿命，使得拱桥定期检测在拱桥日常养护的工作中的地位越来越重要，则需要落实好与之相关的检测工作。拱桥检测从最初的有损检测方法技术发展到现在基于声、光、电、磁和射线等测试理论基础上的无损检测技术。传统的检测方法是在拱桥或路面工程上钻孔取得样品，然后分析研究样品进行检测，得到相关的参数。但西部山区由于高原海拔较高，切割破碎，地形崎岖，山地峡岩很多，喀斯特地貌显著。

传统桩基检测施工难度大、投资巨、发展慢，而且传统取样检测有很大的弊端，因为传统取样检测所获取的数据具有局限性，只能代表取样点附近的数据，而整个工程的性能不可能是完全统一协调的，取样很容易漏掉一些没有检测的因素，如传统的桥梁挠度测量大都采用百分表或位移计直接测量效率低且不准确；使用传统的取样检测会对工程造成损伤，即使这些损伤起初很小，但是经过后期的发展也会使损伤逐年加重以至带来较大的安全隐患。这样的检测既不能得到精确数据，又给工程本身带来一定伤害。从源头上寻找相关问题的有效解决方法是当务之急，无损检测技术应运而生，无损检测技术速度快、效果好，且能整体性检测工程内部情况。无损检测是在不破坏构件结构的前提条件下，在结构物上直接进行测试或者在其内部钻取芯样进行测试，对结构物的内部质量、结构物的强度、质量缺陷等进行检验。加强无损检测技术在拱桥桩基检测中的应用分析，有利于优化拱桥桩基性能，实现对其实践中可能存在安全隐患的科学处理，还具有简单方便、节约检测成本等优点。因此，在无损检测技术的支持下，且在了解无损检测技术功能特性的基础上，基于无损检测技术的拱桥桩基检测，能够使拱桥桩基施工过程中非破坏性检测工作水平不断提升，并丰富拱桥桩基检测工作落实中所需的技术手段。

图 5-12　岩芯钻机

　　虽然传统的无损检测可以做出较为合理的分析判断，但还是无法全面地反映出拱桥的整体的健康状况，对拱桥结构的安全度，使用寿命等方面也无法做出系统的评估。有时还需要采用局部的损伤检测和综合整体损伤定位。大地电磁测深法以天然交变电磁场作为场源，无需人工场源，适合在山区开展；同时，大地电磁测深法是对不同频率的交变电磁信号进行探测，其探测深度只与电磁场的频率有关，因此该法具有穿透能力强、不受高阻屏蔽层影响、勘探深度大的优点。所以，大地电磁测深法可应用于地形复杂、地表条件变化很大的常规勘探难以奏效的山区，通过对大地电磁测深资料的分析，可推断结构物的内部质量、结构物的强度、质量缺陷等，可为桩基检测结果定性分析提供重要的依据。地形复杂、地表条件变化很大的山区，利用大地电磁测深法穿透能力强、不受高阻屏蔽层影响、勘探深度大的优点。大地电磁的相位资料和视电阻率资料并不是相互独立的，而相位资料受到电磁的干扰影响相对较小，利用质量较好的相位资料来恢复有畸变的视电阻率数据，取得了较好的效果。将同类测点的首支电阻率参加加权平均，使同一构造单元内的大地电磁数据一起进行静态校正，提出测点聚类静态校正法，该法在消除静态的同时，也保留了由于实际地质构造变化引起的突变点，不会丢失有效信息。在地形改正过程中，采用比值法。先计算出纯地形的响应，然后，视电阻率采用比值法校正，阻抗相位采用减去法校正。通过该种方法可以基本消除地形变化对大地电磁视电阻率的影响，博斯蒂克反演一一对应。提出了置信度加权反演技术。经过与常规反演方法的对比，说明置信度加权的反演结果分辨率高，可以提高资料的反演质量。

桩基无损检测技术则是对桩基隐蔽工程施工质量进行检定的重要途径之一，无损检测技术为新世纪拱桥建设提出了新的解决思路与技术方案，运用当今时代的最新技术，高起点、多视角、数字化地分析并解决了恶劣地形桩基难测的难题，无损检测技术在桩基检测应用中具体很大的市场应用前景。无损检测技术对提升我国拱桥的施工水平和促进土木建筑行业科学技术进步有重要意义，其社会效益、经济效益显著，具有十分广阔的应用前景。无损检测技术的研究应用及其创新，推动了相关学科发展。无损检测技术在我国的理论与试验研究相对滞后，而工程实践中的应用十分迫切。加快制订无损检测技术的研究与仪器设备的开发利用是十分必要的，需要加大对无损检测技术方法研究的投入力度。

拱桥检测是评定拱桥施工质量与结构承载能力，以及研究拱桥新型结构性能的重要手段。科普拱桥检测技术，开展拱桥检测工作并对拱桥结构性能做出正确的评价，对推动我国拱桥建设，提高施工质量及拱桥承载能力，延长拱桥的使用寿命，都有重大的意义。改革开放40多年来，我国公路拱桥建设以令世人惊叹的规模和速度迅猛发展。在寻求跨度突破的巨大技术需求推动下，大跨度拱桥得以快速发展并屡创世纪记录。拱桥检测工作对于确保拱桥安全运营与延长拱桥使用寿命具有重要的意义，并能通过检测数据尽早发现拱桥病害，以便及时进行维修与加固，提前进行处理，进而节约拱桥维修费用，提高拱桥运营期的综合经济效益。我国拱桥检测通常以动静载试验为主，辅以混凝土强度试验、超声波探测与腐蚀作用试验等多种方法。

拱桥力学检测技术的静载试验则是根据预定的试验目的和试验方案，将静止的荷载作用于拱桥的指定位置上，观测拱桥结构的静力应变、静力位移、裂缝等不同参量的试验项目。根据有关规范及规程的规定，判断拱桥的结构在荷载作用下的工作性能和使用能力。采用的测试方法上可以采用指定的荷载级别车辆缓慢的行驶到测试部位进行加载。在受限条件下也可以采用等效的方式，用以施加水泥、水箱加水、预制块件等不同荷重或以液压千斤顶装置施力等方式来等效某一等级的车辆荷载，一般情况下梁桥挠度测量的工具主要有百分表、千分表、挠度计、水准仪、全站仪等，则量时要注意到量程、精度及可靠度等要求。事后主要通过比较测点的实测值和理论值来评价结构的工作性能及安全状况及通过测点的实测值与规范允许值来分析结构所处的工作状况；拱桥力学检测技术的动载试验就是结构是以承受车辆的荷载为主的，车辆荷载对拱桥的冲击与振动的影响会使其产生的动力效应会大于相应的静力效应，对拱桥评价常用动力荷载试验来确定车辆荷载的动力效应及使用条件。动载试验的仪器主要有信号放大器、拾振器、光线示波器、动态电阻应变仪、笔录仪、磁带记录仪与数字信号处理机等不同器具。通常情况下大跨径拱桥结构用压电式测试系统测量超低频的振动，中小跨径梁桥用磁电式测试系统量检测结构的自振特性。拱桥结构的振动分析一般包括车辆荷载作用于指定断面上的动应变或者指定点的动挠度和结构的自振特性和动力响应等两种情况，动载试验可以分析结构承载能力和使用功能的分析评定。

检测混凝土的强度主要是利用超声—回弹综合法，它是根据材料的应力应变的行为与强度关系为依据的强度检测。对于混凝土同一测区要分别测量回弹值与声时值，根据相关测强公式推导该测区强度的一种方法。将超声法和回弹法相结合可以起到互补作用，减小测试偏差使结果更加接近于真实值。其中回弹法检测混凝土的强度主要是由回弹仪在结构混凝土各测区内测量回弹值，可以设定回弹方向与碳化深度等参数，依据规范中给出的相关公式求出每个测区的平均回弹值，再结合检测的混凝土碳化深度值，之后根据规范中已建立的测区混凝土的强度换算表，查规范得到测区的混凝土的强度值。回弹法是检测混凝土表面硬度的方法，仪器构造简单，它易于操作掌握，费用低，效率高，但是受测试环境、参数和混凝土表面状态的影响较大，结果波动性比较大。超声法对混凝土强度的检测是利用波在混凝土中的传播速度随着强度等级的增高而相应增大原理进行的强度检测。将超声波换能器放于被测物体上，由仪器中的脉冲信号发生器而发出一系列的周期性的电脉冲，而加在发射换能器上的压电体上转换成超声脉冲，穿过被测物到达接受的换能器，通过对超声仪接收到波速、频率、波形、波幅等不同声学参数综合分析和判断，推断混凝土强度、完整性、均匀性等方面的缺陷。钢筋锈蚀状况检测，在混凝土钢筋锈蚀的过程中，钢筋的表面产生阳极区与阴极区会导致钢筋离解，在阳极区生成了膨胀的锈蚀产物，腐蚀的速率主要受铁离子通过混凝土从阳极转移到阴极的便利程度的影响。且通常电势越高电阻率越低，腐蚀率则也就越大。半电池电位钢筋锈蚀度测量法是当前现场无损钢筋锈蚀检测中较先进的一种方法。电磁法是利用电磁感应原理对钢筋混凝土结构中的钢筋位置、保护层厚度、间距和钢筋等直径进行无损检测。

拱桥检测一般要测定静荷载、支座反力、推力等的作用力的大小、构件的弯矩、轴向力、剪力、扭矩等内力、断面上各种应力的分布状态及其大小、挠度、相对位移、转角等各种变形以及裂纹等局部损坏现象。拱桥检测涉及拱桥外观、内部、结构、材料等不同方面和不同的相应检测手段，对拱桥外观检测要点主要有跨中的裂缝和挠度、端部的斜裂缝、构建的质量外观以及主梁连接部位的状况等等不同方面外观检查要根据不同的桥型确定检查的要点，分析拱桥病害发生的原因。如拱桥的检查要点有上部结构跨中的裂缝和挠度及拱圈拱顶裂缝、下部结构地基沉降等、桩墩的位移等等。梁桥检查要点有上部结构跨中的裂缝和挠度，下部结构地基沉降等、桩墩的位移等。通过对拱桥进行定期的检测，可以建立和健全拱桥技术状况的相关档案、可以检查拱桥的健康状况与及时发现病害或控制病害的发展、对拱桥进行技术状况形成客观翔实的统计资料对后期拱桥的维修加固和技术改造等提供重要的参考作用、发现拱桥的安全隐患及防止安全事故的发生。传统的拱桥检测方法主要针对的是外观检测，不同结构的拱桥工程其养护检查的重点和部位都有所不同。桥面系的检测主要包含铺装粗糙度的检测（铺装粗糙度超出一定的限定值之后容易引起大的交通事故）、进行过路起汽车车辆对拱桥桥面冲击效应的检测（汽车车辆对拱桥桥面冲击效应过大会容易使桥面板等结构的耐久性降低）、在伸缩缝的范围内进行拱桥铺装层与伸缩缝装置之间的高度差的检测（高度差过大的话不仅促使铺装本身的破坏且会促使伸缩缝装置的破坏）及桥面排水设施的检查、护栏、扶手及人行道的等检查；拱桥上部结构的检测的是拱桥的主要承重结构，是对这些基本受力构件的工作状况进行检测，它根据拱桥结构形式、构件种类、建桥环境、施工质量以及使用情况等不同对基本受力构件缺陷及损伤检测，进一步确定构件上缺陷产生的部位、种类和程度；对于混凝土公路桥的上部结构的检测缺陷通常包括混凝土开裂、剥离、钢筋外漏及锈蚀、断面破损、混凝土本身质量不足、异常变形等，通过观察其表面裂缝、麻面、蜂窝、空洞、剥落、露筋、游离石灰、缝隙夹层等现象；横向联系检测要对自身状况检查及它们与基本构件连接状况的检查；基本受力构件检测要检测其实际长度及截面尺寸，构件连接处的完整性及线形，观察受力构件的变形及裂缝等；几何纵轴线的检测关于梁式桥是指主梁纵轴线向下挠曲的测量；拱桥是指主拱圈实际拱轴线形状及拱顶变形量的测量，通常基本构件纵轴线的检测一般采用外表目测，如发现有明显变形时再用精密仪器测量。根据拱桥支座将上部结构荷载传递给墩台且完成梁体所需要的变形，拱桥支座的检测涉及简易垫层支座的油毡是否要老化破裂更换，钢板滑动支座及弧形支座是否干涩、锈蚀等情况，摆式支座的相对位置是否正确及是否受力均匀钢筋混凝土立柱完好，橡胶支座是否老化变形位置正确，滑动钢盆橡胶支座的固定螺栓是否剪断破坏松动，活动支座是否灵活摆放位置正确，及防水装置和排水装置等的是否有缺陷等。拱桥墩台的检测主要是墩台身裂缝缺陷及墩台位移的检测等，其中对于拱桥拱桥墩台的检测如果有完整的竣工资料的桥台水平位移可参照小三角测得跨径和竣工时跨径值对比，如果没有完整的竣工资料的桥台水平位移根据实测拱轴线测得拱顶的下沉量去除因设预拱度不够而下沉得到的差值再除以拱顶处推力影响线坐标则得到水平位移的估算值。拱桥基础的检测是对墩台基础的冲刷情况和缺陷情况的检测。而且目前传统的拱桥维护养护工作基本目测整理技术档案、疏通管道清扫桥面、修复灯光照明等，且检测结果带有很大的人为主观性。

它们每个部位都有自己不同的受力特征，病害也存在着一些相同的共性，如果发现不是常规的病害，还要对其认真分析研究以找出病因。如拱桥混凝土构件中常见的内部缺陷有裂缝、空洞、蜂窝、剥落、钢筋侵蚀和环境侵蚀等。有些缺陷如果只靠外观检查难以发现，还要借助其他的方法进行检测。现今新技术新工艺的不断发展和拱桥的多样化，致使越来越多的新材料运用到拱桥结构中。随着拱桥跨度与高度不断加大，传统的检测方法以及很难对现有的拱桥做出科学有意义的检测结果。为了满足市场检测的需求，近年来出现了许多如超声波检测装置、钢筋锈蚀测试装置、混凝土保护层测试装置等一批拱桥材质状况检测仪器设备及其测试分析方法及评价指标标准，用以检测与评估拱桥的健康状态；特别是近几年检测数据无线传输设备、光纤传感器等先进的检测仪器等设备的研发和应用，使我国公路拱桥的检测评定有据可依不断走向深入和细化。如 20 世纪五六十年代建造的石拱桥由于造价低廉、就地取材、造型优美、承载潜力大等不同特点而被广泛应用。随着经济不断发展，交通运输车辆的不断增多，导致许多拱桥都出现一定程度的病害。虽然对于钢筋混凝土拱桥与钢管混凝土拱桥检测方面研究较多，但对于对石拱桥检测方面的研究相对不多。目前许多拱桥局部已经出现裂缝，局部灰缝已经脱落，拱圈间已出现渗水、流浆现象，局部出现裂缝。整治的有效方法填实石拱桥内部的空隙，通过阻止与疏导的方法阻止水与灰缝的接触，防止灰缝腐化。但利用传统方法检测对于石拱桥内部很难情况很难判断。但根据片石岩性越硬，强度则越高，波速度值也就越大；岩石越弱，强度越低，波速度值也就越小的特点，由岩性的对波速的不同影响，则可检验片石岩性的软弱程度不同，找到物性的差异。找到桥体内浸水导致桥体部分结构密实度降低，利用波速差异，可以用超声波法检测。通过对整个测区的无损检测，得到测点的声波曲线，计算测点的波速值且绘制等值线图，确定桥体的病害区域范围。对拱桥病害的治理，先用超声波法无损检测，可以用透射波法和超声波 CT 法相结合，先用透射波法扫描确定重点异常的范围，然后再用超声波 CT 法扫描确定异常的位置，再数据处理。它可以避免盲目施工，节约经济，提高工效。拱桥治理完成后再复检，可进一步了解治理效果，可以排查拱桥病害治理的遗漏。

无损检测技术是一种在工程质量中广泛应用的检测技术，无损检测技术通常采用物理检测的方法，利用一些物理特性例如光线、射线等的传播特性对工程或部件进行检测，以找出缺陷或缺陷的具体位置，达到检验工程质量的目的。因此检测过程中不会对所检测工件造成损伤。对拱桥桩基的无损检测，可以有效地检测出桩基中是否有气孔、裂纹等现象，或者工程工艺是否符合要求。与传统的检测技术相比，无损检测最为突出的特性在于不破坏被检测对象，无损检测技术速度快且检测结果比较准确，广泛适用于各种工程的质量检测。超声波检测在拱桥桩基中的应用是利用一种具有较高频率的机械振动波，超声波检测技术利用的是超声波检测仪以及声波换能器根据超声波的传播震动的反射原理，可以将检测到的超声波在计算机屏幕上直观的反映出来，通过反射的超声波波动图的传播速度、振幅、振动频率等特性，对所检测部件的情况进行推测和判定。在对拱桥桩基的检测时主要是通过向桩基混凝土结构中发射超声波，通过对波的传播特征的分析，检测桩基是否存在缺陷，对混凝土灌注桩完整性进行检测，判定桩身缺陷的程度并确定其位置。如果超声波在计算机模拟图上显示出较为均匀的波动趋势，则表明桩基中不存在较为明显的缺陷。超声波检测技术除了能够保持拱桥桩基不在检测过程中收到损伤外，利用超声波检测技术进行道路拱桥检测出现的缺陷。超声波能够穿透混凝土结构并在其中传播的特点，具有检测较为全面、检测速度比较快、检测所需成本比较低、简单使用安全的优点。但在用超声波检测技术对道路拱桥进行检测往往采用将多测点数据进行比较的方式，利用概率统计的原理对检测数据进行处理分析缺陷状况，因此超声波检测技术的直观性比较差，为了获取较高的检测精度而需要进行多点检测。此外超声波检测比较适用于厚度比较大的检测物体，因此在拱桥桩基的检测较为适用。但这种技术只能在检测现场就对超声波图的判断得出直接的检测结果，无法使检测依据保留下来。高应变检测在拱桥桩基中的应用是通过自由落体下来的重锤对单个桩基施加压力以检验其承载能力，主要通过信号接收器实测桩顶部的速度和力时程曲线，通过波动理论分析，对单桩竖向抗压承载力和桩身完整性进行判定的检测方法。高应变检测方法在桩基检验中使用历史较长的一种方法。此检测方法主要对拱桥桩基的横向承载能力极限进行检验，当变形超出设计要求时就会出现裂纹，则以波的形式释放能量，从而判断其质量是否能够达到要求的水准。高应变检测能够对基桩中存在的各种缺陷例如有细小的缝隙等进行检查和检测，能够比较方方便的检测出拱桥桩基在竖直方向是否具有满足要求的抗压能力，此外利用这种方法还能在检测过程中对拱桥桩基中存在的缺陷及时检查出来。但是这种方法在我国的桩基的检测中由于一些局限性运用并不广泛。低应变检测技术对桩基的质量进行检验时运用到的是对桩基顶端施加一个快速的作用力时有振动波的产生，由于材料内部结构不均匀或存在不同性质的缺陷，局部应力的集中会导致不稳定的应力场分布，材料如在产生裂缝、发生塑性变形以及断裂过程中，则会释放出部分应力，使之以应力波的形式向四周扩散，而振动波在沿着桩基向下传播过程中如果遇到不正常的波段时会受到此异常波段的阻碍作用，从而产生的反射波被信号接收器接受和处理，通过检测不同位置收到的声波时间差，从波形的变化情况上判断出桩基质量是否具有完整性，判定桩身缺陷的程度及位置，并为其他方法的进一步检测提供依据。该种检测方法所具有的比较突出的特点是其使用时的较为快速方便且节约成本，在工程的建设当中不会应为监测工作而影响其施工进度。因此作为一种在实用性和经济性的检测方法一直在我国各类的桩基检测中被广泛应用。但是低应变检测方法的局限性在于振动波在传播时对于较远距离的检测会出现不准确的现象，在对高度较大的桩基的检测时会出现一些问题。因此目前只适用于一般高度桩基的完整性检测中。钻芯无损检测在拱桥桩基中是运用特定的钻具对桩基混凝土进行钻进，将完整的钻芯取出保存并标明序号放进取样箱中，通过对芯样的抗压性检测和性能上的判断从而实现对桩基性能的判断。可以检测出孔灌注桩桩身的完整性、混凝土强度、桩长、桩底沉渣厚度和判定持力层的岩土性状。采用钻芯检测时不会受到施工场地和环境的约束，而且对于桩基的直径比较大时用此种方法进行检测也不会受到限制，因此对于施工场地环境较为不好的情况较为适用，这也是钻芯检测技术所具备的独有的优点。但此种检测技术检测速度上不如其他几种检测快，且成本也较高。

还有通过接收到的由敲击桩顶而产生的弹性波（纵波）反射回来的信息，找出桩身波阻抗发生变化的界面，并分析其变化的原因，从而对桩的结构完整性进行评价的反射波法；确定各种基桩的竖向极限承载力或对工程桩的承载力进行抽样检验及评价的静载试验法等无损检测法。但是目前最基本、最广泛使用的是钢筋和混凝土。导致钢筋锈蚀的原因有诸多因素，如混凝土的渗水性、含水量、密实度、碳化的深度、保护不足以及缺损等等，而且钢筋锈蚀又可促使混凝土进一步的破损。这些简单的材料特性检查只要通过简单的外观检查或者敲击等检查即可检测出钢筋锈蚀程度的不同。随着成桥运营阶段，一些大的拱桥通常以同期的混凝土试块来确定混凝土的强度。而对于一些没有试块的拱桥多采用贯入法、回弹法、超声波法、取芯试验法、断裂法等不同方法去检测。其中回弹法和超声波法及综合法为非破损检测法，它应用十分广泛。当拱桥无法获得详细资料时，通常要借助动力或静力试验进行检测，从而正确的反映出拱桥结构受力性能状况。但是传统的无损检测技术，如雷达检测技术、声波检测法、声发射、红外检测、磁试验及振动试验分析等得到了长足的发展，对拱桥的外观以及部分结构性能进行了检测。

桩基在拱桥的建设中被广泛的应用，但是因为很多方面的原因，使得桩基的质量出现了很多问题，这就会导致拱桥的结构质量出现问题。通过分析可以根据工程的实际状况进行选择一些切实可行的检测技术对拱桥的桩基实行检测。拱桥桩基如果清孔工作做得不够彻底，就会导致桩底的沉渣过厚，在桩处于低强度松散物的包围时桩底沉渣更加明显，在钢筋笼施工完成的时候，桩的底部就会沉积松散碎落物。在进行首封混凝土的灌注时，一旦出现导管口与孔底的距离预留不恰当的情况，就会使得孔底的泥浆和沉渣无法正常排出而被留在孔底。另外，在混凝土的拌和过程中，如果出现搅拌不充分或者是和易性差的问题，就会使得水泥浆的集中，细集料或者是局部骨料的集中形成离析的状态。最后，桩身混凝土的局部横截面出现不连续状态也会对桩基产生影响等。对桩基的影响来说，检验技术的发展经历了从有损检测到无损检测两个阶段。如对材料有损检测进行化学分析取样时，要将被测样本熔融、压片，截成细小碎块混匀后随即称取试样。无损检测技术不是不会对桩基造成任何损害，而是相对有损检测技术，它对桩基造成的不利影响要小得多。有损检测主要是指一些会带来较大负面影响的检测技术。如听觉检验方法中的锤击试验，机械检验中的硬度试验，冲击韧性试验，疲劳试验等都会产生破坏的后果。而近来发展起来的无损检测技术在检查设备的技术缺陷中用的越来越多，如超声波检验测厚，频谱分析检测技术、声发射技术检验在线设备的缺陷，尤其是动态缺陷，还有刚发展起来不久的风险检验技术等等。随着科学技术的发展，越来越可靠，越来越适用，越来越经济的无损检测技术不断产生。目前在国内比较成熟的检测技术还有红外热像仪检测技术、光纤传感器检测技术、声探测技术等已得到了一定的发展，对结构在工作环境、运营条件下的特性的认识也将不断得到深化，为拱桥极早发现病害提供了更多的手段。但西部山区地貌属于中国西南部高原山地，境内地势西高东低，自中部向北、东、南三面倾斜，平均海拔在 1 100 m 左右。其中 92.5% 的面积为山地和丘陵，境内山脉众多，重峦叠嶂，绵延纵横，山高谷深，境内岩溶分布范围广泛，传统的检测技术很难取得良好的效益。经济的快速发展给我们国家公路拱桥事业的建设奠定了基础，但是在公路拱桥建设发展的同时也出现了更多损坏的情况，这就对公路拱桥的质量提高有了更高的要求。在拱桥质量要求越来越高的今天拱桥的监测工作就显得尤为重要，对拱桥桩基的稳定性和完整性方面的检测是拱桥检测中比较重要的一个环节。在使用现代无损检测技术是要根据各个方法的优缺点，结合桩基的实际情况选择合适的检测方法，在必要时选择两种或者多种方法相结合的方式进行检测，可以在实现较为良好的检测效果的同时节省施工经费。此外在拱桥桩基的检验中结合出现的问题对无损检测方法进行改进和完善，为我国的拱桥检测工作不断做出贡献。为了改变自然条件，国家的大力支持发展交通运输事业，改变西部山区落后面貌，需要更适用、更方便、更经济的拱桥检测手段。

目前西部山区各项基础设施建设成本普遍比全国平均水平高 50% 左右。基础设施能力的发挥又受地形地貌的限制，运输能力不及全国平均水平的二分之一，欲达到全国平均服务能力，基础设施建设至少要增加 50%～100%，即道路拱桥营运里程要增加一倍。通过检测确定拱桥营运多年后各部位造成如错位、裂缝、沉降等不同损坏程度与实际承载能力一定程度的损失，为后期拱桥的修复加固提供可靠依据；通过检测评估确定按旧标准规范设计的拱桥，是否需要通过加固维护来提高其荷载等级满足目前交通量的不断增加，车辆载重量的不断加大局面；及特定情况下，为特大型工业设备与货运等超重车辆安全通过，是否要临时加固提供现场技术资料；通过检测可评定一些重要的大桥或特大拱桥在建成之后其设计与施工质量，确定拱桥工程的安全可靠度分析；通过检测评价验证新材料新工艺新型结构拱桥理论的实践性与可靠性，以对结构设计理论及结构形式加以改进提供技术指导；而对维修加固养护的拱桥进行竣工检查质量验收，确认加固方法的合理性与安全可靠性。电磁探测技术也朝着精细化、大深度和高效处理等方面发展，复杂介质和复杂模型下的电磁探测数值模拟和测量成为了一项亟待解决的问题。

现有的数值模拟技术均是基于网格实现的,都不可避免地涉及到网格的剖分问题,对于单元的形状也有一定的要求,在处理复杂介质和复杂模型时,存在着数值计算精度低、网格剖分复杂、自适应分析困难等问题,而已有的电磁探测仪器功能较为单一,对野外环境抗干扰能力比较弱,已经越来越难适应于电磁法快速发展的需要。无损检测技术既可以应用于施工过程中的质量检测,亦可在工程竣工验收和工程实体使用过程中进行质量检定。同时该检测技术以其快速、简便、直观以及无破损等优势,深受好评,应用范围也是十分广泛。无损检测技术以其独特的形式使其桩基结构得到了优化,符合当地的需要,尤其是在大型公路、铁路拱桥中的应用值得研究与分析。近年来,无损检测技术在我国的应用实践表明,无损检测技术实现其安全使用,提升检测技术水平,具有显著的技术经济效益和社会效益,适合我国基本建设的国情,将成为一种必不可少的检测手段。

5.2.4 物探检测实例

图 5-13　高精度基桩超声波检测仪

5.2.4.1 桩基检测

桩基检测主要勘查方法有电法(电阻率、探地雷达)、地震波及声波测试(测井)、放射性测试等。大型拱桥基桩桩身的完整性检测一般采用声波穿透进行判断。超声波无损物探检测法就是在不破坏桩基的结构前提下,它直接作用于测试结构物上,判定混凝土缺陷位置或质量好坏,通过对混凝土构件的重复测试,它既能对施工工程的混凝土质量监测,又能对工程竣工验收及使用过程的混凝土质量认定。

超声波就是将声波频率大于 20 kHz 的声波定义为超声波。它的工作原理是由发射换能器把电信号转换为振动信号,振动信号在介质(混凝土)中传播,由接收换能器接收且转换为电信号输出,由超声波的测试仪器放大显示且记录,经历"电—声—介质—声—电"的过程。

在桩基检测过程中,超声波法的根据其传播形式和接受的途径可分为回波法、透射法两种不同类型,其中回波法通常用在如桩基金属结构的检测等的均匀介质中;而透射法通常用在如则用在如混凝土、钢筋结构组成的非均匀的桩基中。一般情况下桩基检测通常使用透射法。

超声波在桩体（介质）中传播振幅、速度、频率主要涉及混凝土配合比、混凝土完整性、水泥标号和水饱和度有关。如果水泥标号与混凝土配合比、水饱和度一定时，混凝土构件完整性较好时，超声波振幅及频率衰减较小，波列比较规则，超声波在混凝土的构件中传播的速度较高；如果混凝土构件存在夹泥等杂质，混凝土构件的完整性较差时，超声波的振幅衰减较快，高频成分产生了衰减，接收到的超声波振动信号的幅值小、频率低，且波列不规则，超声波在混凝土中的传播速度较低。

工程检测中多采用的是平行声波透射法，由发射探头发射的声波由水的耦合传递到测管，然后在桩身混凝土介质中传播，之后到接收端的测管，再经过水的耦合，最后到达接收的探头。工作时先将声测管注满水做为耦合剂。将发 (F)、收 (S) 换能器放在同一标高的不同声测管内且连接到仪器上，从桩顶到桩底逐点离散接收存储一个剖面测点的波形和数据。数据结果分析如果波速异常或波幅小于临界值，则表明检测点为异常点；综合异常点的实测声速、波幅、波形等判定基桩类别。但实际工程中钻孔灌注桩通常是一种水泥石、水和空气空隙等组成的非均质材料，它可能存在裂缝、空洞、夹泥、夹砂甚至断裂等隐患，导致降低混凝土声阻抗。声波作为一种弹性波通常视混凝土介质为弹性体，因此声波在混凝土中的传播要服从弹性波传播的规律。但是液体或者气体没有剪切弹性，只能传播纵波，所以超声波测桩技术采用的是纵波的分量。探头发射的声波则会在发射点与接收点间形成复杂的声场，声波将分别会沿不同的路径传播发送到接收点，传播路径不一，其中一条路径最短，如果桩身完好则认为这条路径即发射探头与接收探头的直线距离是已知量，扣除声波在测管、水之间的传播时间及仪器系统的延迟时间，则得声波在两测管间混凝土介质中传播的实际声时大小，即可计算出相应的声速。如果桩身存在断裂、离析等不同缺陷时，则混凝土介的连续性遭到破坏，使声波的传播路径变得复杂，声波则会透过或者绕过缺陷传播，致使传播路径大于直线距离会延长声时，则会降低波速。且由于空气和水的声阻抗远远小于混凝土的声阻抗，同时由于透过或者绕过缺陷传播的脉冲波信号和直达波信号间存在声程及相位差，且叠加后会相互干扰，导致接收信号的波形会发生畸变。所以当桩身如存在局部缺陷时，接收到的声波信号则会出现波速会降低、振幅会减少、波形发生畸变、接收信号的主频会发生变化等情况。因此，工程中通过数据分析、对比接收到的超声波在混凝土构件中传播的速度，振幅及频率的衰减等声学参数及相对变化，综合分析桩身的质量、判定桩身的完整性。

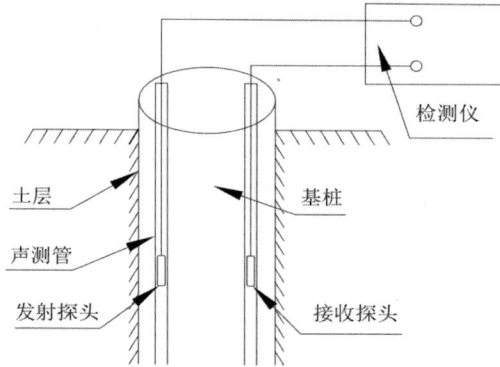

图 5-14　基桩声波透射法检测示意图

　　进行超声波桩基物探检测前，要在施工时预埋内径大约在 50～60 mm 的声测管，各测管的管口至少高出桩顶 100 mm 且高度要一致，测管中应要注满清水作为耦合剂，通常下端要封闭防止漏水，或者将各声测管的下端连通，防止测管内有异物时方便用高压水来疏通，上端加盖也防止异物侵入。视桩径的大小沿桩截面外侧呈对称平行形状埋设数量不一的声测管，位置要固定平正，声测管的连接要光滑平稳过渡，防止发生探头移动受阻的情况。检测前要用钢筋条或者铁棒疏通好声测管，能保证换能器在全程范围内自由升降，要测定从声波发射时刻到声波接收时刻间的系统延迟时间，要计算测管和水耦合剂所对应的声时的修正值，方便在计算实际声时时消除误差，要计算声波在桩身传播的直线的距离，要根据设计值或测管固定时的外壁间的净距离计算。某交通工程拱桥 3-1 号基桩的桩长 13.5 m，桩径长 1.8 m，混凝土强度为 C25。设计桩身预埋 4 个声波孔。检测基桩的仪器为 RSM — SY7(W) 基桩多跨孔超声波自动循测仪。该仪器的收、发换能器具有自发自收跨孔探头。通过图 5-16 基桩检测成果，比较波速及波幅和临界值的大小，可准确的判定基桩的 2-1、3-1、4-1 三个剖面在 4.0～4.4 m 范围处存在波速与波幅的异常值，低于临界值，推断该基桩 4.0～4.4 m 的部位存在质量缺陷，检测发现或者怀疑桩身有异常情况时，在质量可疑的测点范围内要加密测点距仔细探测，或者扇形扫测或者采用高差同步测试，进一步落实桩身缺陷的具体位置，且通过数学处理方法把桩身内混凝土的缺陷尺寸和空间分布大小显示出来。该类桩需要进行处理，该基桩处理从桩顶往下 4.5 m 全部替换重新浇筑保养，重新验收合格，满足工程的要求。通过基桩无损检测实例，证明物探勘探作为高效实用、无损检测技术可以发现存在质量缺陷的基桩，通过物探检测的判断功能解除了后期工程隐患，确保了施工质量安全，积极优化施工方案及措施，为后期的工程提供一定的参考意义。桥体病害的位置确定，为桥体的维修治理提供了技术上支持，且在维修治理完后的进行复检，反映了维修治理效果，不断地完善治理的技术方案，达到了快速、高效、低成本的治理拱桥病害的最终目的。

桩号: 3 -1#	桩径: 1800mm	设计强度: C 35
检测日期: 2017-7-9	灌注日期: 2017-6-23	检测标准: JGJ106-2003
桩长: 13.60m	桩顶标高: 1505.09m	桩底标高: 1491.49m
检测长度: 13.00m	完整性类别: I	仪器型号: RSM-SY7

剖面: 2 — 1	剖面: 3 — 1	剖面: 4 — 1
跨距: 1020mm	跨距: 1400mm	跨距: 1090mm
PSDMax: 21125us^2/m	PSDMax: 15680us^2/m	PSDMax: 19845us^2/m

声速km/s ——   声速临界 — —   声幅 dB ——   声幅临界 ······   PSD us^2/m ——

	平均值	标准差	临界值	离差值	平均值	标准差	临界值	离差值	平均值	标准差	临界值	离差值
声速	3.891	0.111	3.652	2.9%	3.715	0.081	3.544	2.2%	3.753	0.092	3.558	2.5%
声幅	90.4	5.8	84.4	6.3%	85.8	3.5	79.8	4.1%	92.2	4.3	86.2	4.6%
缺陷												

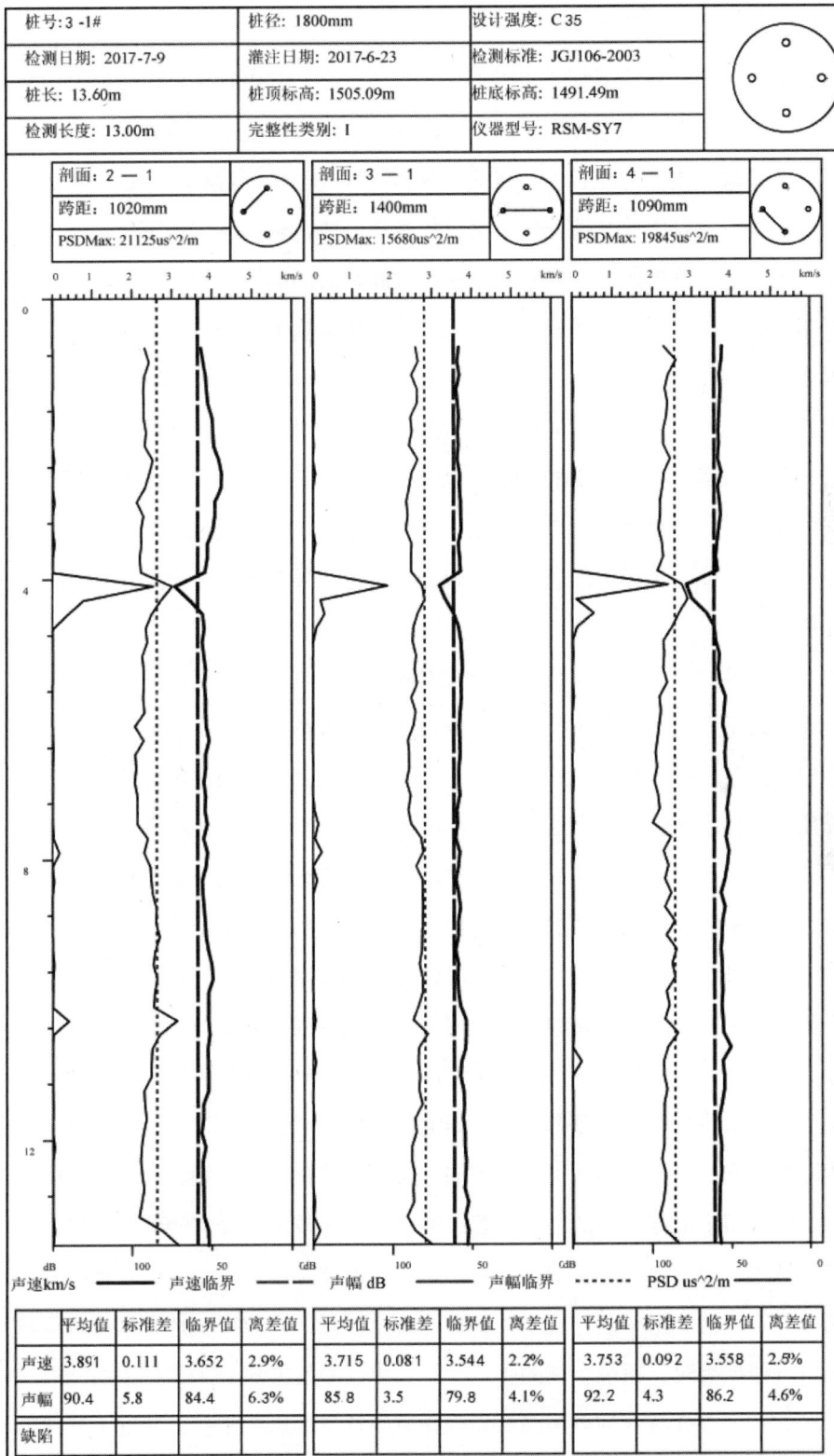

图 5-15   大桥 3-1 号基桩检测成果图

5.2.4.2 地下金属管线检测

地下金属管线的探查是地下管线普查工作的重要工序，其中频率域电磁法和电磁波法（又称为探地雷达法）是地下管线定位定深的主要技术方法。但是要求被探查的地下管线和周围的介质之间要有明显的导电性与导磁性的特征差异，被探查的地下管线产生的一次场要有足够的强度，可以从干扰的背景中清楚地分辨出来；探查精度要达到《城市地下管线探测技术规程》的相关规定要求，根据分析研究金属管线电磁场空间与时间的分布规律，抓住金属管线相对周围介质是低阻高磁导率、周围介质相对于金属管线体现为高阻低磁导率这一特征，发现地下金属管线。但要我考虑我国地域不同，各城市地质、物性条件不一，在不同地方地下管线探测方法要因地制宜、区别对待。而介质的磁性数值变化大小相对忽略不计，一般不考虑磁导率的影响。金属管线通常只考虑地下介质的导电性也就是电阻率的异常。生产中应用频率城电磁法探查地下管线的原理是，发射机发射谐变电流建立一次场。地下管线在场源的激励下产生谐变电流，地下管线周围形成二次场。而通过接收观测二次场的异常变化来确定要测定的地下管线的平面位置与埋深。

但管线探测计算时要消除在管线周围介质引起的二次电磁场和场源的一次场。地下管线探测中，通常设定地下空间是均匀半空间，在分析计算异常场时，常常假设周围介质是高阻的，但这和客观实际不符，因为很多地区介质相对于管线是低阻。而当周围介质是高阻时，金属管线和周围介质的电性差异较大，管线及周边的电流密度要明显高于周围介质的电流密度，金属管线和周围介质的电性异常十分明显，很容易测定地下管线的平面位置与埋深。而如果周围介质是低阻时，金属管线和周围介质的电性差异较小，异常幅值很小，导致异常信号较弱且不稳定，很难测定地下管线的平面位置与埋深。因此要能准确探测地下管线，要确保金属管线和介质电阻率有明显电性差异。金属管线的电阻率通常变化范围不大，但是周围介质的电阻率变化范围一般较大。由于周围介质的各种土质类型的含水量、矿化度等不同，土壤的致密性、温度的影响，地下不同水位、季节气候等情况对导电性的不同影响，要根据不同情况灵活处理。要区别对待内陆城市和滨海城市的地下水位不同、含水量矿化度的差别，受季节温度及潮汐因素影响的不同，内陆城市周围介质的高阻与管线电阻的差异较大，异常峰值较明显，探查管线较容易；但滨海城市受地下水位、土壤含水量矿化度、季节温度及潮汐等因素影响较大，周围介质的低电阻率与管线的电阻率差异较小，异常幅值比较低，导致探查地下管线难度较大。因此对于滨海城市管线探查时，通过合理的收发距、场源的激发方式、工作频率的选取、雨水季节的选取等不同方式来选择有效的方法降低周周介质的背景场影响干扰，使地下管线的异常峰值较明显，保证管线探查的效果。

第六章 桥梁工程的发展前景

6.1 我国桥梁存在的问题

6.1.1 世界桥梁的历史和发展

桥梁是道路的重要组成部分。桥梁的发展从技术角度上看，它经历了古代、近代和现代三个时期。

（1）古代桥梁

提到古代桥梁，人们立刻想到古罗马和中国，中国古代桥梁在世界桥梁史中享有崇高的地位，为世人所瞩目。人类在原始时代，桥梁的建设来源于人们无意识的生存需要，为了生活，他们要利用自然下垂的树干、茂盛的藤萝、天然成形的石拱等来跨越水道和峡谷。据考古资料记载，人类有目的地架桥大约在八千年前，我国六千年以前的新石器时代已经存在桥梁。我国周朝（公元前 1134 年上下）已在渭河上出现浮桥；公元 3 世纪出现了桥跨长达一百五十步的甘肃安西与新疆吐鲁番交界处的伸臂木桥，比欧洲早了一千二百年；距今一千四百年的空腹式（敞肩式）赵州桥（又名安济桥）举世闻名；还有建于公元 1032 年跨径约 20 m 的河南开封虹桥等。这些古代桥梁显示了古代中华民族的强盛。目光转向中国，之外至今已经有三千五百年桥龄的希腊伯罗奔尼撒的单孔石拱桥是世界上最古老的桥梁之一；公元前 621 年古罗马在台伯河上架设了木桥；建于公元 104 年匈牙利多瑙河上的 21 孔特拉杨木拱桥以及 16 世纪意大利的八字撑木桥——巴萨诺桥，单孔跨径为 36 m。

17 世纪以前的古代桥梁受限于生产力和生产技术，一般是用木头、石块、竹藤等材料所建，且桥跨也比较小。但随着铁器的出现，木头、石块等建桥材料逐渐被代替。

（2）近代桥梁

18 世纪铁的生产和铸造及用石灰、黏土、赤铁矿混合煅烧而成的水泥，为近代桥梁提供了新的建造材料。18 世纪的欧洲率先进入工业革命时期，促进了大规模的基础桥梁建设生产。英国 1779 年所造的跨径 30.7 m 塞文河半圆拱桥是由五片拱肋组成的世界上第一座铸铁桥，至今散发着西方工业文明的气息。

19 世纪 50 年代跨径在 60 ~ 70 m 以上的公路锻铁链吊桥就是充分利用锻铁抗拉性能好的特点建造的，而铁路改用桁桥主要因吊桥刚度不足。但锻铁抗冲击性能差，抗拉性能弱，水泥抗拉性能差，桥梁易断裂。19 世纪中叶以后，随着炼钢技术的不断发展和进步，利用钢的抗拉强度大、抗冲击性能好、水泥抗压性能好的特性，钢筋混凝土桥充分地发挥了钢材、水泥的互补优势。尤其是 19 世纪 70 年代后钢材的工厂化生产，使钢材应用日益广泛，为桥梁的部件预制生产创造了条件。法国 1875—1877 年间修建了一座跨径 16 m 且宽 4 m 的人行钢筋混凝土桥，1928 年英国修建了最大跨径为 110 m 的 4 孔钢筋混凝土拱桥，瑞典于 1934 年建造的跨径为 181 m、矢高为 26.2 m 的特拉贝里拱桥。

随着桥梁建设的发展，桥梁理论的研究也随着兴起。圣沃南于 1857 年提出了较为完整的梁理论和扭转理论，对静力学、材料力学和拱的理论给出了完整的解释，随之，连续梁和悬臂梁理论、桥梁桁架分析方法也相应生成。1901—1909 年美国建造的纽约昆斯堡桥是一座主跨为 300 m 和 360 m 的悬臂梁桥，中间锚跨为 190 m、悬臂分别为 150 m 和 180 m。但那时理论还是很不健全，对桥梁的防风措施认识不足。1878 年 6 月建成的阳斯泰湾铁路锻铁桥，由于缺乏设置横向连续抗风结构，于 18 个月后被大风吹倒。桥梁各构件在荷载作用下发生的应力分析方法在德国人 K. 库尔曼、英国人 W. J. M. 兰金和 J. C. 麦克斯韦等人的努力下，于 19 世纪 70 年代后期迎刃而解，有力地推动了结构力学的快速发展。弹性拱理论、土力学也分别于 19 世纪末、20 世纪 20 年代先后问世，推动了拱桥、桥梁基础的研究和应用不断地向前发展。如跨径 305 m 的纽约岳门桥（1917 年）、跨径 504 m 的纽约贝永桥（1931 年）、跨径 503 m 的澳大利亚悉尼港桥（1932 年）等都充分体现了钢桥相对于混凝土桥强度高、刚度大，可降低自重和减小梁高的特点。

（3）现代桥梁

桥梁的不断发展离不开社会工业化不断的进步。随着高强度、耐腐蚀性钢材和钢筋混凝土的相继出现，以及焊接技术、高强度螺栓的应用等，特别是法国弗雷西内工程师经过 20 年的研究，于 1928 年用高强钢丝与混凝土研制成预应力钢筋混凝土，使得传统的钢筋混凝土桥梁易出现裂纹的缺点终于被克服，使现代桥梁在设计施工方面得到了飞越式的发展，结构不断更新、跨度不断提高，钢桥、钢筋混凝土桥和预应力钢筋混凝土桥梁相继问世。

如联邦德国分别于 1951 年建成的跨径 206 m 杜塞尔多夫至诺伊斯桥，是一座正交异性板桥面箱形梁桥；1957 年建成的 6 孔 72 m 杜塞尔多夫北桥是座钢板梁结交梁桥；南斯拉夫 1957 年建成的跨径为 75 m+261 m+75 m 的贝尔格莱德萨瓦河桥是一座钢板梁桥；法国 1973 年建成了主跨为 300 m 马蒂格斜腿刚架桥；瑞典 1956 年建成的跨径 74.7 m+182.6 m+74.7 m

斯特伦松德海峡桥是世上第一座钢斜拉桥；法国 1975 年建成了主跨为 404 m 圣纳泽尔桥；日本 1972 年建成的桥长 980 m，由 235 m 锚孔和 162 m 悬臂、186 m 悬孔所组成的大阪港的港大桥是一座悬臂梁钢桥；美国 1964 年建成的主孔 1 298 m 且吊塔高 210 m 的纽约维拉扎诺吊桥；美国 1966 年完工了连续钢桁架桥；日本 1966 年建成了跨径 300 m 的连续钢桁架桥；中国 1968 年建成的南京长江桥是一座公路铁路两用的连续钢桁架桥；中国 1972 年建成的长 1 250 m16 孔的湖南长沙湘江大桥在缺乏重型吊装机和重型运输工具下，可以分段预制拱肋和拱波，用轻型吊装设施实现了安装；葡萄牙 1963 年建成的跨径 270 m 且矢高 50 m 亚拉达拱桥是钢筋混凝土拱桥；澳大利亚悉尼港 1964 年通车的跨径 305 m 的格莱兹维尔桥也是钢筋混凝土拱桥；建于 1966 年的法国奥莱隆桥是一座每孔跨径为 79 m 预应力混凝土连续梁高架桥；美国 1982 年建成的休斯敦船槽桥是一座中跨达到 229 m 的预应力混凝土连续梁高架桥；跨径为 90 m+108 m+90 m1960 年建成通车的联邦德国芒法尔河谷桥是世界上第一座预应力混凝土桁架桥；1966 年苏联建成的跨径 106 m+3×166 m+106 m 的预应力混凝土桁架式连续桥；比利时于 1963 年分别建成主跨为 100 m 与 56 m 的玛丽亚凯克桥和根特的梅勒尔贝克桥是预应力钢筋混凝土吊桥；如利比亚在 1971 年建造的主跨 282 m 的瓦迪库夫桥是一座预应力混凝土斜拉桥；1982 年我国建成的主跨为 220 m 山东济南黄河桥是一座预应力混凝土斜拉桥。材料塑性理论和极限理论的建立及对桥梁振动、土力学和空气动力学的研究分析，为桥梁设计施工、结构受力分析进一步发展提供了科学的依据。

6.1.2 我国桥梁存在的主要问题

新中国成立以来，尤其是在改革开放以后，我国的桥梁建筑事业得到了很大的发展。

建成于 1957 年的第一座武汉长江大桥结束了我国万里长江无桥的状况，为发展我国现代桥梁技术开创了新路。1969 年我国自行设计、制造、施工的举世瞩目的南京长江大桥，显示了我国的建桥事业已达到了世界先进的水平。

改革开放之后，各种先进技术尤其是预应力混凝土技术的完善，使得桥梁的跨度得到了很大的提升。江阴长江悬索大桥跨度达到了 1 385 m，处于世界领先地位。在祖国的江河湖海及高速公路、高速铁路上，不同跨径、不同类型的桥梁正在书写着我国桥梁建设所取得的辉煌成就。这些桥梁为公路及铁路跨越河流峡谷等障碍提供了保障，为我国的经济的高速发展做出了贡献。

经过几代桥梁工程师的几十年漫长摸索，我国的桥梁建造技术在很多的领域都已经达到了世界前列，许多桥梁建设在各个不同的方面都成为了世界第一。虽然成就非常让人自豪，但是，由于各种各样的原因，我国的桥梁建设仍然存在着不少问题，比如在施工方面及质量方面都有待进一步提高。由桥梁大国到桥梁强国的转变，将会是一个漫长而又艰辛的过程。

（1）对施工质量要求不高

我国桥梁在施工方面存在的问题主要表现在，桥梁施工单位和决策层对桥梁施工建设的质量要求不高，只是一味地追求经济效益最大化，且没有相应的桥梁工程建设质量预案，工程项目管理较为混乱，在施工过程中常有违法行为。特别是桥梁施工单位对工程质量重视不够，导致桥梁施工中经常出现不按照施工规范、设计要求来进行施工的现象，为了得到更大的利益，在施工中常偷工减料。为了加快施工的进度，减少施工材料。有的施工单位即使发现了施工质量问题，也会应付了事，没有采取实质性的有效措施对问题进行有针对性的解决。由于在桥梁的建设中，因为工程限期及相关经济效益方面的要求，建设单位在桥梁建设中没有严格按照相关行业规范来执行，或由于时间限制没有对桥梁可能出现的问题做充分考虑，导致了桥梁在建完后质量并没有达到相关规定，在桥梁的设计使用年限内出现了个别桥梁开裂、钢结构锈蚀等不同问题。甚至有些的质量问题很严重，在经过一段时间后，会很快成为危桥，浪费了国家有限的财力、物力和人力。

（2）设计创新不够

我国桥梁建设发展迅速，但是各个设计单位、施工单位的技术力量及经验有限，即使是在我国桥梁建设设计水平不断提高的今天，各地区各单位之间还是存在着发展的不平衡。我国的桥梁技术和世界领先水平还是有一定的差距的，如设计理念、材料的使用和创新等。由经济社会发展的需要，全国各地都在大力兴建桥梁，个别单位为了中标的需要，一味地压低工程造价与缩短工程建设日期。在一些桥梁的设计中，就直接套用了已经完工桥梁的设计，只是改动了一些相关数据，这也就是我国许多桥梁看起来好像都是一个样的原因。而在施工的过程中，施工单位由于经济效益和工期的限制，一味地赶工期而不去考虑在施工中创新，也是我国桥梁相对于欧美等发达国家很缺乏创意的原因。桥梁设计是桥梁工程的灵魂，桥梁施工是桥梁工程的关键。这种直接抄袭其他的桥梁，一味追赶工期与经济效益的行为，虽然在短期内会得到一定的好处，但是这样的结果就是会有许多粗制滥造的工程不断出现，而这些桥梁也只是桥梁的复制品而已，无法发展中国的创造力。

（3）对桥梁的后期养护不到位

在桥梁完工之后，相关的数据监控及桥梁结构的养护就显得十分重要，但是我国的养护水平和欧洲等国或日本家相去甚远，对桥梁的管理和养护方面做得还远不够。从经济上的考虑，我国只对一些特别重要的桥梁建立了完整的监控管理系统，对一般的桥梁监控和管理仅停留在一年或几年一次的例行检查上。因为历史上的原因，水泥钢筋有限，在我国国民经济建设的初期，在祖国各地建设了许多的石拱桥，在建国初期及以后的几十年时间里都得到了广泛的应用。

但随着时间的流逝，拱桥逐渐变得老迈，有些桥甚至成了危桥，而剩余的桥也不能够适应现在的社会经济发展需求，对这些老旧桥梁的改造和拆除在短时间内都变得十分棘手。

6.1.3 解决问题的主要措施

从桥梁建设大国到桥梁建设强国需要一定条件的转变。目前，我们国家因为施工设备的先进程度不够、工人素质上的差异及不断压低工程的造价及追赶工期的需要，我们的桥梁建设是以大规模低成本的工业制造理念为指导，不是以树立百年工程的理念为指向的。在向着桥梁强国的转变过程之中，在不影响经济效益及工期要求的前提之下，要对施工的理念做出一些调整，要对桥梁的施工做精细策划且要转变大规模人力作业的现状，要更多的应用机械，且要培养专门的桥梁产业工人。我们要在桥梁的建设行业里形成自主创新设计的良好氛围，要提升我国桥梁设计的整体水平，要改变一些重要的桥梁设计只采用国外的设计产品的现状，要防止桥梁设计抄袭国外或者复制国内某些桥梁的设计。要努力提高我国独立自主建设桥梁的能力，努力在桥梁的设计方面做出自己的成绩，一步步从桥梁建设大国转变为桥梁建设强国。我们要对我国的桥梁管理进行优化，使其从粗放式的管理变为精细化的管理，对桥梁的管理和监控做到位，使桥梁的状况达到最好，提高桥梁使用的年限；要保证桥梁能得到有效的监控与维护，满足桥梁可持续发展的需要。

在中国的桥梁界盛行以规模与跨度的超越来体现自身技术，往往以跨度、数量、尺度追求"桥梁之最"，但这些对技术创新并没有特别的意义，桥梁建设要以技术突破为根本。虽然凭借落后的技术有时也能建成破纪录的大桥，但只有通过克服困难提出了新的方法创造了相应的先进设备才能面对真正的挑战，或者针对旧工法及设备的缺陷进行重大改进，才是真正的技术创新。有了技术上的创新才能够真正和国外那些桥梁建设强国分庭抗礼，才能真正实现中国桥梁强国之梦。

中国桥梁行业创新意识的缺乏，主要是由于我国真正有创新意识的人才较少，当今教育开拓注重创新性思维的培养与开发，便是针对此的解决方案了，教育观念的改变是中国桥梁真正实现腾飞的关键，相信在不久的将来，创新性人才的涌现，会成为我国桥梁事业发展的有效推动力。

6.2 我国桥梁工程的发展前景

新中国成立以来，随着经济技术的不断发展与进步，桥梁工程锐意进取。尤其是改革开放之后的二十几年，国外桥梁工程的先进理念与技术不断涌入，中国桥梁在 20 世纪最后 20 年内所取得的进步发展更令世界桥梁界惊叹不已。许多发达国家在 20 世纪就已经基本完成了本土桥梁工程的建设任务，本土桥梁市场已经饱和，跨海桥梁工程的建设是为了拓宽市场，解决实际需要，并且，一些西方发达国家也开始构想在 21 世纪要建设更加宏伟的跨海工程。

笔者认为，我国 21 世纪初期国内桥梁发展方向为本土大跨度桥梁工程，21 世纪中后期国内桥梁发展方向会转变为跨海桥工程。目前国内的桥梁市场还没有达到饱和的地步，21 世纪初期国内的桥梁发展方向主要还是在本土。本土桥梁工程的发展主要集中于长江、黄河之上，长江与黄河把中国的国土三分，严重阻碍了南北交通的发展，影响了国内经济的不断快速发展。

21 世纪初期的国内桥梁发展方向主要还是立足本土，集中在长江、黄河之上。桥梁结构在预期作用与预定的维护条件下，要能在规定期限内长期维持其功能要求；要防止混凝土开裂、渗漏、碳化、侵蚀、碱骨料反应等；要防止钢筋锈蚀、疲劳、脆化、应力损失等；要防止钢筋与混凝土之间黏接力削弱等。桥梁的抗震研究是桥梁工作者十分重视的问题，桥梁震害的研究结果表明桥梁的破坏主要沿顺桥向与横桥向发生，尤其是顺桥向震害。地震破坏的原因有许多方面的原因引起的，都可能导致桥梁的破坏。由于荷载复杂性，导致桥梁结构计算一直是桥梁工程发展中的一个难点，不同规范中计算方法也有一定的差别。可能受到机动车震动荷载、意外的船撞击力、水流冲击力、温差引起的内力、风荷载、地震力等荷载。通常采用的分析方法包含横向分布系数法、有限元分析法、加权参数法以及试验法等四种不同方法，其中有限单元法与加权参数法是主要采用的方法，有限元法与加权残数法是将微分方程转变为代数方程，有限元法要找到相应的变分原理是很难的事，但是有限元法易编制出适应性广的程序，而加权残数法难以编制出适应性广的程序。有限元法与加权残数法相比较，有限元法的计算效率低，但有限元法有通用程序更具有实用性，如 ANSYS 等软件是以有限单元法为计算的。模型的选择以及受力情况模拟的和实际情况不一定完全一致。国内桥梁工程发展必定是要有先进理论的基础，只有完善的分析理论才会有优秀的桥梁设计。桥梁的抗震防灾设计、计算问题和耐久性设计等问题是国内桥梁建设发展的技术难点。

中国在 21 世纪也有宏伟的交通建设规划蓝图，包括沿太平洋海岸公路之上的跨海工程。发展跨海桥梁工程将会给相关地区带来极大的便捷，且能够促进这些地区经济的进一步发展。但灾害性的地震与台风的频繁袭击及复杂的地质条件，将会是 21 世纪桥梁工程师面临的严峻挑战。

展望 21 世纪的桥梁工程发展前景，跨海桥梁工程将成为 21 世纪桥梁建设的主要方向之一，跨江、跨河等大跨度轻质桥梁的建设将会是这几年的主体。中国的桥梁人员要立足当前，承认差距，不甘落后，坚持有特色的自主设计，要使中国成为世界桥梁强国的重要一员，重现中国昔日桥梁的辉煌。要通过施工理念的转变、设计理念的转变、管理方式的转变，努力培养出真正有创新意识的桥梁人才；要坚持独立自主设计与建设的原则，为 21 世纪的跨海工程中的技术难点的攻克做好准备，创造出更好的业绩。

图 6-1　厄勒海峡大桥

图 6-2　港珠澳大桥

21 世纪，我国的桥梁事业正在向超大跨径不断发展，以适应跨海桥梁的需要。不但要采用纳米材料技术与生物技术，还要探索桥梁的新型轻质超强建筑材料，比如高性能混凝土和新型钢材料。高性能混凝的研发和运用弥补了普通混凝土的不足，在桥梁工程上广泛应用后，体现了其耐性好、抗折性好和使用周期长等优点；新型钢材料以合理的结构形式可以抵抗地震等自然灾害的破坏，也在有力推动桥梁工程的发展。要分析研究跨海大桥建设对生态环境的影响，对环境的物理、化学、生物、生态要素的影响，及其范围，要确定各个生态环境敏感代表性的要素，作为模拟、监测、分析和监控的主要对象。要考虑波浪、潮流、潮位、海岸地形、水体营养质、透明度、底层水体含氧量、重金属、废污水扩散、含沙量、噪声、光照、大气环境质量等的影响。施工中要制定对施工污染物进入海湾及施工噪声等方面的有效控制措施。

附录一　常见截面抗压强度值

表 A　各种截面形常数表

截面形式		截面面积	截面惯性矩	参数说明
圆形	钢管混凝土	$A_{sc}=\pi r^2$	$I_{sc}=\pi r^4/4$	r 为半径，t 为钢管厚度
	混凝土	$A_c=\pi(r-t)^2$	$I_c=\pi(r-t)^4/4$	
	钢管	$A_s=A_{sc}-A_c$	$I_s=I_{sc}-I_c$	
四边形	钢管混凝土	$A_{sc}=a^2$	$I_{sc}=a^4/12$	a 为边长，t 为钢管厚度
	混凝土	$A_c=(a-2t)^2$	$I_c=(a-2t)^4/12$	
	钢管	$A_s=A_{sc}-A_c$	$I_s=I_{sc}-I_c$	
八边形	钢管混凝土	$A_{sc}=4.828a^2$	$I_{sc}=1.855a^4$	a 为边长，t 为钢管厚度，$r=1.207a$ 为形心至边的垂直距离
	混凝土	$A_c=3.314(r-t)^2$	$I_c=0.8738(r-t)^4$	
	钢管	$A_s=A_{sc}-A_c$	$I_s=I_{sc}-I_c$	
实心椭圆	钢管混凝土	$A_{sc}=\pi ab$	$I_{scx}=\pi ab^3/4$ $I_{scy}=\pi ba^3/4$	a、b 分别为椭圆半长轴和半短轴长度，t 为钢管厚度
	混凝土	$A_c=\pi(a-t)(b-t)$	$I_{cx}=\pi(a-t)(b-t)^3/4$ $I_{cy}=\pi(b-t)(a-t)^3/4$	
	钢管	$A_s=A_{sc}-A_c$	$I_{sx}=I_{scx}-I_{cx}$ $I_{sy}=I_{scy}-I_{cy}$	

注：1. 六边形截面根据等效圆截面原理计算：已知边长 a 和钢管厚度 t，则形心至边的垂直距离 $r=2.514a$，形心至钢材内壁的垂直距离 $r_1=r-t$，由此，得等效圆截面的半径 $R=2.53a$；等效圆截面钢管的内半径 $R_{co}=1.007(2.5137a-t)$，等效圆截面钢管的厚度 $t=R-R_{co}$；

2. 截面：空心部分的半径 r_{ci}，空心部分的面积 $A_h=\pi r_{ci}^2$，空心部分的惯性矩 $I_h=\pi r_{ci}^4/4$，由此可计算各种截面的混凝土部分的面积和惯性矩。

表 B　钢材的强度设计值

钢材		抗拉、抗压和抗弯 f/（N·mm^{-2}）	抗剪 f_v/（N·mm^{-2}）	端面承压（刨平顶紧）f_{ce}/（N·mm^{-2}）
牌号	厚度或直径 /mm			
Q235	≤16	215	125	325
	>16～40	205	120	
	>40～60	200	115	
	>60～100	190	110	

续表

钢材		抗拉、抗压和抗弯 f （N·mm^{-2}）	抗剪 f_v/（N·mm^{-2}）	端面承压 （刨平顶紧）f_{ce}/ （N·mm^{-2}）
牌号	厚度或直径 /mm			
Q345	≤ 16	310	180	400
	>16 ～ 35	295	170	
	>35 ～ 50	265	155	
	>50 ～ 100	250	145	
Q390	≤ 16	350	205	415
	>16 ～ 35	335	190	
	>35 ～ 50	315	180	
	>50 ～ 100	295	170	
Q420	≤ 16	380	220	440
	>16 ～ 35	360	210	
	>35 ～ 50	340	195	
	>50 ～ 100	325	185	

注：表中厚度系数指计算点的钢材厚度，对轴心受拉和轴心受压构件指截面中较厚板件的厚度。

表 C　焊缝的强度设计值

焊接方法和焊条类型	构件钢材		对接焊缝				角焊缝
	牌号	厚度或直径 （mm）	抗压 f_c^w	焊缝质量为下列等级时，抗拉 f_t^w		抗剪 f_v^w	抗拉、抗压和抗剪 f_f^w
				一级、二级	三级		
自动焊、半自动焊和 E43 型焊条的手工焊	Q235	≤ 16	215	215	185	125	160
		>16 ～ 40	205	205	175	120	
		>40 ～ 60	200	200	170	115	
		>60 ～ 100	190	190	160	110	
自动焊、半自动焊和 E50 型焊条的手工焊	Q345	≤ 16	310	310	265	180	200
		>16 ～ 35	295	295	250	170	
		>35 ～ 50	265	265	225	155	
		>50 ～ 100	250	250	210	145	
自动焊、半自动焊和 E55 型焊条的手工焊	Q390	≤ 16	350	350	300	205	220
		>16 ～ 35	335	335	285	190	
		>35 ～ 50	315	315	270	180	
		>50 ～ 100	295	295	250	170	
	Q420	≤ 16	380	380	320	220	220
		>16 ～ 35	360	360	305	210	
		>35 ～ 50	340	340	290	195	
		>50 ～ 100	325	325	275	185	

注：1. 自动焊和半自动焊所采用的焊丝和焊剂，应保证其熔敷金属的力学性能不低于现行国家标准《埋弧焊用碳钢焊丝和焊剂》（GB/T 5293)和《低合金钢埋弧焊用焊剂》（GB/T 12470）中相关规定。

2. 焊缝质量等级应符合现行国家标准《钢结构工程施工验收规范》（GB50205）的规定。其中厚度小于 8mm 刚才的对接焊缝，不应采用超声波探伤去确定焊缝质量等级。

3. 对接焊缝在受压区的抗弯强度设计值取 f_c^w，在受拉去的抗弯强度设计值取 f_t^w。

4. 表中厚度系数指计算点的钢材厚度。对轴心受拉和轴心受压构件指界面中较厚板件的厚度。

表 D　螺栓连接的强度设计值

单位：（N/mm²）

螺栓的性能等级、锚栓和构件钢材的牌号		普通螺栓						锚栓	承压型连接高强度螺栓		
		C 级螺栓			A 级、B 级螺栓						
		抗拉 f_t^b	抗剪 f_v^b	承压 f_c^b	抗拉 f_t^b	抗剪 f_v^b	承压 f_c^b	抗拉 f_t^a	抗拉 f_t^b	抗剪 f_v^b	承压 f_c^b
普通螺栓	4.6 级 4.8 级	170	140	——	——	——	——				
	5.6 级				210	190	——				
	8.8 级				400	320	——				
锚栓	Q235							140			
	Q345							180			
承压型连接高强度螺栓	8.8 级								400	250	——
	10.9 级								500	150	——
构件	Q235	——	——	305	——	——	405	——	——	——	470
	Q345	——	——	385	——	——	510	——	——	——	590
	Q390	——	——	400	——	——	530	——	——	——	615
	Q420	——	——	425	——	——	560	——	——	——	655

注：1. A 级螺栓用于 $d \leqslant 24$ mm 和 $l1 \leqslant 0d$ 或 $l \leqslant 150$ mm（按较小值）的螺栓；B 级螺栓用于 $d > 24$ mm 或 $l > 10d$ 或 $l > 150$ mm（按较小值）的螺栓。D 为公称直径，1 为螺杆公称长度。

2. A、B 级螺栓的精度和孔壁表面粗糙度，C 级螺栓的允许偏差和孔壁粗糙厚度，均应符合现行国家标准《钢结构工程施工质量验收规范》（GB 50205）的要求。

表 E　钢管混凝土实心圆形和正十六边形截面的抗压强度设计值 f_{sc}

单位：（N/mm²）

钢材	混凝土	含钢率 α								
		0.04	0.06	0.08	0.1	0.12	0.14	0.16	0.18	0.2
Q235	C30	26.2	30.5	34.5	38.4	42.1	45.6	49.0	52.2	55.3
	C40	32.0	36.2	40.2	44.0	47.6	51.0	54.2	57.3	60.2
	C50	36.9	41.0	44.9	48.7	52.3	55.6	58.8	61.8	64.6
	C60	42.2	46.3	50.2	53.9	57.5	60.8	63.9	66.8	69.5
	C70	47.4	51.5	55.4	59.1	62.6	65.9	69.0	71.8	74.5
	C80	52.3	56.4	60.3	64.0	67.5	70.8	73.8	76.7	79.3
Q345	C30	30.2	36.2	41.8	47.1	52.1	56.8	61.2	65.2	69.0
	C40	36.0	41.8	47.4	52.5	57.3	61.8	65.9	69.7	73.1
	C50	40.8	46.6	52.1	57.2	61.9	66.2	70.2	73.8	77.0
	C60	46.1	51.9	57.3	62.3	67.0	71.2	75.1	78.6	81.7
	C70	51.3	57.0	62.4	67.4	72.0	76.2	80.0	83.4	86.4
	C80	56.2	62.0	67.3	72.3	76.8	81.0	84.7	88.1	91.0

续表

钢材	混凝土	含钢率 α								
		0.04	0.06	0.08	0.1	0.12	0.14	0.16	0.18	0.2
Q390	C30	32.6	39.6	46.1	52.2	57.9	63.2	68.1	72.5	76.5
	C40	38.3	45.2	51.6	57.5	62.9	67.9	72.4	76.5	80.0
	C50	43.1	49.9	56.2	62.0	67.4	72.2	76.5	80.4	83.7
	C60	48.4	55.2	61.4	67.1	72.4	77.1	81.3	85.0	88.1
	C70	53.6	60.3	66.5	72.2	77.3	82.0	86.1	89.7	92.7
	C80	58.5	65.2	71.4	77.0	82.1	86.7	90.7	94.2	97.2
Q420	C30	34.1	41.7	48.9	55.5	61.7	67.3	72.4	77.1	81.2
	C40	39.8	47.3	54.3	60.7	66.5	71.8	76.5	80.7	84.3
	C50	44.6	52.0	58.9	65.2	70.8	75.9	80.5	84.4	87.8
	C60	49.9	57.3	64.1	70.2	75.8	80.8	85.1	88.9	92.0
	C70	55.1	62.4	69.1	75.2	80.7	85.6	89.8	93.5	96.5
	C80	60.0	67.3	74.0	80.1	85.5	90.3	94.5	98.0	100.9

注：第一二三组钢材均取同一值。

表 F 钢管混凝土实心正八边形截面的抗压强度设计值 f_{sc} 单位：（N/mm²）

钢材	混凝土	含钢率 α								
		0.04	0.06	0.08	0.1	0.12	0.14	0.16	0.18	0.2
Q235	C30	24.5	28.0	31.3	34.5	37.7	40.7	43.7	46.5	49.2
	C40	30.3	33.7	37.0	40.2	43.2	46.2	49.0	51.7	54.3
	C50	35.1	38.5	41.8	44.9	47.9	50.8	53.6	56.2	58.8
	C60	40.5	43.8	47.1	50.2	53.2	56.0	58.7	61.3	63.8
	C70	45.7	49.0	52.2	55.3	58.3	61.1	63.8	66.4	68.8
	C80	50.6	54.0	57.2	60.3	63.2	66.0	68.7	71.2	73.6
Q345	C30	27.7	32.7	37.4	41.9	46.2	50.4	54.3	58.1	61.7
	C40	33.5	38.3	43.0	47.4	51.5	55.5	59.2	62.7	66.0
	C50	38.3	43.1	47.7	52.0	56.1	60.0	63.6	67.0	70.1
	C60	43.6	48.4	52.9	57.2	61.2	65.0	68.6	71.9	74.9
	C70	48.8	53.6	58.1	62.3	66.3	70.0	73.5	76.8	79.7
	C80	53.8	58.5	63.0	67.2	71.2	74.9	78.3	81.5	84.4
Q390	C30	29.7	35.4	41.0	46.2	51.2	56.0	60.5	64.7	68.7
	C40	35.4	41.1	46.5	51.6	56.4	60.9	65.1	69.0	72.6
	C50	40.2	45.8	51.2	56.2	60.9	65.2	69.3	73.0	76.5
	C60	45.5	51.1	56.4	61.3	65.9	70.2	74.1	77.8	81.1
	C70	50.7	56.3	61.5	66.4	70.9	75.1	79.0	82.5	85.7
	C80	55.7	61.2	66.4	71.3	75.8	79.9	83.7	87.2	90.3
Q420	C30	30.9	37.3	43.3	49.0	54.5	59.6	64.4	69.0	73.2
	C40	36.6	42.9	48.7	54.3	59.5	64.3	68.8	72.9	76.7
	C50	41.4	47.6	53.4	58.8	63.9	68.6	72.9	76.8	80.4
	C60	46.7	52.9	58.6	63.9	68.9	73.5	77.7	81.5	84.9
	C70	51.9	58.0	63.7	69.0	73.9	78.4	82.5	86.2	89.4
	C80	56.9	62.9	68.6	73.9	78.7	83.1	87.1	90.8	94.0

注：第一、二、三组钢材均取同一值。

表 G　钢管混凝土实心正方形截面的抗压强度设计值 f_{sc}　　单位：（N/mm²）

钢材	混凝土	含钢率 α								
		0.04	0.06	0.08	0.1	0.12	0.14	0.16	0.18	0.2
Q235	C30	24.0	27.2	30.3	33.2	36.1	38.9	41.6	44.2	46.7
	C40	29.8	32.9	36.0	38.9	41.7	44.4	46.9	49.4	51.7
	C50	34.6	37.7	40.7	43.6	46.4	49.0	51.5	53.9	56.2
	C60	39.9	43.1	46.0	48.9	51.6	54.2	56.7	59.0	61.2
	C70	45.1	48.2	51.2	54.0	56.8	59.3	61.8	64.1	66.2
	C80	50.1	53.2	56.2	59.0	61.7	64.2	66.6	68.9	71.0
Q345	C30	27.0	31.5	35.9	40.0	44.0	47.8	51.3	54.7	57.9
	C40	32.7	37.2	41.5	45.5	49.3	52.9	56.2	59.4	62.3
	C50	37.6	42.0	46.2	50.1	53.9	57.4	60.6	63.6	66.4
	C60	42.9	47.3	51.4	55.3	59.0	62.4	65.6	68.5	71.2
	C70	48.1	52.5	56.6	60.4	64.1	67.4	70.5	73.4	76.0
	C80	53.0	57.4	61.5	65.3	68.9	72.2	75.3	78.1	80.6
Q390	C30	28.8	34.1	39.2	44.0	48.6	52.9	56.9	60.7	64.3
	C40	34.5	39.8	44.7	49.3	53.7	57.8	61.5	65.0	68.2
	C50	39.3	44.5	49.4	53.9	58.2	62.1	65.7	69.0	72.0
	C60	44.6	49.8	54.6	59.1	63.3	67.1	70.6	73.8	76.6
	C70	49.8	54.9	59.7	64.2	68.3	72.0	75.5	78.5	81.3
	C80	54.8	59.9	64.6	69.0	73.1	76.8	80.2	83.2	85.9
Q420	C30	29.9	35.8	41.3	46.6	51.5	56.2	60.5	64.5	68.3
	C40	35.7	41.4	46.8	51.8	56.5	60.9	64.9	68.5	71.8
	C50	40.5	46.1	51.4	56.4	60.9	65.1	69.0	72.4	75.5
	C60	45.8	51.4	56.6	61.5	66.0	70.0	73.7	77.0	80.0
	C70	50.9	56.5	61.7	66.5	70.9	74.9	78.5	81.7	84.5
	C80	55.9	61.5	66.6	71.4	75.7	79.7	83.2	86.3	89.0

注：第一、二、三组钢材均取同一值。

表 H　钢管混凝土空心圆形和正十六边形截面的抗压强度设计值 f_{sc}　　单位：（N/mm²）

钢材	混凝土	含钢率 α												
		0.04	0.06	0.08	0.1	0.12	0.14	0.16	0.18	0.2	0.22	0.24	0.26	0.28
Q235	C30	24.5	27.1	29.7	32.2	34.6	37.0	39.3	41.5	43.7	45.9	47.9	49.9	51.9
	C40	30.9	33.5	36.0	38.5	40.9	43.2	45.5	47.7	49.8	51.9	53.9	55.8	57.7
	C50	36.2	38.8	41.3	43.8	46.2	48.5	50.7	52.9	55.0	57.1	59.0	60.9	62.8
	C60	42.1	44.7	47.2	49.6	52.0	54.3	56.5	58.7	60.8	62.8	64.7	66.6	68.4
	C70	47.8	50.4	52.9	55.3	57.7	60.0	62.2	64.4	66.4	68.4	70.3	72.2	74.0
	C80	53.3	55.8	58.4	60.8	63.2	65.4	67.6	69.8	71.8	73.8	75.7	77.6	79.3
Q345	C30	26.9	30.7	34.3	37.9	41.3	44.6	47.7	50.8	53.7	56.5	59.2	61.8	64.3
	C40	33.3	37.1	40.7	44.1	47.5	50.7	53.8	56.7	59.6	62.3	64.8	67.3	69.6
	C50	38.6	42.4	45.9	49.4	52.7	55.9	58.9	61.8	64.6	67.3	69.8	72.1	74.4
	C60	44.5	48.2	51.8	55.2	58.5	61.6	64.7	67.5	70.3	72.9	75.3	77.6	79.8
	C70	50.2	53.9	57.5	60.9	64.2	67.3	70.3	73.1	75.8	78.4	80.8	83.1	85.2
	C80	55.7	59.4	62.9	66.3	69.6	72.7	75.7	78.5	81.2	83.7	86.1	88.4	90.5
Q390	C30	28.4	32.8	37.1	41.2	45.2	49.0	52.7	56.1	59.5	62.7	65.7	68.5	71.2
	C40	34.8	39.2	43.4	47.5	51.3	55.0	58.6	61.9	65.1	68.2	71.0	73.7	76.2
	C50	40.1	44.5	48.7	52.7	56.5	60.2	63.7	67.0	70.1	73.0	75.8	78.4	80.8
	C60	45.9	50.3	54.5	58.5	62.3	65.9	69.4	72.6	75.7	78.5	81.2	83.7	86.1
	C70	51.7	56.0	60.2	64.2	68.0	71.5	75.0	78.2	81.2	84.0	86.7	89.1	91.4
	C80	57.1	61.5	65.6	69.6	73.4	76.9	80.3	83.5	86.5	89.3	91.9	94.3	96.6

续表

钢材	混凝土	含钢率 α												
		0.04	0.06	0.08	0.1	0.12	0.14	0.16	0.18	0.2	0.22	0.24	0.26	0.28
Q420	C30	29.4	34.2	38.9	43.4	47.7	51.9	55.8	59.6	63.2	66.5	69.7	72.8	75.6
	C40	35.7	40.6	45.2	49.6	53.8	57.8	61.7	65.3	68.7	71.9	74.9	77.7	80.3
	C50	41.0	45.8	50.4	54.8	59.0	63.0	66.7	70.2	73.6	76.7	79.6	82.3	84.7
	C60	46.9	51.7	56.3	60.6	64.7	68.7	72.4	75.8	79.1	82.1	85.0	87.6	89.9
	C70	52.6	57.4	61.9	66.3	70.4	74.3	77.9	81.4	84.6	87.6	90.3	92.9	95.2
	C80	58.1	62.8	67.4	71.7	75.8	79.6	83.3	86.7	89.9	92.8	95.5	98.0	100.3

注：第一二三组钢材均取同一值。

表 I   钢管混凝土空心正八边形截面的抗压强度设计值 f_{sc} 单位：（N/mm²）

钢材	混凝土	含钢率 α												
		0.04	0.06	0.08	0.1	0.12	0.14	0.16	0.18	0.2	0.22	0.24	0.26	0.28
Q235	C30	22.0	23.4	24.8	26.2	27.6	29.0	30.3	31.7	33.0	34.3	35.6	36.8	38.1
	C40	28.4	29.8	31.2	32.6	34.0	35.3	36.7	38.0	39.3	40.6	41.8	43.1	44.3
	C50	33.7	35.1	36.5	37.9	39.3	40.6	42.0	43.3	44.6	45.8	47.1	48.3	49.5
	C60	39.6	41.0	42.4	43.8	45.1	46.5	47.8	49.1	50.4	51.6	52.9	54.1	55.3
	C70	45.3	46.7	48.1	49.5	50.9	52.2	53.5	54.8	56.1	57.3	58.6	59.8	61.0
	C80	50.8	52.2	53.6	55.0	56.3	57.7	59.0	60.3	61.5	62.8	64.0	65.2	66.4
Q345	C30	23.3	25.4	27.4	29.4	31.4	33.4	35.3	37.2	39.0	40.8	42.6	44.4	46.1
	C40	29.7	31.8	33.8	35.8	37.8	39.7	41.6	43.4	45.2	47.0	48.7	50.4	52.1
	C50	35.0	37.1	39.1	41.1	43.0	45.0	46.8	48.7	50.4	52.2	53.9	55.6	57.2
	C60	40.9	43.0	45.0	46.9	48.9	50.8	52.6	54.5	56.2	58.0	59.7	61.3	62.9
	C70	46.6	48.7	50.7	52.7	54.6	56.5	58.3	60.1	61.9	63.6	65.3	67.0	68.6
	C80	52.1	54.1	56.2	58.1	60.0	61.9	63.8	65.6	67.3	69.1	70.7	72.4	74.0
Q390	C30	24.1	26.6	29.0	31.4	33.7	36.0	38.2	40.4	42.6	44.7	46.8	48.8	50.8
	C40	30.5	32.9	35.3	37.7	40.0	42.3	44.5	46.6	48.7	50.8	52.8	54.8	56.7
	C50	35.8	38.3	40.7	43.0	45.3	47.5	49.7	51.8	53.9	55.9	57.9	59.9	61.7
	C60	41.7	44.1	46.5	48.8	51.1	53.3	55.5	57.6	59.7	61.7	63.6	65.5	67.4
	C70	47.4	49.9	52.2	54.5	56.8	59.0	61.2	63.3	65.3	67.3	69.3	71.1	73.0
	C80	52.9	55.3	57.7	60.0	62.3	64.5	66.6	68.7	70.7	72.7	74.7	76.5	78.3
Q420	C30	24.6	27.3	30.0	32.6	35.2	37.7	40.1	42.5	44.9	47.2	49.5	51.7	53.8
	C40	31.0	33.7	36.4	38.9	41.5	43.9	46.3	48.7	51.0	53.2	55.4	57.5	59.6
	C50	36.3	39.0	41.7	44.2	46.7	49.2	51.6	53.9	56.2	58.4	60.5	62.6	64.6
	C60	42.2	44.9	47.5	50.1	52.6	55.0	57.3	59.7	61.9	64.1	66.2	68.2	70.2
	C70	47.9	50.6	53.2	55.8	58.3	60.7	63.0	65.3	67.5	69.7	71.8	73.8	75.8
	C80	53.4	56.1	58.7	61.2	63.7	66.1	68.4	70.7	72.9	75.1	77.2	79.2	81.1

注：第一、二、三组钢材均取同一值。

表 J   钢管混凝土空心正方形截面的抗压强度设计值 f_{sc} 单位：（N/mm²）

钢材	混凝土	含钢率 α												
		0.04	0.06	0.08	0.1	0.12	0.14	0.16	0.18	0.2	0.22	0.24	0.26	0.28
Q235	C30	21.1	22.1	23.1	24.1	25.1	26.0	27.0	27.9	28.9	29.8	30.7	31.6	32.5
	C40	27.5	28.5	29.5	30.5	31.4	32.4	33.4	34.3	35.2	36.1	37.1	38.0	38.8
	C50	32.8	33.8	34.8	35.8	36.8	37.7	38.7	39.6	40.5	41.4	42.3	43.2	44.1
	C60	38.7	39.7	40.7	41.7	42.6	43.6	44.5	45.5	46.4	47.3	48.2	49.1	49.9
	C70	44.4	45.4	46.4	47.4	48.4	49.3	50.3	51.2	52.1	53.0	53.9	54.8	55.6
	C80	49.9	50.9	51.9	52.9	53.8	54.8	55.7	56.6	57.6	58.5	59.3	60.2	61.1

续表

钢材	混凝土	含钢率 α											
		0.04	0.06	0.08	0.1	0.12	0.14	0.16	0.18	0.2	0.22	0.24	0.26	0.28
Q345	C30	22.0	23.5	24.9	26.4	27.8	29.1	30.5	31.9	33.2	34.5	35.8	37.1	38.3
	C40	28.4	29.9	31.3	32.7	34.1	35.5	36.8	38.2	39.5	40.8	42.1	43.3	44.5
	C50	33.8	35.2	36.6	38.1	39.4	40.8	42.1	43.5	44.8	46.1	47.3	48.5	49.8
	C60	39.6	41.1	42.5	43.9	45.3	46.7	48.0	49.3	50.6	51.9	53.1	54.3	55.6
	C70	45.4	46.8	48.2	49.6	51.0	52.4	53.7	55.0	56.3	57.6	58.8	60.0	61.2
	C80	50.8	52.3	53.7	55.1	56.5	57.8	59.2	60.5	61.7	63.0	64.2	65.5	66.7
Q390	C30	22.6	24.3	26.0	27.7	29.4	31.0	32.6	34.2	35.8	37.3	38.8	40.3	41.7
	C40	29.0	30.7	32.4	34.1	35.7	37.3	38.9	40.5	42.0	43.5	45.0	46.5	47.9
	C50	34.3	36.0	37.7	39.4	41.0	42.6	44.2	45.8	47.3	48.8	50.2	51.7	53.1
	C60	40.2	41.9	43.6	45.2	46.9	48.5	50.0	51.6	53.1	54.6	56.0	57.4	58.8
	C70	45.9	47.6	49.3	51.0	52.6	54.2	55.8	57.3	58.8	60.3	61.7	63.1	64.5
	C80	51.4	53.1	54.8	56.4	58.1	59.6	61.2	62.7	64.2	65.7	67.1	68.5	69.9
Q420	C30	23.0	24.9	26.7	28.6	30.4	32.2	34.0	35.7	37.4	39.1	40.7	42.4	43.9
	C40	29.4	31.3	33.1	35.0	36.8	38.5	40.3	42.0	43.7	45.3	46.9	48.5	50.0
	C50	34.7	36.6	38.4	40.3	42.1	43.8	45.5	47.2	48.9	50.5	52.1	53.7	55.2
	C60	40.5	42.4	44.3	46.1	47.9	49.7	51.4	53.1	54.7	56.3	57.9	59.4	60.9
	C70	46.3	48.2	50.0	51.8	53.6	55.4	57.1	58.8	60.4	62.0	63.6	65.1	66.6
	C80	51.7	53.6	55.5	57.3	59.1	60.8	62.5	64.2	65.8	67.4	69.0	70.5	72.0

注：第一、二、三组钢材均取同一值。

附录二　道桥施工通用的 100 条规范

1. 城镇道路路基填筑中宜做成双向横坡，一般土质填筑横坡宜为 2% ~ 3%，透水性小的土类填筑横坡宜为 4%。

2. 砌体涵洞应在砌体砂浆强度达到 5 MPa，且预制盖板安装后进行回填；现浇钢筋混凝土涵洞，其胸腔回填土宜在混凝土强度达到设计强度 70% 后进行，顶板以上填土应在达到设计强度后进行。

3. 城镇道路石灰稳定土类材料宜在冬期开始前 30 ~ 45 d 完成施工，水泥稳定土类材料宜在冬期开始前 15 ~ 30 d 完成施工。

4. 城镇道路级配碎石压实度，基层不得小于 97%，底基层不得小于 95%。

5. 城镇道路填补旧沥青路面，凹坑应按高程控制、分层铺筑，每层最大厚度不宜超过 10 cm。

6. 城镇道路沥青混合料搅拌时间应经试拌确定，以沥青均匀裹覆集料为度。

7. 城镇道路冷沥青混合料路面施工结束后宜封闭交通 2 ~ 6 h，并应做好早期养护。开放交通初期车速不得超过 20 km/h，不得在其上刹车或掉头。

8. 城镇道路沥青贯入式面层与表面处置面层碾压定形后，应通过有序开放交通，并控制车速碾压成型。开放交通后发现泛油时，应撒嵌缝料处理。

9. 城镇道路水泥混凝土预制人行道砌块的抗压强度应符合设计规定，设计未规定时，不宜低于 30 MPa。砌块应表面平整、粗糙、纹路清晰、棱角整齐，不得有蜂窝、露石、脱皮等现象；彩色道砖应色彩均匀。

10. 城镇道路雨水支管与雨水口四周回填应密实。处于道路基层内的雨水支管应做 360° 混凝土包封，且在包封混凝土达至设计强度 75% 前不得放行交通。

11. 围堰顶宜高出施工期间可能出现的最高水位（包括浪高）0.5 ~ 0.7 m。

12. 沉井接高时，井顶露出水面不得小于 150 cm，露出地面不得小于 50 cm。

13. 台背填土不得使用含杂质、腐殖物或冻土块的土类，宜采用透水性土。

14. 城市桥梁工程预制台座应坚固，无沉陷，台座表面应光滑平整，在 2 m 长度上平整度的允许偏差为 2 mm，气温变化大时应设伸缩缝。

15. 城市桥梁钢－混凝土结合梁设施工支架时，必须待混凝土强度达到设计要求，且预应力张拉完成后，方可卸落施工支架。

16. 斜拉桥施工过程中，必须对主梁各个施工阶段的拉索索力、主梁标高、塔梁内力以及索塔位移量等进行监测，并应及时将有关数据反馈给设计单位，分析确定下一施工阶段的拉索张拉量值和主梁线形、高程及索塔位移控制量值等，直至合龙。

17. 悬索桥施工过程中，应及时对成桥结构线形及内力进行监控，确保符合设计要求。

18. 城市桥梁桥面涂膜防水层的胎体材料，应顺流水方向搭接，搭接宽度长边不得小于50 mm，短边不得小于 70 mm，上下层胎体搭接缝应错开 1/3 幅宽。

19. 城市桥梁在移动模架上浇筑时，模架长度必须满足分段施工要求，分段浇筑的工作缝，应设在零弯矩点或其附近。

20. 桥段两侧梁段悬臂施工应对称、平衡。平衡偏差不得大于设计要求。悬臂浇筑混凝土时，宜从悬臂前端开始，最后与前段混凝土连接。

21. 桥梁伸缩装置宜采用后嵌法安装，即先铺桥面层，再切割预留槽安装伸缩装置。

22. 桥面防水工程应根据桥梁的类别、所处地理位置、自然环境、所在道路等级、防水层使用年限划分为两个防水等级。

23. 城市桥梁桥面当采用沥青混凝土铺装面层时，防水层应采用防水卷材或防水涂料等柔性防水材料。当采用水泥混凝土铺装面层时，宜采用水泥基渗透结晶型等刚性防水，严禁采用卷材防水。

24. 城市桥梁工程当进行桥面防水设计时，不宜将防水卷材和防水涂料复合使用。当桥面纵向或横向坡度大于 4% 时，不宜采用卷材防水层。

25. 当桥面的平曲线半径不于或等于 60 m 时，桥面防水宜采用防水涂料。对防水等级为 I 级的桥梁，卷材防水层以上沥青混凝土面层的厚度不应小于 80 mm。

26. 城市桥梁工程桥面铺装防水系统应根据桥面铺装面层材料、防水等级及自然条件采取不同的构造形式。

27. 城市桥梁工程当基层混凝土强度应达到设计强度的 80% 以上时，方可进行防水层施工。基层混凝土表面粗糙度处理宜采用抛丸打磨。基层表面的浮灰应清除干净，并不应有杂物、油类物资、有机质等。

28. 城市桥梁桥面卷材防水层铺设前应先做好节点、转角、排水口等部位的局部处理，然后再进行大面积铺设。

29. 城市桥梁桥面防水涂料施工应先做好节点处理，然后再进行大面积涂布。转角及立面应按设计要求做细部增强处理，不得有削弱、断开、流淌和堆积现象。

30. 城市桥梁桥面防水工程水泥混凝土铺装及基层混凝土的结构缝内应清理干净，结构缝内应嵌填的密封材料应黏结牢固、封闭防水，并应根据需要使用底涂。

31. 城市桥梁桥面防水工程当防水材料为卷材及聚氨酯涂料时，基层混凝土的含水率应小于 4%。当防水材料为聚合物改性沥青涂料和聚合物水泥涂料时，基层混凝土的含水率应小于 10%。

32. 桥面防水层上沥青混凝土的摊铺温度应与防水卷材的耐热度相匹配。卷材防水层上沥青混凝土的摊铺温度应高于防水卷材的耐热度，但同时应小于 170 ℃；涂料防水层上沥青混凝土的摊铺温度应低于防水涂料的耐热度。

33. 公路路基顶面表层的整修，应根据质量缺陷的具体情况采用合理的方案、工艺进行。补填的土层压实厚度应不小于 100 mm，压实后表面应平整，不得松散、起皮。

34. 公路路基试验路段应选择在地质条件、断面型式等工程特点具有代表性的地段，路段长度不宜小于 100 m。

35. 性质不同的填料，应水平分层、分段填筑，分层压实。同一水平层路基的全宽应采用同一种填料，不得混合填筑。每种填料的填筑层压实后的连续厚度不宜小于 500 mm。填筑路床顶最后一层时，压实后的厚度应不小于 100 mm。

36. 高速公路及一级公路路床顶面以下大于 1.50 m 深度的下路堤土质路基压实度不小于 93%，二级公路不小于 92%，三、四级公路不小于 90%。

37. 公路路基开挖至零填、路堑路床部分后，应尽快进行路床施工；如不能及时进行，宜在设计路床顶标高以上预留至少 300mm 厚的保护层。

38. 公路路基爆破法开挖石方，应先查明空中缆线、地下管线的位置、开挖边界线外可能受爆破影响的建筑物结构类型、居民居住情况等，然后制定详细的爆破技术安全方案。

39. 公路路基弃土堆的几何尺寸、压实程度、位置应保证路基边坡和弃土堆自身的稳定。弃土堆的边坡不陡于 1:1.5，顶面向外设不小于 2% 的横坡，其内侧高度不宜大于 3 m。

40. 公路路基泄水孔应在管壁上交错布置，间距不宜大于 200 mm。渗沟顶标高应高于地下水位。管节宜用承插式柔性接头连接。

41. 公路路基填方分几个作业段施工时，接头部位如不能交替填筑，则先填路段，应按 1:1 坡度分层留台阶；如能交替填筑，则应分层相互交替搭接，搭接长度不小于 2 m。

42. 公路路基基坑回填必须在隐蔽工程验收合格后方可进行。基坑回填应分层填筑、分层压实，分层厚度宜为 100 ~ 200 mm。二级及二级以上公路，采用小型夯实机具时，基坑回填的分层压（夯）实厚度不宜大于 150 mm，并应压（夯）实到设计要求的压实度。

43. 公路沥青路面施工，普通沥青混合料的贮存时间不得超过 72 h，改性沥青混合料的贮存时间不宜超过 24 h，SMA 混合料只限当天使用，OGFC 混合料宜随拌随用。

44. 公路沥青路面施工，热拌沥青混合料应采用沥青摊铺机摊铺，摊铺机的收料斗应涂刷薄层隔离剂或防黏结剂。

45. 公路沥青路面施工，摊铺机应采用自动找平方式，下面层或基层宜采用钢丝绳引导的高程控制方式，上面层宜采用平衡梁或雪橇式摊铺厚度控制方式，中面层根据情况选用找平方式。

46. 公路沥青路面施工，碾压时应将压路机的驱动轮面向摊铺机，从外侧向中心碾压，在超高路段则由低向高碾压，在坡道上应将驱动轮从低处向高处碾压。

47. 高速公路和一级公路的表面层横向接缝应采用垂直的平接缝，以下各层可采用自然碾压的斜接缝，沥青层较厚时也可作阶梯形接缝。

48. 公路沥青路面施工，当采用三轮钢筒式压路机时，总质量不宜小于 12 t，相邻碾压带宜重叠后轮的 1/2 宽度，并不应少于 200 mm。

49. 公路沥青路面施工，热拌沥青混合料路面应待摊铺层完全自然冷却，混合料表面温度低于 50 ℃后，方可开放交通。

50. 公路沥青路面施工，沥青表面处治可采用道路石油沥青、乳化沥青、煤沥青铺筑，沥青标号应按规范相关规定选用。沥青表面处治的集料最大粒径应与处治层的厚度相等。

51. 公路路面基层施工，石灰稳定土适用于各级公路的底基层，以及二级和二级以下公路的基层，但石灰土不得用做二级公路的基层和二级以下公路高级路面的基层。

52. 公路路面基层施工，水泥稳定土中碎石或砾石的压碎值应符合下列要求：高速公路和一级公路基层不大于 30%，二级和二级以下公路基层不大于 35%.

53. 公路路面基层施工，当路肩用料与稳定土层用料不同时，应采取培肩措施。路肩料层的压实厚度应与稳定土层的压实厚度相同。在路肩上，每隔 5~10 m 应交错开挖临时泄水沟。

54. 公路路面基层施工，摊铺机后面应设专人消除粗细集料离析现象。

55. 公路路面基层施工，在采用石灰土做基层时，必须采取措施防止表面水透入基层，同时应经历一个月以上的温暖和热的气候养生。作为沥青路面的基层时，还应采取措施加强基层与面层的联结。

56. 公路路面基层施工，如石灰稳定土层上为薄沥青面层，基层每边应较面层宽 20 cm 以上。在基层全宽上喷洒透层沥青或设下封层，沥青面层边缘向外侧做成三角形。

57. 公路路面基层施工，当级配碎石用做二级和二级以下公路的基层时，其最大粒径应控制在 37.5 mm 以内；当级配碎石用做高速公路和一级公路的基层以及半刚性路面的中间层时，其最大粒径宜控制在 31.5 mm 以下。

58. 公路路面基层施工，级配碎石在同一料场供料的路段内，宜由远到近卸置集料。卸料距离应严格掌握，避免料不够或过多。未筛分碎石和石屑分别运送时，应先运送碎石。

59. 公路路面基层施工，判定路面结构层质量是否合格（即满足要求）时，以 1 km 长的路段为评定单位。采用大流水作业法施工时，也可以每天完成的段落为评定单位。

60. 公路路面基层施工，养生温度对水泥稳定土的强度有很明显的影响。养生温度越高，水泥稳定土的强度越高。

61. 公路隧道双向开挖接近贯通时，两端施工应加强联系，统一指挥。当两开挖面间距离 15~30 m 时，应改为单向开挖，并落实贯通面的安全措施，直到贯通为止。

62. 公路隧道施工采用台阶法施工时，下台阶应在上台阶喷射混凝土强度达到设计强度的 70% 后开挖。

63. 双侧壁导坑法左右导坑施工时，前后拉开距离不宜小于 15 m，导坑与中间土体同时施工时，导坑应超前 30~50 m。

64. 公路隧道施工出渣运输，采用有轨式运输时，洞外应根据需要设置调车、编组、出渣、进料、设备整修等作业线路。

65. 公路黄土隧道开挖施工中应严格遵循 "管超前、短进尺、强支护、早封闭、勤量测" 的施工原则。

66. 公路隧道施工独头掘进长度超过 150 m 时，必须采用机械通风。其通风方式应根据隧道长度、断面大小、施工方法、设备条件等综合确定。

67. 斜井开挖每一循环进尺应检测其高程并控制井身坡度；每隔 20~30 m 应复核中线、高程。

68. 路面工程水泥混凝土板表面的脱皮、印痕、裂纹和缺边掉角等病害现象，对于高速公路和一级公路，有上述缺陷的面积不得超过受检面积的 0.2%，其他公路不得超过 0.3%。

69. 仰拱的实测项目包括混凝土强度、仰拱厚度和钢筋保护层厚度。

70. 公路工程钢支撑支护的实测项目包括安装间距、保护层厚度、倾斜度、安装偏差和拼装偏差。

70. 高速铁路路基工程施工，砂（碎石）桩成桩施工应选用适宜的桩尖结构，选用活瓣桩靴时，砂性土地基宜采用尖锥型，黏性土地基宜采用平底型。

71. 高速铁路路基工程施工，挤密桩成孔应根据设计要求、成孔设备、现场土质和周围环境等情况，选用沉管、冲击或夯扩等方法机械成孔。

72. 高速铁路路基工程施工，粉体喷射搅拌桩成桩过程中，应保证边粉喷、边提升连续作业。

因故缺粉或停工时，第二次喷粉应重叠接桩，接桩重叠长度不应小于 1 m。

73.高速铁路路基工程施工，桩板结构根据连接方式、组合形式及位置的不同，分为非埋式、浅埋式及深埋式三种。

74.高速铁路路基工程施工，基床以下路堤填筑应按"三阶段、四区段、八流程"的施工工艺组织施工，每个区段的长度应更具使用机械的能力、数量确定，宜取 200 m 以上或以构造物为界。

75.高速铁路路基工程施工，路堑开挖施工中，位于岩石的走向、倾斜不利于边坡稳定及施工安全的地段，开挖应采取减弱施工振动的措施，在设有支挡结构的地段，应采取短开挖或马口开挖，并设临时支护措施。

76.高速铁路路基工程施工，路堑施工前应先做好堑顶截水、排水措施，堑顶为土质或软弱夹层的岩石时，天沟应及时铺砌或采取其他防渗措施。

77.高速铁路路基工程施工，过渡段路基填筑宜与相邻路基工程同步施工，相邻路基预留台阶高度应不小于工艺性试验确定的分层厚度，并在衔接处采取留振等加强碾压措施。

78.高速铁路路基工程施工，过渡段两侧及椎体填筑填料分层厚度应按试验段确定的厚度控制，使用小型压实机械时压实厚度不宜超过 15 cm，使用重型压实机械压实时压实厚度不宜超过 30 cm。

79.高速铁路路基有砟轨道路基工后沉降应符合下列规定：设计行车速度 300 km/h 及以上路基工后沉降一般地段不应大于 5 cm，桥台台尾过渡段不应大于 3 cm，沉降速率不应大于 2 cm/ 年。

80.铁路桥梁钻孔桩施工，钻孔过程中应经常检查孔位、孔径和倾斜度，发现偏差时应进行纠偏。

81.铁路桥梁钻孔桩施工，钻孔中发生坍孔但不严重时，可采用加大泥浆比重、加高水头等措施后继续钻进；坍孔严重时，应回填重钻。

82.铁路桥梁钻孔桩施工，在有倾斜的岩层钻进时，应采用小冲程低速钻进，必要时应回填片石、卵石或混凝土冲平后再进行钻进。

83.铁路桥梁钻孔桩施工，钢筋保护层宜使用混凝土轮型垫块，垫块强度等级应不低于桩身混凝土强度。混凝土轮型垫块宜纵向间距不大于 2 m，环向不少于 4 个，呈梅花形布置。

84、铁路桥梁钻孔桩施工，混凝土浇筑过程中应经常测探孔内混凝土面高程，及时调整导管埋深。导管埋深宜控制在 2 ~ 6 m，最小埋深任何时候不得小于 1.0 m。当浇筑速度较快、导管较坚固并有足够的起重能力时，可适当加大埋深，但不宜超过 8 m。

85.铁路桥梁钻孔桩施工，岩溶地层钻孔作业宜选用冲击钻机，溶洞注浆宜采用钢花管注浆工艺。

86. 铁路桥梁钻孔桩施工，采用间歇循环注浆方式时注浆材料宜采用水玻璃－水泥双浆液，间歇循环注浆时间应不小于 6 h，使先注入的浆液初步达到胶结后再注浆。注浆完成后，应待注浆体达到设计强度 80% 后方可进行钻孔。

87. 铁路桥梁钻孔桩施工，筑岛围堰顶面应高出施工水位 0.5 ~ 1.0 m，围堰面积应考虑钻机及混凝土浇筑设备的布置需要，围堰外形尺寸应考虑基础施工期间河流断面被压缩后，流速增大引起水流对围堰、河床的集中冲刷及对通航、导流、农用排灌等的影响。

88. 铁路桥梁钻孔桩施工，钢板桩施工时，在同一个围堰内宜采用同类型、同锁口的钢板桩。若采用不同锁口钢板桩时，应加制异形板桩联接。

89. 铁路桥梁钻孔桩施工，钢板桩围堰宜用围笼作导向装置。圆形钢板桩围堰的插打顺序宜从两侧对称开始，先上游合拢，后下游合拢。

90. 高速铁路桥涵工程施工，土、土袋围堰填筑时，均应自上游开始至下游合龙。堰底内侧坡脚距基坑顶缘距离应根据基坑开挖深度确定，但不应小于 1 m。

91. 高速铁路桥涵工程施工，沉桩顺利可根据水流、地形、地质和桩架移动难易等因素确定。当桩基平面尺寸较大或桩距较小时，宜由中间向外周进行沉桩；在较松软的土层中宜由外周向中间进行沉桩。

92. 高速铁路桥涵工程施工，底节沉井混凝土强度达到设计强度等级 70% 以上方可拆除隔墙底面和刃脚斜面的模板和支撑，沉井的直立侧模当混凝土强度达到 2.5 MPa 时即可拆除，但应防止沉井表面及棱角受损。

93. 高速铁路桥涵工程施工，沉井下沉过程特别是下沉初期，应随时调整倾斜和位移。应根据土质、沉井大小和入土深度等因素，控制井孔内除土深度和井孔间的土面高差。

94. 高速铁路桥涵工程施工，预应力砼简支梁桥位制梁采用移动模架首次教主梁体砼前应进行预压，首次预压荷载应为最大施工荷载的 1.2 倍，再次安装预压荷载应为最大施工荷载的 1.1 倍。

95. 高速铁路桥涵工程施工，挂篮设计总重应控制在连续梁设计要求的限重之内，当设计无要求时，挂篮设计总重与梁段砼重量的比值宜控制在 0.3 ~ 0.5。施工时挂篮总重量的变化，不应超过设计重量的 10%，且挂篮总重不得超过设计限重。

96. 高速铁路桥涵工程施工，钢桁梁支座安装应以高程为准，以支点反力作为校核。

97. 铁路隧道开挖断面应以衬砌设计轮廓线为基准，考虑预留变形量、测量贯通误差和施工误差等因素作适当加大。

98. 铁路隧道喷射混凝土支护中一次喷射混凝土的最大厚度，拱部不得超过 10 cm，边墙不得超过 15 cm。

99. 铁路隧道喷射混凝土检验厚度方法是检查控制喷层厚度的标志或凿孔测量厚度。

100. 铁路隧道衬砌施工前应进行中线、高程、开挖轮廓的测量。

参考文献

[1] 查晓雄，钟善桐．钢管混凝土预应力受弯构件的理论分析和试验研究，哈尔滨建筑大学学报，1993，26：79-86.

[2] 李勇．钢 - 混凝土组合桥梁设计与应用 [M].北京：科学出版社，2002.

[3] 聂建国．钢 - 混凝土组合结构原理与实例 [M].北京：科学出版社，2009.

[4] 方秦汉．芜湖长江大桥 [J]. 华中科技大学学报 (城市科学版)，2000，19:1-4.

[5] 刘玉擎．组合结构桥梁 [M].北京：人民交通出版社，2005.

[6] 周起敬，姜维山，潘泰华．钢与混凝土组合结构设计施工手册 [M].北京：中国建筑工业出版社，1991.

[7] 陈宝春．钢管混凝土拱桥设计与施工 [M].人民交通出版社，2002 年 11.

[8] 顾海欢．大跨度双层钢桁组合梁结构的关键施工技术 [J]. 建筑施 2012，34(05):486-489.

[9] 赵鸿铁．钢与混凝土组合结构 [M].科学出版社，2001 年 3 月，第 1 版 .

[10] 陈宝春，牟廷敏，陈宜言等．我国钢 - 混凝土组合结构桥梁研究进展及工程应用 [J].建筑结构学报，2013，34(S1):1-10.

[11] 李勇，李敏，史鸣，等．悬臂钢桁 - 波形钢腹板组合桥梁设计与研究 [J].建筑结构学报，2013，34(S1):39-44.

[12] 聂建国，陶慕轩，吴丽丽，等．钢 - 混凝土组合结构桥梁研究新进展 [J].土木工程学报，2012，45(06):110-122.

[13] 郭金琼，房贞政，罗孝登．箱形梁桥剪滞效应分析 [J].土木工程学报，1983，16(1):1-13.

[14] 林同炎，NEDH.BURNS.预应力混凝土结构设计 [M].北京：中国铁道出版社 .

[15] 周念先．桥梁方案比选 [M].上海：同济大学出版社，1997.

[16] 和丕壮．桥梁美学 [M].北京：人民交通出版社，1999.

[17] 钟新谷，舒小娟，郑玉国，等．钢箱 - 混凝土组合梁正截面承载力的初步研究 [J].土木工程学报，2002，35(6):73-78.

[18] 樊健生，刘晓刚，聂建国，等．波形钢腹板组合刚构桥墩—梁结合受力性能试验研部

究 [J]. 土木工程学报，2014，47(08):89-97.

[19] 钟善桐，钢管混凝土结构 [M]. 清华大学出版社，2003.

[20] 李勇，方秦汉，张建东等 . 双层桥面钢桁腹 PC 组合桥梁设计与建造方法 [J]. 建筑结构学报，2013，34:33-38.

[21] 王命平，刘晓春，李彬 . 钢筋混凝土开洞梁的试验分析及传力模式 [J]. 建筑结构，2001，31(5)，23-25.

[22] 白永生，蒋永生，梁书亭 . 腹板开洞的钢与混凝土组合梁承载力计算方法综述和探讨 [J]. 工业建筑，2004，34(6):68-70.

[23] 寇立亚，胡夏闽，张允领 . 腹板开洞钢 - 混凝土组合梁极限承载力的影响因素分析 [J]. 钢结构，2012，12(27):15-20.

[24] 王鹏，周东华，王永慧 . 腹板开洞钢 - 混凝土组合梁抗剪承载力试验研究 [J]. 工程力学，2013，30(3):297-305.

[25] 王鹏，周东华，王永慧 . 腹板开洞钢 - 混凝土组合梁非线性有限元分析 [J]. 沈阳建筑大学学报 (自然科学版)，2011，27(5):809-817.

[26] 王新玲，龚绍熙 . 钢筋混凝土跨中开洞深梁正截面抗裂计算 [J]. 郑州工学院学报，1990，11(3):61-68.

[27] 刘晓春，王命平 . 钢筋混凝土简支开洞短梁的试验研究 [J]. 工业建筑，2000，30(5):32-35.

[28] 王命平，陈礼钢，温学智 . 有腹筋简支开洞深梁承受集中力时的抗剪设计 [J]. 青岛建筑工程学院学报 .18(2):1997，6-9.

[29] 刘立新，龚绍熙 . 钢筋混凝土简支梁开洞深梁受剪承载力的极限分析 [J]. 建筑结构学报 .12(3):1991，44-54.

[30] Ollgaard J ,Slutter R G ， Fisher J W. The strength of stud shear connection in lightweight and normal-weight concrete [J].AISC Engineering Journal ， 1971，8(1): 55-64.

[31]Richard J Y. Advances in steel concrete composite structures [M].Singapore: Research Publishing Services ， 2012: 1-15.

[32]Narayanan R. Steel-Concrete Composite Structures[M].Boca Raton: CRC Press ， 2011:9-21.

[33]Dennis L. Steel Concrete Composite and Hybrid Structures [M]. Singapore: Research Publishing Services ， 2009: 17-35.

[34]Ivan M V Review of research on composite steel concrete beams[J]. Transactions of the American Society of Civil Engineers，1961,126(2): 1101-1120.

[35]Viewst I M. Investigation of Stud Shear Connectors for Composite Concrete and Steel T-Beams[J]. ACI Journal，1956，52(4): 875-892.

[36]XieE.Fatigue strength of shear connectors[R].Portugal:University of Minho，2011:1-4.

[37]Smith A L，Couchman G H. Strength and Ductility of Headed Stud Shear Connectors in Profiled Steel Sheeting [J]. Journal of Constructional Steel Research. 2010，66(6): 748-754.

[38]Hicks S J. Strength and ductility of headed stud connectors welded in modern profiled steel sheeting. The Structural Engineer，2007 (5):32-38.

[39]AASHTO. AASHTO LRFD bridge design specifications [S]. Washington DC: AASHTO，2010: 95-123.

[40]Richard M B，Jay A P. Design of highway bridges: based on AASHTO LRFD bridge design specifications [M]. New York: Wiley&Sons Inc，1997: 78-152.

[41]AASHTO. AASHTO LRFD bridge construction specifications [S]. Washington DC: AASHTO，2010: 87-112.

[42]AISC. Steel Construction Manual [M]. Chicago: AISC，2011:245-256.

[43]Paul W R. Build With Steel: A Companion to the AISC Manual [M]. Nevada: CreateSpace Independent Publishing Platform ，2012: 74-83.

[44]Akbar T. Handbook of steel connection design and details [M]. New York: McGraw-Hill Professional ，2009: 452-485.

[45] 查晓雄，钟善桐 . 钢管初应力对钢管混凝土压弯、压弯扭构件工作性能的影响，哈尔滨建筑大学学报，1997，30（2）：45-53.

[46] 高婧，陈宝春 . 波形钢腹板钢管混凝土模型拱面内极限承载力试验研究 [J]. 工程力学，2010，27(03):91-100.

[47] 陈昀明，黄卿维，韦建刚，等 . 钢腹板 - 混凝土组合箱梁试验研究与有限元分析 [J]. 福州大学学报，2012，40(02):240-247.

[48] 聂鑫，樊健生，雷飞龙，等 . 逯彦秋改进型波形钢腹板组合箱梁试验研究 [J]. 建筑结构学报，2014，35（11）：53-61.

[49] 周绪红，张茜，贺拴海，等 . 预应力混凝土波形钢腹板组合箱梁受力性能的有限元分析 [J]. 哈尔滨工业大学学报，2005，37(sup):575-580.

[50]Basher M，Shanmugam N E，Khalim A R. Horizontally curved composite plate girders with trapezoidally corrugated webs[J].Journal of Constructional Steel Research，2011，67(2)：947-95.

[51] 苏庆田，李晨翔，王巍 . 开孔板连接件剪切受力机理的试验研究 [J]. 同济大学学报，2013，41(11):1623-1629.

[52]Jiho M，Yi J W，Choi B H ， et a1. Lateral-torsional buckling of I-girder with corrugated webs under uniform bending[J].Thin-Walled Structures ，2009 ，47(6):21-30.

[53] 陈水生，张晓光，桂水荣 . 单箱多室波形钢腹板组合箱梁桥动力特性参数分析 [J]. 桥梁建设，2014，44(06):40-45.

[54] 刘保东，任红伟，李鹏飞 . 考虑波纹钢腹板箱梁特点的挠度分析 [J]. 中国铁道科学，2011，32(3):21-26.

[55]Y. L. Mo， Chyuan-Hwan Jeng， Y. S. Chang. Torsional Behavior of Prestressed Torsional Behavior of Prestressed Concrete Box-Girder Bridges with Corrugated Steel Webs.ACI Structural Journal，2000，97(6): 849-859.

[56] 聂建国，李法雄 . 考虑腹板剪切行为的波形钢腹板梁理论模型 [J]. 中国公路学报，2011，24(6):40-47.

[57]Mohamed Elgaaly， Anand Seshadri， Robert W Hamilton.Bending strength of steel beams with corrugated Webs[J].Journal of Structural Engineering，1997，1 23(6):772-782.

[58] 陈宝春，高婧 . 波形钢腹板钢管混凝土梁受弯试验研究 [J]. 建筑结构学报，2008，29(1):75-82.

[59]Ollgaard J， Slutter R G， Fisher J W. The strength of stud shear connection in lightweight and normal-weight concrete[J].AISC Engineering Journal ，1971 ，8(1): 55-64.

[60] 陈昀明，黄卿维，韦建刚，等 . 钢腹板 - 混凝土组合箱梁试验研究与有限元分析 [J]. 福州大学学报，2012，40(02):240-247.

[61] 徐君兰 . 大跨度桥梁施工控制 [M]. 北京 : 人民交通出版社，2000:22 ~ 25.

[62] 李勇，聂建国，余志武，等 . 钢 - 混凝土组合梁刚度的研究 [J]. 清华大学学报 : 自然科学版，1998，38(10):38-41.

[63] 蔡绍怀 . 我国钢管混凝土结构结构技术的最新进展 [J]. 土木工程学报，1999，32(4):16-26.

[64] 刘玉擎 . 组合桥梁结构 [M]. 北京 : 人民交通出版社，2002:145-146.

[65] 丁发兴 . 圆钢管混凝土结构受力性能与设计方法研究 [D]，中南大学，2006.6.

[66] 云迪 . 大跨中承式钢管混凝土拱桥静力及抗震性能 [D]. 哈尔滨工业大学土木工程学院 .2007.

[67] 孙天明，李淑琴 . 波形钢腹板 PC 组合箱梁桥的设计与建造 [J]. 公路，2010，(01):115-118.

[68] 李淑琴，孙天明 . 钢 - 混组合箱梁 PBL 剪力件计算方法研究 [J]. 公路，2010，(08):64-66.

[69] 王卫，张建东 . 国外波形钢腹板组合桥梁的发展与现状，现代交通技术 .[J]，2011，(06):31-33.

[70] 林云，王清远 .PBL 剪力连接件力学性能研究进展 [J]. 四川建筑科学研究，2012，38(5):24-30.

[71] 王振海，李乔，赵灿晖 .PBL 剪力连接件破坏形态的试验研究 [J] 公路交通科技，2012，29(8):64-70.

[72] 欧阳雯欣，土清远，石宵爽 .PBL 剪力连接件的疲劳试验与分析 [J]. 浙江大学学报（工学版），2012，46（6）:1090-1096.

[73] 陈水盛，陈宝春 . 钢管混凝土拱桥动力特性分析 [J] 公路，2001(02):10-14.

[74] 何伟，赵顺波，杨建中 . 大跨宽幅双提篮系杆拱桥动力特性及抗震性能 [J]. 振动、测试与诊断，2010，30(6):630-633.

[75] 占玉林，赵人达，毛学明，等 . 钢 - 混凝土组合桥面板试验研究与理论分析 [J]. 西南交通大学学报，2006，41(3):360-365.

[76] 杨永春 . 钢管混凝土拱桥横向稳定性研究 .[D] 西南交通大学土木工程学院，1998.

[77]Hosaka T，Mitsuki K，Hiragi H，et al. An Experimental Study on Shear Characteristics of Perfobond Strip and It's Rational Strength Equations[J]. Journal of the Structural Engineering，JSCE 2000，46A: 1593-1604.

[78]Jiri S，Josef M，Ales K，et al. Perforated Shear Connector for Composite Steel and Concrete Beams[C].Proceedings of theConference:Composite Construction in Steel and Concrete IV，2000:367-378.

[79]Ushijima Y，Hosaka T，Mitsuki K，et al. An Experimental Study on Shear Characteristics of Perfobond Strip and Its Rational Strength Equations[C]. Proceedings of the International Symposium on Connections Between Steel and Concrete. University of Stuttgart，2001: 1066-1075.

[80]Medberry S B，Shahrooz B M. Perfobond Shear Connector for Composite Construction[J]. AISC Chicago，2002: 2-12.

[81]Gukhman A A. Introduction to the Theory of Similarity [M]. Salt Lake City: Academic Press，1965: 7-58.

[82]Roger J. Designers' guide to eurocode 4: design of composite buildings [M]. Telluride: ICE Publishing，2011:74-87.

[83]Teodor M A，Ardeshir G Theory of elasticity for scientists and engineers [M].

Ottawa:Birkhauser，2012: 223-263.

[84]Timoshenko S P，Goodier J N. Theory of elasticity[M]. New York: Mcgraw-Hill，1951:55-125.

[85]Yiannopoulos A C. A simplified solution for stresses in thick-wall cylinders for various loading conditions[J]. Computers&Structures. 1996，60(4): 571-578.

[86] 赵洁，聂建国. 钢板 - 混凝土组合梁的非线性有限元分析 [J]. 工程力学，2009，26(4):105-112.

[87] 崔冰，赵灿辉，董萌等. 南京长江第三大桥主塔钢混结合段设计 [J]. 公路，2009，5:100-107.

[88] 韩宝远. 有限元法在钢混结构非线性分析中的应用 [J]. 唐山学报，2008，21(4):43-45.

[89] 肖林，李小珍，卫星.PBL 剪力键静载力学性能推出试验研究 [J]. 中国铁道科学，2010，31(3):15-20.

[90]Arthur P B，Ken C，James D L. Elasticity in engineering mechanics[M]. New Jersey: Wiley&Sons，Inc，2011:65-146.

[91]Douglas B M，Michael M，Cheung C K，et al. Getting started with maple [M]. Hoboken: John Wiley&Sons Inc，2009: 34-38.

[92] 周远棣，徐君兰. 钢桥 [M]. 北京 : 人民交通出版社，1991.

[93] 苏彦江，杨子江. 钢桥构造与设计 [M]. 成都 : 西南交通大学出版社，2006.

[94] 王连广著. 钢与混凝土组合结构理论计算 [M]. 北京 : 科学出版社，2005.

[95] 项海帆主编. 高等桥梁结构理论 [M]. 北京 : 人民交通出版社，2001.

[96] 王新敏.ANSYS 工程结构数值分析 [M]. 北京 : 人民交通出版社，2007.

[97] 徐君兰. 大跨度桥梁施工控制 [M]. 北京 : 人民交通出版社，2000.

[98] 郝江华，周现伟，郝丽. 钢 - 混凝土组合梁的综述 [J]. 水利与建筑工程学报，2011，9(2):160-164.

[99] 赵鸿铁. 钢与混凝土组合结构 [M]. 北京 : 科学出版社，2001.

[100] 朱聘儒. 钢 - 混凝土组合梁设计原理 [M]. 北京 : 中国建筑工业出版社，2006.

[101] 查晓雄，钟善桐. 用有限元法分析钢管初应力对钢管混凝土轴压构件基本性能的影响 [J]. 哈尔滨建筑大学学报，1997.30（1）：p41-49.

[102] 范旭红，石启印，马波. 钢 - 混凝土组合梁的研究与展望 [J]. 江苏大学学报，2004，25(1):89-92.

[103]G.Fabbroeine,G.Manfredi,E.Cosenza.Nonlinear Analysis of Composite Beams under

Positive Bending[J].Computers and Structures.1999，70:77-89.

[104]Batho C，Lash SD Kirkham RHH.The properties of composite beams，consisting of steel joints encased in concrete，under direct and sustained loading. Journal of the Institution of Civil Engineers.1939，11(4):61-114.

[105] 李勇等著 . 钢 - 混凝土组合桥梁设计与应用 [M]，科学出版社，2002.

[106] 周旺保 . 钢 - 混凝土组合箱梁及其框架结构的静动力性能分析 [D]. 长沙 : 中南大学，2013.

[107]GOLDSTEIN M A，STRANGWAY D W.Audio-frequency mage-404 现代地质 2018 年 totellurics with a grounded electric dipole source[J].Geophysics，1975，40(4)：669-68.

[108]LI Y，KEY K.2D marine controlled-source electromagnetic modeling:Part 1—An adaptive finite-element algorithm[J].Geophysics，2007，72(2)：51-62.

[109]MITSUHATA Y.2-D electromagnetic modeling by finite-element method with a dipole source and topography[J].Geophysics，2000，65(2)：465-475.

[110]WANNAMAKER P E，STODT J A，RIJO L.Two-dimensional topography responses in magnetotelluric modeled using finite elements[J].Geophysics，1986，51(11)：2131-2144.

[111]ZHDANOV M S，LEE S K，YOSHIOKA K.Integral equation method for 3D modeling of electromagnetic fields in complex structures with inhomogeneous background conductivity[J]. Geophysics，2006，71(6)：G333-G345.

[112]SASAKI Y. Bathymetric effects corrections in marine CSEM data[J].Geophysics，2011，76(3)：F139-F146.

[113]NAM M J，KIM H J，SONG Y，et al.3D magnetotelluric modeling including surface topography[J].Geophysical Prospecting，2007，55: 277-287.

[114]SCHWALENBERG K，EDWARDS R N.The effect of seafloor topography on magnetotelluric fields:an analytical formulation confirmed with numerical results[J].Geophysical Journal International，2004，159: 607-621.

[115]WARD S H，HOHMANN G W.Geophysical Electromagnetic Theory，Electromagnetic Method in Applied Geophysics[M].Katris: Society of Exploration Geophysicists，1988: 1.

[116]SCHWARZBACH C，BORNER R U，SPITZER K.Three-dimensional adaptive higher order finite element simulation for geoelectromagnetics:a marine CSEM example[M].Geophysical Journal International，2011，187: 63-74.

[117] 林昌洪，谭捍东，舒晴，等 . 可控源音频大地电磁法三维共轭梯度反演研究 [J]. 地球

物理学报，2012，55(11):3829-3838.

[118] 邓居智，谭捍东，陈辉，等.CSAMT 三维交错采样有限差分数值模拟 [J]. 地球物理学进展，2011，26(6):2026-2032.

[119] 雷达.起伏地形下 CSAMT 正反演研究与应用 [M]. 地球物理学报，2010，53(4):982-993.

[120] 张继锋，汤井田，喻言，等.基于电场矢量波动方程的三维可控源电磁法有限单元数值模拟 [M]. 地球物理学报，2009，52(12):3132-3141.

[121] 李帝铨,王光杰,底青云,等.基于遗传算法的CSAMT最小构造反演 [J].地球物理学报，2008，51(4):1234-1245.

[122] 陈桂波，汪宏年，姚敬金，等.用积分方程法模拟各向异性中三维电性异常体的电磁响应 [J]. 地球物理学报，2009，52(8):2174-2181.

[123] 王若，王妙月，卢元林.三维三分量 CSAMT 法有限元正演模拟研究初探 [J]. 地球物理学进展，2007，22(2):579-585.

[124] 谭捍东，余钦范，BOOKERJohn，等.大地电磁法三维交错采样有限差分数值模拟 [J].地球物理学进展，2003，46(5):705-711.

[125] 方留杨，陈华斌，吴晓南，等.基于无人机三维建模技术的桥梁检测方法研究 [J]. 中外公路，2019(01):109-113.

[126] 张志强，袁野.精细化城市三维建模技术在数字城市中的应用 [J]. 测绘 .2014(04).

[127] 舒国明，曹胜语，方正.桥梁检测管理应用平台研究及应用 [J].公路，2019(03):138-141.

[128] 刘春，杨健，徐丰，范一大.基于水域跟踪的极化 SAR 图像桥梁检测 [J]. 清华大学学报 (自然科学版)，2017，57(12):1303-1309.

[129] 汤井田，周聪，任政勇，等.安徽铜陵矿集区大地电磁数据三维反演及其构造格局 [J].地质学报，2014，88(4):598-611.

[130] 杨文采，徐义贤，张罗磊，等.塔里木地体大地电磁调查和岩石圈三维结构 [J]. 地质学报，2015，89(7):1151-1161.

[131] 王绪本，余年，高嵩，等.青藏高原东缘地壳上地幔电性结构研究进展 [J]. 地球物理学报，2017，60(06):2350-2370.

[132] 仇根根，方慧，钟清，等.长江中下游重要成矿区带及邻区大地电磁测深三维反演研究 [J].地球物理学进展，2014，29(6):2730-2737.

[133] 汪琪，赵志鹏，尹秉喜，等.电磁测深 MT 法在平原深部地热调查中的应用 [J].工程地球物理学报，2016，13(06):782-787.

[134] 董浩，魏文博，叶高峰，等.大地电磁测深二维反演方法求解复杂电性结构问题的适应性研究 [J].地球物理学报，2012，55(12):4003-4014.

[135] 陈向斌，吕庆田，张昆.大地电磁测深反演方法现状与评述 [J].地球物理学进展，2011，26(5):1607-1619.

[136] 陈乐寿，刘国栋.大地电磁测深法 [M].北京：地质出版社，1984.

[137] 赵国泽，陈小斌，汤吉.中国地球电磁法新进展和发展趋势 [J].地球物理学进展，2007，22(4):1171-1180.

[138]Jones A G.The problem of current channelling: A critical review[J].Geophysical surveys，1983，6(1-2) : 79-122.

[139]Wannamaker PE,Hohmann G W,Ward S H.Magnetotelluric responsesof three-dimensional bodies in layered earth[J].Geophysics，1984，49(9) : 1517-1533.

[140]Ledo J，Queralt P，Pous J.Effects of galvanic distortion on magnetotelluric data over a three-dimensional regional structure[J].Geophysical Journal International，1998，132(2) : 295-301.

[141]Ledo J.2-D versus 3-D magnetotelluric data interpretation[J].Surveys in Geophysics，2005，26(5) : 511-543.

[142] 胡祖志，胡祥云，何展翔.三维大地电磁数据的二维反演解释 [J].石油地球物理勘探，2005，40(3):353-359.

[143]Ogawa Y.On two-dimensional modeling of magnetotelluric field data[J]. Surveys in Geophysics，2002，23(2-3) : 251-273.

[144] 蔡军涛，陈小斌.大地电磁资料精细处理和二维反演解释技术研究 (二)——反演数据极化模式选择 [J].地球物理学报，2010，53(11):2703-2714.

[145] 朱良成.桥梁检测中超声回弹法技术的应用分析 [J].科技创新导报,2017,14(32):13-14.

[146] 黄春强，杨俊翔.静载试验在桥梁检测中的研究 [J].交通世界,2017(34):110-111+131.

[147] 栗晴晖.混凝土桥梁检测与加固技术的应用研究 [J].交通世界,2018(28):106-107+109.

[148] 邹露鹏，范钟倩.微型无人机在公路桥梁养护检测工程中的应用 [J].公路，2017(7).

[149] 张玉玲，杨志强.桥梁无人机检测及加固技术研究 [J].公路交通科技：应用技术版,2017(3)：112-113.

[150] 许宏元.无人机在桥梁检测中的应用 [J].中国公路,2017(10).

[151]Morovic J，Shaw J,Sun P.A Fast Non—Iterative and Ex-act Histogram Matching Algorithm [J].Pattern Recogni-tion Letters, 2002,23(1):127-135.

[152] 靳珍璐,潘泉,赵春晖,等.基于局部精确直方图匹配的无人机景象匹配导航色彩恒

常算法 [J]. 中国惯性技术学报，2015(5)：65-67.

[153] 张剑清，潘励，王树根 . 摄影测量学 [M].2 版 . 武汉 : 武汉大学出版社 ,2009.

[154] 潘一凡，张显峰，童庆禧，等 . 公路路面质量遥感监测研究进展 [J]. 遥感学报 ,2017(5)：104-105.

[155] 余杰，吕品，郑昌文 .Delaunay 三角网构建方法比较研究 [J]. 中国图像图形学报 ,2010(8)：17-18.

[156] 陈显龙，陈晓龙，赵成，等 . 无人机在路桥病害检测中的设计与实现 [J] 测绘通报 ,2016(4)：27-28.

[157] 李成涛，章世祥 . 基于 BIM 技术的桥梁病害信息三维可视化研究 [J]. 公路 ,2017(1)：227-228.

[158] 许宏元 . 无人机在桥梁检测中的应用 [J]. 中国公路 ,2017(10):39-40.

[159] 佟兆杰，任远，黄侨，李连友，汪淼 . 干涉雷达在桥梁检测中的应用研究 [J]. 中外公路 ,2015,35(06):100-105.

[160] 张宇贻，秦权 . 基于可靠度的混凝土桥梁构件最优检测 / 维修规划 [J]. 清华大学学报 (自然科学版),2001(12):68-71.

[161] 程辉，于秋则，田金文，柳健 . 基于小波支持向量机分割的 SAR 图像桥梁目标检测 [J]. 华中科技大学学报 (自然科学版),2006(04):52-55.

[162] 余加勇，朱建军，邹峥嵘，张坤 . 大跨径桥梁挠度测量新方法研究 [J]. 湖南大学学报 (自然科学版),2007(10):31-34.

[163] 连岳泉，刘沐宇 . 桥梁荷载试验挠度测试方法研究 [J]. 武汉理工大学学报 ,2002,24(4):75-77.

[164] 胡伍生 .105 国道南照大桥全站仪挠度观测 [J]. 公路交通科技 ,2002,19(2):67-69.

[165] 杨学山，侯学民，廖振鹏，等 . 桥梁挠度测量的一种新方法 [J]. 土木工程学报，2002，35(2):92-96.

[166]ZHU Y.Online deflection monitoring syst em for Daf osi cablestayed bridge[J] .Journal of Int elligent Material Syst ems and Structures, 2006 , 17(8):701-707.

[167]XU G Y , SUN H C , XU Y Q .The measuring system of dynamic deflection of bridges [J] .Proceedings of the Int ernational Symposium on Test and Measurement, 2003 , 5:3551-3553.

[168]JAUREGUI D V , WHIT E K R, WOODWARD C B.Noncontact phot ogrammetric measurement of vertical bridge[J] .Journal of Bridge Engineering , 2003 , 8(4):212-222..

[169] 张学庄，王爱公，张驰 . 单波高精度测距系统的研究 [J]. 测绘学报 ,1996,25(3):186-18.

[170] 曹喜仁. 高填石路堤工期沉降与工后沉降实用计算方法研究 [J]. 湖南大学学报 : 自然科学版 ,2005,32(2):54-57.

[171] 陈乐寿. 有限元法在大地电磁场正演计算中的应用与改进 [J]. 石油物探，1981，20(3)：84-103.

[172] 徐世浙. 地球物理中的有限单元法 [M]. 北京 : 科学出版社 ,1994:220-228.

[173] 王绪本，张刚，周军，李德伟，罗威，胡元邦，蔡学林，郭紫明. 龙门山构造带壳幔电性结构特征及其与汶川、芦山强震关系 [J]. 地球物理学报 ,2018,61(05):1984-1995.

[174] 阮百尧，徐世浙，电导率分块线性变化二维地电断面电阻率测深有限元数值模拟 [J] 中国地质大学学报，1998，23（3）：303

[175] 陈小斌，张翔，胡文宝. 有限元直接迭代算法在 MT 二维正演计算中的应用 [J] 石油地球物理勘探 .2000，35（4）：487.

[176] 马为，陈小斌，赵国泽. 大地电磁测深二维正演中辅助场的新算法 [J]. 地震地质，2008，30（2）：525.

[177] 柳建新，蒋鹏飞，童孝忠等. 不完全 LU 分解预处理的 BICGSTAB 算法在大地电磁二维正演模拟中的应用 [J]. 中南大学学报，2009，40（2）：484.

[178] 欧东新. 计算机精度和网格大小对大地电磁有限单元法正演的影响 [J]. 桂林工学院学报，2007，27（3）：329.

[179]Philip E. Wannamaker, John A, et al A stable finite element solution for two-dimensional magnetotelluric modelling[J]. Geophys. J. R, 1987, 88: 277- 296.